唐玄宗

崔占华 ◎ 编著

中国社会科学出版社

图书在版编目（CIP）数据

唐玄宗/崔占华编著．—北京：中国社会科学出版社，2008.6
ISBN 978-7-5004-7018-2

Ⅰ. 唐… Ⅱ. 崔… Ⅲ. 唐玄宗（685～769）—传记 Ⅳ. K827＝423

中国版本图书馆 CIP 数据核字（2008）第 085847 号

出版策划　任　明
特邀编辑　李　鸣　沈　静
责任校对　林福国
技术编辑　张汉林

出版发行　中国社会科学出版社
社　　址　北京鼓楼西大街甲 158 号　　　邮　编　100720
电　　话　010—84029450
网　　址　http：//www.csspw.cn
经　　销　新华书店
印　　刷　北京奥隆印刷厂　　　　　装　订　广增装订厂
版　　次　2008 年 6 月第 1 版　　　　印　次　2008 年 6 月第 1 次印刷
开　　本　710×980　1/16
印　　张　23
字　　数　411 千字
定　　价　35.00 元

目 录

功过参半唐玄宗

父子兄弟

影响玄宗和被玄宗影响的女人们

功过是非论宰相

功过参半唐玄宗

　　这里的唐玄宗生平事迹只能算是一个小传，但却出自信史，均为正说。不过，唐玄宗的事迹更多见于《旧唐书》的其他传、志。唐玄宗在位四十四年，是唐朝诸帝在位时间最长的。他前期英明，缔造了"开元盛世"；后期昏庸，导致了"安史之乱"。他的一生，可谓功过参半。

玄宗李隆基

李隆基（685～762），唐朝第七代皇帝。睿宗李旦第三子，母昭成皇后窦氏。公元712年即位，在位四十四年。谥号"大圣大明孝皇帝"（故习称唐明皇），庙号"玄宗"。他当政初期，唐朝达到了鼎盛时期，出现了历史上有名的"开元盛世"。但后期的"安史之乱"却使唐王朝走向衰落。

李隆基

一、铲除韦后　保全社稷

李隆基生于武则天垂拱元年（685）八月，他一睁眼看到的并不是李唐江山，而是武周天下，等待他的并不是名正言顺轻而易得的皇位，而是宫廷内部激荡多变的风风雨雨的磨炼。在他出生的前一年，他的祖母武则天把他的伯父中宗废为庐陵王，其父李旦被立为皇帝，是为睿宗。但武则天不许睿宗听政，她专断军国政事。李隆基六岁时，武则天干脆废掉睿宗，改国号为"周"，成为女皇。

李隆基英明善断，多才多艺，尤其通晓音律。他仪表非凡，身材高大伟岸，相貌英俊。三岁时，他便被封为楚王。据史书记载，李隆基少时即有大志，在宫中常以"阿瞒（指曹操）"自诩。但这个"阿瞒"并不为武氏家族看得起。谁也未曾想到，这是未来的皇上。七岁那年，他例行至朝堂举行祭祀仪式，金吾将军武懿宗对其随从大声呵斥，李隆基意识到这是对自己的轻视，立刻声色俱厉呵斥他说："这是我家朝堂，关你什么事？敢呵斥我的随从？"据说祖母武则天知道了这件事后，便对他另眼相看了，"特加宠异之"。第二年，李隆基被封为临淄郡王。

神龙元年（705），张柬之逼迫武则天退位，拥立中宗李显，弱冠之年的李隆基目睹了这场政变。中宗复位后，李隆基升为卫尉少卿。景龙二年（708）四月，李隆基兼任潞州（治今山西长治）别驾。十二月，加封银青光禄大夫。据《旧唐书》记载，在李隆基出任潞州别驾期间，多有祥瑞之事。潞州境内有黄龙白日升天；李隆基曾有一次出猎，有紫色的祥云在其头上飘浮，后面的随从望见了这一奇观。

景龙四年（710），中宗将在京城长安南郊祭祀，李隆基准备前往京城朝见。临行时，他命术士韩礼占卜，结果卦象非常祥瑞。李隆基在长安城所居宅第外有水池，水满溢出，逐渐形成一个占地数十顷的大池塘，这个池塘被称为隆庆池。善于望气的人说："这里常常有帝王之气，近来尤为强劲。"中宗听说，便于同年四月，驾临隆庆池，在这里结彩制作楼船，并在池中泛舟戏象，以此来抑制这里的帝王之气。

李隆基在此期间，写过《早登太行山中言志》的诗，其中写道：

> 野老茅为屋，樵人薜作裳。
> 宣风问著艾，敦俗劝耕桑。

由这首诗来看，李隆基对下层人民有一定的了解。此诗反映了他有劝课农桑、发展生产的意向。

武则天死后，唐中宗昏庸懦弱，大权操于妻子韦后、女儿安乐公主之手。张柬之等功臣均遭贬逐，太子李重俊等被杀。武则天的侄子武三思虽死，但他的沉渣余孽迅速泛起。韦后又援用其从兄韦温等掌握大权，纵容安乐公主卖官鬻爵，又大肆建筑寺院道观，奴役人民。可谓朝政日非。景龙四年（710），中宗被鸩杀于妻女之手。韦后先立中宗的儿子、年仅十六岁的温王李重茂为皇帝，史称唐少帝。接着她自己准备效法她的婆婆武则天做历史上的第二个女皇。这时，相王李旦还有相当大的势力，身边已有一批有才能的文臣武将。这是韦后专权的主要障碍，韦后与太子少保韦温、中书令宗楚客密谋，决意将其置于死地。

李隆基对于韦后篡夺皇位的阴谋早有察觉，他暗中聚集骁勇有才之士，谋划匡复国家。当初，唐太宗选骁勇壮健者为卫士，让他们身穿虎纹衣、跨骑豹纹的鞍鞯，跟着游猎，在马前射杀禽兽，称为"百骑"；武则天时又增为千骑，隶属于左、右羽林军；中宗又增加人数，谓之万骑，设置官吏来率领。万骑军作为宫中的禁卫军，地位举足轻重，要想政变成功，必须利用万骑军。因此，李隆基致力于交结万骑军统帅。

韦后专权后，任命韦播、高嵩为羽林将军，掌管万骑军。韦播、高嵩多次击打万骑兵，要以此立威，万骑军将士都怨恨他们。万骑军营长葛福顺、陈玄礼与李隆基交好，见到李隆基诉苦。李隆基暗示他们诛杀诸韦，两人踊跃请求以死来效命。万骑果毅都尉李仙凫也参与其谋。

　　兵部侍郎崔日用平常依附韦、武，与宗楚客交好，知晓宗楚客的密谋，怕祸及自身，便派遣宝昌寺和尚普润秘密见李隆基告之，劝他快点起事。李隆基决定与太平公主的儿子卫尉卿薛崇简、苑总监钟绍京、尚衣奉御王崇晔、朝邑尉刘幽求、利仁府折冲麻嗣宗谋划抢先起事，杀死韦后一伙。

　　有人对李隆基说应当把此事告诉相王李旦，李隆基说："我们做这件事是献身国家，事情成功福归于相王，不成就自己死于忠孝。现在禀告他，他如果同意，则会让相王参与这样危险的事；如果不同意，则要坏咱们的大计。怎能先请示相王，让他白白担忧、害怕呢？"于是，便没有禀告相王。

　　六月二十日，午后三四时，李隆基穿便衣与刘幽求等人进入禁苑中，正赶上苑总监钟绍京在官舍。钟绍京快步走出去拜见，李隆基拉住他的手与他并坐。当时，羽林军将士都屯兵在玄武门，葛福顺、李仙凫都到李隆基处，请示号令而行动。将近二更天，天上的流星散落如雪一样白，刘幽求说："天意如此，机不可失。"葛福顺拔剑直接进入羽林军兵营，斩了韦璿、韦播、高嵩，大声说："韦后毒死先帝，谋划危及国家。今晚应共同诛杀诸韦，把韦家人无论老幼一律斩杀，拥立相王以安天下。如果敢有怀二心助逆党的，将罪灭三族。"羽林军将士都欣然听命。于是，葛福顺将韦璿等人的首级送给李隆基。李隆基取来火把看视，然后与刘幽求等出内苑的南门，钟绍京率领年轻工匠二百多人手持斧、锯跟随在后。李隆基派葛福顺领左万骑攻打玄德门，李仙凫领右万骑攻打白兽门，双方约定在凌烟阁前会合后，他们便大呼大喊，葛福顺等杀守门将，斩守门人而入。李隆基领兵在玄武门外，三更时分，听见宫中传来呼喊声，便立即率领总监及羽林兵入宫。在太极殿宿卫中宗灵柩的卫兵，听见宫中的呼喊声，都披挂上铠甲来响应李隆基。韦后见此，十分惶恐困惑，慌乱中跑进飞骑营，有一个飞骑斩其首献给李隆基。安乐公主也被士兵杀死。

　　当时，少帝李重茂住在太极殿，刘幽求想去杀死他，对众将士说："大家约定好了今晚共立相王，何不趁早定下来？"李隆基立刻制止住他，下令收捕在宫中的并把守各宫门的韦氏族人，平常为韦后所亲信的人也一并斩首。黎明时分，宫内外都安定下来。

　　次日，李隆基出宫见相王，为自己没预先禀告而叩头请罪。相王抱住他哭泣说："国家、宗庙得以保全，是你的力量啊。"于是，李隆基迎相王入朝辅佐少帝。

　　李隆基下令关闭宫门及京城门，分别遣派万骑兵收捕诸韦亲属党羽。韦温首先被收捕，李隆基命士兵将韦温斩首。宗楚客穿着麻布做的丧服，骑着青驴逃走。到通化门时，守门士兵问他："您是宗尚书吧。"说完便摘掉他的布帽，捉住杀死，并斩其弟宗晋卿。

　　相王请少帝到安福门，安慰和告谕百姓。起初，赵履温不惜耗费国家资财来讨好安乐公主，为她建造府第住宅、修筑高台园林，甚至用手卷压起自己的紫色官袍、用脖子拉安乐公主的小牛车。现在安乐公主已死，赵履温快马跑到安福楼下，拜倒高呼万岁；喊声尚未完，万骑兵便斩杀了他。百姓怨恨他叫自己多出劳役，见他被杀都争抢着割他的肉，不一会割光了。秘书监汴王李邕娶韦后妹妹崇国夫人为妻，他亲手砍下其妻的头来献。左仆射、同中书门下三品韦巨源闻乱，家人劝他逃走躲起来，韦巨源说："我身为朝廷大臣，怎么能见朝廷有难而不去救。"他走出家门，刚到街上，便被乱兵所杀。李隆基派崔日用领兵诛杀韦氏族人，连襁褓中的婴儿也没有幸免的。

　　当天，少帝下诏大赦全国。李隆基因平定叛乱之功，被封为平王，兼管万骑军。二十二日，刘幽求在太极殿，有宫人和宦官叫刘幽求作诏书册立太后，刘幽求说："国家有大灾大难，人心不安定，皇家陵寝安置祭祀尚未结束，不能急着立太后。"平王李隆基说："对此不要轻易发言。"

　　少帝派遣行政十道使者拿着皇帝的诏书到各地安抚百姓，又罢去安乐公主府第的属官。

二、宫廷角逐　夺权登基

　　少帝李重茂自知帝位不稳，决心让位给相王李旦。几天以后，太平公主传达少帝的诏命，要求让位给叔父相王，相王辞让。少帝任命平王李隆基为殿中监、同中书门下三品，以宋王李成器为左卫大将军，衡阳王李成义为右卫大将军，巴陵王李隆范为左羽林大将军，彭城王李隆业为右羽林大将军，光禄少卿嗣道王李微为检校右金吾卫大将军，黄门侍郎李日知、中书侍郎钟绍京并同中书门下三品。太平公主之子薛崇训为右千牛卫将军。李隆基的两个奴仆王毛仲、李守德都是善骑射的勇士，常侍左右。李隆基攻入禁苑中时，王毛仲畏惧躲藏起来没有跟随，起事以后过了数日才回来，李隆基没责怪他，仍越级提拔为将军。少帝又将汴王李邕贬为沁州刺史，左散骑常侍、驸马都尉杨慎交贬为巴州刺史，中书令萧至忠贬为许州刺史，兵部尚书、同中书门下三品韦嗣立贬为宋州刺史，中书侍郎、同平章事赵彦昭贬为绛州刺史，吏部侍郎、同平章事崔湜贬为华州刺史。

唐都长安城遗迹

　　李成器、李隆基去见相王，极力劝说他即皇位，相王这才答应。六月二十四日，少帝在太极殿东角面向西坐着，相王站在中宗灵柩旁边，太平公主说："皇帝要把皇位让给叔父，是吗？"这时，少帝仍坐在御座上，太平公主说："天下人心已归属相王，这不是你的座位了。"于是把他拉下来。当天，睿宗李旦即位，到承天门，大赦天下。睿宗以少帝为温王，以钟绍京为中书令。

　　诛灭韦后，拥戴父王睿宗复位，李隆基在朝廷中骤然提高了政治地位，在他的周围逐渐聚集了一股较强的政治势力。因此，睿宗立太子时颇感为难，宋王李成器是嫡长子，而平王李隆基立有大功。李成器推辞说："国家安宁就先立嫡长子，国家危难就先立有功之人；如果违背这种情况，天下人将会失望，我死也不敢位在平王之上。"大臣纷纷说："平王功大，应该立为太子。"刘幽求说："臣听说扫除天下的祸害的人，应当享受天下的福分。平王使大唐社稷免遭倾覆，解救亲人于危难，论功谁也没有他大，论德行也是他最贤良，没什么犹疑不决的。"睿宗听从了他的建议，立平王李隆基为太子。

　　睿宗即位之初，在李隆基、钟绍京等人辅佐下，尚很贤明；后来，他甘心听任太平公主的摆布，逐渐昏庸。太平公主仗恃拥戴睿宗有功，大树私人势力，左右朝政。当朝的七个宰相，有四人是她的亲信，文武之臣，大半依附她。她起初认为李隆基年轻，所以不以为意，后来，看到李隆基十分英武，手下又有一批得力的人，对自己专权不利，于是便把进攻的目标对准了李隆基。她大造舆论说，现在的太子不是长子，不应当立，立了必有后忧。她处心积虑阴谋废掉李隆基的太子之位。由此可见，李隆基的皇储地位并不稳定。

　　延和元年（712）七月，彗星出现在西方，经过轩辕星进入太微垣，至天王星座。太平公主叫术士对睿宗说："彗星是除旧布新的。另外，帝座星和心宿前星都有变化，天象所征兆之事是皇太子当为天子。"太平公主的本意是激怒睿宗，让他废掉李隆基的太子之位。没想到弄巧成拙，睿宗喜好清净无为，早就想禅位于太子，听了这些话便说："传给有德之人避去灾祸，吾的心意决定了。"太平公主及其党羽都力谏，认为不可以。睿宗说："中宗之时，群奸专权，天变屡至。朕当时请求中宗选择贤德儿子册立来应和灾异，中宗很不高兴，朕为此忧愁得数日吃不好饭。难道说朕能劝他禅位，自己就不能禅位吗？"太子李隆基听见这件事，赶紧入宫朝见，跪拜在地，叩头请求："臣以尺寸之功，越格提拔为皇太子，自己担心不能胜任太子，没想到陛下竟立刻将皇位传给臣，这是为什么呢？"睿宗说："国家能得到第二次安定，朕能得到天下，都是靠着你的力量。如今帝座星有灾，所以才把帝位给你，以求转祸为福，你又何必疑惑呢？"太子坚决推辞。睿宗说："你是孝子，何必非要等到站在我灵柩前然后才即皇位呢？"太子只好流着眼泪离开。

几天后，睿宗诏命传位给太子，太子上表坚决推辞。太平公主劝说睿宗即使传位，也应自己总揽大政。睿宗就对太子说："你是不是觉得国家事务十分繁杂，想让朕帮你处理呢？从前舜帝让位给禹，仍然亲自巡视诸侯治国的情形。朕即使传位给你，岂能忘记国家，那些军国大事，朕还将与你共同审视处理。"

八月初三，太子李隆基即位，是为玄宗，尊睿宗为太上皇，改元先天。太上皇自称曰朕，命令曰诰，五日在太极殿接受一次朝拜。皇帝自称曰予，命令曰制、敕，每日在武德殿接受朝拜。三品以上官爵的任命及刑狱和政事决定权在太上皇，其余都由皇帝决定。玄宗李隆基虽居帝位，但未能全面掌握国政。太平公主利用这一点，加紧进行阴谋活动，逐步排斥异己，尽力安插亲信。

当初，武三思与韦后狼狈为奸，专断滥杀。驸马都尉王同皎密谋杀死武三思，河内人王琚积极参与此事。但事情泄露，武三思处斩了王同皎，王琚逃命到江都，靠为人写字谋生。在玄宗李隆基为太子时，王琚回到长安，被选补为诸暨县的主簿，上东宫去谢太子。王琚来到殿廷中，故意慢走高视，宦官说："殿下在帘内。"王琚说："什么叫殿下？当今独有太平公主呀！"太子听见此言，立刻召见他，与他谈话。王琚说："韦庶人（韦后）杀君谋逆，人心不服，杀掉他容易。太平公主是武后的女儿，凶狠奸滑无比，大臣多秉承他的旨意，我王琚私下对此担忧啊。"太子拉他同榻而坐，哭泣着说："父皇的兄弟姐妹中，现在活着的唯有太平公主了，如果把这些事禀告父皇，恐怕伤害父皇的感情；如果不报告，又担心太平公主造成的危害越来越严重，这可怎么办呢？"王琚说："天子孝顺，与老百姓不同，应当以安宗庙、安国家为主。盖公主是汉昭帝的姐姐，她将昭帝养大成人，她有罪仍然被杀掉。治理天下的人，岂能顾及小节！"太子高兴地说："你有何种本事，可以与我同游？"王琚说："能玩飞链，善于诙谐。"太子便奏请他为詹事府司直，每日与他交往相处，逐渐将他提拔至太子中舍人。现在玄宗即位做了皇帝，便任命他为中书侍郎。

这时，窦怀贞、崔湜、岑羲等都因依附太平公主而位居宰相，他们日夜与太平公主密谋除掉玄宗。刘幽求与右羽林将军张暐谋划用羽林军将他们一网打尽，并让张暐秘密告诉玄宗说："窦怀贞、崔湜、岑羲都借公主力量得以升官，他们日夜谋划如何作乱，如果不早日除掉他们，一旦事变突起，太上皇依靠什么得保平安？请求尽快诛杀他们。臣已与刘幽求定计，只在等待陛下的命令。"玄宗认为他说得对。但事后，张暐不慎将这一密谋泄露给侍御史邓光宾，玄宗知道后大为恐惧，立刻列出刘幽求等人的罪状，将刘幽求下狱。负责审讯的官员禀奏说："刘幽求等离间骨肉，罪应处死刑。"玄宗说刘幽求有大功，不能杀。太上皇下诏，流放刘幽求到封州、张暐到峰州、邓光宾到绣州。

太平公主见此，越发得意。她倚仗太上皇的势力专擅朝政，与唐玄宗发生激烈冲突。她与服侍玄宗的宫女元氏合谋，准备在玄宗的饮食中投毒。王琚得知后对玄宗说："事情迫在眉睫了，陛下不能不快惩办。"左丞相张说从东都洛阳派人送上佩刀，意思要皇上及早决断、割断私情。荆州长史崔日用入朝奏事，对玄宗说："太平公主图谋叛逆已经很久了，陛下过去在东宫为太子，在名分上还是臣子，如果要讨伐她，须用智谋的力量。现在陛下既已即皇帝位，只要下一道诏书，谁敢不听从。万一奸邪之徒得志，后悔就来不及了。"玄宗说："确实如你所说，只是怕惊动太上皇。"崔日用说："天子的大孝在于安定国家。如果奸邪之徒得志，则社稷宗庙将成为废墟，到那时，陛下在什么地方尽孝呢？请先控制住左右羽林军和左右万骑军，然后收捕逆党，就不会惊动太上皇了。"玄宗认为他说得很好，便任命他为吏部侍郎。

先天二年（713）七月三日，玄宗获悉太平公主及宰相窦怀贞等将率羽林军于次日发动政变，于是抢先下手，率领兵马杀太平公主及党羽数十人，依附太平公主的官吏尽被黜逐。至此，动荡的局势才稳定下来，玄宗才获得了全部权力。是年，改年号为开元。

三、文治有成　武功赫然

玄宗的皇位来之不易，亲政后面临的形势也是十分严峻的。长期的宫廷政变，削弱了中央政权的力量，吏治腐败，官吏冗滥。《通典》的作者杜佑曾说："武太后临朝，务悦人心，不问贤愚，选集者多收之，故当时有车载斗量之谣。"玄宗在开元三年（715）明确宣布："官不滥升，才不虚受，惟名与器，不可以假人，左贤右戚，岂资于廖赏。"他在开元年间是比较注意任人唯贤的，他所用的宰相，大都成了有名的政治家。

姚崇是有名的贤相，办事十分干练。入相前他曾向玄宗提了十项建议，大意是勿贪边功，广开言路，奖擢净臣，除租税外不得接受馈赠，勿使皇亲国戚专权，勿使宦官专权等。玄宗样样应允，从而奠定了开元施政的方针。

当时，一些富户往往用出家做和尚的办法来逃避赋役，姚崇一次就查出一千二百多人，勒令还俗。又禁止百官和僧尼道士往来，抑制武、韦时发展起来的寺院地主势力。

开元初，黄河南北连年发生蝗灾。蝗虫飞来如云遮日，所落之处苗草罄尽。以前也曾遭遇蝗灾，由于捕杀不利，往往造成赤地千里、横尸遍野的惨景，以致物价飞腾，民心不稳，政局动荡。姚崇对此十分关注，力主诏令郡县及时捕杀。另一宰相卢怀慎认为蝗不可捕，捕则有伤"和气"，恐致灾祸。

明末丝绸画《唐朝皇帝出宫图》

今日看来，这种思想是十分荒诞可笑的，但在古时这种思想却很普遍而顽固。姚崇据理驳辩，慨然问卢怀慎："我真不明白，您那么怕伤害蝗虫，怎么不怕黎民百姓死于饥荒呢？"结果，玄宗按姚崇的意见捕杀了蝗虫。玄宗为奖励治蝗，规定捕蝗一斗，奖粮一斗，捕蝗一石，奖粮一石。蝗灾被有效地制止了。因而尽管蝗灾连年，灾区也未发生大的饥荒。

宋璟继姚崇为宰相，也很注意选用人才，使官吏都能称职。有一次吏部选人，他的远房叔父宋元超说明自己与宋璟的关系，想得到好差使，他知道了，特地关照吏部，不给宋元超官职，还说："矫枉必须过正。"

张九龄是广东人，当时岭南被看作是荒远的地方，由于其有才能，玄宗便任他做宰相。他建议选用人才要慎重，在吏部议论人才，态度极其公正。他执政时，已在开元后期，每见玄宗有什么过失，总是极力劝谏。

司马光在《资治通鉴》中赞美开元年间玄宗任用的宰相说："姚崇尚通，宋璟尚法，张嘉贞尚吏，张说尚文，李元纮、杜暹尚俭，韩休、张九龄尚直。"他们各有所长，多有政绩，成为唐代佳话。

玄宗知人善任，正是任用了这样一批宰相辅佐自己，才使得开元年间赋役宽平，刑罚清省，百姓富庶。他能做到这点，并非出于偶然。据史书记载，玄宗有一天照着镜子默默不乐。太监高力士就说："自从韩休任相，陛下比以前瘦多了，何苦戚戚无一日欢，为什么不罢免了他的相职呢？"玄宗却说："吾貌虽瘦，天下必肥。选相是为社稷，岂能为吾一身啊！"

玄宗不仅注意任用贤相，还非常重视刷新吏治，整顿官僚队伍。在这方面他采取了许多措施。

一是裁汰冗员，精简机构。唐中宗以来，铨选制度十分紊乱，王妃、公主与权贵不仅卖官鬻爵，而且不经吏部大用"斜封官"，请托之风日盛，致使冗官滥吏充斥官府。开元二年（714），玄宗敕令罢免员外官、试官、检校官数千名，大大精简了官僚机构，提高了办事效率，也节约了财政开支。

二是恢复谏官、史官参加宰相议事的制度。唐太宗贞观年间（627～649），皇帝与宰相议事，允许谏官与史官参加，"有失则匡正，美恶必记之"。这可以减少朝政的弊端，有它的积极作用。但是武则天专断朝政以后，许敬宗、李义府担任宰相，"政多私僻"，不敢把朝政公开，取消了谏官和史官参加君臣议事的制度。这样一来，谏官无法直接了解皇帝与宰相活动的内幕，只能听宰相一面之词，很难及时提出中肯的意见。在开元五年（717），玄宗下令恢复贞观年间的制度，除了朝内特殊机密外，允许谏官、史官参加皇帝与宰相议事会议。

三是重视县令的选择。以前，人们重京官而轻外任，地方官都是选用年高而才疏者充任。玄宗决意革除这一弊端，他从京官中选用有才识者到地方任都督、刺史，又从都督、刺史中选拔有政绩者任京官。他曾说："郡县是国家之本，牧宰是政治之先，朕经常注意此官的选拔、任用。"玄宗有时对县官亲自出题考试，了解应考者是否通晓治国之道，凡是考试成绩优秀者即被任用，拙劣者即被罢免。在开元四年组织的县令考试中，其中四十五人不合格，这些人立即被淘汰。不仅如此，当县令上任以前，玄宗还亲自召见，面授机宜。

四是实行严格的考核制度。通过严格的考核制度，来检查地方官的政绩，作为黜陟的根据。为此，玄宗专门颁布了《整饬吏治诏》，规定每年十月，由各道按察使到各地巡省风俗，观察得失，将地方官的政绩按五等划分，然后上报吏部长官。上等为最，下等为殿，中间三等依次定优劣。改转凭为升降，刺史第一等授予京官。又选京官有才识者任命为都督、刺史。开元十六年（728），他亲自选廷臣出任刺史。玄宗推行的考核制度，减少了地方官贪赃枉法的现象，对改善地方吏治，起了一定的积极作用。

五是严明赏罚。玄宗认为，有善必赏，才能够激励能臣；有罪必诛，才能惩罚恶人。开元年间，基本上贯彻了这一精神。如同州（治今陕西大荔）刺史姜师度，非常重视农业生产，在任职期间，组织农民开朝邑、河西二县通灵陂，并引洛水、黄河水灌溉土地，种稻田两千余顷，获得大丰收。玄宗了解到这个情况后，大为赞赏，专门颁布了《褒姜师度》诏，赐给他锦帛三百疋，擢升为将作大监，特加封金紫光禄大夫。营州都督宋庆礼，组织兵民屯田八十余所，数年之间，仓廪丰实，百姓日渐殷富。玄宗便提拔宋庆礼到中央政府任御史中丞。对那些贪赃枉法之徒，不论其职位多高，都依法制裁。如刺史裴景先，非法聚敛五千匹绢，玄宗亲自下令将其处以死刑。前太子太傅萧嵩，由于向中官牛仙童行贿，被贬为青州刺史。

玄宗的改革政策，主要是通过下级官员去贯彻执行，玄宗能注意用人，这是"开元之治"得以出现的一个很重要的原因。

玄宗在位的前半期，不仅文治取得了很大成就，而且武功也很可观。

在玄宗即位以前，边防危机十分严重。万岁通天元年（696），契丹奴隶主李尽忠利用民族矛盾，煽动其部众举兵造反，并且攻占了营州。紧接着，营州都督府管辖的连昌、师、鲜等十二州也相继失守。这十二州的政府被迫迁到青、幽、宋、徐等州。武则天派大将王孝杰等组织反击，结果大败，几乎全军覆没，王孝杰阵亡。从此以后，契丹贵族经常利用他们占据的有利地位，疯狂掠夺土地，残害北方人民。

至于玉门以西，长安三年（703），突厥奴隶主贵族乌质勒攻陷了安西四镇之一的碎叶镇，从此，安西道绝。乌质勒掌握十四万武装，接着又向北庭都护府进攻，并强占了北庭西部一些地方。这不仅破坏了国家统一，同时也堵塞了"丝绸之路"，使唐朝对外贸易受到了严重威胁。

碎叶和庭州失守时，武则天已八十岁了，无法解决西域问题。她死后，在中宗、睿宗执政年代，政治腐败，宫廷内部争权夺利的斗争非常激烈，他们不想也不可能收复失地。

在北方地区，从唐初战胜突厥奴隶主贵族以后，便统一了大漠南北，设置单于、安北都护府，分别管辖长城内外到贝加尔湖的广大地区。此后，长城以北保持了数十年的相对安定局面，但是，到了七世纪末叶，唐朝北方门户云州（今山西大同）被突厥攻陷。从此，长城以南已无险可守。弘道元年（683），突厥进攻蔚州（今河北蔚县）、定州（今河北定县）。由于长城以北大片领土失守，垂拱元年（685），唐政府把安北都护府临时迁置同城，一直到开元初。

唐代西域边城

从上述情况看，到玄宗即位时，西域的碎叶、庭州、北方的云州以北以及辽西十二州，都已被突厥、契丹奴隶主贵族占领，陇右及河北人民经常惨遭劫掠和屠杀。唐朝统一的局面被破坏了。

玄宗执政以后，为彻底解决边疆问题，巩固唐政权，维护统一，采取了一系列措施：为了提高军队的战斗力，玄宗对府兵制进行了改革。府兵制对镇压国内人民的反抗及防御外患，维持唐帝国的统治曾起了一定的作用。但这种兵制在均田制崩溃的形势下，农民不断逃亡，兵源困难。唐朝建立以后，经过几十年的和平生活，唐朝提倡以文入仕，尚武风气逐渐消失，府兵多不按时更番，教习废弛。士兵说是蠲除租调，其实并未免除，自筹器械给养负担沉重。因此，到玄宗时士兵经常逃匿，军府空虚。开元十一年（723），宰相张说鉴于卫士逃散，宿卫不足，遂建议雇佣募兵。玄宗即下令实行，从关内招募军士达十二万人，充作卫士，名"长从宿卫"，或称"长征健儿"，从而代替了有唐以来的府兵轮番宿卫制度。这是当时军制由兵募到雇佣的重大改革。经过十余年的实践，唐朝统治者认为切实可行，便于开元二十五年（737）推行全国。从此，各地民丁再无戍边之苦，消耗于往来路上的大量社会劳动力因此得以节省。雇佣兵既可吸收社会上的失业丁口，缓和社会矛盾，又可常驻各地，加强训练，对改善军队素质、提高战斗力是有积极作用的。

玄宗还通过各种措施整顿军旅。他颁布《练兵诏》，令西北军镇增加兵员，并精加选择，加强军事训练，不得供其他役使。还派太常卿姜皎等官员往军州督促检查诏令的执行情况，处理具体事宜。

七世纪末年，军马不足，玄宗即位时，只剩下二十四万匹。为了保证军马的供应，玄宗任用太仆卿王毛仲为内外闲厩使，专门抓这项工作，到开元十三年（725），军马增至四十三万余匹，牛羊数也相应增加了。

为了解决军粮问题，玄宗又诏令扩大屯田区。从中宗到开元初，军费开支庞大，如果把全部的费用都加到老百姓身上，不仅会激化阶级矛盾，而且运输也有困难。于是玄宗下令在西北万里的边防线上及黄河以北部分地区，设置庞大的屯田区。屯田分为军屯与民屯两种，由屯田郎中掌管屯田政令。军屯多在边疆，民屯设在内地，生产者一般是失去土地的农民。开元年间，全军屯田总数为一千一百四十一屯，面积有五百余万亩，为解决军粮问题提供了保障。

经过以上准备，到开元五年（717），唐军把沦陷十七年的营州等十三州全部收复，玄宗派宋庆礼任都督，重建营州防务。长城以北的拔也古，同罗、回纥等地也宣布取消割据称号，与唐政府合作，唐政府重新恢复了安北都护府，统一了长城以北。

解决西域问题分两个阶段进行,第一阶段从开元二十七年（739）开始,玄宗派碛西节度使盖嘉运打败了突厥。唐军猛攻碎叶城,突厥可汗出战,在贺逻岭被唐军俘虏,从而使沦陷了三十七年的碎叶镇又归唐政府管辖。第二阶段是击败吐蕃、小勃律,重新打通"丝绸之路"的门户。开元初年,西域小勃律（今克什米尔以北）可汗曾到唐朝请降,唐政府在那里置绥远军。后来,小勃律王娶吐蕃王女,依附了吐蕃,与唐为敌。玄宗派安西副都护高仙芝打败了吐蕃,俘虏了小勃律王,遣送长安,这使唐朝的国威大振。这一仗胜利后,拂秣（罗马）、大食（伊朗）诸胡七十二国全部惊恐害怕,相继归附唐朝。唐朝重新打通了中亚的通道,这不仅维护了国家的统一,也有利于对外经济文化的交流。

四、经济繁荣　文化兴盛

唐玄宗在开元年间,注重发展社会经济,采取了一系列措施,经济出现了前所未有的繁荣景象。

唐朝中央政府要实行其社会职能,必须消耗一定的租调劳力。而均田农民,就是唐政府租调徭役的负担者。玄宗即位之前,由于政府的勒索和大豪族的土地兼并,使均田农民的负担越来越重,常常无力维持其自身的生存和简单的再生产,从而出现了天下户口逃亡过半的严重危机。玄宗即位后,为了挽救财政危机,缓和阶级矛盾,再也不敢任意增加农民的负担,不得不和荫庇劳动人口、破坏均田制度的豪强大族进行斗争,从他们手里争取土地和劳动力。

玄宗大力支持官吏惩治不法豪强。李元纮任京兆尹时,诸位王公权贵之家,全都沿着郑白渠立石磨牟利,农田遭到踩踏,李元纮令手下的人将这些石磨全部毁掉,保证了农田的灌溉。百姓得到了益处,无不拍手称快。李元纮由于有玄宗的支持,王公贵族对他也无可奈何。玄宗的异母弟薛王李业的舅父王仙童侵暴百姓,强夺民田,玄宗听从了姚崇的建议,对王仙童依法进行了惩治。其他的王公贵族见玄宗如此不讲情面,不以亲害法,怕与王仙童有同样的下场,因此不得不有所收敛。

开元初虽惩治了一些豪强大族,但打击的对象还是太小。从全国范围看,仍然有大量土地和劳动力被豪强大族霸占。他们侵占农民的土地称为"籍外之田"。失掉土地的农民背井离乡,因而出现了大量的佃户、浮户、流民。更严重的是,豪强大族把逃户变成"私属",不向国家交税,既影响了国家的财政收入,又给农业生产带来了不安定因素。在这样的情况下,玄宗便下令，在开元九年（711）到开元十三年（725），利用四年的时间，在全国范围内开展一个"检田括户"运动。玄宗任宇文融为全国覆田劝农使，下设十道劝农使和劝农判官。分头到全国各地检查黑地和豪强荫庇的客户。把检括出来的土地全部没收，按均田制分给无地的农民使用。对于"账外"人口，一律登记注册，就地入籍。检田括户的结果，中央政府增户八十八万，田地也增加了许多，岁终征得客户钱数百万。

由于玄宗重视农业生产的发展，因此，开元年间全国兴修了很多水利工程。如蓟州三河（今河北三河）农民，开了孤山陂，灌田二十万亩。蔡州新息县（在今河南息县东），修了玉梁渠，灌田三十余万亩。晋阳文水县（今山西文水），开了甘泉渠和灵长渠，灌田数万亩。在玄宗执政年间，全国共建五十六项重大水利工程。超过了高宗、武周两朝所建水利工程之和，相当于唐朝水利工程的百分之二十以上。

武周、中宗以来，佛教得到了恶性发展。全国各州，都设置大寺院。寺院僧侣，不仅兼并土地，而且逃避税收。有人形容说："十分天下之财而佛有七八。"造寺不止，枉费财者数百亿。度人不休，免租庸者数十万，使国家所出加数倍，所入减数倍。玄宗即位后，认识到了这个问题的严重性，于开元二年下诏裁汰天下僧尼，当时全国各地还俗者一万两千多人。玄宗又下令，严禁新造佛寺，禁铸佛像，禁抄佛经。同时又禁止贵族官员和僧尼交往，使佛教势力受到很大打击。

玄宗即位初期，在生活上以节俭自励。开元二年，为禁绝奢靡之风，他果断地宣布："乘舆服御，金银器玩，应命令官员销毁，以供军国之用；将珠玉、锦绣，焚于殿前。后妃以下服装都不得佩珠玉、刺锦绣。禁止天下采集珠玉、织造锦绣等物，违者杖打一百。"他还裁汰宫女，将她们遣送回家。又毁武后所造天枢、韦后所立石台，以示与弊政决裂。

开元年间玄宗君臣的文治武功，造成了比较清明的政治局面，出现了"开元之治"的盛况。

长安在那时是全国政治、经济、文化的中心。长安城内有笔直的街道，南北大街十一条，东西十四条，划分为方格形的一百零八坊。长安城周长三十六点七公里，城内面积八十四平方公里，几乎相当于保存下来的明代西安古城的十倍。

长安城内北部居中的地方是宫城。内有太极殿，称"西内"。城外东北方有大明宫，又称"东内"。当时长安城内来自亚洲各地，远至波斯和大食的使节、商人数以万计。大明宫的麟德殿就是宴请国宾的地方。城内东部在

唐长安城复原图

开元年间建造了兴庆宫，时称"南内"。这三大内即唐朝的三大宫殿群，其主体建筑规模宏伟，同现存北京故宫的太和殿不相上下。

长安城内的商业区分东市和西市。市内有井字形的街道，店铺林立，四通八达。每市各有二百二十行。每当午时，击鼓三百响，店铺落板，市者云集。市井中，货物充足，胡商络绎。皇宫所需，也仰仗两市供应。红日西沉，鸣钲三百响，店铺上板，市者疏散，闹市井然。长安两市的兴旺，反映着全国经济的繁盛。它联系着全国各地，也联系着丝绸古道和友好之邦。

当时社会经济的发展情况，在唐人著作里多有反映。据元结说："开元天宝之中，耕者益力，四海之内，高山绝壑，耒耜亦满。"杜佑记载说，当时天下一斗谷物的价格，多则一二十文，少则数文；绢一匹二百余文。全国各地的驿道四通八达，夹道皆列店肆，准备着酒食以待往来的商旅；出门千里不用置防身武器。大诗人杜甫曾满怀热情地讴歌道：

> 忆昔开元全盛日，小邑犹藏万家室。
> 稻米流脂粟米白，公私仓廪俱丰实。
> 九州道路无豺狼，远行不劳吉日出。
> 齐纨鲁缟车班班，男耕女桑不相失。

这些人对"开元盛世"的描写，虽然有溢美的成分，但他们所反映的基本内容，却是符合历史实际的。

政治的清明，经济的发达，伴随而来的必然是科学文化的兴旺景象。

南北朝时期，文物典籍丧失殆尽，唐初虽然做了一些搜集整理工作，但收获不大。到了开元时期，玄宗任昭文馆学士马怀素为修图书使，他和储元量一起，共同组织整理和编写事务。玄宗还下令在长安、洛阳创建集书院，组织全国著名学者，集中力量著书立说。又敕令大府寺，每月给麻纸五千番，每季给上墨三百六十丸，每年给上好兔皮五百张为笔材，以保证编书和抄书工作的顺利进行。

开元十一年（723），玄宗设置丽正书院，召集文学之士徐坚、贺知章等学者或著书立说，或讲经论道，并以宰相张说总管院事。玄宗提倡著书立说，诏令起居舍人陆坚于集贤院修撰《大唐六典》，并亲自写了六条类目：理典、教典、礼典、政典、刑典和事典。全书历时十几年撰成。《大唐六典》全书三十卷，把唐代的律令加以简括，分别系于官吏的职责之下，保存了唐代前期的田亩、户籍、赋役、选举等典制。

宋代欧阳修对开元年间编书的盛况曾加以评价说："自汉以来，史馆列其名氏篇第，以为六艺九种七略，至唐始分为四类，曰经、史、子、集。而藏书之盛，莫盛于开元，共著录五万三千九百一十五卷，而唐之学者自为之书者，又两万八千六百六十二卷。呜呼！可谓盛矣。"

唐玄宗自己还是音乐家、戏剧家和诗人。他爱好文艺，在两《唐书》的《音乐志》和《礼乐志》里，有不少是玄宗和妃子唱和的记载。玄宗曾选乐工三百人，宫女数百人，教授乐曲于梨园，亲自订正声误，号"皇帝梨园弟子"。后世称戏班为梨园，戏曲演员为梨园子弟即由此而来。

此外，唐玄宗还注意征召和培养各种人才，他任用了许多著名学者，充当其学术顾问。如张遂是著名的天文学家，由于拒绝和大贵族武三思合作，便隐居到嵩山当了和尚，法号一行。开元三年，玄宗把一行召到长安，让他当天文学顾问。一行利用玄宗创造的条件，加上自己的辛勤劳动，终于创造出著名的《大衍历》，并指导实测子午线，成为历史上卓越的天文学家。玄宗还下诏征召大诗人李白，让李白做翰林供奉，并给予优厚的待遇。李白以布衣应聘入宫，对当时文化界的影响很大。在这样的环境下，文艺的兴旺发达是必然的现象。

当时一批杰出的诗人、医学家、音乐家、天文学家等，为那个时代增加了映照古今的光彩，形成了举世闻名的唐文化。

五、废立太子　远贤亲佞

玄宗在位年久，渐渐地贪图安逸享乐，懒于处理政事。吏部侍郎李林甫为人伪善，诌媚狡诈，好用权术，与宦官及外戚结为深交，窥伺玄宗的行动，玄宗的一举一动没有他不知道的，因此每次回答玄宗提出的问题，都符合玄宗旨意，玄宗很喜欢他。当时，武惠妃在后宫妃子中最受玄宗宠爱，生下寿王李瑁，在所有的皇子中也最受宠爱。因此太子李瑛渐渐遭到疏远冷落。李林甫就通过宦官对武惠妃说："愿意尽全力保护寿王。"武惠妃很感激他的恩德，就暗中在宫内帮助他，因此他被提升为黄门侍郎。开元二十二年（734）五月，玄宗任命裴耀卿为侍中，张九龄为中书令，李林甫为礼部尚书，同中书门下三品。

最初，玄宗想任命李林甫为宰相，向中书令张九龄征求意见，张九龄回答说："宰相关系国家安危，如果陛下任命李林甫为宰相，我恐怕他将来成为国家的忧患。"玄宗不听。李林甫任相后，张九龄因精通文辞，文笔超群而受到玄宗的赏识，李林甫虽然怨恨他，但还是曲意逢迎张九龄。侍中裴耀卿与张九龄友好，李林甫很忌恨他俩。张九龄遇到事情不论大小都力争，李林甫窥伺玄宗的心意，总想阴谋中伤张九龄。

玄宗为临淄王时，赵丽妃、皇甫德仪、刘才人都受到玄宗的宠爱，赵丽妃生了太子李瑛，皇甫德仪生了鄂王李瑶，刘才人生了光王李琚。等到玄宗即皇帝位，宠幸武惠妃，赵丽妃等人都失宠了。太子李瑛和李瑶、李琚在后宫相会，都因为生母失宠而说出些牢骚话。驸马都尉杨洄娶武惠妃的女儿咸宜公主为妻，为了讨好武惠妃，他经常伺察这三个皇子的过失报告给武惠妃。武惠妃哭着对玄宗说："太子暗中结党羽，将要谋害我们母子，还指责陛下呢。"玄宗大怒，把这件事告诉了宰相，想把这三个皇子都废为庶民。张九龄说："太子是天下的根本，不能轻易动摇，对废立太子不能不慎重。如陛下一定要这样做，我不敢奉诏。"玄宗很不高兴。李林甫当时没有说什么，下朝后私自对玄宗宠幸的宦官说："这是皇帝的家事，没有必要问外人。"玄宗犹豫不决。武惠妃秘密派宫奴牛贵儿对张九龄说："有废一定有兴，您如果能帮助我，就可以长期当宰相了。"张九龄斥退他，并把武惠妃的话告诉了玄宗，玄宗听后改变了脸色，因此把此事放下。一直到张九龄罢相，太子李瑛也没有被废。

李林甫推荐萧炅为户部侍郎。萧炅平日不学无术，曾经在中书侍郎严挺之面前读"伏腊"为"伏猎"，严挺之对张九龄说："宫中岂能容纳'伏猎'侍郎。"于是把萧炅调出京城任岐州刺史，因此李林甫怨恨严挺之。张九龄和严挺之很要好，想推荐他任宰相，曾对他说："李尚书（李林甫）正受皇帝恩宠，你应到他家去拜访一下，与他友好亲密。"严挺之平日讲恩义，不肯屈服别人，他看不起李林甫的为人，竟然没有去拜访他，李林甫更怨恨他了。严挺之原配的妻子被他遗弃了，改嫁给蔚州刺史王元琰。王元琰犯贪赃罪下交三司审讯，严挺之替他说情。李林甫通过左右人到宫中向玄宗诬告严挺之，玄宗对张九龄说："严挺之替罪人求情，是因为王元琰妻子的关系吧。"张九龄说："王元琰的妻子是严挺之遗弃的，不可能有私情。"玄宗说："虽然遗弃了，但还是有私情的。"

事后，玄宗又想起以前张九龄不同意任命李林甫为宰相的事，认为裴耀卿、张九龄私结朋党，便罢免了他们的相位，任命裴耀卿为左丞相，张九龄为右丞相，

唐开元石刻造像

并停止他们管理政事。玄宗任命李林甫兼中书令；牛仙客为工部尚书、同中书门下三品，照旧兼任朔方节度使。严挺之被贬为洛州刺史；王元琰被流放到岭南。张九龄获罪被罢相后，朝廷的官员从此都明哲保身，没有人直言劝谏了。

李林甫想堵塞玄宗的听闻，自己专擅朝政大权，明目张胆地让谏官们不要进谏。补阙杜琎曾上书论述朝廷的政事，第二天就被罢黜，贬为下邽令。从此劝谏的路断绝了。牛仙客既然是李林甫推荐的，所以对李林甫只是唯唯诺诺罢了。二人对百官的任免，都按常规办，即使是有特殊才能、优异行为的人，也不免老死于低级职位上；而那些善于谄媚之人，却可超越常规不按次序提拔重用。

李林甫心机深隐难测，人们无法看透他的心思。他好用甜言蜜语诱人，而暗中伤害人，不露声色。凡是被皇帝器重的人，开始时他就亲近巴结人家，等到人家的权势地位有可能威胁他时，就设法除掉人家，即使是老奸巨猾的人，也无法逃出他的权术。

开元二十五年（737）四月，监察御史周子谅上书弹劾牛仙客没有宰相的才能，并引用谶书做证据。玄宗大怒，命左右在殿廷抛掷周子谅，周子谅气绝后又复苏过来，然后在朝堂上用棍子打他，之后把他流放到瀼州，走到蓝田就死了。李林甫挑唆说："周子谅是张九龄推荐的。"几天后，玄宗贬张九龄为荆州长史。

杨洄又诬陷太子李瑛、鄂王李瑶、光王李琚，说他们和太子妃的哥哥、驸马薛琇密谋。玄宗召集宰相商量，李林甫说："这是陛下的家事，不是我们应当参与的。"玄宗便做了决定，下诏废除太子李瑛、鄂王李瑶、光王李琚，贬为百姓，流放薛琇。不久赐李瑛、李瑶、李琚自杀，赐薛琇在流放地自杀。李瑶、李琚都富有才能见识，却无罪而死，人们都怜惜他们。李瑛的舅家赵氏、妃家薛氏，李瑶的舅家皇甫氏，均受牵连被流放、贬黜了几十人。

李瑛死后，李林甫多次劝玄宗立寿王李瑁为太子。玄宗认为忠王李玙年长，而且仁孝恭敬谨慎，又好学习，想立他为太子，但犹豫一年多仍没有决定。玄宗想到自己年龄渐渐大了，三个儿子又在同一天被杀死，继承人还没有确定，因此常常闷闷不乐，睡不好吃不下。高力士乘机询问原因。玄宗说："你是我家的老奴，难道不能揣测出我的想法。"高力士说："该不是因为太子未确定而忧愁吧？"玄宗说："是的。"高力士回答说："陛下何必这样劳乏圣心，只要推举年长的立为太子，谁敢再争。"玄宗说："你说得对！你说得对!"于是,玄宗立李玙为太子。后来,李玙改名李亨。

开元二十七年(739)四月,玄宗任命牛仙客为兵部尚书兼侍中,李林甫为吏部尚书兼中书令,总管文科、武科考试之事。

李林甫任宰相后,凡是才能、声望、功劳、业绩超过他自己,以及被玄宗推重,权势和地位可能将要威胁自己的人,一定千方百计地除掉。玄宗曾经在勤政楼下观看乐舞,玄宗垂下帘观看,兵部侍郎卢绚以为玄宗已经离去,便提鞭按辔,骑马横过楼下。卢绚仪态清秀,玄宗目送他、赞叹他。李林甫用很多金银布帛贿赂皇帝左右的人,因此玄宗的一举一动他都知道。他得知此事,便将卢绚外调为华州刺史。卢绚到任不久,李林甫又诬陷他有病,不治理华州政事,改封为詹事、员外、同正。

玄宗又曾问李林甫:"严挺之现在在哪里?这个人也可使用。"严挺之此时任绛州刺史。李林甫出宫后,便叫严挺之的弟弟严损之来,告诉他"皇帝待你哥哥的情意很深,为什么不想一个觐见皇帝的办法,上书说得了风疾,请求回京治疗。"等严挺之的奏章送来,李林甫拿着他的奏章禀告玄宗说:"严挺之已衰老患了风疾病,应暂且授他闲散无权的官职,使他治病调养。"玄宗听从了建议。

六、专宠贵妃　外戚权盛

"开元盛世"使玄宗踌躇满志,锐意进取的治国精神丧失殆尽,到天宝元年(742),玄宗已做了三十年的太平天子,日渐奢侈,纵情声色。武惠妃逝世后,玄宗时常怀念她,后宫有几千美女,没有一人合他意。天宝三载(744),高力士告诉他寿王李瑁的妃子杨玉环美貌绝世无双。玄宗见到她后特别喜欢,但杨玉环是自己的儿媳,如果公然纳她为妃,显然悖于伦理。于是命她申请当女道士,道号叫太真。又重新给寿王李瑁迎娶左卫郎将韦昭训的女儿,然后玄宗让杨太真秘密住在宫中。杨太真肌肤丰满,体态婀娜,精通音乐,性情聪明机警,善于迎合玄宗的旨意。她进宫不到一年受到的宠幸就像武惠妃一样,宫中都称她为"娘子",一切礼仪都和皇后一样。白居易在《长恨歌》中曾生动地描写了杨太真的宠遇:

> 承欢侍宴无闲暇,春从春游夜专夜。
> 后宫佳丽三千人,三千宠爱在一身。

天宝四载(745)八月,玄宗册封杨太真为贵妃,赠封杨贵妃的父亲杨玄琰为兵部尚书，任命他的叔父为光禄卿，堂兄杨铦为殿中少监，杨锜为驸马都尉。册封武惠妃的女儿为太华公主，命杨锜娶她为妻。对杨贵妃的三个姐姐，玄宗也都在京城赏赐住宅，宠贵显赫。

　　杨国忠是杨贵妃的堂兄，不学无术没有德行，被宗族鄙视。他曾经到蜀地从军，被封为新都尉。任职期满后，因家里贫穷不能返回，新都县富民鲜于仲通经常资助他。剑南节度使章仇兼琼推荐鲜于仲通为采访支使，并把他当作自己的亲信。当时，朝中李林甫任宰相，专断朝政。章仇兼琼对鲜于仲通说："现在我只得到了玄宗的厚爱，如果没有朝廷中的内援，一定会被李林甫所害。听说杨贵妃刚刚得宠，别人还不敢依附她。你如能替我到长安和她家结交，我就没有忧患了。"鲜于仲通说："我是蜀地人，没有游过首都，恐怕坏了您的大事。我给您另找一个人吧。"于是就介绍了杨国忠的情况，章仇兼琼接见了杨国忠。见杨国忠身材很魁梧，言辞敏捷，章仇兼琼很高兴，马上任命他为推官，让他到京城去。临别时，对他说："我有一点东西在郫县（今四川郫县），可以做一天的口粮，你路过那里，可以去拿。"杨国忠到了郫县，章仇兼琼派亲信带给他大量的蜀地珍贵特产，可值一万缗。杨国忠十分高兴地收下财物，然后昼夜兼程到了长安。他到杨家各姊妹家去拜访，把蜀地特产送给他们，说："这是章仇公赠送的。"因此杨家人都在玄宗面前称赞章仇兼琼，并且说杨国忠善于做赌博游戏。玄宗一听来了兴趣，便召见了杨国忠，特准他可以随供奉官出入宫廷，封他为金吾兵曹参军。

　　天宝五载（746）五月，玄宗任命剑南节度使章仇兼琼为户部尚书，这是由于杨家人的引荐。

　　杨贵妃受到玄宗专宠，每次骑马都由高力士牵马执鞭，专给杨贵妃织绣衣的工匠就有七百人。朝廷内外争着奉献器物、服装、珍宝、玩物，因为岭南节度使张九章、广陵长史王翼所献的物品精美，就加封张九章三品官，王翼入朝任户部侍郎。天下人都效法他们。杨贵妃想吃鲜荔枝，玄宗就命令岭南每年用驿站快马传送，等送到长安，色味仍然不变。诗人杜牧在《过华清宫》中写道：

　　　　长安回望绣成堆，山顶千门次第开。
　　　　一骑红尘妃子笑，无人知是荔枝来。

　　天宝七载（748）十一月，玄宗封杨贵妃的大姐为韩国夫人，二姐为

（宋）钱选《杨贵妃上马图》

虢国夫人，三姐为秦国夫人。三人都有才华和姿色，玄宗称她们为姨，允许他们随便出入宫禁。她们的权势超越了一般朝臣。每次有封号的几位夫人入宫晋见玄宗时，连玉真公主（玄宗妹妹）等都辞让不敢就座。三位夫人与杨铦、杨锜五家，凡是有事相托，府县都照办，比玄宗的敕命还有效。全国各地送来的礼物都堆积在她们的家里。人们争先恐后送礼，杨氏五家的门庭日夜若市。十王宅中的诸王和百孙院的皇孙有婚嫁之事，都要用一千缗钱贿赂韩国夫人、虢国夫人，让她们向玄宗求情，结果没有不如意的。玄宗的赏赐及各地进献的物品，杨氏五家都是一样的。他们争相建筑住宅，特别壮丽，一间厅堂的费用，就超过一千万钱。建成后，如果看见别人的比自己的好，就拆毁了重建。虢国夫人尤其奢侈，一天早上，突然带领工匠闯入黄门侍郎韦嗣立的家，命令马上拆毁旧屋，在此地给自己建筑新宅，只给韦家十亩闲田而已。中堂建成后，叫泥瓦工涂饰墙壁，大约用了二百万钱。

当时，皇亲国戚都争相向玄宗进献食物，玄宗任命宦官袁思艺为检校进食使。皇亲国戚所进献的美味珍品有几千盘，一盘的费用相当于中等人家十户的财产。中书舍人窦华曾有一次退朝，正值公主进献食物，在街中列队，传呼的人骑着马出入其间，几百名宫苑小儿拿着木棒走在前面，窦华差一点挨了他们的打。

七、奸臣聚敛　玄宗挥霍

　　玄宗宠信李林甫、造成朝政混乱的同时，又大肆挥霍钱财，奸臣们也趁机聚敛。开元九年（721）正月，监察御史宇文融上书说，天下人口逃移，奸诈虚伪的现象很多，请进行清查。宰相源乾曜平日爱他的才华，赞成他的做法。二月，玄宗命有司商议制定招回逃亡流民及审问奸邪的法规，向朝廷奏报。

　　玄宗颁下制书："各州县逃亡的人听任他们在一百天内向当地官府自首，或者在所在地入户籍，或者按官府文告规定的日期回到原籍，各按自愿决定。如过期不自首，清查出来，一律罚他迁到边疆州县去居住。官府或私人有敢包庇的抵罪。"玄宗派宇文融担任使者，登记逃亡人口和隐瞒的田地，查出了许多逃亡者和漏税田。玄宗提升宇文融为兵部员外郎兼侍御史。宇文融奏请设置劝农判官十人，并代行御史职务，分别到全国各地去；对新近就地入户籍的客户，均免除六年的赋税。有的使者苛刻严峻，州县迎合使者意图，经常骚扰百姓，百姓深受其苦。阳翟县尉皇甫憬上书奏报了这些情况，玄宗命宇文融担任一方重任，独立行使大权，贬皇甫憬为盈川尉。有的州县迎合上级的旨意，刻意多查出流亡人口，虚报数字；有的把当地常住户当做逃亡农户上报。共查出逃亡农户八十多万，隐瞒的田地也和这个数相当。

　　开元十二年（724）六月，玄宗下制书：逃亡农户可以自首，开垦当地的闲田，根据情况适当收税，不能随便征调劳役征收赋税，一切赋税全免。仍命兵部员外郎兼侍御史宇文融为劝农使，到各州县巡察，与当地官员、百姓议定赋税的数额。

　　八月，玄宗又任命宇文融为御史中丞，乘坐驿站的马车周游天下。无论大小事，各州县都要先向宇文融报告，然后再报告中书省，朝廷各司也听取宇文融的指挥，然后再做出决定。此时，玄宗将要大规模征讨四夷，急需用费。州县惧怕宇文融，大多虚报括田括户数字，共查出逃亡农户八十多万，漏税的田地与这个数相当。年终决算增加税收几百万钱，全部上交朝廷。从此玄宗开始宠信宇文融。有些人议论，认为登记户口田地造成许多烦扰，不利于百姓。玄宗命百官在尚书省议论。公卿以下的官员惧怕宇文融是皇帝宠信的有势力的官员，都不敢提出不同意见。只有户部侍郎杨玚抗议说："登记客户自首的人免税赋，不利于定居的主人。征收账属以外的田税，使百姓困顿疲惫，所得到的弥补不了所失去的。"不久，杨玚被贬任华州刺史。

开元十三年（725），玄宗任命宇文融兼任户部侍郎。下制：把收取的客户税钱，都交到当地常平仓做本钱。宇文融掌管财政大权，趁机聚敛财富，大肆贪污受贿。

中书令张说憎恶御史中丞宇文融的为人，并且忌恨他权重，因此对宇文融陈述的意见，他大多加以压抑不上报给玄宗。开元十四年（726）四月，宇文融和御史大夫崔隐甫、御史中丞李林甫共同揭发张说"找术士占星，生活奢侈，接受贿赂"。玄宗听信宇文融之言，罢除张说中书令职务。

开元十五年（727）正月，御史大夫崔隐甫、御史中丞宇文融担心张说再被任用，便多次上奏诽谤他。宇文融和张说、崔隐甫各自结成朋党明争暗斗。玄宗对朋党之争向来憎恶，便下制命张说辞官回家，崔隐甫免官侍奉母亲，宇文融离京任魏州刺史。

开元十六年（728）正月，玄宗任命宇文融为户部侍郎兼魏州刺史，兼任河北道宣抚使。不久，又命他查对核实汴州刺史，兼任河南、河北沟渠堤堰决九河使。宇文融请求按照《禹贡》记载的九条河流故道开垦稻田，并征收陆运钱，上交官府。但因人力不停被征调兴建楼台殿阁，开垦稻田之事没有施行。

宇文融性格精细敏锐，应答玄宗问话时能言善辩，尤其因为应答治理财政税赋的问题而得到玄宗的宠幸。他开始广泛地在各地设置使者。这些使者争着为朝廷聚敛财富，从此百官渐渐玩忽职守，而玄宗越来越奢侈，百姓饱受搜刮的痛苦，都怨声载道。宇文融为人浮躁，喜欢自夸，在宰相之位时，曾对别人说："让我担任几个月的宰相，海内就会平安无事了。"信安王李祎因为有军功受到玄宗的宠信，宇文融十分嫉妒他。李祎入朝，宇文融秘令御史李宙抨击他，李宙将此事泄露出去。李祎听说后，抢先禀告了玄宗。第二

唐城宫阙——麟德殿（模型）

天，李宙抨击李祎的奏书果然送上。玄宗大怒，贬宇文融为汝州刺史，宇文融任宰相之职共有一百天就被罢官了。此后，凡是因对国家财利问题提出高见而取得高官的，都是效法宇文融。

宇文融获罪后，国家用度费用不足，玄宗又想起宇文融，对裴光庭等大臣说："你们都说宇文融不好，我就罢黜了他。现在国家用度费用不足，怎么办呢？你们怎么辅佐我？"裴光庭等人害怕，不能回答。恰在此时，有人秘告宇文融贪污贿赂之事，玄宗大怒，将他贬为平乐县尉。过了一年多，司农少卿蒋岑奏报宇文融在汴州隐瞒吞没的官府钱以万万来计算，玄宗下令彻底清查此事。宇文融被流放到岩州，在路上病逝。

太尉卿杨崇礼在太府任职二十多年，前后在太府任职的没有能赶上他的。当时天下太平日久，财货像山一样堆积，经杨崇礼管理的东西，都极其精美。杨崇礼每年检查考核金钱出入之数，辩论弊害提出异议，节省庞杂不必要的开支，提取赢利，就拿出钱几百万缗。开元二十一年（733），杨崇礼以户部尚书的身份辞官回家，年已九十多岁了。玄宗问宰相："杨崇礼的几个儿子中，谁能继承他父亲之职？"宰相回答说："杨崇礼有三个儿子，杨慎余、杨慎矜、杨慎名，都廉洁、勤奋有才华，其中杨慎矜最好。"玄宗就把杨慎矜从汝阳县令提升为监察御史，主管太府出纳；杨慎名代理监察御史，任东都含嘉仓出给（即出纳）。玄宗很看重他们。杨慎矜奏报各州缴纳的布帛有被水泡、破坏的，都让本州按物资价格折合成钱，购买微小的财货送到京师，从此赋税的征调开始频繁了。

天宝元年（742）三月，玄宗任命长安令韦坚为陕郡太守，兼任江、淮租庸、转运使。本来自从宇文融死后再没有人敢谈论财利；及至杨慎矜得到宠幸，韦坚、王鉷这些人都争相向玄宗提出有关财利方面的建议。百官有职权的，也渐渐另外设置诸使来掌管，旧官只是充位罢了。玄宗命韦坚督促江、淮地区租税的运输，一年就增加万万的收入；玄宗认为他能干，因此提拔任用他。王鉷也因为善于管理租税的征收，被任命为户部员外郎兼侍御史。

天宝二年（743）三月，韦坚引水到禁苑东面的望春楼下，修建了一个新潭。他聚集了江、淮地区的运粮船只，让服役人、匠人凿通渠道，掘开百姓的坟墓田野，从江淮地区到京城的百姓无不怨恨、愁闷。经过两年，新潭建成。玄宗登上望春楼观看新潭。韦坚准备了几百艘新船，每只船上都用匾额写上郡名，各自在船背陈列郡中的珍宝货物。陕县尉崔成甫穿着半臂的锦衣、缺胯的绿衫，头上包着红色头巾，站在船头唱《得宝歌》，又让百名美丽的妇女穿着华美的衣服与他对唱，船只相连有几里长。韦坚跪着进献各郡的珍宝货物，献上各色美味的食品。玄宗大喜，设宴与群臣欢会，持续了一整天才结束。四月，玄宗加封韦坚为左散骑常侍，对他部下的官员分等次奖赏，给新潭赐名为广运潭。

天宝四载（745）九月，玄宗又任命韦坚为刑部尚书，罢除诸使，让御史中丞杨慎矜代任。

十月，玄宗任命户部郎中王鉷为户口色役使，玄宗下令免除百姓今年的徭役。王鉷奏请征收运输费，增加钱数，又命购买本郡珍宝货物。这样一来，百姓缴纳的钱比不免除徭役还多。按旧的制度规定，戍守边疆的士卒免除赋税，服役六年更换人。当时边疆将领都以战败为耻，因此士卒死亡的都不申报，原籍也不免除徭役。王鉷一心想聚敛财货，就把有户籍无人的当成是逃避赋税，按着户籍登记戍守边疆六年以上的，都征收他们的赋税，有的人一次被征收三十年的赋税，百姓无处诉苦。

玄宗的生活日益奢侈，费用天天增多，对后宫的赏赐没有节制。他不愿多次到国库去领取。王鉷深知玄宗的心意，就把每年进贡以外的百亿万钱帛，储存在内库，来供玄宗在宫中宴会赏赐用，并说："这些钱财都不是征收的赋税，不是国家预算的经费。"玄宗认为王鉷能使国家富裕，更加器重他了。王鉷就竭力掠夺，来向玄宗谄媚，致使朝廷内外无不感叹怨恨。但玄宗对此毫不知情，又任命王鉷为御史中丞、京畿采访史。

杨国忠在宫中侍奉玄宗参加宴会，专管赌博游戏的胜负计数，查对得非常详细精明。玄宗很赏识他的精明强干，说："他是一个好度支郎（掌管全国财富的统计、支调）。"那些杨氏家族的人多次在玄宗面前引称这句话，又把此事告诉了王鉷。王鉷迎合玄宗之意，就奏请任命杨国忠为度支郎中。

杨国忠任度支郎中后，善于窥视玄宗的心意，根据玄宗的爱憎来迎合上意。因为他千方百计地聚敛财富，不到半年就被提拔兼任十五六个使职。不久，杨国忠又升任为给事中兼御史中丞、专判度支事，一天比一天受宠。

天宝八载（749）二月，玄宗带领百官去参观国库，并分等次赏赐杨国忠等人。此时各州县都很富裕，仓库堆满了粮食、布帛，常以万来计算。杨国忠奏请各州县把库存粮食卖掉后购买轻货，各地征收的丁租地税也都卖掉购买布帛运到京城。杨国忠多次奏报国库充实，古今很少有能与现在相比的。因此玄宗率领群臣参观，赏给杨国忠紫衣金鱼袋。因为国库富有，玄宗便挥金如土，赏赐受宠信的人家，挥霍钱财没有限度。

孔子曾说："国家宁可有盗窃的臣子，而不可有聚敛财货的臣子。"这话说得很对。奸臣大谈财利求取玄宗的恩赐，玄宗设立许多使者来表示宠爱，使者严苛地搜刮民财，虚报数字来呈报功状。玄宗因此更加放纵奢侈，人民都怨声载道，日久终将造成祸患。宇文融首先倡导，杨慎矜、王鉷接着走这条路，杨国忠时终于造成叛乱。

八、崇道好仙　朝政混乱

玄宗极力追求物质享受，大造离宫别馆。开元二十六年（738）冬，在两京建行宫、殿宇各千余间。每次外出，都由杨贵妃姊妹随从，其奢侈豪华的程度十分惊人。

为了益寿延年，玄宗崇道好仙。开元二十二年（734），把"自言有仙术"的张果迎接到宫中；开元二十九年（741），他梦见玄元皇帝（即老子，玄宗封他为玄元皇帝），把他的画像迎置在兴庆宫。此后，一些投其所好的奸人或诡称见到玄元皇帝真容，或扬言听到玄元皇帝谈话，他也不辨真假，一律给予奖拔，这就更加荒废了朝政。

天宝元年（742）七月，左相牛仙客死了。八月，玄宗任命刑部尚书李适之为左相。

天宝二年（743），玄宗任命右赞善大夫杨慎矜为知御史中丞事。当时李林甫专擅朝政大权，公卿有被推荐重用的，如果不是先通过他的，他一定加以罪名除掉。杨慎矜因此坚决推辞，不敢接受。五月，玄宗任命杨慎矜为谏议大夫。次年，改"年"为"载"。

玄宗即位后，由于关中储粮不足，便经常到各地巡视。后来，他厌倦了外出巡视。李林甫了解到这一情况，就在京城附近的各道，增加粮税及强买民粮来充实关中地区。经过几年，关中的积蓄渐渐丰足了。玄宗对高力士说："朕不出长安将近十年了，天下没有什么事，朕想安居帝位不求有所作为了，把全部朝政委托李林甫处理，你认为怎么样？"高力士回答说："天子到各地巡狩，是古代传下的制度。况且国家大权，不能交给别人，如果他的威势已经形成了，谁还敢再议论政事！"玄宗听了很不高兴。从此，高力士再不敢深谈国家大事了。

天宝四载（745），李适之与李林甫争权。李适之任兵部尚书，驸马张垍任侍郎，李林甫忌恨他俩。于是他派人诬告兵部官吏选官时受贿，逮捕了六十多人交给京兆府和御史台审讯。审了几天，却得不到什么有用的罪证。京兆尹萧炅让法曹、酷吏吉温审讯。吉温一进院，就把兵部官吏押到外面，先从后厅带来两个重罪犯人审问，一会儿用棍打，一会用杠子压，哀嚎的声音使人不忍听。兵部的官员听见，都吓得面无人色，等被押进来，都自动无辜服罪，没有人敢违背吉温的意思，不一会儿就审问完了。李林甫见此，非常高兴。当时，还有杭州人罗希奭为官也严峻刻薄，李林甫推荐他，从御史台主簿又升任殿中侍御史。二人都顺着李林甫的意思，罗织罪名制造冤狱，没有能逃脱掉的人，当时的人称他们为"罗钳吉网"。

韦坚因疏通水上运输而得到玄宗宠幸，于是有当宰相的志向。韦坚与李适之友好，李林甫因此忌恨他，建议玄宗任命他担任刑部尚书，借以夺他的实权。九月，玄宗在李林甫的推荐下，任命陕郡太守、江淮租庸转运使韦坚为刑部尚书，免去各使职务，让御使中丞杨慎矜代任。

李适之宽宏不拘礼法，不注意小事。李林甫曾对李适之说："华山有金矿，开采可以使国家富强，皇上还不知道呢。"有一天，李适之向皇帝奏事时就把此事报告了玄宗，玄宗就问李林甫，李林甫回答说："我早就知道这件事，但华山是王气所在之地，不宜开采，因此没敢禀告陛下。"玄宗认为李林甫爱护自己，认为李适之考虑事情不成熟，对李适之说："你今后奏事，应先与李林甫商量，不要轻率！"李适之从此被捆住了手脚，失去了皇帝的宠爱。

最初，立李亨为太子不是李林甫的意思，李林甫担心他日太子即位自己遭祸，常有废掉太子的想法；而韦坚，又是太子妃的哥哥。陇右节度使皇甫惟明曾是太子李亨的朋友，天宝五载（746），他打败吐蕃后入朝廷献捷报，见到李林甫专权，心里很不满，曾秘密劝玄宗除掉李林甫。李林甫知道后，就派杨慎矜秘密监视皇甫惟明的行动。正巧正月十五日元宵节晚上，太子出去游玩，与韦坚相见，韦坚又与皇甫惟明在景龙观道士的住房会面。杨慎矜揭发了此事，认为韦坚是皇亲国戚，不应与边将亲近。李林甫乘机诬陷韦坚和皇甫惟明合谋，想共同废掉玄宗立太子为皇帝。玄宗大怒，下令把韦坚、皇甫惟明都逮捕入狱，李林甫命杨慎矜和御史中丞王锬、京兆府法曹吉温共同审讯。玄宗也怀疑韦坚和皇甫惟明有合谋，但是没有罪证。玄宗下诏，谴责韦坚不断谋求升官，贬为缙云太守；皇甫惟明因离间君臣的罪名，贬为播川太守；又另下制书告诫百官。李适之见此十分害怕，自己请求做闲散官员。玄宗也不挽留，任命李适之为太子少保，免去宰相职位。

玄宗任命门下侍郎、崇玄馆大学士陈希烈为同平章事。陈希烈因为讲解《老子》、《庄子》得到皇帝的提拔，又专用神仙、符瑞的事向玄宗献媚。李林甫认为陈希烈既受到玄宗的宠爱，而且性情柔顺，善于谄媚，容易被自己控制，因此就推荐他为宰相。军政的机要大事全在李林甫家里决定，只是由主管文书把办好的公文案卷送到陈希烈家去，请他签名罢了。

七月，将作少监韦兰、兵部员外郎韦芝替他们的哥哥韦坚申冤叫屈，谈话中引出太子为证，玄宗更加愤怒。太子十分害怕，上表请求和韦妃离婚，请求不要因亲废法。玄宗再贬韦坚为江夏别驾，韦兰、韦芝都被贬到岭南。但玄宗平日知道太子孝顺谨慎，因此没有惩处太子。李林甫乘机诬告韦坚和李适之等人结为朋党，玄宗不辨青红皂白，听信了他。过了几日，韦坚被长期流放到临封，李适之被贬做宜春太守。

　　赞善大夫杜有邻的女儿是太子李亨的良娣，良娣的姐姐是左骁卫兵曹柳勣的妻子。柳勣性格狂放不羁，爱好功名，喜欢结交豪杰。淄州太守裴敦复，把他推荐给北海太守李邕，李邕与他结交为朋友。柳勣到了京城，与著作郎王曾等当时有名的学者友好。柳勣和他妻子的家人不和，想陷害他们，就编造假话，诬告杜有邻妄称图谶勾结太子，指责皇帝。李林甫命京兆士曹吉温与御史一同审问，却审出柳勣是首谋。吉温命柳勣牵连王曾等人入狱。十二月，杜有邻、柳勣及王曾等人都被棍棒打死，尸体堆积在大理寺，他们的妻子被放逐到远方，朝廷内外震惊。李邕的儿子嗣虢王李巨被贬为义阳司马。李林甫又派监察御史罗希奭去审问李邕，太子也把良娣贬出宫做庶民。对这些事情，玄宗自己不闻不问，任凭李林甫处置。

九、屡兴冤狱　始终不悟

　　玄宗沉浸在声色娱乐之中，把朝政全部托付给李林甫。李林甫为了保全自己的地位，妒贤嫉能，多次兴起冤狱。将军王忠嗣多次率军出征吐蕃、吐谷浑，都获得大胜。玄宗让他兼任河西、陇右、朔方、河东四镇节度使，唐朝的兵马重镇都在他的掌握之中。李林甫因为王忠嗣的功劳显赫，怕他升任宰相，十分忌恨。将军董延光去攻击吐蕃的石堡城，超过了预定日期没有攻下。王忠嗣曾建议玄宗不要攻打易守难攻的石堡城，因此对于董延光进攻石堡城，他的态度消极，董延光就诬告王忠嗣阻挠军事计划施行，玄宗大怒。李林甫乘机让济阳别驾魏林诬告王忠嗣想起兵拥

唐长安城大明宫三清殿遗址

立太子李亨当皇帝。玄宗征召王忠嗣入朝，命三司审问。

三司审问王忠嗣，玄宗说："我儿子李亨居住在深宫，怎能和外面人通谋，这一定是胡说。只判处王忠嗣阻挠建立军功之罪就行了。"陇右节度副使哥舒翰受王忠嗣知遇，王忠嗣曾多次提拔他，玄宗也决定重用他，征召他入朝。他入朝时，有人劝他多带些金银布帛去救王忠嗣。哥舒翰不肯，认定天下公道还在，王忠嗣不会被冤杀。哥舒翰面见玄宗时，恰逢三司奏报王忠嗣犯了死罪。哥舒翰竭力替王忠嗣鸣冤，并请求用自己的官爵来赎王忠嗣之罪。玄宗站起来，进入宫内，哥舒翰叩头跟随进去，声泪俱下。玄宗很受感动，于是免掉王忠嗣的死罪，将他贬为汉阳太守。

户部侍郎兼御史中丞杨慎矜是隋炀帝杨广的后代，因受到玄宗的重用，李林甫又开始忌恨他。杨慎矜与王鉷的父亲王晋是表兄弟，少年时和王鉷十分友好，王鉷进入御史台便是杨慎矜推荐的。等到王鉷升任中丞，杨慎矜与他说话还称他名字，王鉷仗着与李林甫关系密切，对此有点不满意。后来，杨慎矜又抢夺王鉷的职田，王鉷的母亲本来出身微贱，杨慎矜曾对别人说过，王鉷因此内心很恨他。而杨慎矜毫无察觉，还像原来那样与他无话不谈，曾和他私下谈论谶书的预言。

杨慎矜和术士史敬忠关系密切，史敬忠说天下将要大乱，劝杨慎矜在临汝山中买田庄做避乱之地。正巧杨慎矜父亲杨崇礼坟墓田里的草木流血，杨慎矜认为不吉利，就询问史敬忠。史敬忠就让他祭祀祛邪除恶，并在后园设道场驱妖，杨慎矜退朝后，就赤身裸体带着手铐脚镣坐在道场中。过了十天，草木不流血了，杨慎矜很感激史敬忠。杨慎矜有个侍女叫明珠，长得很美，史敬忠多次注视她，杨慎矜就把她送给了史敬忠。史敬忠用车载她回家，路过杨贵妃姐姐秦国夫人的楼下，秦国夫人邀请史敬忠上楼，提出要车中的美人，史敬忠不敢违抗。第二天，秦国夫人入宫，让明珠跟随她。玄宗见她长得漂亮，问她是从什么地方来的，明珠把杨慎矜与史敬忠所有的事情全告诉了玄宗。玄宗因为杨慎矜和术士作妖法，很厌恶他们，但含怒未发作。

杨国忠把此事告诉了王鉷，王鉷大喜，就借机侮辱杨慎矜，杨慎矜很生气。李林甫知道王鉷和杨慎矜有矛盾，便秘密地引诱他谋害杨慎矜。于是王鉷派人诬告"杨慎矜是隋炀帝的孙子，与恶人交往，家里有谶书，谋划恢复隋朝"。玄宗大怒，逮捕杨慎矜入狱，命刑部、大理与侍御史杨国忠、殿中侍御史卢铉共同审讯他。太府少卿张瑄是杨慎矜推荐的，卢铉便诬陷张瑄曾和杨慎矜谈论谶书之事，用尽各种酷刑拷问，张瑄不肯承认。卢铉又把张瑄的双脚捆绑在木头上，让人拉着他戴的枷柄向前拉，张瑄的身体被拉长了几尺，腰被拉得要断了，眼睛、鼻子出血，但仍不承认。

玄宗又派吉温逮捕史敬忠。吉温见到史敬忠，一言不发便锁上他的脖子，用布蒙上他的头，驱赶他在马前走。走了很久，史敬忠哀求吉温，请求供认罪状。吉温才在桑树下让他写了三张供纸，供认的内容都合吉温心意。

接着，开始审讯杨慎矜，并用史敬忠的证词作证。杨慎矜畏惧受酷刑，便全部认罪，只是没有搜出谶书。李林甫派卢铉到长安搜杨慎矜的家。卢铉在袖中藏了一本谶书进入他家的暗室，一会儿出来了辱骂他说："这个逆贼把谶书藏得这样严实。"卢铉将谶书拿给杨慎矜看，杨慎矜叹息说："我没有藏谶书，这书怎么在我家呢！我只是应当死罢了。"

天宝七载（748）十一月，玄宗赐杨慎矜和他的哥哥少府少监杨慎余、洛阳令杨慎名自杀。史敬忠被打一百棍，妻子都被流放到岭南。张瑄被打六十棍，流放到临封，后来死在会昌。嗣虢王李巨虽然没有参与谋划，因认识史敬忠也受牵连，被罢官。其余被牵连的有几十人。

李林甫多次制造大冤案，在长安设置推事院。因为杨国忠是皇亲国戚，经常出入宫廷，他说的话玄宗大多都听，李林甫就拉他做帮手，提拔他为御史，事情如有一点涉及太子的，就提出让他上奏揭发，交给罗希奭、吉温审问。杨国忠的野心因此得逞，经他揭发而排挤陷害诛杀了几百家人。幸亏太子李亨仁孝谨慎，张垍、高力士经常在玄宗面前保护他，因此李林甫最终也不能离间。

十二月，玄宗命百官在尚书省观看各地送来的全年贡物，看完就命用车装上全部赏给李林甫。玄宗有时不上朝处理政事，百官就都集合在李林甫的家办事，尚书台空无一人。陈希烈虽然坐在宰相府中，却没有一个人去谒见。

天宝八载（749）四月，咸宁太守赵奉璋告发李林甫二十多条罪状。状纸还没有交上去，李林甫就知道了，暗示御史逮捕他，诬陷他妖言惑众，命令用棍打死他。

天宝九载（750）四月，御使中丞宗浑贪污巨万，被流放到岭南。起初，吉温是依靠李林甫而被提拔任官的，后来兵部侍郎兼御史中丞杨国忠对他屡施恩惠，吉温便离开李林甫依附杨国忠，并为杨国忠取代李林甫执政而出谋划策。萧炅和宋浑都是李林甫的亲信。吉温发现他们的罪过，就让杨国忠奏报而驱逐他们，除掉李林甫的亲信，李林甫也无法营救。

户部侍郎兼御史大夫、京兆尹王鉷的弟弟户部郎中王銲是个凶险不法之徒。天宝十一载（752），王鉷与王銲叫来术士任海川问："你看我是否有王的相貌？"任海川一听王銲有谋反之意，感到害怕，便逃跑了。王鉷担心此事被泄露出去，就把任海川抓来，假借别的罪名用棍将他打死了。王府司马韦会是定安公主的儿子，在自己家里谈论此事。王锳知道后，便派长安尉贾季邻逮捕了韦会送到监狱缢死。

王銲的好友邢縡率领龙武军万骑兵谋杀了龙武将军，想要发动政变，杀李林甫、陈希烈、杨国忠。在政变的前两天，有人告发了此事。四月，玄宗上朝，把上告的状纸交给王锳，让他逮捕邢縡。王锳想到弟弟王銲可能在邢縡家，就先派人叫王銲回来，直到天黑才命贾季邻等人去逮捕邢縡。邢縡住在金城坊，贾季邻等人到了门口，邢綽就率领几十个同党，手持弓箭大刀冲出院与他们格斗。王锳和杨国忠带兵前来援助，邢縡的同党说："不要伤害大夫（王锳）部下的人。"杨国忠的侍从听见了此言，便秘密对杨国忠说："叛贼有暗号，不要跟他们打了。"邢縡边打边跑，到了皇城的西南角，正好玄宗派高力士带领飞龙禁军四百人来到，捉住了邢縡杀死，逮捕了他的党羽。

杨国忠一向忌恨王锳，他趁机对玄宗说："王锳一定参加预谋了。"玄宗认为王锳深受自己信任重用，不应参加叛逆，李林甫也替他辩解。玄宗下令特赦王銲不再追问，但想让王锳上表请求治王銲之罪，并派杨国忠去暗示他，但王锳不忍心这样做，玄宗大怒。陈希烈虽是李林甫推荐为相的，但因长年没有实权而怨恨李林甫，此时他与杨国忠联手与李林甫为敌。因此陈希烈极力说王锳大逆不道应当诛杀，玄宗便命陈希烈和杨国忠审讯王锳。在这时，任海川、韦会的事也被揭发出来了，最后叛罪定案，赐王锳自杀；在朝堂上用棍打死王銲；王锳的儿子王准、王倬都流放到岭南，不久也被杀死。

王锳死后，玄宗命杨国忠兼任京兆尹，加封为御史大夫、京畿、关内采访使。杨国忠扶摇直上，权倾朝野。王锳专管的职务，都归杨国忠兼任。

同年十一月，玄宗又任命杨国忠为右相，兼文部尚书，其他判、使照旧。杨国忠担任宰相后，自认为大权在握，便把天下的兴衰当做自己的责任，裁决国家军政大事，常刚愎自用。在朝廷常对公卿以下的官员颐指气使，以致人人惊恐。杨国忠从任侍御史到任宰相，共兼任四十多个使职。台省官有才有德有名望的人，如果不听从于他，他就想方设法将其贬出京城。

天宝十二载（753），因为杨国忠的荐举而得任京兆尹的鲜于仲通暗示官吏候选人，请求给杨国忠刻碑颂扬他的功绩，立在尚书省门口。玄宗下令让鲜于仲通撰写颂辞，玄宗亲自改定了几个字，鲜于仲通用黄金填写。

十月，玄宗前往华清宫。三位夫人将要随从玄宗到华清宫去，在杨国忠家聚会，跟从的车马仆从，占满了几条街道。他们穿着锦绣衣服、佩戴着珠玉，鲜艳夺目。杨氏五家，每家站一队穿一色的衣服来相互区别，五家合为一队，远望灿烂如云锦。杨国忠让剑南节度使的旌节仪仗队在队前行。

　　杨国忠身居要职，趁机收受贿赂，朝廷内外向他送礼的聚集在他家中，家中堆积的丝织品就有三千万匹。

　　天宝十三载（754）二月，杨国忠晋升为司空。当时，水灾旱灾已经持续一年，庄稼歉收，关中地区闹饥荒。杨国忠嫌京兆尹李岘不依附自己，就把这些天灾归罪于李岘。九月，玄宗把李岘贬为长沙太守。玄宗担心雨多伤害庄稼，杨国忠就拿一些长得好的禾苗献给玄宗，说："雨虽多，不会伤害庄稼。"玄宗认为他说得对。在杨国忠的淫威下，天下没人敢说有灾害。高力士在玄宗身边侍候，玄宗说："大雨连绵不断，你可把知道的情况告诉我。"高力士回答说："自从陛下把大权交给宰相以来，赏罚没有标准，致使阴阳失调，奴才敢说什么呢！"玄宗沉默不语。

　　玄宗到了晚年自信天下太平，认为天下没有什么可忧虑的，于是深居宫中，专门沉浸在声色娱乐之中，把朝廷政事相继委托给李林甫、杨国忠。他们二人多次兴起大狱，诛杀斥逐贵臣，终于酿成天下大乱，但玄宗始终没有觉悟。

十、不听劝谏　宠信禄山

　　玄宗除了宠用奸臣李林甫、杨国忠、宇文融外，还宠信胡将安禄山，这最终酿成了"安史之乱"。

（唐）杨誉、杨瑾《执扇宫女图》壁画

安禄山本是营州（今辽宁朝阳南）混血胡人，史思明与安禄山住在同一里巷，二人相互友爱，都是市场交易的中间介绍人，以勇猛著名。幽州（治今北京西南）节度使张守珪任命安禄山为捉生将，安禄山常带领几个骑兵出行，每次都会俘虏几十个契丹人。他为人奸诈，善于揣测别人的心理。张守珪很喜欢他，把他收为养子。安禄山被任命为平卢（治今辽宁朝阳）讨击使、左骁卫将军。史思明也升任为将军。

　　开元二十四年（736）三月，张守珪派安禄山讨伐奚族、契丹族的叛军，安禄山仗恃自己勇猛，轻视敌人，带兵进击，被叛军击败。张守珪上奏请求诛杀安禄山。安禄山在临被处决前，大声求饶。张守珪也爱惜他的勇猛善战，想让他活下去，便把他押送到京师。张九龄说："从前司马穰苴依军法诛杀庄贾，孙武按军令斩杀吴王后宫的嫔妃，张守珪要想执行军令，就不应免安禄山死刑。"玄宗爱惜安禄山的才能，下令只免除他的官职。张九龄坚持说："安禄山行军失利，损伤了军队，依照军法不能不处死。况且我观察他的面貌有叛逆之相，如不诛杀一定成为后患。"玄宗说："你不要随便冤枉忠良。"便赦免了安禄山的罪。

开元二十八年（740），玄宗任命安禄山为平卢兵马使。安禄山狡诈善于迎合人心，因此很多人都称赞他。玄宗左右的亲信到平卢去，安禄山都送厚礼贿赂，这些人回朝后都争相夸赞安禄山，因此唐玄宗越来越认为他贤能。御史中丞张利贞任河北采访使，到了平卢，安禄山委屈自己侍奉他，甚至向他左右的人行贿。张利贞回到朝廷，极力称赞安禄山。八月，玄宗任命安禄山为营州都督，兼任平卢军使和奚国、契丹国、渤海、黑水四府的经略使。

天宝元年（742），玄宗分出平卢另为节度镇，任命安禄山为节度使。

天宝二年（743）正月，安禄山入朝，玄宗特别厚待他，让他随时可拜见皇帝。安禄山上奏说："去年秋季营州蝗虫吃禾苗，我焚香向上天祈祷说'如果是我用心不正，事奉皇帝不忠诚，愿让蝗虫吞食我的心；如果我没有辜负神灵，希望蝗虫散去'。立即有一群鸟从北面飞来，把蝗虫全部吃光了。请陛下把这件事告诉史官记录下来。"玄宗采纳，更加相信他忠心不二。

天宝三载（744）三月，玄宗又任命安禄山兼任范阳（治今北京西南，即幽州节度使所改）节度使；任命范阳节度使裴宽为户部尚书。礼部尚书席建侯为河北黜陟使，称赞安禄山公正无私。李林甫、裴宽都顺从玄宗旨意称赞安禄山。三人都是玄宗信任的臣子，从此安禄山更加受到皇帝宠幸，地位更加稳固。

天宝四载（745）九月，安禄山想通过边疆的战功取得宠信，因此多次侵掠奚国、契丹国。奚、契丹各自杀死了他们娶去的唐朝静乐公主、宜芳公主，叛变了唐朝，安禄山击败了他们。

天宝六载（747）正月，玄宗任命安禄山兼任御史大夫。安禄山命他的将领刘骆谷留在京师刺探朝廷动向，有情况随时向他报告。如果有事需要向皇帝上表奏，刘骆谷就代写奏章呈献皇帝。安禄山每年向朝廷进献俘虏、杂畜、奇禽、异兽、珍宝玩物，押送物资的人常络绎不绝，郡县因为传送物资而疲劳。

　　玄宗曾命安禄山见太子李亨，安禄山不下拜。左右人催他拜，安禄山拱
手站立说："我是胡人，不懂得朝廷的礼仪，不知太子是什么官?"玄宗说：
"这是皇帝的继承人，待朕死了以后，就代替朕当皇帝统治你们。"安禄山
说："我很愚蠢，从前我只知道有陛下一人，不知道还有皇帝继承人。"才下
拜叩头。玄宗命杨铦、杨锜、杨贵妃的三个姐姐都与安禄山结拜为兄弟姐
妹。安禄山可以出入皇宫，他趁机请求做杨贵妃的养子。玄宗与贵妃并排坐
着，安禄山先拜贵妃。玄宗问原因，回答说："胡人先拜母亲后拜父亲。"玄
宗很高兴。

　　从唐朝建立以来，边疆的将帅都任用忠厚名臣，不让长久任职；不让遥
领职名，不亲往任职；不让同时兼任数职；功名显著的，就封为宰相。四方
各民族的将领，即使才能出众也不能单独担任大将职务，都是任命朝廷大臣
为使者来控制他们。等到开元年间，玄宗有吞并四方各族的志向，担任边疆
将领的，十几年不更换，从此边将开始久任；皇子李庆、李忠等诸王，宰相
萧嵩、牛仙客等人开始遥领边疆将领之职；盖嘉运、王忠嗣等人对几个道的
军队专制，开始兼统军队了。李林甫想堵塞边疆将帅入选宰相之路，因为胡
人没有读过书，无法胜任宰相之职，他就上奏说："文臣任将领，畏惧箭、石
的袭击，不如任用门弟寒微的胡人。胡人勇猛熟悉战斗，门第寒微就会孤立
没有党羽。如果陛下能用恩惠感化他们的心，他们一定能为朝廷效死。"玄宗
听了很高兴，开始任用安禄山。到这时，各道的节度使全用的是胡人，朝廷
的精兵全在北方边境戍守，天下的形势失去平衡，终于使安禄山能颠覆朝廷，
这都是李林甫为了专擅宠幸巩固地位所搞的阴谋而造成的。

　　天宝九载（750）五月，玄宗封安禄山为东平郡王。唐朝将帅封王从此
开始了。八月，玄宗任命安禄山兼任河北道采访处置使。

　　安禄山多次诱骗奚、契丹人，给他们设宴，让他们喝毒酒，等他们喝醉
了就活埋，常常一次就活埋几千人，然后用盒装上他们酋长的头献给朝廷，
前后三四次。玄宗对此非常高兴。安禄山请求入朝廷进献俘虏，玄宗便命有
关官员先在昭应县长安附近的县境给安禄山建造宅第。杨国忠及兄弟姐妹都
去迎接安禄山，乘坐车辆的车盖遮蔽了旷野，玄宗亲自到望春宫去等他。十
月，安禄山进献奚国俘虏八千人，玄宗命尚书考核官员成绩时，给安禄山记
最上等功。

　　天宝十载（751）正月，玄宗又命有关官员在长安亲仁坊给安禄山修建
宅第，并下令务必建得富丽堂皇，不要限制费用。宅第建成后，大小帐幕、
各种器具摆满宅中。其中有檀木床两张，都是长一丈、宽六尺，还有各种贴

银花纹图案的屏风、帐幔。厨房的用品都是用金银雕刻装饰的，有金饭碗两个，用来淘米的银淘盆两个，都能装五斗米；织银丝筐及笊篱各一个，其他东西也与此相称。即使是宫中使用的物品，也无法与它们相比。

安禄山请求兼任河东节度使，玄宗便任命河东节度使韩休珉为左羽林将军，任命安禄山代替他。户部郎中吉温见安禄山受到皇帝宠幸，就依附他，并结拜为兄弟。安禄山多次向玄宗称赞吉温有才能。正好安禄山兼任河东节度使，就奏请让吉温任节度副使，任命大理司直张通儒为留后判官，河东的军政大权全交给了他们。

此时，杨国忠任御史中丞，正受玄宗重用。但杨国忠也惧安禄山三分，安禄山入宫上下台阶，杨国忠常亲自搀扶他。

安禄山兼任三镇节度使，经常随意赏罚将士，日益骄横放纵。他自知过去自己不肯叩拜太子惹恼了太子，见玄宗年龄已老，惧怕太子继位报复他；又见唐朝的武装防御松弛，十分轻视中原，于是有反叛的打算。他属下的孔目官严庄、掌书记高尚乘机给他解释图谶，劝他反叛。

安禄山收养了同罗、奚、契丹投降的八千多人，称为"曳落河"，是胡人语言"壮士"的意思。还有他的家奴一百多人，都勇猛善战，一人可以抵当一百人。他又养战马几万匹，聚集了大量兵器，分别派遣胡人到各道去做买卖，每年向他交纳价值几百万的珍宝。他还私自做了绯紫袍、鱼袋，花费以百万来计算。安禄山把高尚、严庄、张通儒及将军孙孝哲作为心腹，把史思明、安守忠、李归仁、蔡希德、牛廷玠、向润容、李庭望、崔乾祐、尹子奇、何千年、武令珣、能元皓、田承嗣、田乾真、阿史那承庆作为党羽。

天宝十一载（752）十二月，朝廷任命平卢兵马使史思明兼任北平郡太守，任卢龙军使。史思明与安禄山都任要职，兵马强盛。

阿布思是胡人九姓的首领，兵马强壮，归附唐朝后深受玄宗宠用，安禄山十分忌恨他。天宝十二载（753）五月，阿布思被回纥族击败，安禄山诱骗他的部落投降。从此，安禄山的军队更加强盛，全国各地没有能赶得上的。

安禄山因为李林甫狡猾超过自己，因此很惧怕他。等到杨国忠任宰相，安禄山十分轻视他，杨国忠也忌恨他，他们之间便有了隔阂。杨国忠多次说安禄山有反叛的行为，玄宗不听。杨国忠想与哥舒翰结成厚交，共同排斥安禄山，便上奏任命哥舒翰兼任河西节度使。八月，玄宗封哥舒翰为西平郡王。

天宝十三载（754）正月，安禄山入朝。这时，杨国忠又对玄宗说安禄山一定反叛，并说："陛下可下令召他来试试，他一定不肯来。"于是玄宗派人叫他，安禄山听到命令马上就来了。他见到玄宗哭着说："我本是胡人，

蒙陛下提拔宠信我，但被杨国忠忌恨，我担心不久就会被他害死了。"玄宗
很可怜他，赏他许多钱财。从此，玄宗更加相信亲近安禄山，对杨国忠的话
也听不进去了。太子李亨也认为安禄山一定会造反，告诉玄宗，玄宗不听。
玄宗想加封安禄山为同平章事（宰相）并已准备起草制书，杨国忠进谏说：
"安禄山虽然有军功，但他不识字，怎么能任宰相！制书如果颁下，恐怕四
方各族轻视唐朝廷。"玄宗这才作罢，封安禄山为左仆射，赏他的一个儿子
为三品官，另一个儿子为四品官。

　　安禄山请求兼管闲厩、群牧，玄宗爽快地答应了；安禄山又要求兼任总
监，玄宗也答应了；安禄山又上奏任命御史中丞吉温为武部侍郎，任闲厩副
使，玄宗也答应了。安禄山秘密派亲信选择强壮善战的马几千匹，单独饲
养，玄宗竟然毫无察觉。

　　二月，安禄山上奏说："我部下的将士讨伐奚、契丹、九姓、同罗等，
功劳很大，请不要按常规对待，要破格厚赏，请写好委任官职的文凭，交我
回去发给他们。"于是他部下将士被任命将军的有五百多人，被任命中郎将
的有两千多人。安禄山想造反，因此先用此法来收买人心。

　　三月，安禄山告辞回范阳，唐玄宗脱下自己的衣服送给他，安禄山担心
杨国忠奏请玄宗留下他，急忙出了潼关，乘船沿着黄河东下，命船夫挂着绳
板在河两岸拉船，十五里一换船夫，日夜兼行走了几百里，经过所有的郡县
都不下船。此后，有说安禄山谋反的人，玄宗就命令把这些人都绑上送给安
禄山处理。虽然人们都知道安禄山要造反，但没人敢再劝说玄宗。

十一、禄山造反　朝野震惊

　　天宝十四载（755）二月，安禄山派副将何千年入朝上奏，请求用三十
二名蕃将代替汉将。宰相韦见素对杨国忠说："安禄山很早就想谋反，如今
又请求用蕃将代替汉将，他想造反已是很清楚的事了。明天我要极力向皇帝
进谏，如果陛下不听，你接着劝说。"杨国忠答应了。杨国忠与韦见素去见
玄宗，玄宗说："你们是怀疑安禄山要谋反吗?"韦见素极力劝谏："安禄山
谋反已有迹象，他的请求千万不能答应。"玄宗听了很不高兴，杨国忠见此
便不敢说话。玄宗竟答应了安禄山的请求，并马上命中书省进呈文稿，玄宗
亲自签字，然后发布施行。

　　过了几天，韦见素对玄宗说："我有计策，可以坐着消灭安禄山的阴谋。
现在如果任命他为平章事，召他入朝，任命贾循为范阳节度使、吕知海为平
卢节度使、杨光翙为河东节度使，那么安禄山的势力就会自然分散了。"玄

宗听从了。已经草拟制书，但玄宗却迟迟不发，并派中使辅璆琳前往范阳给安禄山送珍果，暗中洞察他的变化。辅璆琳得到安禄山的许多贿赂，回朝廷后，极力赞扬"安禄山对皇帝竭尽忠诚，没有二心"。玄宗对杨国忠说："我推心置腹地待安禄山，他一定不会有二心。东北的奚、契丹二虏，还得靠他镇压。我担保他不会造反，你们不要担心。"此事就放下了。

此时，安禄山开始怀有戒心。朝廷每次派使者去，他都称病不出来迎接，有时安排好武装防御后，再见使者。杨国忠日夜搜取安禄山谋反的证据，派京兆尹包围了安禄山的住宅，逮捕了安禄山的门客李超等人，送到御史台监狱审讯，并暗中杀死了他们。安禄山的儿子安庆宗娶荣义郡主为妻，在京师任供奉，秘密向安禄山报告此事，安禄山更加惧怕。

七月，安禄山上表说要献三千匹马，每匹马用两名车夫，派遣二十二个蕃将护送。河南尹达奚珣怀疑将有事变，上奏请玄宗命令安禄山"进献车马应等到冬季，朝廷自派马夫，不用麻烦你"。这时玄宗稍有醒悟，开始怀疑安禄山。正巧辅璆琳受安禄山贿赂的事被人告发，玄宗怕打草惊蛇，遂借别的罪名，命左右用棍棒将他打死。玄宗派中使冯神威带着皇帝按达奚珣建议亲手写的诏书，并说："我给你修建一个温泉池，十月时我在华清宫等你。"冯神威到范阳宣读圣旨时，安禄山坐在床上只微微欠起身子，也不跪拜，说："皇上安稳。"又说："马不献也行，十月我一定到京城去。"说完马上让左右人带冯神威到宾馆，没有再见他。过了几天，安禄山让他回京，也没写奏表。冯神威回到朝廷，见到玄宗哭着说："我差点儿见不到陛下了。"

安禄山专擅控制三道，心怀反叛阴谋将近十年了，因为玄宗待他特别好，想等玄宗逝世后再造反。正遇杨国忠与安禄山不和，多次说安禄山要造反，玄宗不听。杨国忠多次借一些事激怒他，想让他赶快造反，以便自己取得玄宗的信任。安禄山因此决定加快行动，只与孔目官太仆丞严庄、掌书记屯田员外郎高尚、将军阿史那承庆密谋，其余的副将都不知道。从八月以来，他多次犒劳士兵，并厉兵秣马。正巧有奏事官员从京师回来，安禄山就伪造诏书，召集众将领让他们看诏书，并说："朝廷有密令，命安禄山率兵入朝讨伐杨国忠，各位应马上跟随我出发。"众将领都惊愕地相互观望，没人敢说别的。十一月，安禄山发动他的部下及同罗、奚、契丹、室韦共十五万兵众，号称二十万大军，在范阳起兵叛变；命范阳节度副使贾循守卫范阳，平卢节度副使吕知诲守卫平卢，别将高秀岩守卫大同，其余各个将领都带兵在夜间出发。

第二天早晨，安禄山出蓟城南门，大举检阅军队，举行誓师，以讨伐杨国忠为名，带兵向南进军。安禄山乘坐铁车，步兵、骑兵精良，战车驶过，烟尘千里，战鼓声、喊杀声惊天动地。当时全国已太平多年，百姓几代人都未经历过战争，突然听到范阳起兵，各地百姓都很震惊。河北都是安禄山统治的地区，安禄山所经过的州县，听到风声就溃散了。太守、县令有的开门出迎，有的弃城逃窜，有的被逮捕杀死，没有敢抵抗的。安禄山先派将军何千年、高邈率领奚族两千名骑兵，声称向朝廷献射生手，乘坐驿站的车到达太原。太原副留守杨光翙出城迎接，安禄山便乘机把他劫走。太原留守立即向朝廷报告具体情况。东受降城（今内蒙古托克托）也上奏报告安禄山造反了。至此，玄宗还以为憎恨安禄山的人捏造事实，仍不肯相信他们的话。

几天后，玄宗听说安禄山确实造反了，才召集宰相商议对策。杨国忠洋洋自得，说："如今反叛的只有安禄山而已，将士都不愿意，不过十天，一定能把安禄山的头送到皇帝的住处。"玄宗认为他说得对，大臣们面面相觑，脸色失常。玄宗派遣特进毕思琛到东京洛阳，金吾将军程千里到河东道，各自招募挑选几万人，组织起来抵抗叛军。恰巧安西节度使封常清入朝，玄宗向他询问讨伐叛军的办法，封常清便说大话："现在天下太平已久，因此人们看到叛军的气势就惧怕，但事情有逆顺，形势有奇变。我请求到东京，打开府库，招募勇猛的人，挑选骑兵驱赶渡河，不久就会把逆贼（安禄山）的头献给朝廷。"玄宗非常高兴，任命封常清为范阳、平卢节度使。封常清当天就乘驿站的马来到东京招募士兵，经过十天招到六万人，不过都是一些没经过训练的乌合之众。封常清率兵切断了河阳（今河南孟县）桥，做好防御的准备。

安禄山到达博陵（今河北定县）南，何千年等人绑缚着杨光翙来见他，安禄山责备杨光翙依附杨国忠，把他斩首示众。安禄山派他的将领安忠志率精兵驻扎在土门，又让张守珪的儿子张献诚代理博陵太守。然后，他率叛军南下。

十二、调兵遣将　冤杀封高

玄宗首先下令斩杀安禄山的儿子安庆宗，赐荣义郡主自杀。接着，玄宗开始调兵遣将任命朔方节度使安思顺为户部尚书，安思顺的弟弟安元贞为太仆卿；任命朔方右厢兵马使、九原太守郭子仪为朔方节度使，右羽林大将军王承业为太原尹；设置河南节度使，统领陈留等十三个郡，任命卫尉卿张介然担任节度使；任命程千里为潞州长史。玄宗又在各郡的叛军入侵的要道，设置防御使。

玄宗任命荣王李琬为元帅，右金吾大将军高仙芝任副元帅，统领各军东征。拿出皇家内府的金银布帛，在京师招募十一万士兵，号称"天武军"，经过十天就集合起来了，这些士兵都是普通百姓、小商人的子弟。

安禄山率领叛军到藁城（今属河北），常山（今河北正定）太守颜杲卿无力抵挡，就与长史袁履谦去迎接安禄山。安禄山赏给颜杲卿金鱼袋和紫衣，把他的子弟作为人质，让他仍然守卫常山；又命他的将领李钦凑率领几千士兵守卫井陉口（在河北），防备西面来的唐朝军队。颜杲卿在回去的路上，指着安禄山送的衣服对袁履谦说："为什么要穿这衣服？"袁履谦明白他的意思，便暗中与颜杲卿谋划起兵讨伐安禄山。

天宝十四载十二月，高仙芝带领飞骑、彍骑及新招募的士兵、在京城的边疆兵共五万人，从长安出发。玄宗派遣宦官监门将军边令诚监督他的军队，屯驻在陕城（今河南三门峡西）。

安禄山从灵昌（今河南滑县）渡过黄河，让人用粗绳把破船、草木捆起来，横放在黄河里，一夜之间，结成的冰就像浮桥，于是攻陷了灵昌郡。安禄山的步兵、骑兵遍布各地，人们不知有多少，所过之处都被他们抢劫一空。张介然到陈留才几天，安禄山便来了。士兵恐惧，不能防守。陈留太守郭纳献城投降。安禄山进入北面外城，听说安庆宗死了，大哭说："我有什么罪过而杀了我的儿子！"当时，陈留投降的将士近万人，安禄山把他们全杀了，以发泄私愤。他又杀死张介然，任命他的将领李庭望为节度使驻守陈留。

玄宗颁发制书，想亲自出征，让太子代理国事，命朔方、河西、陇右的军队除留守城堡以外，其他的都到行营去，命节度使亲自率领，约定二十天全部集合。

杨国忠害怕太子代理国事，将对自己不利，便让杨贵妃向玄宗请示，不让玄宗亲征。玄宗怜惜贵妃，便放弃了亲征的打算。

平原（治今山东平原）太守颜真卿是颜杲卿的堂弟，他早就知道安禄山将要造反，乘霖雨时，修筑城墙，挖掘壕沟，统计壮丁，储备粮草物资。安禄山认为他是书生便看不起他。安禄山叛变后，命令颜真卿带领平原、

颜真卿

博平的七千士兵防守黄河渡口，颜真卿派平原司兵李平从小道去朝廷奏报。安禄山叛变后，河北道的各郡县听到风声就吓倒了，玄宗叹息说："河北二十四个郡，难道没有一个忠义的人士吗！"等到李平来到，玄宗非常高兴地说："我还没看见颜真卿长的什么样儿，竟能如此忠义！"颜真卿派遣他的亲信门客，秘密带着悬赏购买叛党首级的通牒到各郡去，因此各郡有许多人响应。

颜真卿招募勇猛士兵，经过十天就招募了一万多人。安禄山派他的同党段子光攻击河北各郡，到了平原，颜真卿率军击败段子光的部队，逮捕了段子光并处腰斩示众。安禄山命海运使刘道玄代理景城太守，清池县尉贾载和盐山县尉穆宁，共同杀了刘道玄，得到兵器五十多船。颜真卿召贾载、穆宁及清河尉张澹到平原议事。饶阳（今河北饶阳）太守卢全诚占据郡城不接受安禄山所派新官代替官职，河间司法李奂杀死了安禄山所署长史王怀忠，李随派游弈将訾嗣贤渡河，杀死安禄山所署博平太守马冀，各有兵众几千人或一万人，共同推举颜真卿为盟主，军事行动都听他指挥。安禄山命张献诚率领上谷、博陵、常山、赵郡、文安五郡兵一万人包围饶阳，经过二十九天没有攻下。

安禄山带兵向荥阳进军，太守崔无诐抵抗他；登城的士兵听到战鼓号角声，吓得像下雨一样坠下城去。安禄山攻陷了荥阳，杀死了崔无诐，让他的将领武令珣守卫荥阳。

安禄山的军队所向无敌，声势越来越大。封常清驻扎在武牢（在今河南洛阳附近）抵抗叛贼，由于招募的士兵都未经过军事训练，所以一经与安禄山的军队交战，便遭到大败。封常清收集残兵与叛军交战，又战败；第三次交战，又败。几天后，安禄山攻陷了东京，安禄山的军队击鼓呐喊从四门冲入，纵兵大肆杀戮劫掠。封常清在都亭驿与叛军交战，又败；他退守宣仁门，叛军来攻，官军又败，封常清只得从禁苑西面毁墙向西逃去。

封常清的战败震动河南郡县，河南尹达奚珣投降了安禄山。留守李憕对御史中丞卢奕说："我们担负国家重任，虽然智慧力量敌不过敌人，也一定要为国献身。"卢奕认为他说得对。李憕收集几百名残兵打算同敌人交战，士兵都畏惧叛军，扔下李憕逃走，李憕独自坐在河南府中。卢奕先让妻子儿女带着官印，从小道逃往长安，自己穿上朝服坐在御史台官府，左右官员都逃散了。安禄山屯驻在御马厩，派人逮捕了李憕、卢奕及采访判官蒋清，将他们全部杀死。卢奕临死前骂安禄山，列举他的罪状，并对叛军说："为人应当知道逆顺。我死了不失忠贞的气节，还有什么遗憾的！"安禄山让他的亲信张万顷任河南尹。

封常清率领残余部队到达陕城，陕城的太守窦廷芝已逃走，官吏百姓也都逃散了。封常清劝高仙芝"不要和叛军交战徒自取败，潼关是京师长安的屏障，不如退保潼关固守"，高仙芝认为此言有理，便率领现有的士兵向西前往潼关。叛军很快来到陕城，官兵吓得狼狈逃窜，队伍散乱，兵马互相践踏，死伤很多。高仙芝带兵到达潼关后，刚修整完防守设备，叛军就来到了，但没有攻下关，只好退去。安禄山命他的将领崔乾祐屯驻在陕城，攻陷了东都洛阳，临汝、弘农、济阴、濮阳、云中郡都投降了安禄山。

这时，朝廷向各道征兵，都没有来到，关中的人们都很恐慌。适逢安禄山正在谋划当皇帝，留在洛阳没有西进，因此朝廷有时间做好防备，军队也渐渐会集起来。安禄山任命张通儆的弟弟张通晤为睢阳太守，与陈留长史杨朝宗率领一千多胡人骑兵，向东进攻，郡县的官员多半听到风声就投降或逃走了，只有东平太守嗣吴王李祗、济南太守李随起兵抵抗叛军。于是郡县不愿投降叛贼的，都依靠了吴王李祗并以他的名义起兵。单父（今山东单县）尉贾贲，率领官民袭击睢阳，斩杀了张通晤。真源令张巡与贾贲合兵，共同抵抗叛军，多次击败叛军。

高仙芝东征时，监军边令诚多次因事求他，高仙芝多不听从。边令诚怀恨于他，入朝向玄宗奏事，具体讲了高仙芝、封常清战败的情况，并且说："封常清夸大叛军实力动摇军心，而高仙芝抛弃了陕城几百里土地，又偷盗、克扣朝廷发放的军粮和赏赐。"玄宗大怒，派边令诚带着敕书到军中去斩杀高仙芝及封常清。边令诚到了潼关，先接见封常清宣读皇帝的敕书，然后杀死了他，把他的尸体放在芦苇粗席上。高仙芝从外面回来来到办事大厅，边令诚叫一百多长刀手跟随自己，对高仙芝说："大夫也有诏命。"高仙芝马上下厅，边令诚宣读敕令。高仙芝说："我遇到敌人而退却，死是应当的。如今上顶天，下踩地，说我偷盗和克扣朝廷发放的军粮和赏赐，是诬陷我。"这时在场的士卒都大声呼喊冤枉，声音振动天地。但边令诚还是杀了高仙芝，命将军李承光代管高仙芝的兵众。

十三、郭李出兵　屡败叛军

玄宗杀死封常清、高仙芝后，看看在朝将领，只有河西、陇右节度使哥舒翰素有威名，还可任用。哥舒翰此时正因病在家，玄宗想借他的威名讨伐叛军，于是就召见他，封他为兵马副元帅，率领八万士兵去讨伐安禄山。玄宗命全国四面出击，一齐进攻洛阳。哥舒翰称病坚决推辞，玄宗也不答应，并任命田良丘为御史中丞兼任行军司马，起居郎萧昕为判官，蕃将火拔归仁

等各自率领部队随从,加上高仙芝原来的士兵,号称二十万大军,驻在潼
关。哥舒翰有病,不能处理军事,把所有的军政都交给田良丘。田良丘不敢
专权决策,命王思礼主管骑兵、李承光主管步兵,王思礼、李承光二人互相
争权夺势,所以部队号令不能统一。哥舒翰执法严苛、不体恤部下,士兵心
存怨恨,都很懈怠,没有斗志。

这时,安禄山的大同军使高秀岩进攻振武军(今内蒙和林格尔西北),
朔方节度使郭子仪击败了高秀岩军,出军包围了云中(今山西大同)。

颜杲卿将要起兵攻打叛军,参军冯虔、前真定令贾深、藁城尉崔安石、
郡人翟万德、内丘丞张通幽都参与谋划。颜杲卿又派人告诉太原尹王承业,
暗中互相接应。适逢颜真卿从平原派遣颜杲卿的外甥卢逖秘密来告诉颜杲
卿,想联合兵力切断安禄山的归路,以延缓他西进的阴谋。当时,安禄山派
他的金吾将军高邈到幽州去征兵,没有回来。颜杲卿假传安禄山的命令让李
钦凑率领兵众到郡城接受犒赏。傍晚,李钦凑来到,颜杲卿派袁履谦、冯虔
等带着酒食、歌舞艺人去犒劳李钦凑的军队。李钦凑及部下都喝得大醉,于
是颜杲卿便砍掉了李钦凑的头,收缴了他们的兵器,把其余人全绑缚起来,
第二天全杀了。颜杲卿派人到饶阳城去慰劳将士,又命崔安石等到各郡告传
说:"大军已出井陉口,早晚就会来到,将一举平定河北各郡。先归顺朝廷
的受赏,后来的杀头。"于是河北各郡都响应,有十七个郡都归附了朝廷,
共有二十多万士兵;归附安禄山的,只有范阳、卢龙、密云、渔阳、汲、邺
等六个郡罢了。

起初,安禄山打算自己率军去攻打潼关,到了新安(今河南新安),听
说河北有变化就退回了。他派蔡希德率领一万士兵从河内(今河南沁阳)攻
击常山。

至德元年(756)正月初一日,安禄山在洛阳自称大燕皇帝,任命达奚
珣为侍中,张通儒为中书令,高尚、严庄为中书侍郎。

颜杲卿起兵才八天,还没部署好防备措施,史思明、蔡希德就带兵来到
城下。颜杲卿奋力抵抗,但外无援兵,交战多日后粮尽箭绝,几天后城被攻
陷。叛军纵兵杀死一万多人,逮捕了颜杲卿及袁履谦等人并押送到洛阳,被
安禄山杀死。

攻下了常山后,史思明、蔡希德便带兵攻打不服从的各郡,所过之地都被
他们残害毁灭,于是邺、广平、钜鹿、赵、上谷、博陵、文安、魏、信都等郡
又为叛军夺取。只有饶阳太守卢全诚不服从,史思明等包围他。河间司法李奂
率领七千人,景城长史派他的儿子李祀率八千人援救,都被史思明击败。

　　玄宗命郭子仪撤除对云中的包围，回到朔方，集中兵力进攻代州（今山西代县）。玄宗准备选一位良将分兵先出井陉，平定河北，郭子仪推荐李光弼，玄宗便任命李光弼为河东节度使，把朔方兵一万人交给他。

　　这时，安禄山派他儿子安庆绪进攻潼关，哥舒翰击退了他。

　　玄宗加封哥舒翰为左仆射、同平章事；加封颜真卿为户部侍郎兼本郡的防御史；加封李光弼为魏郡太守、河北道采访使。

　　李光弼带领蕃、汉步兵骑兵一万多人及太原弓弩手三千人出井陉到常山。李光弼派步兵五千人从东门出战，叛军守门不退。李光弼命五百个弓弩手在城上一齐射箭，叛军才稍稍后退。于是又派一千个弓弩手，分成四队，让他们接连射箭，叛军抵挡不住，收军退到道北。李光弼派出五千士兵，在道南筑成枪城，夹着滹沱河列阵。叛军多次用骑兵冲锋，李光弼的军队用箭射击，叛军人马被箭射中的有大半，只好后退休息一会儿，等待步兵。这时有村民报告李光弼说："叛军有五千步兵从饶阳来支援，一昼夜就走一百七十里，已到九门逢壁（在常山郡东），估计正在休息。"李光弼派遣步兵骑兵两千人，偃旗息鼓，沿滹沱河悄悄前进到了逢壁。叛军正在吃饭，李光弼军队突然袭击，全部消灭了这股叛军。围攻饶阳的史思明听到消息，认为失去了威力，便退入九门。当时常山郡共有九个县，其中有七个县归附官军，只有九门（今河北石家庄东北）、藁城被叛军占据。李光弼派副将张奉璋率五百士兵戍守石邑县，其余的县都派三百人戍守。

　　李光弼与史思明相持四十多天，史思明切断了常山的粮道。常山城中缺草，战马吃草席，李光弼派五百辆车去石邑取草，押车的人都穿上铠甲，派一千名弓弩手护卫，列成方阵前进，叛军无法劫获。蔡希德带兵攻打石邑，张奉璋击退了他们。李光弼派使者向郭子仪告急，郭子仪带兵从井陉口出发，四月到了常山，与李光弼联合，蕃、汉的步兵骑兵共有十多万。郭子仪、李光弼与史思明在九门城南交战，史思明大败。郭子仪、李光弼回到常山，史思明收集几万残兵尾随追赶。郭子仪挑选勇猛的骑兵轮流挑战，走了三天到达行唐（今河北行唐），叛军疲倦不堪而退兵。郭子仪乘机攻击，在沙

李光弼

河（今河北新乐）打败叛军。

　　蔡希德到了洛阳，安禄山又派他带领两万步兵、骑兵北上支援史思明。又命牛廷玠征发范阳等郡的一万多兵众援助史思明，共计五万多人，而同罗、曳落河的兵占五分之一。郭子仪到了恒阳（今河北曲阳），史思明随后也来到了。郭子仪深沟高垒坚守等待叛军，叛军来攻就坚守，叛军离去就追击。白天炫耀兵力，夜晚袭击敌营，使叛军得不到休息。过了些日子，郭子仪、李光弼商量说："叛军已经疲惫了，可以出击。"于是，在嘉山（今河北正定）与叛军交战，大破叛军，斩杀四万多人，俘虏一千多人。史思明从马上掉下来，露出发髻，赤脚而逃，到晚上，拄着一杆折断的枪回到军营，然后逃到博陵（今河北定县）。

十四、信谗催战　潼关失守

　　李光弼、郭子仪大败史思明后，马上包围了博陵，官军声威大震，于是河北十几个郡都杀死叛军的守将前来投降。

　　从洛阳到渔阳（即范阳）的路又被切断，叛军往来都是轻骑偷偷地经过，多被官军捉获，叛军家在渔阳的，没有不动摇的。安禄山大为惊恐，召来高尚、严庄责骂说："你们几年来教我反叛，认为万无一失。如今官兵驻守潼关，我们几个月没有攻下来，北面的道路已被切断，官兵从四面八方会合而来，我所占有的只是汴、郑等几个州罢了，万全之计在哪里？你们从今以后不要再来见我。"

　　此时的形势对朝廷有利，但唐玄宗不仅不能抓住这一有利形势加以发展，反而听信杨国忠的谗言，一再催逼哥舒翰出战，致使潼关失守，哥舒翰降贼。

　　当初，户部尚书安思顺知道安禄山谋反时，就入朝廷奏报此事。等到安禄山叛乱，玄宗因为安思顺事先奏报了，没有治他的罪。哥舒翰平日与安思顺不和，叫人伪造安禄山给安思顺的信，说是在关门缴获的，献给了朝廷，并列举安思顺七条罪状，请求诛杀他。玄宗不辨真伪，便听信了哥舒翰之言，结果，安思顺及他的弟弟太仆卿安元贞都被处死，其家属被流放到岭外。杨国忠也无法营救他们，从此，他开始畏惧哥舒翰。

　　安禄山叛乱后，天下人认为是杨国忠专横跋扈而招致天下大乱，都切齿痛恨他。因为安禄山起兵反叛，以讨伐杨国忠为名义，因此王思礼秘密劝哥舒翰，上表直言规劝玄宗诛杀杨国忠，哥舒翰不加理睬。王思礼又请求让他带领三十个骑兵把杨国忠劫持出来，到达潼关就杀死他。哥舒翰说："这样做，就是我哥舒翰造反了，不是安禄山叛变了。"有人劝杨国忠说："如今朝廷重兵都掌握在哥舒翰的手中，哥舒翰如果举旗指向西面，岂不是对你有危险！"杨国忠大惊，就上奏："潼关大军虽然强盛，但没有后继部队，万一失利，京城就可忧了。请挑选三千监牧小儿，在禁苑中训练。"玄宗答应了，命剑南军的将领李福德等统领他们。杨国忠又招募一万人驻扎在灞上（今陕西西安东），命自己的亲信杜乾运带领他们，表面上是防御叛军，实际是防备哥舒翰。哥舒翰听到这个消息，也恐怕被杨国忠所暗算，便上表请求把灞上的军队隶属于潼关。六月，哥舒翰召杜乾运到潼关商量事情，用一个罪名杀死了杜乾运，这使杨国忠更加恐惧。

这时，正好有人报告安禄山的将领崔乾祐驻守陕城，军队不满四千人，都是疲弱的士兵而且没有防备，玄宗派使者催促哥舒翰进军收复陕城、洛阳。哥舒翰上奏说："安禄山素来熟悉军事，现在刚刚叛变，怎能没有防备。这一定是显示疲弱来引诱我们，如果出战，正好中了他的计谋。叛军远道而来，速战才会取胜，官军据险拒敌，坚守才会取胜。何况叛军暴虐失去民心，军队内部形势急迫，估计不久就会发生内变，乘此机会可以不用战斗就擒敌。进军重要的是要成功，何必着急。现在各道的征兵还没有全部会集，请暂且等待。"郭子仪、李光弼也上书说："请让我们带兵向北攻取范阳，倾覆叛军的巢穴，将叛贼党羽的妻子做人质扣押起来，招降叛贼，他们内部一定崩溃。潼关的大军，只应固守使叛军疲困，不能轻易出击。"这本来是一条制胜妙计，却不被玄宗所采纳。

杨国忠怀疑哥舒翰谋害自己，就向玄宗报告，说叛军没有防备，而哥舒翰逗留不肯出击，将要失去机会。玄宗认为他说得对，连续不断地派中使催促哥舒翰出兵。

哥舒翰不得已，号啕大哭一场后，于天宝十五载（756）六月被迫带兵出关。哥舒翰在西原（今河南灵宝西南）遇到了崔乾祐的军队。崔乾祐占据险要地方等待官军，他们南边靠着高山，北边临河，狭窄的道路有七十里长。官军与崔乾祐交战，崔乾祐在险要之地埋伏了士兵。哥舒翰与田良丘乘船在黄河中流观察叛军部署形势，见崔乾祐的兵少，便催促各军前进。王思礼等率领五万精兵走在前面，庞忠等率领其余的十万人跟在后边，哥舒翰带三万兵登上黄河北岸的土山瞭望，击鼓来助军威。崔乾祐出动的士兵不过一万人，十人一伙，五人一群，像星星那样分散，有的疏有的密，有的前进有的后退，官军见了都笑起来，认为叛军不堪一击。崔乾祐严肃地带领精锐部队，在散兵的后面。两军交战不久，叛军偃旗息鼓好像要逃走，官军松懈，不加防备。一会儿，埋伏的士兵出击，叛军从高处抛下滚木礧石，砸死许多官军士兵。因道路狭窄，士兵无法施展，长枪长槊使用不上。

哥舒翰用马拉着毡车在前，想冲击叛军。已过中午，东风猛烈刮来，崔乾祐用几十辆草车堵在毡车前，放火焚烧。霎时间，浓烟弥漫，官军睁不开眼睛，胡乱地自相残杀，以为叛军在烟雾中，便聚集弓弩手射箭。直到傍晚，箭用尽了，才知道没有叛军。崔乾祐派精锐骑兵从南山绕过去，到官军的背后袭击，官军首尾惊乱，不知怎样防备，于是官军大败，有的抛弃铠甲逃到山谷中隐藏起来，有的互相拥挤落到黄河中溺死，惨叫之声惊天动地，叛军乘胜紧逼。官军的后军见前军战败，都自动溃逃，黄河北岸的部队看到这种情况，也都溃退，转眼之间两岸都跑空了。哥舒翰只与部下几百个骑兵逃走，从首阳山（今山西永济南）向西渡河入关。潼关外先前挖了三条壕沟，都是两丈宽，一丈深，官军人马掉到沟里，一会儿就把沟填满了，其余的人践踏而过，士兵得以入关的才八千多人。几天后，崔乾祐大举进攻潼关，很快就攻下了潼关。

哥舒翰到了关西驿站，张贴布告招集失散的士兵，打算收复潼关。这时，蕃将火拔归仁等带领一百多骑兵包围了驿站，进驿站对哥舒翰说："叛军到了，请您上马。"哥舒翰不辨事情的真伪，仓皇上马出了驿站，火拔归仁带领众人叩头说："你带领二十万大军出战，经过一战全军覆没，有什么脸面再去见天子！况且您没见到高仙芝、封常清的下场吗？请您归附安禄山吧。"哥舒翰一向轻视安禄山，以前曾与安禄山发生过冲突，所以他不愿投降，想下马逃走。火拔归仁用绳索把他的双脚拴缚到马肚子上，把不服从他的将领都绑起来，押着向东走。正好叛军将领田乾真已到，便投降了叛军。田乾真把他们全部送到洛阳。安禄山问哥舒翰："你一向轻视我，现在决定怎样？"哥舒翰伏在地上回答说："我是肉眼不识圣人，现在天下还未平定，李光弼在常山，李祗在东平，鲁炅在南阳，陛下如果留下我，我将写信招降他们，不久他们都会投降了。"安禄山大喜，任命哥舒翰为司空、同平章事，对火拔归仁说："你背叛了主人，不忠不义。"杀死了他。哥舒翰写信招降各将领，各将领都回信谴责他。安禄山知道没有效果，就把哥舒翰囚禁在苑中。

潼关失守后，河东、华阴、冯翊、上洛等地的防御使都放弃郡城逃走了，守兵也溃散了。

十五、仓皇出逃　马嵬兵变

哥舒翰部下逃散后，没有投降叛军的士卒纷纷进入长安，向玄宗告急。玄宗不相信潼关已经失守，因此没有及时召见那些士卒，只派遣李福德等率领监牧兵去潼关。到了夜晚，没有看见平安火，玄宗才开始害怕，便召集宰相商量办法。杨国忠因自己兼任剑南节度使，听到安禄山叛变，马上命令副使崔圆暗中做好准备，等到危急时投奔那里。到这时，杨国忠便向玄宗提出到蜀地（今属四川）去的策略，玄宗同意了。于是，杨国忠在朝堂召集百官，惊慌流泪，向大家询问计策。百官都沉默不语，不置可否。杨国忠说："人们告发安禄山谋反已经十年了，但皇帝不相信，现在叛乱至此地步，不是宰相的过错。"朝罢，仪仗兵卫退下，官民都惊慌逃走，不知逃到什么地方去，长安城变得萧条起来。杨国忠让韩国夫人、虢国夫人入宫，劝玄宗到蜀地去。

天宝十五载（756）六月十二日，百官上朝的不到十分之一二。玄宗登上勤政楼，颁下诏令，说要亲征，听到的人都不相信。玄宗任命京兆尹魏方进为御史大夫兼置顿使，京兆少尹崔光远为京兆尹担任西京留守，宦官边令诚掌管后宫的钥匙。假托剑南节度使颖王李璬将要到剑南（治今四川成都）镇守，命本道做好准备。当天，玄宗移到北内临朝。当天晚上，玄宗命龙武大将军陈玄礼整治安排六军，赏给将士们许多钱帛，挑选马厩中九百多匹马，外面的人都不知道。

十三日黎明，玄宗独与杨贵妃姊妹、皇子、妃嫔、公主、皇孙、杨国忠、韦见素、魏方进、陈玄礼及亲近的宦官、宫人出了延秋门（长安城西南门），在外边的妃嫔、公主、皇孙都被抛下了。玄宗经过金库时，杨国忠请求烧毁它，说："不要替叛贼守着。"玄宗忧惧地说："叛军来了得不到财物，一定要搜刮百姓，不如留给他们，不要使我的百姓更加困苦了。"这天，百官还有人入朝的，到了宫门，还听到计时器漏壶的滴水声，三卫的仪仗队仍那么庄严。门一打开，宫人都乱跑出来，宫廷内外一片混乱，不知皇帝逃到哪里去了。于是王公、官民四处逃窜，山谷的小民争相进入宫殿及王公的家宅，盗取金宝，有的骑驴上殿，又有人烧毁了金库的大盈库。崔光远、边令诚率人救火，又招募人代理府、县的长官分别守卫，杀死十多个人，才稍微安定下来。崔光远派遣他的儿子去见安禄山，边令诚也把后宫的钥匙献给了安禄山。

玄宗一行过了便桥，杨国忠命人烧桥。玄宗制止他说："官吏百姓都要避贼求生，为什么要断绝这条路！"于是留下内侍监高力士，让他扑灭火以后再来。玄宗派宦官王洛卿前行，告诉各郡县安排停留食宿的地方。吃早饭时到了咸阳（今陕西咸阳东北）望贤宫，王洛卿与县令都逃走了，内朝使者征召，官民没有响应的。中午时，玄宗还没有吃饭，杨国忠便去买了蒸饼献给皇帝。于是百姓争先献粗米加麦豆的饭，饥饿的皇孙们争相用手捧着吃，一会儿就吃光了，还没有吃饱。玄宗都付了饭钱，并慰劳百姓，众人都哭了，玄宗也掩面哭泣。有一位叫郭从谨的老人对玄宗说："安禄山包藏祸心已不止一天了，也有人到宫廷去告发安禄山的阴谋，但陛下总是杀了他们，使安禄山的奸逆得逞，致使陛下逃亡。所以很多皇帝一定向忠良之士请教来增加自己的聪明，就是为此。我还记得宋璟为宰相时，多次直言劝谏，因此天下太平。近年来，在朝廷的臣子，避讳直言进谏，只是阿谀逢迎，向陛下讨好，因此宫廷以外的事情，陛下都不知道。朝廷之外的臣民，早就料到一定会有今天，但宫廷警卫严密，我们的想法无法告诉陛下。事情不到这种地步，我哪能见到陛下而倾诉这些呢！"玄宗说："这是朕糊涂啊，现在后悔已来不及了。"安慰他并送他走了。过了一会儿，尚食官捧着玄宗的饮食来了，玄宗命先送给侍从官，然后自己才吃。命令士兵到各村庄去找吃的，约定在未时全体集合出发。

快到半夜时，玄宗一行到了金城（今陕西兴平）。县令也逃走了，县里百姓都脱身逃走了，饮食器具都留下了，士兵们可以自己食用。这时侍从的

（唐）李昭道《明皇幸蜀图》

人多半逃走了，内侍监袁思艺也逃跑了。驿站里没有灯，人们只好纵横相枕而卧。此时，高贵的人、低贱的人混杂在一起，无法再分辨清楚了。王思礼从潼关来到，玄宗才知道哥舒翰已降叛军。于是，玄宗任命王思礼为河西、陇右节度使，命他立即去收集散兵，向东讨伐叛军。

十四日，玄宗到了马嵬驿（在今陕西兴平），将士们十分饥饿疲劳，无不怨恨愤怒。陈玄礼认为祸患是由杨国忠引起的，想诛杀他，通过东宫宦官李辅国报告太子李亨，太子没有决定。恰巧吐蕃使者二十多人拦住了杨国忠的马，说他们没有饭吃，杨国忠没来得及答话，军士大叫："杨国忠与胡虏谋反。"有的人用箭射杨国

忠，射中了马鞍。杨国忠逃到西门内，军士追来杀死了他，切割了他的尸体，用枪挑着他的头挂在驿门外，并杀死了他的儿子户部侍郎杨暄及韩国夫人、秦国夫人。御史大夫魏方进说："你们怎敢杀死宰相？"众人又杀了他。韦见素听到骚乱走出来，被乱兵击打，头破血流。韦见素平日有恩于下，因此许多人说："不要打伤韦相公。"韦见素才免于死亡。

军士包围了驿站，玄宗听到吵闹声，询问外边发生了什么事，左右人回答说杨国忠造反，已被斩杀。玄宗吃惊之余，拄着拐杖、穿着便鞋走出驿站门，慰劳军士，命他们归队，军士不肯答应。玄宗命高力士问他们原因，陈玄礼回答说："杨国忠谋反，杨贵妃也不应再侍奉皇帝，希望陛下割舍恩爱，依法惩处。"玄宗怎能舍得处死心爱的杨贵妃，便说："朕自己会处理的。"他进了驿门，倚着拐杖低着头站着沉思。过了很久，韦见素的儿子，京兆司录参军韦谔上前说："现在众人的愤怒不可触犯，安危就在顷刻间，希望陛下赶快决定"，并叩头直至流血。玄宗说："杨贵妃一直住在深宫，怎能知道杨国忠有反叛阴谋。"高力士说："杨贵妃确实没有罪过，但将士们已经杀了杨国忠，而杨贵妃还侍奉在陛下的身边，他们怎能安心！希望陛下好好考虑一下，将士安定，陛下就安定了。"玄宗不得不忍痛割爱，命高力士把杨贵妃领到佛堂去，杨贵妃遂自缢而死。高力士用车载着她的尸体放在驿站庭院里，召陈玄礼等人进去验看。陈玄礼等人便脱下铠甲，叩头请罪。玄宗慰劳他们，并命传告其他军士。陈玄礼等人都高呼万岁，拜了两拜离去，整顿队伍准备出发。

十五日，玄宗一行将要从马嵬出发，朝臣中只剩下韦见素一人，玄宗就任命韦谔为御史中丞兼任置顿使。官兵们都说："杨国忠谋反，他的亲信将吏都在蜀地，不能去那里。"有的人请求玄宗到河西、陇右去，有的人请他到灵武（今宁夏灵武）去，有的请他到太原（今山西太原）去，有的说回京师好。玄宗自己虽然想到蜀地去，但怕违背众人的意见，不敢说愿到那里去。韦谔说："如果要回京城，就应有防御的准备。如今兵马少，不应向东走，不如暂时到扶风（今陕西凤翔东），慢慢再商量到哪里去。"玄宗征求众人的意见，大家都赞成，于是就决定去扶风。

等到要出发时，当地的父老乡亲都挡住道路请求玄宗留下，说："宫廷是陛下的家室，陵寝是陛下的祖坟，现在陛下抛弃了它们，想到什么地方去？"玄宗因此勒住马缰绳想了很久，才命太子李亨留在后面安抚父老乡亲。父老乡亲们说："皇帝既然不肯留下，我们愿意带领子弟跟随殿下向东讨伐叛军，收复长安。如果殿下与皇帝都到蜀地去，谁来为中原百姓做主呢？"不一会儿，聚集了几千名百姓。太子李亨不肯答应，他说："皇帝冒着险阻远行，我岂能忍心离开他，况且我还没有告辞，我应当去禀告皇帝，再听皇帝决定我留下还是跟他们走。"太子李亨边说边哭，赶马要向西走。李亨第三子建宁王李倓与宦官李辅国拉住马缰绳劝谏说："逆胡安禄山举兵侵犯宫廷，以致四海分崩，如果不顺应民心，靠什么复兴大唐？如今殿下跟从皇帝到蜀地，如果贼兵烧毁了栈道，那么中原地区便拱手送给了叛贼。民心一旦离散，就不能再聚合，即使再想回到这里，还有可能吗？不如收集在西北守边的军队，征召河北的郭子仪、李光弼，与他们联合，向东讨伐叛军，收复二京（长安、洛阳），平定四海，使国家转危为安，恢复宗庙，清扫宫廷，接迎皇帝，这难道不是最大的孝顺吗！何必像小民那样做出儿女依恋父母的事来！"李亨的长子广平王李俶也劝李亨留下。父老们一起拦住太子的马，使他不能走开。太子就派李俶飞驰前往报告玄宗。

玄宗拉住马的缰绳等待太子，等了很久也不来，便派人去探视，派去的人回来报告了这个情况，玄宗说："这是天意！"便命分出后军两千人和飞龙厩马给太子，并对将士说："太子仁义孝顺，可以奉祀宗庙，你们好好辅助他。"又让人转告太子说："你要努力，不要挂念朕。西北各族，朕平日待他们宽厚，你一定会得到他们的帮助。"太子只是面向南号泣。玄宗又派人把东宫内人送到太子那里，并宣布圣旨想传位给太子，太子不肯接受。

玄宗到达岐山（在陕西）时，有人说叛军的前锋快要到来了，玄宗一行人快速前进，在扶风郡住下。随从将士中有不少人想离去，常常散布一些无礼的话，陈玄礼制止不了，玄宗为此深感忧虑。正巧成都进贡的十多万匹春彩送到了扶风，玄宗命把春彩都放到庭院中，召集将士进来，在殿前台阶上对大家说："朕近来衰老糊涂了，任人不当，致使胡贼叛乱，朕需要到远处去躲避。知道你们都是仓促跟我出来，没来得及与父母、妻子告别，长途跋涉到这里，非常劳苦，朕感到很惭愧。去蜀地的路途遥远、艰险，郡县又狭小，人马众多，也许不能供应用品。现在你们可以随便回家，朕只和皇子皇孙、中官一起去蜀地，也可以到达。今天与大家诀别，可以共同分掉这些春彩，作为路费。如果回去，见到父母及长安父老，替朕向他们致意，你们各自珍重吧。"说完，泪下沾襟，众人都哭着说："我们誓死跟从陛下，不敢有贰心。"过了很长时间，玄宗说："去留听从你们自己的意见。"从此再没人散布无礼的话了。

十六、为太上皇　死神龙殿

玄宗到达散关（今陕西宝鸡西南）时，把随从的将士分为六军，派颖王李璬先行到剑南，寿王李瑁等分别率领六军跟随。玄宗到了河池郡（今陕西凤县）时，崔圆呈上奏表迎接皇帝，具体说明蜀地富饶，甲兵强盛。玄宗大喜，当天就封崔圆为中书侍郎、同平章事，蜀郡长史照旧兼任。任命陇西公李瑀为汉中王、梁州都督、山南西道采访防御使。

安禄山没想到玄宗突然向西逃跑，就派遣使者命崔乾祐带兵驻守潼关。十天后，安禄山才派遣孙孝哲率兵进入长安，任命张通儒为西京留守，崔光远为京兆尹；派安忠顺驻扎在禁苑中，来镇守关中。当时，孙孝哲受安禄山宠爱信任，喜欢专权用事，他常常与严庄争权夺势。安禄山让他监督关中将领们，张通儒等都受孙孝哲的制约。孙孝哲性情粗犷，杀敌果敢，叛军将领都怕他。安禄山命令搜捕百官、宦者、宫女等，每当抓到几百人，就让士兵押送到洛阳。安禄山命令将跟随玄宗逃走的王、侯、将、相留在长安的家属全部杀死，连婴儿也不放过。陈希烈因为晚年失去玄宗宠信，怨恨玄宗，与前宰相张说的儿子张均、张垍等都投降了叛军。安禄山任命陈希烈、张垍为宰相，其余的朝臣都授予官职。因此叛军的势力更盛，向西威胁到陇山（六盘山南段，在今陕西陇县一带）地区，向南侵占长江、汉水地区，向北占据了河东（治今山西永济）的一半。但是叛军的将领都勇猛有余而智谋不足，占领了长安，便自以为得志，于是日夜酗酒，专门追求声色、财宝，没有再向西进攻的想法，因此玄宗能安全到达蜀地，太子李亨向北行进也没遭到追击。

太子李亨到达平凉（今宁夏固原）时，招募士兵，准备驻兵在那里。朔方留后杜鸿渐、六城水陆运使魏少游、节度判官崔漪、支度判官卢简金、盐池判官李涵商量说："平凉地势平坦，无险可守，不是驻兵之地。灵武（今宁夏灵武西南）兵多粮足，如果把太子迎接到这里，向北召集各郡的士兵，向西发动河西、陇右的精锐骑兵，向南平定中原，这是千载难逢的大好时机。"于是让李涵给太子李亨送信，并且在信中记载了朔方的士马、甲兵、谷物、布帛、军用物资的数目。李涵到了平凉，太子大喜。恰好河西司马裴冕入朝任御史中丞，到了平凉，见到太子李亨，也劝他到朔方去，太子听从了。杜鸿渐、崔漪让魏少游留下来，修理房舍，准备物资，他们自己到平凉北境迎接太子。七月九日，太子到了灵武。

七月十二日，玄宗到了普安（今四川剑阁），宪部侍郎房琯赶来谒见皇帝。玄宗从长安出发时，群臣大多不知道，到了咸阳，玄宗对高力士说："你认为朝臣谁能来，谁不能来？"高力士回答说："张均、张垍父子受陛下的恩惠最深，而且还有亲戚关系（张垍娶玄宗的女儿宁亲公主为妻），他们一定先来。以前大家都说房琯应做宰相，但陛下不用他，而安禄山曾推荐过他，恐怕他不会来。"玄宗说："这件事情不好预料。"等到房琯来到，玄宗问起张均兄弟的情况，房琯回答说："我跟他们一起来的，但他俩在路上逗留不前进，看他们的意思，好像有什么难言之隐。"玄宗对高力士说："我已经料定他们不会来了。"原来，以前玄宗曾经暗示要拜张垍为宰相，但最终并没有拜任他，张垍心怀怨意，玄宗已有所察觉。

裴冕、杜鸿渐等上书给太子李亨，请求他遵照玄宗在马嵬的命令即皇帝位，太子李亨不答应。经五次上书，太子才答应。于是，李亨在灵武城南楼即皇帝位，尊称玄宗为上皇天帝，改元至德（756）。然后，肃宗李亨重新积聚力量，开始对安禄山进行反攻。

安禄山自天宝十四载叛乱，先后攻陷两京，第三年，被他的儿子安庆绪杀死了。

安庆绪在至德二年（757）称帝。不久，长安、洛阳为唐军收复。第三年，安庆绪又被安禄山的副将史思明杀死了。

史思明在乾元二年（759）先称燕王，后称皇帝。第三年，他也被儿子史朝义杀死了。

史朝义在上元二年（761）称帝。两年后，兵败势穷，上吊自杀了。

这场叛乱，历时八年，史称"安史之乱"。叛乱葬送了玄宗的政治生命，也葬送了他的浪漫爱情，更葬送了唐王朝的赫赫国威。从此，唐王朝一蹶不振，每况愈下。

当然，"安史之乱"的爆发和唐王朝的衰落有深刻的社会原因，即使是开元君臣的所作所为也只是"救时"而不能"易世"。但不可否认，玄宗后期的腐败，养痈遗患，是导致这场大乱的直接原因。

至德二年（757）末，当唐军收复了两京后，玄宗由成都返回长安。

玄宗路过马嵬驿时，触景生情，黯然神伤，和他的随行人员一起去祭拜了杨贵妃墓，正是：

> 天旋日转回龙驭，到此踟蹰不能去。
> 马嵬坡下泥土中，不见玉颜空死处。

到达长安后，玄宗就住在兴庆宫里，侍卫他的仍是龙武大将军陈玄礼与内侍监高力士，另有玄宗的亲妹玉真公主与旧时宫女、梨园子弟。自从回长安后，玄宗本想要改葬杨贵妃，但是权宦李辅国等人不同意，肃宗也不同意。玄宗没办法，只好偷偷派亲信宦官去改葬，又叫画工画了一幅杨贵妃的画像挂在宫殿墙上，天天为之叹息，时时为之垂泪。好不凄惨！这还不算，一场新的灾难正在等着他。

　　原来，玄宗非常喜欢兴庆宫，因为这是他当太子时居住的地方。从蜀地回来之后，他一直住在这里。肃宗不时从夹城中走到这里来问候他，他有时也到大明宫去看望肃宗。兴庆宫里有一个长庆楼，它南面靠着皇宫外面的大道，玄宗经常在楼上徘徊观望，百姓经过这里，一看到玄宗，往往跪拜。并高呼"万岁"。玄宗常在楼下安排酒食招待客人，并在楼上宴请将军郭子仪和王铣等人，还赏给他们好多东西；类似的事很多。做这些事情时玄宗并没有东山再起的用意，但却引起了肃宗的猜忌。由此，父子间的矛盾便尖锐起来了。

　　玄宗子孙很多，他活了七十八岁，当了四十四年皇帝，由于出奇好色，据说他的妃嫔、宫女达四万人。他有三十个儿子，三十个女儿。太子李瑛是玄宗的第二子，在他死后，论资排辈，第一个是长子庆王李琮，但他曾在打猎时被野兽抓破了脸，当皇帝不雅观，而且德才平常。接下来就轮到第三子李亨了。在朝臣们的争取下，玄宗经过一年多的再三考虑，才勉强立了李亨做太子，以后李林甫为了迎合玄宗和武惠妃，总想把李亨废掉，立寿王李瑁当太子。无奈，李亨非常谨慎，没有大错误，并有一些朝臣积极保护，屡次转危为安，太子地位才算保住了。因此，李亨早对玄宗积怨在心。李亨被立为太子后，做皇帝的愿望日益强烈。后来，在他儿子李俶和宦官李辅国等的支持下，在灵武私自称帝。从此后，他和玄宗面和心不和。当玄宗从蜀地归来后，玄宗在兴庆宫的所作所为，早已引起生性多疑的肃宗越来越多的狐疑：玄宗是不是想恢复帝位？他想采取相应的对策，又怕有人说他不孝，心里非常着急。正在此时，李辅国向他献了一计。

　　李辅国察知肃宗的复杂心理，想立奇功来巩固肃宗对他的宠爱。他对肃宗说："太上皇住在兴庆宫，天天和外人来往，而且陈玄礼、高力士密谋对陛下不利，如今六军将士都是灵武功臣，都坐卧不安，我劝解他们也不听，不敢不报告。"肃宗假装哭着道："太上皇仁慈，哪会有别的想法呢？"李辅国知道肃宗的意思，就说："即使太上皇没有别的想法，但有班小人天天在耳边怂恿，时间长了也难免有想法。陛下是天下的主人，应当为社稷着想，防患于未然。哪能限于匹夫的孝顺！再说兴庆宫和里巷相连，围墙也低矮，不适合太上皇居住。太极宫森严，请他搬到那里去住，和兴庆宫也没有差别。这样能杜绝小人在他身边说三道四，太上皇能安享晚年，陛下有时也可以去探望，岂不更好？"李辅国的这番话正中肃宗下怀，但嘴里又不好说什么，实际上是默许了。于是，李辅国首先采取了第一个措施：兴庆宫原有三百匹马，他传达肃宗命令，取走二百九十匹，仅留下十匹。玄宗心里明白是

泰　陵

怎么一回事，长长叹了一口气，然后说："我儿被李辅国迷惑，不能再尽孝了。"

　　肃宗和李辅国步步紧逼，终于演出了一出逼宫的好戏。李辅国先叫六军将士又哭又号又叩头，请求肃宗叫玄宗搬到太极宫去住，肃宗假装哭着没有回答，实际也是默许。上元元年（760）七月的一天，李辅国传旨，请玄宗游览太极宫！但当玄宗从兴庆宫走到睿武门时，预先埋伏好的士兵突然冲了过来，拿着明晃晃的刀剑，挡住了去路，杀气腾腾地大喊道："皇帝认为兴庆宫低洼、矮小，不适合上皇居住，请上皇迁居太极宫。"玄宗大吃一惊，差点从马上摔下来，亏着高力士扶住了，并斥责李辅国，玄宗才稳定下来。这时李辅国等不容玄宗言语，便把他拥簇到了太极宫，住在甘露殿。当天，李辅国和六军大将去向肃宗请罪，肃宗竟说："兴庆宫和太极宫没有什么区别，你们这是为了防止小人迷惑上皇，防微杜渐，是为了国家平安，怕什么？"肃宗对玄宗还是不放心，又把高力士流放到巫州（今湖南黔阳），命令陈玄礼退休，给玄宗只留下几十名卫士，而且都是老弱病残。

　　处在这样的逆境中，玄宗更觉寂寞、凄凉，郁郁寡欢，心情不好，连饭也吃不进了，弄得憔悴不堪，形同槁木。上元三年（762）四月五日，玄宗死在太极宫神龙殿，时年七十八岁。死后葬泰陵，谥为至道大圣大明孝皇帝，庙号"玄宗"。

《旧唐书·玄宗本纪》

　　玄宗至道大圣大明孝皇帝讳隆基，睿宗第三子也，母曰昭成顺圣皇后窦氏。垂拱元年秋八月戊寅，生于东都。性英断多艺，尤知音律，善八分书。

仪范伟丽，有非常之表。三年闰七月丁卯，封楚王。天授三年十月戊戌，出阁，开府置官属，年始七岁。朔望车骑至朝堂，金吾将军武懿宗忌上严整，诃排仪仗，因欲折之。上叱之曰："吾家朝堂，干汝何事？敢迫吾骑从！"则天闻而特加宠异之。寻却入阁。长寿二年腊月丁卯，改封临淄郡王。圣历元年，出阁，赐第于东都积善坊。大足元年，从幸西京，赐宅于兴庆坊。长安中，历右卫郎将、尚辇奉御。

神龙元年，迁卫尉少卿。景龙二年四月，兼潞州别驾。十二月，加银青光禄大夫。州境有黄龙白日升天。尝出畋，有紫云在其上，后从者望而得之。前后符瑞凡一十九事。四年，中宗将祀南郊，来朝京师。将行，使术士韩礼筮之，著一茎孑然独立。礼惊曰："著立，奇瑞非常也，不可言。"属中宗末年，王室多故，上常阴引材力之士以自助。上所居宅外有水池，浸溢顷余，望气者以为龙气。四年四月，中宗幸其第，因游其池，结彩为楼船，令巨象踏之。

至六月，中宗暴崩，韦后临朝称制。韦温、宗楚客、纪处讷等谋倾宗社，以睿宗介弟之重，先谋不利。道士冯道力、处士刘承祖皆善于占兆，诣上布诚款。上所居里名隆庆，时人语讹以"隆"为"龙"；韦庶人称制，改元又为唐隆，皆符御名。上益自负，乃与太平公主谋之，公主喜，以子崇简从。上乃与崇简、朝邑尉刘幽求、长上折冲麻嗣宗、押万骑果毅葛福顺、李仙凫、宝昌寺僧普润等定策诛之。或曰："先启大王。"上曰："我拯社稷之危，赴君父之急，事成福归于宗社，不成身死于忠孝，安可先请，忧怖大王乎？若请而从，是王与危事；请而不从，则吾计失矣。"遂以庚子夜率幽求等数十人自苑南入，总监钟绍京又率丁匠百余以从。分遣万骑往玄武门杀羽林将军韦播、高嵩，持首而至，众欢叫大集。攻白兽、玄德等门，斩关而进，左万骑自左入，右万骑自右入，合于凌烟阁前。时太极殿前有宿卫梓宫万骑，闻噪声，皆披甲应之。韦庶人惶惑走入飞骑营，为乱兵所害。于是分遣诛韦氏之党，比明，内外讨捕，皆斩之。乃驰谒睿宗，谢不先启请之罪。睿宗遽前抱上而泣曰："宗社祸难，由汝安定，神祇万姓，赖汝之力也。"拜殿中监、同中书门下三品，兼押左右万骑，晋封平王。

睿宗即位，与侍臣议立皇太子，佥曰："除天下之祸者，享天下之福；拯天下之危者，受天下之安。平王有圣德，定天下，又闻成器已下咸有推让，宜膺主鬯，以副群心。"睿宗从之。丙午，制曰：

> 舜去四凶而功格天地，武有七德而戡定黎人，故知有大勋者必受神明之福，仗高义者必为匕鬯之主。朕恭临宝位，亭育寰区，以万物之心

为心，以兆人之命为命。虽承继之道，咸以冢嫡居尊；而无私之怀，必推功业为首。然后可保安社稷，永奉宗祧。第三子平王基孝而克忠，义而能勇。比以朕居藩邸，虔守国彝，贵戚中人，都无引接。群邪害正，凶党实繁，利口巧言，谗说罔极。韦温、延秀，朋党竞起；晋卿、楚客，交构其间。潜结回邪，排挤端善，潜贮兵甲，将害朕躬。基密闻其期，先难奋发，推身鞠弭，众应如归，呼吸之间，凶渠殄灭。安七庙于几坠，拯群臣于将殒。方舜之功过四，比武之德逾七。灵祇望在，昆弟乐推。一人元良，万邦以定。为副君者，非此而谁？可立为皇太子。有司择日，备礼册命。

七月己巳，睿宗御承天门，皇太子诣朝堂受册。是日有景云之瑞，改元为景云，大赦天下。

二年，又制曰："惟天生烝人，牧以元后；维皇立国，副以储君。将以保绥家邦，安固后嗣者也。朕纂承洪业，钦奉宝图，夜分不寝，日昃忘倦。茫茫四海，惧一人之未周；蒸蒸万姓，恐一物之失所。虽卿士竭诚，守宰宣化，缅怀庶域，仍未小康。是以求下人之变风，遵先朝之故事。皇太子基仁孝因心，温恭成德，深达礼体，能辨皇猷，宜令监国，俾尔为政。其六品以下除授及徒罪已下，并取基处分。"

延和元年六月，凶党因术人闻睿宗曰："据玄象，帝座及前星有灾，皇太子合作天子，不合更居东宫矣。"睿宗曰："传德避灾，吾意决矣。"七月壬午，制曰：

朕以寡昧，虔奉鸿休，本殊王季之贤，早达延陵之节。昔在圣历，已让皇嗣之尊；爰暨神龙，终辞太弟之授。岂唯衣冠所睹，抑亦兆庶咸知。顷属国步不夷，时艰主幼，大业有缀旒之惧，宝位深坠地之忧，议迫公卿，遂司契篆，日慎一日，以至于今。一纪之劳，勤亦至矣；万方之俗，化渐行矣。将成宿愿，脱屣寰区。昔尧之禅舜，唯能是与，禹以命启，匪私其亲，神器之重，允归公授。皇太子基有大功于天地，定阽危于社稷，温文既习，圣敬克跻。委之监国，已移岁年，时政益明，庶工惟序。朕之知子，庶不负时，历数在躬，宜陟元后。可令即皇帝位，有司择日授册。朕方比迹洪古，希风太皇，神与化游，思与道合，无为无事，岂不美欤！王公百僚，宜识朕意。

上意惶惧，驰见叩头，请所以传位之旨。睿宗曰："吾因汝功业得宗社。今帝座有眚，思欲逊避，唯圣德大勋，始转祸为福。易位于汝，吾知晚矣。"上始居武德殿视事，三品以下除授及徒罪皆自决之。

先天二年七月三日，尚书左仆射窦怀贞、侍中岑羲、中书令萧至忠、崔湜、雍州长史李晋、左羽林大将军常元楷、右羽林将军李慈等与太平公主同谋，期以其月四日以羽林军作乱。上密知之，因以中旨告岐王范、薛王业、兵部尚书郭元振、将军王毛仲，取闲厩马及家人三百余人，率太仆少卿李令问、王守一、内侍高力士、果毅李守德等亲信十数人，出武德殿，入虔化门。枭常元楷、李慈于北阙。擒贾膺福、李猷于内客省以出。执萧至忠、岑羲于朝，皆斩之。睿宗明日下诏曰："朕将高居无为，自今军国政刑一事已上，并取皇帝处分。"上御承天门楼，下制曰：

朕承累圣之洪休，荷重光之积庆。昔因多难，内属构屯，宝位深坠地之忧，神器有缀旒之惧。事殷家国，义感神只，吟啸风云，龚行雷电，致君亲于尧、舜，济黔首于休和。遂以孟秋，允升储贰；旋承内禅，继体宸居。拜首之请空勤，让立之诚莫展，恭临亿兆，二载于兹。上禀圣谟，下凝庶绩，八荒同轨，瀛海无波。不谓奸慝潜谋，萧墙窃发。逆贼窦怀贞等并以庸妄，权齿朝廷，毫发之效未申，丘山之衅乃积，共成枭獍，将肆奸回。太上皇圣断宏通，英谋独运，命朕率岐王范、薛王业等躬事诛锄。齐斧一麾，凶渠尽殪。太阳朗耀，澄氛霭于天衢；高风顺时，厉肃杀于秋序。神灵协赞，夷夏相欢，四族之氛既清，七百之祚方永。爰承后命，载阐休期，总军国之大猷，施云雨之鸿泽。承乾之道，既光被于无垠；作解之恩，思式覃于品物。当与亿兆，同此惟新。可大赦天下，大辟罪已下咸赦除之。加邠王守礼实封三百户，宋王成器、申王成义各加实封一千户，岐王范、薛王业各加实封七百户。文武官三品以下赐爵一级，四品已下各加一阶。内外官人被诸道按察使及御史所摘伏，咸宜洗涤；选日依次叙用。

　　丁卯，崔湜、卢藏用除名，长流岭表。壬申，王琚为银青光禄大夫、户部尚书，封赵国公，实封三百户；姜皎银青光禄大夫、工部尚书，封楚国公，实封五百户；李令问银青光禄大夫、殿中监，实封三百户；王毛仲辅国大将军、左武卫大将军、检校内外闲厩兼知监牧使、霍国公，实封五百户；王守一银青光禄大夫、太常卿同正员，进封晋国公，实封五百户，并赏其定策功。琚、皎、令问固让。癸丑，中书侍郎陆象先为益州大都督府长史兼剑南道按察兵马使，尚书左丞张说为检校中书令。甲戌，令毁天枢，取其铜铁充军国杂用。庚辰，王琚为中书侍郎，加实封二百户；姜皎殿中监，仍充内外闲厩使，加实封二百户；李令问殿中少监、知尚食事，加实封二百户。己丑，周孝明高皇帝依旧追赠太原王，宜去帝号；孝明皇后宜称太原王妃；昊陵、顺陵并称太原王及妃墓。

　　八月壬辰，封州流人刘幽求为尚书左仆射、知军国重事、徐国公，仍依旧实封七百户。制曰："凡有刑人，国家常法。掩骼埋胔，王者用心。自今已后，辄有屠割刑人骨肉者，依法科残害之罪。"九月，司空兼扬州大都督、宋王成器为太尉兼扬州大都督，益州大都督兼右金吾大将军、申王成义为司徒兼益州大都督，单于大都护兼左金吾大将军、邠王守礼为司空。癸丑，封华岳神为金天王。九月丁卯，宋王成器为开府仪同三司，尚书左仆射刘幽求同中书门下三品，检校中书令、燕国公张说为中书令，特进王仁皎为开府仪同三司。己卯，宴王公百僚于承天门，令左右于楼下撒金钱，许中书门下五品已上官及诸司三品已上官争拾之，仍赐物有差。郭元振兼御史大夫。丙戌，又置右御史台。

　　冬十一月甲申，幸新丰之温汤。癸卯，讲武于骊山。兵部尚书、代国公郭元振坐亏失军容，配流新州；给事中、摄太常少卿唐绍以军礼有失，斩于纛下。甲辰，畋猎于渭川。同州刺史、梁国公姚元之为兵部尚书、同中书门下三品。乙巳，至自温汤。十一月乙丑，幽求兼知侍中。戊子，上加尊号为开元神武皇帝。

　　十二月庚寅朔，大赦天下，改元为开元，内外官赐勋一转。改尚书左、右仆射为左、右丞相，中书省为紫微省，门下省为黄门省，侍中为监。雍州为京兆府，洛州为河南府，长史为尹，司马为少尹。国初以来宰相及食实封功臣子孙，一应沉翳未承恩者，令量才擢用。开元元年十二月己亥，禁断泼寒胡戏。癸丑，尚书左丞相兼黄门监刘幽求为太子少保，罢知政事；紫微令张说为相州刺史。甲寅，门下侍郎卢怀慎同紫微黄门平章事。

二年春正月，关中自去秋至于是月不雨，人多饥乏，遣使赈给。制求直谏昌言弘益政理者。名山大川，并令祈祭。丙寅，紫微令姚崇上言请检责天下僧尼，以伪滥还俗者二万余人。甲申，并州大都督府长史兼检校左卫大将军薛讷同紫微黄门三品，仍总兵以讨奚、契丹。

二月，突厥默啜遣其子同俄特勤率众寇北庭都护府，右骁卫将军郭虔瓘击败之，斩同俄于城下。己酉，以旱，亲录囚徒，改太史监罢隶秘书省。

闰月癸亥，令道士、女冠、僧尼致拜父母。丁卯，复置十道按察使。己未，突厥默啜妹婿火拔颉利发石失毕与其妻来奔，封燕山郡王，授左卫员外大将军。紫微侍郎、赵国公王琚左授泽州刺史，赐实封一百户，余并停。丁亥，刘幽求为睦州刺史。

三月甲辰，青州刺史、郇国公韦安石为沔州别驾；太子宾客、逍遥公韦嗣立为岳州别驾；特进致仕李峤先随子在袁州，又贬滁州别驾，并员外置。去年九月有诏毁天枢，至今春始。

夏五月辛亥，黄门监魏知古工部尚书，罢知政事。

六月丁巳，开府仪同三司、宋王成器为岐州刺史，司徒、申王成义为幽州刺史，司空、邠王守礼为虢州刺史：委务于上佐。内出珠玉锦绣等服玩，又令于正殿前焚之。乙丑，兵部尚书致仕、韩国公张仁愿卒。

七月，薛讷与副将杜宾客、崔宣道等总兵六万自檀州道遇贼于滦河，为贼所败。讷等屏甲遁归，减死，除名为庶人。辛未，光禄卿窦希瑊为太子太傅。房州刺史、襄王重茂薨于梁州，谥曰殇帝。丙午，昭文馆学士柳冲、太子左庶子刘子玄刊定《姓族系录》二百卷，上之。以兴庆里旧邸为兴庆宫。诸王傅并停。京官所带跨巾算袋，每朝参日着，外官衙日着，余日停。吐蕃寇临洮军，又游寇兰州、渭州，掠群牧，起薛讷摄左羽林将军、陇右防御使，率杜宾客、郭知运、王晙、安思顺以御之。太常卿、岐王范为华州刺史，秘书监、薛王业为同州刺史。

八月戊午，西天竺国遣使献方物。

九月戊申，幸新丰之温泉。甲寅，制曰："自古帝王皆以厚葬为诫，以其无益亡者，有损生业故也。近代以来，共行奢靡，递相仿效，浸成风俗，既竭家产，多至凋敝。然则魂魄归天，明精诚之已远；卜宅于地，盖思慕之所存。古者不封，未为非达。且墓为真宅，自便有房，今乃别造田园，名为下帐，又冥器等物，皆竞骄侈。失礼违令，殊非所宜；戮尸暴骸，实由于此。承前虽有约束，所司曾不申明，丧葬之家，无所依准。宜令所司据品令高下，明为节制：冥器等物，仍定色数及长短大小；园宅下帐，并宜禁绝；

坟墓茔域，务遵简俭；凡诸送终之具，并不得以金银为饰。如有违者，先决杖一百。州县长官不能举察，并贬授远官。"

冬十月戊午，至自温泉。薛讷破吐蕃于渭州西界武阶驿，斩首一万七十级，马七万七匹，牛羊四万头。丰安军使郎将、判将军王海宾先锋力战，死之。

十一月庚寅，葬殇帝于武功西原。

十二月乙丑，封皇子嗣真为郯王，嗣初为鄂王，嗣玄为鄄王。时右威卫中郎将周庆立为安南市舶使，与波斯僧广造奇巧，将以进内。监选使、殿中侍御史柳泽上书谏，上嘉纳之。

三年春正月丁亥，立郢王嗣谦为皇太子，降死罪已下，大酺三日。癸卯，黄门侍郎卢怀慎为检校黄门监。甲辰，工部尚书魏知古卒。

二月，禁断天下采捕鲤鱼。十姓部落左厢五咄六啜、右厢五弩失毕五俟斤，及高丽莫离支高大简、都督鸡跌思太等，各率其众自突厥相继来奔，前后总二千余帐。析许州、唐州置仙州。

夏四月，岐王范兼虢州刺史，薛王业兼幽州刺史。

六月，山东诸州大蝗，飞则蔽景，下则食苗稼，声如风雨。紫微令姚崇奏请差御史下诸道，促官吏遣人驱扑焚瘗，以救秋稼，从之。是岁，田收有获，人不甚饥。

秋七月，刑部尚书李日知卒。

冬十月甲寅，制曰："朕听政之暇，常览史籍，事关理道，实所留心，中有阙疑，时须质问。宜选耆儒博学一人，每日入内侍读。"以光禄卿马怀素为左散骑常侍，与右散骑常侍褚无量并充侍读。甲子，幸郿县之凤泉汤。

十一月己卯，至自凤泉汤。乙酉，幸新丰之温汤。丁亥，妖贼崔子岩等入相州作乱。戊子，州司讨平之。甲午，至自温汤。十二月庚午，以军器使为军器监，置官员。

是冬无雪。

四年春正月癸未，尚衣奉御长孙昕恃以皇后妹婿，与其妹夫杨仙玉殴击御史大夫李杰，上令朝堂斩昕以谢百官。以阳和之月不可行刑，累表陈请，乃命杖杀之。丁亥，宋王成器、申王成义以"成"字犯昭成皇后谥号，于是成器改名宪，成义改为㧑。刑部尚书、中山郡公李乂卒。

二月丙辰，幸新丰之温汤。丁卯，至自温汤。以关中旱，遣使祈雨于骊山，应时澍雨。令以少牢致祭，仍禁断樵采。

夏六月庚寅，月蚀既。癸亥，太上皇崩于百福殿。辛未，京师、华、陕三州大风拔木。癸酉，突厥可汗默啜为九姓拔曳固所杀，斩其首送于京师。默啜兄子小杀继立为可汗。

是夏，山东、河南、河北蝗虫大起，遣使分捕而瘗之。其回纥、同罗、霫、勃曳固、仆固五部落来附，于大武军北安置。

秋七月丙申，分巂、雅二州置黎州。

冬十月癸丑，户部尚书、新除太子詹事毕构卒。庚午，葬睿宗大圣贞皇帝于桥陵。以同州蒲城县为奉先县，隶京兆府。

十一月丁亥，徙中宗神主于西庙。甲午，尚书左丞源乾曜为黄门侍郎、同紫微黄门平章事。辛丑，黄门监兼吏部尚书卢怀慎卒。

十二月乙卯，幸新丰之温汤。其夜，定陵寝殿灾。乙丑，至自温汤。尚书、广平郡公宋璟为吏部尚书兼黄门监，紫微侍郎、许国公苏颋同紫微黄门平章事。兵部尚书兼紫微令、梁国公姚崇为开府仪同三司，黄门侍郎、安阳男源乾曜守京兆尹，并罢知政事。停十道采访使。

五年春正月壬寅朔，上以丧制不受朝贺。癸卯寅时，太庙屋坏，移神主于太极殿，上素服避正殿，辍朝五日，日躬亲祭享。辛亥，幸东都。戊辰，昏雾四塞。

二月甲戌，至自东都，大赦天下，唯谋反大逆不在赦限，余并宥之。河南百姓给复一年，河南、河北遭涝及蝗虫处，无出今年地租。武德、贞观以来勋臣子孙无位者，访求其后奏闻；有嘉遁幽栖养高不仕者，州牧各以名荐。

三月庚戌，于柳城依旧置营州都督府。丁巳，以辛景初女封为固安县主，妻于奚首领饶乐郡主大酺。

夏四月己丑，皇帝第九子嗣一薨，追封夏王，谥曰悼。甲午，以则天拜洛受图坛及碑文并显圣侯庙，初因唐同泰伪造瑞石文所建，令即废毁。

六月壬午，巩县暴雨连月，山水泛滥，毁郭邑庐舍七百余家，人死者七十二。汜水同日漂坏近河百姓二百余家。

秋七月甲子，诏曰："古者操皇纲执大象者，何尝不上稽天道，下顺人极，或变通以随时，爰损益以成务。且衢室创制，度堂以筵。因之以礼神，是光孝德；用之以布政，盖称视朔，先王所以厚人伦感天地者也。少阳有位，上帝斯歆，此则神贵于不黩，礼殷于至敬。今之明堂，俯邻宫掖，比之严祝，有异肃恭，苟非宪章，将何轨物？由是礼官博士公卿大臣广参群议，钦若前古，宜存露寝之式，用罢辟雍之号。可改为乾元殿，每临御依正殿礼。"

九月壬寅，改紫微省依旧为中书省，黄门省为门下省，黄门监为侍中。

冬十月丙子，京师修太庙成。丁丑，诏以故越王贞死非其罪，封故许王男琳为嗣越王，以继其后。戊寅，祔神主于太庙。

十一月己亥，契丹首领松漠郡王李失活来朝，以宗女为永乐公主以妻之。司徒兼邓州刺史、申王挥兼虢州刺史。

六年春正月丙辰朔，以未经大祥，不受朝贺。辛酉，禁断天下诸州恶钱，行二铢四分已上好钱，不堪用者并即销破复铸。将作大匠韦凑上疏，请迁孝敬神主，别立义宗庙。以太子少师兼许州刺史、岐王范兼郑州刺史。

二月甲戌，礼币征嵩山隐士卢鸿。

夏五月乙未，孝敬哀皇后祔于恭陵。契丹松漠郡王李失活卒。

六月甲申，瀍水暴涨，坏人庐舍，溺杀千余人。乙酉，制以故侍中桓彦范、敬晖，故中书令兼吏部尚书张柬之、故特进崔玄暐、故中书令袁恕己配享中宗庙庭，故司空苏瓌、故左丞相太子少保郴州刺史刘幽求配飨睿宗庙庭。

秋七月己未，秘书监马怀素卒。

九月乙未，遣工部尚书刘知柔持节往河南道存问。

冬十月丙申，车驾还京师。

十一月辛卯，至自东都。丙申，亲谒太庙，回御承天门，诏："七庙元皇帝已上三祖枝孙有失官序者，各与一人五品京官。内外官三品已上有庙者，各赐物三十匹，以备修祭服及俎豆。"赐文武官有差。乙巳，传国八玺依旧改称宝，符玺郎为符宝郎。

十二月，以开府仪同三司兼泽州刺史、宋王宪为泾州刺史，司徒兼虢州刺史、申王挥为绛州刺史，以太子少师兼郑州刺史、岐王范为岐州刺史，以太子少保兼卫州刺史、薛王业为虢州刺史。

七年春正月，吐蕃遣使朝贡。

三月丁酉，左武卫大将军、霍国公王毛仲加特进。渤海靺鞨郡王大祚荣死，其子武艺嗣位。

夏四月癸酉，开府仪同三司王仁皎薨。

五月己丑朔，日有蚀之。

秋七月丙辰，制以亢阳日久，上亲录囚徒，多所原免。诸州委州牧、县宰量事处置。

八月癸丑，敕："周公制礼，历代不刊；子夏为传，孔门所受。逮及诸家，或变例。与其改作，不如好古。诸服纪宜一依旧文。"

九月甲子，改昭文馆依旧为弘文馆。宋王宪徙封宁王。

冬十月，于东都来庭县廨置义宗庙。辛卯，幸新丰之温汤。癸卯，至自温汤。戊寅，皇太子诣国学行齿胄礼，陪位官及学生赐物有差。

十二月丙戌，置弘文、崇文两馆雠校书郎官员。

八年春正月甲子朔，皇太子加元服。乙丑，皇太子谒太庙。丙寅，会百官于太极殿，赐物有差。壬申，右散骑常侍、舒国公褚元量卒。己卯，侍中宋璟为开府仪同三司，中书侍郎苏颋为礼部尚书，并罢知政事。京兆尹源乾曜为黄门侍郎，并州大都督府长史张嘉贞为中书侍郎，并同中书门下平章事。

二月丁酉，皇子敏薨，追封怀王，谥曰哀。

夏五月丁卯，源乾曜为侍中，张嘉贞为中书令。南天竺国遣使献五色鹦鹉。

六月壬寅夜，东都暴雨，谷水泛涨。新安、渑池、河南、寿安、巩县等庐舍荡尽，共九百六十一户，溺死者八百一十五人。许、卫等州掌闲番兵溺者千一百四十八人。

秋九月，突厥欲谷寇甘、凉等州，凉州都督杨敬述为所败，掠契苾部落而归。以御史大夫王晙为兵部尚书兼幽州都督，黄门侍郎韦抗为御史大夫、朔方总管以御之。甲子，太子少师兼岐州刺史、岐王范兼太子太傅，太子少保兼虢州刺史、薛王业为太子太保，余并如故。

冬十月辛巳，幸长春宫。壬午，畋于下邽。

十一月乙丑，至自长春宫。辛未，突厥寇凉州，杀人掠羊马数万计而去。

九年春正月丙辰，改蒲州为河中府，置中都。丙寅，幸新丰之温汤。

夏四月庚寅，兰池州叛胡显首伪称叶护康待宾、安慕容，为多览杀大将军何黑奴，伪将军石神奴、康铁头等，据长泉县，攻陷六胡州。兵部尚书王晙发陇右诸军及河东九姓掩讨之。甲戌，上亲策试应制举人于含元殿，谓曰："古有三道，今减二策。近无甲科，朕将存其上第，务收贤俊，用宁军国。"仍令有司设食。

秋七月戊申，罢中都，依旧为蒲州。己酉，王晙破兰池州叛胡，杀三万五千骑。丙辰，扬、润等州暴风，发屋拔树，漂损公私船舫一千余只。辛酉，集诸酋长，斩康待宾。先天中，重修三九射礼，至是，给事中许景先抗疏罢之。

九月己巳朔，日有蚀之。丁未，开府仪同三司、梁国公姚崇薨。丁巳，御丹凤楼，宴突厥首领。庚申，幸中书省。癸亥，右羽林将军、权检校并州大都督府长史、燕国公张说为兵部尚书、同中书门下三品。

冬十一月丙辰，左散骑常侍元行冲上《群书目录》二百卷，藏之内府。庚午冬至，大赦天下，内外官九品已上加一阶，三品已上加爵一等。自六月二十日、七月三日匡卫社稷食实封功臣，坐事削除官爵，中间有生有死，并量加收赠。致仕官合佩鱼者听其终身。赐酺三日。

十二月乙酉，幸新丰之温汤。壬午，至自温汤。

是冬无雪。

十年春正月丁巳，幸东都。甲子，省王公已下视品官参佐及京三品已上官伏身职员。乙丑，停天下公廨钱，其官人料以税户钱充，每月准旧分例数给。戊申，内外官职田，除公廨田园外，并官收，给还逃户及贫下户欠丁田。

二月戊寅，至东都。

三月戊申，诏自今内外官有犯赃至解免已上，纵逢赦免，并终身勿齿。

夏四月丁酉，封契丹首领松漠都督李郁于为松漠郡王，奚首领饶乐都督李鲁苏为饶乐郡王。

五月，东都大雨，伊、汝等水泛涨，漂坏河南府及许、汝、仙、陈等州庐舍数千家，溺死者甚众。

闰五月壬申，兵部尚书张说往朔方军巡边。戊寅，敕诸番充质宿卫子弟，并放还国。

六月辛丑，上训注《孝经》，颁于天下。癸卯，以余姚县主女慕容氏为燕郡公主，出降奚首领饶乐郡王李鲁苏。己巳，增置京师太庙为九室，移孝和皇帝神主以就正庙。秋八月丙戌，岭南按察使裴伷先上言安南贼帅梅叔鸾等攻围州县，遣骠骑将军兼内侍杨思勖讨之。丁亥，遣户部尚书陆象先往汝、许等州存抚赈给。丙申，博、棣等州黄河堤破，漂损田稼。

九月，张说擒康愿子于木盘山。诏移河曲六州残胡五万余口于许、汝、唐、邓、仙、豫等州，始空河南朔方千里之地。甲戌，秘书监、楚国公姜皎坐事，诏杖之六十，配流钦州，死于路。都水使者刘承祖配流雷州。乙亥，制曰："朕君临宇内，子育黎元。内修睦亲，以叙九族；外协庶政，以济兆人。勋戚加优厚之恩，兄弟尽友于之至。务崇敦本，克慎明德。今小人作孽，已伏宪章，恐不逞之徒，犹未能息。凡在宗属，用申惩诫：自今已后，诸王、公主、驸马、外戚家，除非至亲以外，不得出入门庭，妄说言语。所以共存至公之道，永协和平之义，克固藩翰，以保厥休。贵戚懿亲，宜书座右。"又下制，约百官不得与卜祝之人交游来往。乙卯夜，京兆人权梁山伪称襄王男，自号光帝，与其党权楚璧，以屯营兵数百人，自景风、长乐等门斩关入宫城构逆。至晓兵败，斩梁山，传首东都。废河阳柏崖仓。

冬十月癸丑，乾元殿依旧题为明堂。甲寅，幸寿安之故兴泰宫。畋猎于土宜川。庚申，至自兴泰宫。波斯国遣使献狮子。

十一月乙未，初令宰相共食实封三百户。

十二月，停按察使。

十一年春正月丁卯，降都城见楚囚徒，流、死罪减一等，余并原之。己巳，北都巡狩，敕所至处存问高年、鳏寡茕独、征人之家；减流、死罪一等，徒以下放免。庚辰，幸并州、潞州，宴父老，曲赦大辟罪已下，给复五年。别改其旧宅为飞龙宫。辛卯，改并州为太原府，官吏补授，一准京兆、河南两府。百姓给复一年，贫户复二年，元从户复五年。武德功臣及元从子孙，有才堪文武未有官者，委府县搜扬，具以名荐。上亲制《起义堂颂》及书，刻石纪功于太原府之南街。戊申，次晋州。坛场使、中书令张嘉贞贬为幽州刺史。壬子，祠后土于汾阴之脽上，升坛行事官三品已上加一爵，四品已上加一阶，陪位官赐勋一转。改汾阴为宝鼎县。癸亥，兵部尚书张说兼中书令。

三月庚午，车驾至京师，制所经州、府、县无出今年地税，京城见禁囚徒并原免之。

夏四月丙辰，迁祔中宗神主于太庙。癸亥，张说正除中书令，吏部尚书、中山公王晙为兵部尚书、同中书门下三品。

五月己巳，北都置军器监官员。王晙为朔方节度使，兼知河北郡、陇右、河西兵马使。

六月，王晙赴朔方军。

秋八月戊申，尊八代祖宣皇帝庙号献祖，光皇帝庙号懿祖，始祔于太庙之九庙。

九月己巳，颁上撰《广济方》于天下，仍令诸州各置医博士一人。春秋二时释奠，诸州宜依旧用牲牢，其属县用酒脯而已。

冬十月丁酉，幸新丰之温泉宫。甲寅，至自温泉。

十一月戊寅，亲祀南郊，大赦天下，见禁囚徒死罪至徒流已下免除之。升坛行事及供奉官三品已上赐爵一级，四品转一阶。武德以来实封功臣、知政宰辅沦屈者，所司具以状闻。赐酺三日，京城五日。是月，自京师至于山东、淮南大雪，平地三尺余。丁亥，废军器监官员，少府监加置少监一人以充之。

十二月甲午，幸凤泉汤。戊申，至自凤泉汤。庚申，王晙授蕲州刺史。

十二年春正月。

夏四月，封故泽王上金男义珣为嗣泽王。嗣许王瓛左授鄂州别驾，以弟璆为上金嗣故也。癸卯，嗣江王祎降为信安郡王，嗣蜀王褕为广汉郡王，嗣密王彻为濮阳郡王，嗣曹王臻为济国公，嗣赵王琚为中山郡王，武阳郡王堪为沣国公。祎等并自神龙之后外继为王，以瓛利泽王之封，尽令归宗改封焉。

秋七月壬申，月蚀既。己卯，废皇后王氏为庶人。后弟太子少保、驸马都尉守一贬为泽州别驾，至蓝田，赐死。户部尚书、河东伯张嘉贞贬台州刺史。

冬十一月庚申，幸东都，至华阴，上制岳庙文，勒之于石，立于祠南之道周。戊寅，至自东都。庚辰，司徒、申王㧑薨，追谥曰惠庄太子。五溪首领覃行璋反，遣镇军大将军兼内侍杨思勖讨平之。

闰十二月丙辰朔，日有蚀之。

十三年春正月乙酉，以幽州都督府为大都督府。戊子，降死罪从流，流已下罪悉原之。分遣御史中丞蒋钦绪等往十道疏决囚徒。

二月戊午，幸龙门，即日还宫。乙亥，初置彍骑，分隶十二司。丙子，改豳州为邠州，郑州为莫州，梁州为褒州，沅州为巫州，舞州为鹤州，泉州为福州，以避文相类及声相近者。

三月甲午，皇太子嗣谦改名鸿；郢王嗣直改名潭，徙封庆王；陕王嗣升改名浚，徙封忠王；鄫王嗣真改名洽，徙封棣王；鄂王嗣初改名涓，徙封郎王；嗣玄改名滉，封荣王。又第八子潈封为光王，第十二男潍封为仪王，第十三男沄封为颍王，第十六男泽封为永王，第十八男清封为寿王，第二十男洞封为延王，第二十一男沐封为盛王，第二十二男溢封为济王。丙申，御史大夫程行谌奏："周朝酷吏来子珣、万国俊、王弘义、侯思止、郭霸、焦仁亶、张知默、李敬仁、唐奉一、来俊臣、周兴、丘神勣、索元礼、曹仁哲、王景昭、裴籍、李秦授、刘光业、王德寿、屈贞筠、鲍思恭、刘景阳、王处贞等二十三人，残害宗枝，毒陷良善，情状尤重，子孙不许仕宦。陈嘉言、鱼承晔、皇甫文备、傅游艺四人，情状虽轻，子孙不许近任。请依开元二年二月五日敕。"

夏四月丁巳，改集仙殿为集贤殿，丽正殿书院改集贤殿书院；内五品已上为学士，六品已下为直学士。癸酉，令朝集使各举所部孝悌文武，集于泰山之下。

五月庚寅，妖贼刘定高率其党夜犯通洛门，尽擒斩之。

六月乙亥，废都西市。

冬十月癸丑，新造铜仪成，置于景运门内，以示百官。辛酉，东封泰山，发自东都。

十一月丙戌，至兖州岱宗顿。丁亥，致斋于行宫。己丑，日南至，备法驾登山，仗卫罗列岳下百余里。诏行从留于谷口，上与宰臣、礼官升山。庚寅，祀昊天上帝于上坛，有司祀五帝百神于下坛。礼毕，藏玉册于封祀坛之礏，然后燔柴。燎发，群臣称万岁，传呼自山顶至岳下，震动山谷。上还斋宫，庆云见，日抱戴。辛卯，祀皇地祇于社首，藏玉册于石礏，如封祀坛之礼。壬辰，御帐殿受朝贺，大赦天下，流人未还者放还。内外官三品已上赐爵一等，四品已下赐一阶，登山官封赐一阶，褒圣侯量才与处分。封泰山神为天齐王，礼秩加三公一等，近山十里，禁其樵采。赐酺七日。侍中源乾曜为尚书左丞相兼侍中，中书令张说为尚书右丞相兼中书令。甲午，发岱岳。丙申，幸孔子宅，亲设奠祭。

十二月己巳，至东都。时累岁丰稔，东都米斗十钱，青、齐米斗五钱。

是冬，分吏部为十铨，敕礼部尚书苏颋、刑部尚书韦抗、工部尚书户从愿等分掌选事。

十四年春正月癸亥，改封契丹松漠郡王李召固为广化王，奚饶乐郡王李鲁苏为奉诚王，封宗室外甥女二人为公主，各以妻之。

二月庚戌朔，邕州獠首领梁大海、周光等据宾、横等州叛，遣骠骑大将军兼内侍杨思勖讨之。

三月壬寅，以国甥东华公主降于契丹李召固。

夏四月癸丑，御史中丞宇文融与御史大夫崔隐甫弹尚书右丞相、兼中书令张说，鞫于尚书省。丁巳，户部侍郎李元纮同中书门下平章事。庚申，张说停兼中书令。丁卯，太子少师、岐王范薨，册赠惠文太子。辛丑，于定、恒、莫、易、沧等五州置军以备突厥。

五月癸卯，户部进计账，今年管户七百六万九千五百六十五，管口四千一百四十一万九千七百一十二。

六月戊午，大风，拔木发屋，毁端门鸱吻，都城门等及寺观鸱吻落者殆半。上以旱、暴风雨，命中外群官上封事，指言时政得失，无有所隐。

秋七月癸丑夜，瀍水暴涨入漕，漂没诸州租船数百艘，溺者甚众。

九月己丑，检校黄门侍郎兼碛西副大都护杜暹同中书门下平章事。

是秋，十五州言旱及霜，五十州言水，河南、河北尤甚，苏、同、常、福四州漂坏庐舍，遣御史中丞宇文融检覆赈给之。

冬十月，废麟州。庚申，幸汝州广成汤。己巳，还东都。

十一月甲戌，突厥遣使来朝。辛丑，渤海靺鞨遣其子义信来朝，并献方物。

十二月丁巳，幸寿安之方秀川。己未，日色赤如赭。壬戌，还东都。

十五年春正月戊寅，制草泽有文武高才，令诣阙自举。庚子，太史监复为太史局，依旧隶秘书省。辛丑，凉州都督王君㚟破吐蕃于青海之西，虏辎车、马羊而还。

二月，遣左监门将军黎敬仁往河北赈给贫乏，时河北牛畜大疫。己巳，尚书右丞相张说、御史大夫崔隐甫、中丞宇文融以朋党相构，制说致仕，隐甫免官侍母，融左迁魏州刺史。

夏五月，晋州大水，漂损居人庐舍。癸酉，以庆王潭为凉州都督兼河西诸军节度大使，忠王浚为单于大都护、朔方节度大使，棣王洽为太原冀北牧、河北诸军节度大使，鄂王涓为幽州都督、河北节度大使，荣王滉为京兆牧、陇右节度大使，光王涺为广州都督、五府节度大使，仪王潍为河南牧，颍王沄为安东都护、平卢军节度大使，永王泽为荆州大都督，寿王清为益州大都督、剑南节度大使，延王洄为安西大都护、碛西节度大使，盛王沐为扬州大都督，并不出阁。

秋七月甲戌，雷震兴教门楼两鸱吻，栏槛及柱灾。礼部尚书苏颋卒。庚寅，鄜州洛水泛涨，坏人庐舍。辛卯，又坏同州冯翊县廨宇，及溺死者甚众。丙申，改武临县为颍阳县。己亥，赦都城系囚，死罪降从流，徒已下罪悉免之。

九月丙子，吐蕃寇瓜州，执刺史田元献及王君㚟父寿，杀掠人吏，尽取军资仓粮而去。丙戌,突厥毗伽可汗使其大臣梅录啜来朝。

闰月庚子,突骑施苏禄、吐蕃赞普围安西,副大都护赵颐贞击走之。庚申,车驾发东都,还京师。回纥部落杀王君㚟于甘州之巩笔驿。制检校兵部尚书萧嵩兼判凉州事,总兵以御吐蕃。

是秋,六十三州水,十七州霜旱;河北饥,转江淮之南租米百万石以赈给之。

冬十月己卯,至自东都。

十二月乙亥,幸温泉宫。丙戌,至自温泉宫。

十六年春正月庚子,始听政于兴庆宫。秦、泷等州獠首领泷州刺史陈行范、广州首领冯仁智、何游鲁叛,遣骠骑大将军杨思勖讨之。壬寅,安西副大都护赵颐贞败吐蕃于曲子城。甲子,黑水靺鞨遣使来朝献。

秋七月,吐蕃寇瓜州,刺史张守珪击破之。乙巳,检校兵部尚书萧嵩、鄯州都督张志亮攻拔吐蕃门城,斩获数千级,收其资畜而还。丙辰,新罗王金兴光遣使贡方物。

八月己巳,特进张说进《开元大衍历》,诏命有司颁行之。辛卯,萧嵩又遣杜宾客击吐蕃于祁连城,大破之,获其大将一人,斩首五千级。

九月丙午,以久雨,降死罪从流,徒已下原之。

冬十月己卯,幸温泉宫。己丑,至自温泉宫。

十一月癸巳朔,检校兵部尚书、河西节度判凉州事萧嵩为兵部尚书、同中书门下平章事,余如故。

十二月丁卯,幸温泉宫。丁丑,至自温泉宫。

十七年二月丁卯,巂州都督张审素攻破蛮,拔昆明城及盐城,杀获万人。庚子,特进张说复为尚书左丞相,同州刺史陆象先为太子少保。甲寅,礼部尚书、信安王祎率众攻拔吐蕃石堡城。

夏四月癸亥,令中书门下分就大理、京兆、万年、长安等狱疏决囚徒。制天下系囚死罪减一等,余并宥之。丁亥,大风震电,蓝田山崩。

五月癸巳,复置十道按察使。右散骑常侍徐坚卒。

六月甲戌,尚书左丞相源乾曜停兼侍中,黄门侍郎杜暹为荆州大都督府长史,中书侍郎李元纮为曹州刺史,兵部尚书萧嵩兼中书令,户部侍郎兼鸿胪卿宇文融为黄门侍郎,兵部侍郎裴光庭为中书侍郎,并同中书门下平章事。

秋七月辛丑,工部尚书张嘉贞卒。

八月癸亥，上以降诞日，宴百僚于花萼楼下。百僚表请以每年八月五日为千秋节，王公已下献镜及承露囊，天下诸州咸令宴乐，休假三日，仍编为令，从之。丙寅，越州大水，漂坏廨宇及居人庐舍。己卯，中书侍郎裴光庭兼御史大夫，依旧知政事。乙酉，尚书右丞相、开府仪同三司兼吏部尚书宋璟为尚书左丞相，尚书左丞相源乾曜为太子少傅。

九月壬子，宇文融左迁汝州刺史，俄又贬昭州平乐尉。壬寅，裴光庭为黄门侍郎，依旧知政事。

冬十月戊午朔，日有蚀之，不尽如钩。癸未，睦州献竹实。庚申，前太子宾客元行冲卒。

十一月庚申，亲享九庙。辛卯，发京师。丙申，谒桥陵。上望陵涕泣，左右并哀感。制奉先县同赤县，以所管万三百户供陵寝，三府兵马供宿卫，曲赦县内大辟罪已下。戊戌，谒定陵。己亥，谒献陵。壬寅，谒昭陵。乙巳，谒乾陵。戊申，车驾还宫。大赦天下，流移人并放还，左降官移近处。百姓无出今年地税之半。每陵取侧近六乡供陵寝。内外官三品已上加爵一等，四品已下赐一阶，五品已上清官父母亡者，依级赐官及邑号。

十二月辛酉，幸温泉宫。乙丑，校猎渭滨。壬申，至自温泉宫。

是冬无雪。

十八年春正月辛卯，黄门侍郎裴光庭为侍中，依旧兼御史大夫。左丞相张说加开府仪同三司。丙午，幸薛王业宅，即日还宫。

二月丙寅，大雨雪，俄而雷震，左飞龙厩灾。

三月辛卯，改定州县上中下户口之数，依旧给京官职田。

夏四月乙卯，筑京城外郭城，凡十月而功毕。壬戌，幸宁亲公主第，即日还宫。乙丑，裴光庭兼吏部尚书。是春，命侍臣及百僚每旬暇日寻胜地宴乐，仍赐钱，令所司供帐造食。丁卯，侍臣已下宴于春明门外宁王宪之园池，上御花萼楼邀其回骑，便令坐饮，递起为舞，颁赐有差。

五月，契丹衙官可突干杀其主李召固，率部落降于突厥，奚部落亦随西叛。奚王李鲁苏来奔，召固妻东华公主陈氏及鲁苏妻东光公主韦氏并奔投平卢军。制幽州长史赵含章率兵讨之。

六月庚申，命左右丞相、尚书及中书门下五品已上官，举才堪边任及刺史者。甲子，彗星见于五车。癸酉，有星孛于毕、昴。丙子，命单于大都护、忠王浚为河北道行军元帅，御史大夫李朝隐、京兆尹裴伷先为副，率十八总管以讨契丹及奚等，事竟不行。壬午，东都瀍、洛泛涨，坏天津、永济二桥及提象门外仗舍，损居人庐舍千余家。

闰月甲申，分幽州置蓟州。己丑，令范安及、韩朝宗就瀍、洛水源疏决，置门以节水势。辛卯，礼部奏请千秋节休假三日，及村闾社会，并就千秋节先赛白帝，报田祖，然后坐饮，从之。

秋七月庚辰，幸宁王宪第，即日还宫。

八月丁亥，上御花萼楼，以千秋节百官献贺，赐四品已上金镜、珠囊、缣彩，赐五品已下束帛有差。上赋八韵诗，又制《秋景诗》。辛亥，幸永穆公主宅，即日还宫。

九月，先是高户捉官本钱；乙卯，御史大夫李朝隐奏请薄税百姓一年租钱充，依旧高户及典正等捉，随月收利，供官人税钱。

冬十月，吐蕃遣其大臣名悉猎献方物，请降，许之。庚寅，幸岐州之凤泉汤。癸卯，至自凤泉汤。

十一月丁卯，幸新丰温泉宫。

十二月戊子，丰州刺史袁振坐妖言下狱死。戊申，尚书左丞相、燕国公张说薨。是岁，百僚及华州父老累表请上尊号内请加"圣文"两字，并封西岳，不允。

十九年春正月壬戌，开府仪同三司、霍国公王毛仲贬为襄州别驾，中路赐死，党与贬黜者十数人。辛卯，遣鸿胪卿崔琳入吐蕃报聘。丙子，亲耕于兴庆宫龙池。己卯，禁采捕鲤鱼。天下州府春秋二时社及释奠，停牲牢，唯用酒醴，永为常式。

二月甲午，以崔琳为御史大夫。

三月乙酉朔，崔琳使于吐蕃。

夏四月壬午，于京城置礼院。丙申，令两京及天下诸州各置太公尚父庙，以张良配享，春秋二时仲月上戊日祭之。

五月壬戌，五岳各置老君庙。

六月乙酉，大风拔木。

秋八月辛巳，降天下死罪从流，徒已下悉原之。

九月辛未，吐蕃遣其国相论尚他硨来朝。

冬十月丙申，幸东都。

十一月丙辰，至自东都。甲子，太子少傅源乾曜薨。

十二月，巂州都督张审素以劫制使监察御史杨汪伏诛。

是冬，浚苑内洛水，六十余日而罢。戊戌，裴光庭上《瑶山往则》、《维城前轨》各一卷，上令赐太子、诸王各一本。

二十年春正月乙卯，以礼部尚书、信安王祎率兵讨契丹。丁巳，幸长芬公主宅；乙丑，幸薛王业宅，并即日还宫。

二月己未，敕文武选人，承前例三月三十日为例，然开选门，比团甲进官至夏来。自今已后，选门并正月内开，团甲二月内讫。分命宰相录京城诸狱系囚。

三月，信安王祎与幽州长史赵含章大破奚、契丹于幽州之北山。

夏四月乙亥，宴百僚于上阳东州，醉者赐以床褥，肩舆而归，相属于路。癸巳，改造天津桥，毁皇津桥，合为一桥。

五月癸卯，寒食上墓，宜编入五礼，永为恒式。辛亥，金仙长公主薨。戊辰，信安王献奚、契丹之俘，上御应天门受之。

六月丁丑，单于大都护、河北东道行军元帅、忠王浚加司徒，都护如故；副大使信安王祎加开府仪同三司。庚寅，幽州长史赵含章坐盗用库物，左监门员外将军杨元方受含章馈饷，并于朝堂决杖，流瀼州，皆赐死于路。其月，遣范安及于长安广花萼楼，筑夹城至芙蓉园。

秋七月戊辰，幸宁王宪宅，即日还宫。

八月辛未朔，日有蚀之。己卯，户部尚书王晙卒。

九月乙巳，中书令萧嵩等奏上《开元新礼》一百五十卷，制所司行用之。渤海靺鞨寇登州，杀刺史韦俊，命左领军将军盖福顺发兵讨之。

冬十月丙戌，命巡幸所至，有贤才未闻达者举之，仍令中书门下疏决囚徒。辛卯，至潞州之飞龙宫，给复三年，兵募丁防先差未发者，令改出余州。辛丑，至北都。癸丑，曲赦太原，给复三年。

十一月庚午，祀后土于睢上，大赦天下，左降官量移近处。内外文武官加一阶，开元勋臣尽假紫及绯。大酺三日。

十二月壬申，至京师。

其年户部计户七百八十六万一千二百三十六，口四千五百四十三万一千二百六十五。

二十一年春正月庚子朔，制令士庶家藏《老子》一本，每年贡举人量减《尚书》、《论语》两条策，加《老子》策。乙巳，迁祔肃明皇后神主于庙，毁仪坤庙。丁巳，幸温泉宫。己未，命工部尚书李嵩使于吐蕃。癸亥，至自温泉宫。

三月乙巳，侍中裴光庭薨。甲寅，尚书右丞韩休为黄门侍郎、同中书门下平章事。

闰月，幽州道副总管郭英杰等讨契丹，为所败于都山之下，英杰死之。

夏四月丁巳，以久旱，命太子少保陆象先、户部尚书杜暹等七人往诸道宣慰赈给，及令黜陟官吏，疏决囚徒。丁酉，宁王宪为太尉，薛王业为司徒，庆王潭为太子太师，忠王浚为开府仪同三司，棣王洽为太子少傅，鄂王涓为太子太保。

五月甲申，皇太子纳妃薛氏。制天下死罪降从流，流已下释放。京文武官赐勋一转。

秋七月乙丑朔，日有蚀之。

九月壬午，封皇子溢为济王，沔为信王，泚为义王，潍为陈王，澄为丰王，潓为恒王，漎为凉王，滔为深王。

冬十月庚戌，幸温泉宫。

十一月戊子，尚书右丞相宋璟以年老请致仕，许之。

十二月丁未，兵部尚书、徐国公萧嵩为尚书右丞相，黄门侍郎韩休为兵部尚书，并罢知政事。京兆尹裴耀卿为黄门侍郎，前中书侍郎张九龄起复旧官，并同中书门下平章事。是岁，关中久雨害稼，京师饥，诏出太仓米二百万石给之。

二十二年春正月癸亥朔，制古圣帝明皇、岳、渎、海镇用牲牢，余并以酒醅充奠。己巳，幸东都。辛未，太府卿严挺之、户部侍郎裴宽于河南存问赈给。乙酉，怀、卫、邢、相等五州乏粮，遣中书舍人裴敦复巡问，量给种子。己丑，至东都。

二月壬寅，秦州地震，廨宇及居人庐舍崩坏殆尽，压死官吏已下四十余人，殷殷有声，仍连震不止。命尚书右丞相萧嵩往祭山川，并遣使存问赈恤之，压死之家给复一年，一家三人已上死者给复二年。辛亥，初置十道采访处置使。征恒州张果先生，授银青光禄大夫，号曰通玄先生。

三月，没京兆商人任令方资财六十余万贯。壬午，欲令不禁私铸钱，遣公卿百僚详议可否。众以为不可，遂止。四月乙未，伊西、北庭且依旧为节度。废太庙署，以太常寺奉宗庙。庚子，唐州界准胜州例立表，测候日晷影长短。乙巳，诏京都见禁囚徒，令中书门下及留守检覆降罪，天下诸州委刺史。丁未，眉州鼎皇山下江水中得宝鼎。甲寅，北庭都护刘涣谋反，伏诛。

五月戊子，黄门侍郎裴耀卿为侍中，中书侍郎张九龄为中书令，黄门侍郎李林甫为礼部尚书、同中书门下平章事。关中大风拔木，同州尤甚。

是夏，上自于苑中种麦，率皇太子已下躬自收获，谓太子等曰："此将荐宗庙，是以躬亲，亦欲令汝等知稼穑之难也。"因分赐侍臣，谓曰："比岁令人巡检苗稼，所对多不实，故自种植以观其成；且《春秋》书麦禾，岂非古人所重也！"

六月乙未，遣左金吾将军李佺于赤岭与吐蕃分界立碑。

七月己巳，司徒、薛王业薨，追谥为惠宣太子。甲申，遣中书令张九龄充河南开稻田使。

八月，先是驾至东都，遣侍中裴耀卿充江淮、河南转运使，河口置输场。壬寅，于输场东置河阴县。又遣张九龄于许、豫、陈、亳等州置水屯。九月壬申，改饶乐都督府为奉诚都督府。辛巳，移登州平海军于海口安置。

冬十月甲辰，试司农卿陈思问以赃私配流瀼州。

十二月戊子朔，日有蚀之。乙巳，幽州长史张守珪发兵讨契丹，斩其王屈烈及其大臣可突干于阵，传首东都，余叛奚皆散走山谷。立其酋长李过折为契丹王。是岁，突厥毗伽可汗死。断京城乞兒。

二十三年春正月己亥，亲耕籍田，上加至九推而止，卿已下终其亩。大赦天下。京文武官及朝集采访使三品已下加一爵，四品已下加一阶，外官赐勋一转。其才有霸王之略、学究天人之际、及堪将帅牧宰者，令五品已上清官及刺史各举一人。致仕官量与改职，依前致仕。赐酺三日。

三月丁卯，殿中侍御史杨万顷为仇人所杀。

夏五月戊寅，宗子请率月俸于兴庆宫建龙池，上《圣德颂》。

秋七月丙子，皇太子鸿改名瑛，庆王直已下十四王并改名。又封皇子玭为义王，珪为陈王，珙为丰王，琪为恒王，璿为凉王，璥为汴王。其荣王琬已下并开府置官属，各食实封二千户。

八月戊子，制鳏寡茕独免今年地税之半，江淮已南有遭水处，本道使赈给之。

九月戊申，移泗州就临淮县置。

冬十月辛亥，移隶伊西、北庭都护属四镇节度。突骑施寇北庭及安西拨换城。

十一月壬申朔，日有蚀之。

十二月，新罗遣使朝献。

二十四年春正月，吐蕃遣使献方物。北庭都护盖嘉运率兵击突骑施，破之。

三月乙未，始移考功贡举，遣礼部侍郎掌之。

夏六月丙午，京兆醴泉妖人刘志诚率众为乱，将趋京城，咸阳官吏烧便桥以断其路，俄而散走，京兆府尽擒斩之。

是夏大热，道路有渴死者。

秋七月庚子，太子太保陆象先卒。辛丑，李林甫为兵部尚书，依旧知政事。己巳，初置寿星坛，祭老人星及角、亢等七宿。

八月戊申朔，加亲舅小功服，舅母缌麻服，堂舅袒免。己亥，深王滔薨。

九月壬午，改尚书主爵曰司封。

冬十月戊申，车驾发东都，还西京。甲子，至华州，曲赦行在系囚。丁丑，至自东都。

十一月壬寅，侍中裴耀卿为尚书左丞相，中书令张九龄为尚书右丞相，并罢知政事。兵部尚书李林甫兼中书令，殿中监牛仙客兵部尚书、同中书门下三品。尚书右丞相萧嵩为太子太师，工部尚书韩休为太子少保。

十二月戊申，太子太师、庆王琮为司徒。丙寅，牛仙客知门下省事。

开元二十五年春正月壬午，制："朕猥集休运，多谢哲王，然而哀矜之情，小大必慎。自临寰宇，子育黎烝，未尝行极刑，起大狱。上玄降鉴，应以祥和，思协平邦之典，致之仁寿之域。自今有犯死刑，除十恶罪，宜令中书门下与法官详所犯轻重，具状奏闻。崇德尚齿，三代丕义；敦风劝俗，五教攸先。其曾任五品已上清资官以礼去职者，所司具录名奏，老疾不堪厘务者与致仕。道士、女冠宜隶宗正寺，僧尼令祠部检校。百司每旬节休假，并不须入曹司，任游胜为乐。宣示中外，知朕意焉。"癸卯，道士尹愔为谏议大夫、集贤学士兼知史馆事。

二月，新罗王金兴光卒，其子承庆嗣位，遣赞善大夫邢璹摄鸿胪少卿，往吊祭，册立之。壬子，加宗正丞一员。戊午，罢江淮运，停河北运。癸酉，张守珪破契丹余众于捺禄山，杀获甚众。

三月乙卯，河西节度使崔希逸自凉州南率众入吐蕃界两千余里。己亥，希逸至青海西郎佐素文子觜，与贼相遇，大破之，斩首二千余级。

夏四月庚戌，陈、许、豫、寿四州开稻田。辛酉，监察御史周子谅上书忤旨，撮之殿庭，朝堂决杖死之。甲子，尚书右丞相张九龄以曾荐引子谅，左授荆州长史。乙丑，皇太子瑛、鄂王瑶、光王琚并废为庶人。太子妃兄驸马都尉薛琇长流瀼州，至蓝田驿赐死。

六月壬戌，荧惑犯房，至心星越度而过。

秋七月己卯，大理少卿徐岵奏："天下今岁断死刑五十八，几致刑措，鸟巢寺之狱。"上特推功元辅，庚辰，封李林甫为晋国公，牛仙客为豳国公。己卯，敕诸陵庙并隶宗正寺，其宗正寺官员，自今并以宗枝为之。

九月壬申，颁新定《令》、《式》、《格》及《事类》一百三十卷于天下。

冬十月，制自今年每年立春日迎春于东郊，其夏及秋冬如常。以十二月朔日于正殿受朝，读时令。

十一月壬申，幸温泉宫。丁丑，开府仪同三司、广平郡公宋璟薨。

十二月丙午，惠妃武氏薨，追谥为贞顺皇后，葬于敬陵。吐蕃使其大臣属卢论莽藏来朝贡。

二十六年春正月乙亥，工部尚书牛仙客为侍中。丁丑，亲迎气于东郊，祀青帝。制天下系囚，死罪流岭南，余并放免。镇兵部还。京兆府新开稻田，并散给贫人。百官赐勋绢。长安、万年两县各与本钱一千贯，收利供驲，仍付杂驲。天下州县，每乡一学，仍择师资，令其教授。诸乡贡每年令就国子监谒先师，明经加口试。内外八品已下及草泽有博学文辞之士，各委本司本州闻荐。

二月辛卯，以李林甫遥领陇右节度使。甲辰，禁大寒食以鸡卵相馈送。庚申，葬贞顺皇后于敬陵。乙卯，以牛仙客遥领河东道节度使。辛酉，废仙州，分其属县隶许、汝等州。

三月己巳朔，减秘书省校书、正字官员。丙子，有星孛于紫微垣中，历斗魁十余日，因阴云不见。己酉，河南、洛阳两县亦借本钱一千贯，收利充人吏课役。癸未，京兆地震。吐蕃寇河西，左散骑常侍崔希逸击破之；鄯州都督杜希望又攻拔新罗城，制以其城为威戎军。夏四月己亥朔，始令太常卿韦绍读时令于宣政殿，百僚于殿上列坐而听之。

五月乙酉，以李林甫遥领河西节度使，兼判梁州事。庚寅，幸咸宜公主宅。

六月庚子，立忠王玙为皇太子。

秋七月己巳，册皇太子，大赦天下，常赦所不免者咸赦除之。内外文武官及五品已上为父后者各赐勋一转。忠王府官及侍讲加一阶。赐酺三日。庚辰，分越州置明州。

九月丙申朔，日有蚀之。庚子，于旧六胡州地置宥州。益州长史王昱率兵攻吐蕃安戎城，为贼所据，官军大败，昱弃甲而遁，兵士死者数千人。

冬十月戊寅，幸温泉宫。

是岁渤海靺鞨王大武艺死，其子钦茂嗣立，遣使吊祭，册立之。

其冬，两京建行宫，造殿宇各千余间。润州刺史齐浣开伊娄河于扬州南瓜洲浦。析左右羽林军置左右龙武军，以左右万骑营隶焉。

二十七年春正月乙巳，大雨雪。

二月己巳，加尊号开元圣文神武皇帝，大赦天下，常赦所不免者咸赦除之，开元已来诸色痕瘢人咸从洗涤，左降官量移近处。百姓免今年租税。三品已上赐爵一级，四品已上加一阶。宗庙荐享，自今已后并用宗子。赐酺五日。

夏四月丁丑，废洮州隶兰州，改临州为洮州。乙酉，太子少傅窦瓌为开府仪同三司，吏部尚书李暠为太子少傅。丁酉，侍中牛仙客为兵部尚书兼侍中；兵部尚书兼中书令李林甫为吏部尚书，依旧兼中书令。以东宫内侍隶内侍省为署。

五月癸卯，置龙武军官员。先是，郇国公主之子薛谞与其党李谈、崔洽、石如山同于京城杀人，或利其财，或违其志，即白日椎杀，煮而食之。其夏事发，皆决杀于京兆府门，谞以国亲流瀼州，赐死于城东驿。

六月甲戌，内常侍牛仙童坐赃，决杀之。幽州节度使、兼御史大夫张守珪以贿贬为括州刺史。太子太师、徐国公萧嵩以尝赂仙童，左授青州刺史。

秋七月辛丑，荧惑犯南斗。北庭都护盖嘉运以轻骑袭破突骑施于碎叶城，杀苏禄，威震西陲。

八月，吐蕃寇白草、安人等。甲申，制追赠孔宣父为文宣王，颜回为兖国公，余十哲皆为侯，夹坐。后嗣褒圣侯改封为文宣公。

九月，皇太子改名绍。汴州刺史齐浣请开汴河下流，自虹县至淮阴北合于淮，逾时而功毕。因弃沙壅旧路，行者弊之，寻而新河之水势湍急，遂填塞矣。前刑部尚书致仕崔隐甫卒。

冬十月，将改作明堂。讹言官取小儿埋于明堂之下，以为厌胜。村野童儿藏于山谷，都城骚然，咸言兵至。上恶之，遣主客郎中王佶往东都及诸州宣慰百姓，久之定。

冬十月，毁东都明堂之上层，改拆下层为乾元殿。戊戌，幸温泉宫。辛丑，至自温泉宫。

十二月，东都副留守、太子宾客崔沔卒。以益州司马章仇兼琼权剑南节度等使。

是岁，盖嘉运大破突骑施之众，擒其王吐火仙，送于京师。

二十八年春正月，两京路及城中苑内种果树。癸巳，幸温泉宫。庚子，至自温泉宫。壬寅，以望日御勤政楼宴群臣，连夜烧灯，会大雪而罢，因命自今常以二月望日夜为之。

三月丁亥朔，日有蚀之。壬子，权判益州长史章仇兼琼拔吐蕃安戎城，分兵镇守之。

夏五月乙未，太子少师韩休、太子少傅李暠卒。

六月，怀州刺史、信安王祎为太子少师。庚寅，太子宾客李尚隐卒。

秋七月壬寅，追尊宜皇帝陵名曰建初，光皇帝陵名曰启运，仍置官员。

九月，魏州刺史卢晖开通济渠，自石灰巢引流至州城而西，却注魏桥。九月庚寅，封皇孙俶等十九人为郡王。

冬十月甲子，幸温泉宫。辛巳，至自温泉宫。乙酉夜，东都新殿后佛光寺灾。吐蕃寇安戎城。

十一月，牛仙客停遥兼朔方、河东节度使。

十二月乙卯，突骑施酋长莫贺达干率众内属。己未，礼部尚书杜暹卒。

是岁，金城公主薨，吐蕃遣使来告丧。其时频岁丰稔，京师米斛不满二百，天下乂安，虽行万里不持兵刃。

二十九年春正月丁丑，制两京、诸州各置玄元皇帝庙，并崇玄学，置生徒，令习《老子》、《庄子》、《列子》、《文中子》，每年准明经例考试。内外官有伯叔兄弟子侄堪任刺史、县令，所司亲自保荐。禁九品已下清资官置客舍邸店车坊、士庶厚葬。

三月，吐蕃、突厥各遣使来朝。丙午，风霾，日色无影。

夏四月庚戌朔。丙辰，以太原裴仙先为工部尚书。韦虚心卒。亲王已下及内外官各赐钱令宴乐。壬午，以左右金吾大将军裴宽为太原尹、北都留守。

秋七月乙卯，洛水泛涨，毁天津桥及上阳宫仗舍。洛、渭之间，庐舍坏，溺死者千余人。突厥登利可汗死。北州刺史王斛斯为幽州节度使；幽州节度副使安禄山为营州刺史，充平卢军节度副使，押两番、渤海、黑水四府经略使。

九月，大雨雪，稻禾偃折，又霖雨月余，道途阻滞。是秋，河北博、洺等二十四州言雨水害稼，命御史中丞张倚往东都及河北赈恤之。壬申，御兴庆门,试明《四子》人姚子产、元载等。

冬十月丙申,幸温泉宫。戊戌,分遣大理卿崔翘等八人往诸道黜陟官吏。

十一月庚戌,司空、邠王守礼薨。辛酉,至自温泉宫。己巳,雨木冰,凝寒冻冽,数日不解。辛未,太尉、宁王宪薨,谥为让皇帝,葬于惠陵。

十二月丁酉,吐蕃入寇,陷廓州达化县及振武军石堡城,节度使盖嘉运不能守。女国王赵曳夫及佛逝国王、日南国王遣其子来朝献。

天宝元年春正月丁未朔,大赦天下,改元,常赦不原咸赦除之。百姓所欠负租税及诸色并免之。前资官及白身人有儒学博通、文辞秀逸及军谋武艺者,所在具以名荐。京文武官才堪为刺史者各令封状自举。改黄钺为金钺。内外官各赐勋两转。甲寅,陈王府参军田同秀上言:“玄元皇帝降见于丹凤门之通衢,告赐灵符在尹喜之故宅。”上遣使就函谷故关尹喜台西发得之,乃置玄元庙于大宁坊。陕郡太守李齐物先凿三门,辛未,渠成放流。

二月丁亥,上加尊号为开元天宝圣文神武皇帝。辛卯,亲享玄元皇帝于新庙。甲午,亲享太庙。丙申,合祭天地于南郊。制天下囚徒,罪无轻重并释放。流人移近处,左降官依资叙用,身死贬处者量加追赠。枉法赃十五匹当绞,今加至二十匹。庄子号为南华真人,文子号为通玄真人,列子号为冲虚真人,庚桑子号为洞虚真人。其四子所著书改为真经。崇玄学置博士、助教各一员,学生一百人。桃林县改为灵宝县。改侍中为左相,中书令为右相,左右丞相依旧为仆射,又黄门侍郎为门下侍郎。东都为东京,北都为北京,天下诸州改为郡,刺史改为太守。陕州河北县为平陆县。老幼版授,文武官三品已上加一爵,四品已下加一阶。庚子,平卢节度使安禄山进阶骠骑大将军。

夏六月庚寅,武功山水暴涨,坏人庐舍,溺死数百人。

秋七月癸卯朔,日有蚀之。辛未,左相、豳国公牛仙客卒。

八月丁丑,刑部尚书、兼御史大夫李适之为左相。丁亥,突厥阿布思及默啜可汗之孙、登利可汗之女相与率其党属来降。壬辰,吏部尚书兼右相李林甫加尚书左仆射,左相李适之兼兵部尚书,左仆射裴耀卿为尚书右仆射。

九月辛卯,上御花萼楼,出宫女宴毗伽可汗妻可敦及男女等,赏赐不可胜纪。丙寅,改天下县名不稳及重名一百一十处。两京玄元庙改为太上玄元皇帝宫,天下准此。

冬十月丁酉,幸温泉宫。辛丑,改骊山为会昌山,仍于秦坑儒之所立祠宇,以祀遭难诸儒。新成长生殿名曰集灵台,以祀天神。

十一月己巳，至自温泉宫。

是岁，命陕郡太守韦坚引浐水开广运潭于望春亭之东，以通河、渭；京兆尹韩朝宗又分渭水入自金光门，置潭于西市之西衢，以贮材木。

是冬无冰。

其年，天下郡府三百六十二，县一千五百二十八，乡一万六千八百二十九。户部进计账，今年管户八百五十二万五千七百六十三，口四千八百九十万九千八百。

二年春正月丙辰，追尊玄元皇帝为大圣祖玄元皇帝，两京崇玄学改为崇玄馆，博士为学士。

三月壬子，亲祀玄元庙以册尊号。制追尊圣祖玄元皇帝父周上御史大夫敬曰先天太上皇，母益寿氏号先天太后，仍于谯郡本乡置庙。尊咎繇为德明皇帝。改西京玄元庙为太清宫，东京为太微宫，天下诸郡为紫极宫。韦坚开广运潭毕功，盛陈舟舰。丙寅，上幸广运楼以观之，即日还宫。

夏六月甲戌夜，雷震东京应天门观灾，延烧至左、右延福门，经日不灭。

七月癸丑，致仕礼部尚书王丘卒。丙辰，尚书右仆射裴耀卿薨。

九月，太子少保崔琳卒。辛酉，谯郡紫极宫改为太清宫。

冬十月戊辰，太子太保、信安王祎卒。戊寅，幸温泉宫。

十一月乙卯，至自温泉宫。

十二月己亥，东京应天门改为乾元门。戊申，幸温泉宫。丙辰，至自温泉宫。

十二月乙酉，太子宾客贺知章请度为道士还乡。

是冬无雪。

三载正月丙辰朔，改年为载。赦见禁囚徒。庚子，遣左右相已下祖别贺知章于长乐坡，上赋诗赠之。壬寅，幸温泉宫。

二月己巳，还京。丁丑，封让皇帝男琳为嗣宁王，故邠王守礼男承宁为嗣邠王，让帝男瑀为嗣申王，惠宣太子男珍为嗣岐王，琄为嗣薛王。庚寅，皇太子绍改名亨。是月，河南尹裴敦复卒。

闰月辛亥，有星如月，坠于东南，坠后有声。京师讹言官遣枨捕人肝以祭天狗。人相恐，畿县尤甚，发使安之。

三月庚午，武威郡上言：番禾县天宝山有醴泉涌出，岭石化为瑞辫，远近贫乏者取以给食。改番禾为天宝县。癸酉，制天下见禁囚徒死罪降流，流已下并原之。

夏四月，南海太守刘巨鳞击破海贼吴令光，永嘉郡平。敕两京、天下州郡取官物铸金铜天尊及佛各一躯，送开元观、开元寺。五月戊寅，长安令柳升坐赃，于朝堂决杀之。

秋八月丙午，九姓拔悉密叶护攻杀突厥乌苏米施可汗，传首京师。庚申，内外文武官六品已下，自今已后，赴任之后，计载终满二百日已上，许其成考。

冬十月癸巳，幸温泉宫。丁未，改史国为来威国。

十一月癸卯，还京。癸丑，每载依旧取正月十四日、十五日、十六日开坊市门燃灯，永以为常式。玉真公主先为女道士，让号及实封，赐名持盈。

十二月甲午，分新丰县置会昌县。甲寅，亲祀九宫贵神于东郊，礼毕，大赦天下。百姓十八已上为中男，二十三已上成丁。每岁庸调，八月起征，可延至九月。诏天下民间家藏《孝经》一本。

四载春三月甲申，宴群臣于勤政楼。壬申，封外孙独孤氏女为静乐公主，出降契丹松漠都督李怀节；封外孙杨氏女为宜芳公主，出降奚饶乐都督李延宠。

秋八月甲辰，册太真妃杨氏为贵妃。是月，河南睢阳、淮阳、谯等八郡大水。

九月，契丹及奚酋长各杀公主，举部落叛。陇右节度使皇甫惟明与吐蕃战于石堡城，官军不利，副将褚直廉等死之。

冬十月，于单于都护府置金河县，安北都护府置阴山县。丁酉，幸温泉宫。壬子，以会昌县为同京县。

十二月戊戌，还京。

五载春正月癸酉，刑部尚书韦坚贬括苍太守；陇右节度使皇甫惟明贬播川太守，寻决死于黔中。乙亥，敕大小县令并准畿官吏三选听集。《礼记·月令》改为《时令》。封中岳为中天王，南岳为司天王，北岳为安天王。天下山水，名称或同，义且不经，多因于里谚，宜令所司各据图籍改定。丙子，遣礼部尚书席豫、左丞崔翘、御史中丞王铁等七人分行天下，黜陟官吏。

夏四月庚寅，左相、渭源伯李适之为太子少保，罢知政事。丁酉，门下侍郎陈希烈同中书门下平章事。

五月庚申，敕今后每至旬节休假，中书门下文武百僚不须入朝，外官不须衙集。癸卯，停郡县差丁白直课钱。

六月，敕三伏内令宰相辰时还宅。

秋七月丙子，韦坚为李林甫所构，配流临封郡，赐死。坚妹皇太子妃听离，坚外甥嗣薛琄贬夷陵郡别驾，女婿巴陵太守卢幼临长流合浦郡。太子少保李适之贬宜春太守，到任，饮药死。

八月，以户部侍郎郭虚己为御史大夫、剑南节度使。

九月壬子，于太清宫刻石为李林甫、陈希烈像，侍于圣容之侧。

冬十月丁酉，幸温泉宫。改临淄郡为济南郡。

十一月己巳，还京。

十二月辛未，赞善大夫杜有邻、著作郎王曾、左骁卫兵曹勋等为李林甫所构，并下狱死。

六载正月辛巳朔，北海太守李邕、淄川太守裴敦复并以事连王曾、柳勋，遣使就杀之。丁亥，亲享太庙。戊子，亲祀圜丘，礼毕，大赦天下，除绞、斩刑，但决重杖。于京城置三皇、五帝庙，以时享祭。其章怀、节愍、惠庄、惠文、惠宣等太子，宜与隐太子、懿德太子同为一庙。每日立仗食及设仗于庭，此后并宜停废。五岳既已封王，四渎当升公位，封河渎为灵源公，济渎为清源公，江渎为广源公，淮渎为长源公。

三月戊戌，南海太守彭果坐赃，决杖，长流溱溪郡，死于路。

夏四月戊午，门下侍郎陈希烈为左相兼兵部尚书。癸酉，复置军器监。自五月不雨至秋七月。乙酉，以旱，命宰相、台寺、府县录系囚，死罪决杖配流，徒已下特免。庚寅始雨。

冬十月戊申，幸温泉宫，改为华清宫。

十一月乙亥，户部侍郎杨慎矜及兄少府少监慎余与弟洛阳令慎名，并为李林甫及御史中丞王锇所构，下狱死。

十二月丙辰，工部尚书陆景融卒。壬戌，还京。

七载春正月己卯，礼部尚书席豫卒。己亥，韦绍奏御案褥袱帷等望去紫且赤黄，从之。

三月乙酉，大同殿柱产玉芝，有神光照殿。群臣请加皇帝尊号曰开元天宝圣文神武应道，许之。

夏四月辛丑，以高力士为骠骑大将军。

五月壬午，上御兴庆宫，受册徽号，大赦天下，百姓免来载租庸。

三皇以前帝王，京城置庙，以时致祭。其历代帝王肇迹之处未有祠守者，所在各置一庙。忠臣、义士、孝妇、烈女德行弥高者，亦置祠宇致祭。赐酺三日。

六月，范阳节度使安禄山赐实封及铁券。

秋八月己亥朔，改千秋节为天长节。壬子，改万年县为咸宁县。

冬十月庚午，幸华清宫，封贵妃姊二人为韩国、虢国夫人。

十二月戊戌，言玄元皇帝见于华清宫之朝元阁，乃改为降圣阁。改会昌县为昭应县，会昌山为昭应山；封山神为玄德公，仍立祠宇。辛酉，还京。

八载春正月甲申，赐京官绢，备春时游赏。

二月戊申，引百官于左藏库纵观钱币，赐绢而归。

三月，朔方节度使张齐丘于中受降城北筑横塞城。

夏四月，咸宁太守赵奉璋决杖而死，著作郎韦子春贬端溪尉，李林甫陷之也。幸华清宫观风楼。

五月辛巳，于开远门外作振旅亭。戊子，南海太守刘巨鳞坐赃，决死之。

六月，大同殿又产玉芝一茎。陇右节度使哥舒翰攻吐蕃石堡城，拔之。闰月己丑，改石堡城为神武军。剑南索磨川新置都护府，宜以保宁为名。丙寅，上亲谒太清宫。册圣祖玄元皇帝尊号为圣祖大道玄元皇帝。高祖、太宗、高宗、中宗、睿宗五帝，皆加"大圣皇帝"之字；太穆、文德、则天、和思、昭皇后，皆加"顺圣皇后"之字。群臣上皇帝尊号为开元天地大宝圣文神武应道皇帝。丁卯，上御含元殿受册，大赦天下。自今后每至禘袷，并于太清宫圣祖前序昭穆。初，太白山人李浑言太白山金星洞有帝福寿玉版石记，求得之，乃封太白山为神应公，金星洞为嘉祥公，所管华阳县为贞符县。戊辰，太子太师、徐国公萧嵩薨。丁亥，南衙立仗马宜停，省进马官。

秋八月戊子，郡别驾宜停，下郡置长史。冬十月丙寅，幸华清宫。

十一月丁巳，幸御史中丞杨钊庄。

九载春正月庚寅朔，与岁次同始，受朝于华清宫。己亥，还京。庚戌，群臣请封西岳，从之。二月壬午，御史中丞宋浑坐赃及奸，长流高要郡。

三月庚戌，改甌使为献纳。辛亥，西岳庙灾。时久旱，制停封西岳。

夏五月庚寅，以旱，录囚徒。乙卯，安禄山进封东平郡王。节度使封王，自此始也。

秋七月己亥，国子监置广文馆，领生徒为进士业者。

九月乙卯，处士崔昌上《五行应运历》，以国家合承周、汉，请废周、隋不合为二王后。

冬十一月庚寅，幸华清宫。己丑，制自今告献太清宫及太庙改为朝献，巡陵为朝拜，告宗庙为奏，天地享祀文改昭告为昭荐，以告者临下之义故也。辛卯，幸杨国忠亭子。辛丑，立周武王、汉高祖庙于京城，司置官吏。

十二月乙亥，还京。

十载春正月乙酉朔。壬辰，朝献太清宫。癸巳，朝享太庙。甲午，有事于南郊，合祭天地，礼毕，大赦天下。太庙置内官，供洒扫诸陵庙。己亥，改传国宝为承天大宝。丁未，李林甫领安北副大都护、朔方节度使。庚戌，大风，陕郡运船失火，烧米船二百余只，人死者五百计。癸丑，分遣嗣吴王祇等十三人祭岳渎海镇。

二月丁巳，安禄山兼云中太守、河东节度使。

夏四月，剑南节度使鲜于仲通将兵六万讨云南，与云南王阁罗凤战于泸川，官军大败，死于泸水者不可胜数。

五月丁亥，改诸卫幡旗绯色者为赤黄，以符土运。秋八月乙卯，广陵郡大风，潮水覆船数千艘。丙辰，京城武库灾，烧器械四十七万事。

是秋，霖雨积旬，墙屋多坏，西京尤甚。

冬十月辛亥，幸华清宫。

十一月乙未，幸杨国忠宅。丙午，兵部侍郎、兼御史中丞杨国忠兼领剑南节度使。

十一载春正月辛亥，还京。

二月癸酉，禁恶钱，官出好钱以易之。既而商旅不便，诉于国忠，乃止之。

三月，朔方节度副使、奉信王阿布思与安禄山同讨契丹，布思与禄山不协，乃率其部下叛归漠北。丙午，制今后每月朔望，宜令荐食于太庙，每室一牙盘，仍五日一开室门洒扫。改吏部为文部，兵部为武部，刑部为宪部，其部内诸司有部字者并改，将作大匠、少匠为大、少二监。

夏四月，御史大夫兼京兆尹王铁赐死，坐弟锝与凶人邢绰谋逆故也。杨国忠兼京兆尹。

五月戊申，庆王琮薨，赠靖德太子。

六月戊子，东京大风，拔树发屋。

八月己丑，幸左藏库，赐群臣帛有差。

九月甲寅，改诸卫士为武士。

冬十月戊寅，幸华清宫。

十一月乙卯，尚书左仆射兼右相、晋国公李林甫薨于行在所。庚申，御史大夫兼蜀郡长史杨国忠为右相兼文部尚书。十二月甲戌，杨国忠奏请两京选人铨日便定留放，无长名。己亥，还京。

十二载春正月壬子，杨国忠于尚书省注官，注讫，于都堂对左相与诸司长官唱名。

二月庚辰，选人郑恕等二十余人，以国忠铨注无滞，设斋于勤政殿下，立碑于尚书省门。癸未，追削故右相李林甫在身官爵，男将作监岫、宗党李复道等五十人皆流贬，国忠诬奏林甫阴结叛胡阿布思故也。

夏五月乙酉，以魏、周、隋依旧为三恪及二王后，复封韩、介、酅等公。辛亥，太庙诸陵署依旧隶太常寺。

七月壬子，天下齐人不得乡贡，须补国子学生然后贡举。

八月，京城霖雨，米贵，令出太仓米十万石，减价粜与贫人。仍令中书门下就京兆、大理疏决囚徒。

九月己亥朔，陇右节度使、凉国公哥舒翰进封西平郡王，食实封五百户。

冬十月戊申，幸华清宫。和雇京城丁户一万三千人筑兴庆宫墙，起楼观。

至十二月，改横塞城为天德军。庚寅，行从官宪部尚书张均等请上尊号为开元天地大宝圣文神武孝德证道皇帝。

十三载春正月丁酉朔，上御华清宫之观风楼，受朝贺。己亥，安庆绪献俘于行在，帝引见于禁中，赏赐巨万。乙巳，加安禄山尚书左仆射，赐实封千户，奴婢十房，庄、宅各一区；又加闲厩、五坊、宫苑、陇右群牧都使，以武部侍郎吉温为副。丙午，还京。

二月癸酉，上亲朝献太清宫，上玄元皇帝尊号曰大圣祖高上大广道金阙玄元天皇大帝。甲戌，亲享太庙，上高祖谥曰神尧大圣大光孝皇帝，太宗谥曰太宗文武大圣大孝皇帝，高宗谥曰高宗天皇大圣大弘孝皇帝，中宗谥曰中宗太和大圣大昭孝皇帝，睿宗谥曰睿宗玄真大圣大兴孝皇帝。乙亥，御兴庆殿受徽号，礼毕，大赦天下。左降官遭父母忧，放归。献陵等五署改为台，令、丞各升一阶。文武三品已上赐爵一级，四品已下加一阶。赐酺三日。戊寅，右相兼文部尚书杨国忠守司空，余如故。甲申，司空杨国忠受册，天雨黄土，沾于朝服。禄山奏前后讨契丹立功将士跳荡等，请超三资，告身仍望好写；于是超授将军者五百余人，中郎将者二千余人。

三月丁酉，太常卿张垍贬卢溪郡司马，垍兄宪部尚书均贬建安太守。丙午，御跃龙殿门张乐宴群臣，赐右相绢一千五百匹，彩罗三百匹，彩绫五百疋；左相绢三百匹，彩罗绫各五十匹；余三品八十匹，四品五品六十匹，六品七品四十匹，极欢而罢。壬戌，御勤政楼大酺。北庭都护程千里生擒阿布思献于楼下，斩之于朱雀街。乙丑，左羽林上将军封常清权北庭都护、伊西节度使。万春公主出降杨朏。

夏五月，荧惑守心五十余日。

六月乙丑朔，日有蚀之，不尽如钩。侍御史、剑南留后李宓率兵击云南蛮于西洱河，粮尽军旋，马足陷桥，为阁罗凤所擒，举军皆没。废济阳郡，以所领五县隶东平郡。

秋八月丁亥，以久雨，左相、许国公陈希烈为太子太师，罢知政事；文部侍郎韦见素为武部尚书，同中书门下平章事。

是秋，霖雨积六十余日，京城垣屋颓坏殆尽，物价暴贵，人多乏食，令出太仓米一百万石，开十场贱粜以济贫民。东都瀍、洛暴涨，漂没一十九坊。上御勤政楼试四科制举人，策外加诗赋各一首。制举加诗赋，自此始也。

冬十月壬寅，幸华清宫。贬河东太守韦陟为桂岭尉，武部侍郎吉温为澧阳郡长史。乙巳，开府仪同三司、毕国公窦郑巍。戊午，还京。

其载，户部计今年见管州县户口：管郡总三百二十一，县一千五百三十八，乡一万六千八百二十九；户九百六十一万九千二百五十四，三百八十八万六千五百四不课，五百三十万一千四十四课；口五千二百八十八万四百八十八，四千五百二十一万八千四百八十不课，七百六十六万二千八百课。

十四载春三月丙寅，宴群臣于勤政楼，奏《九部乐》，上赋诗效柏梁体。癸未，遣给事中裴士淹等巡抚河南、河北、淮南等道。

八月壬辰，上亲录囚徒。

冬十月壬辰，幸华清宫。甲午，颁《御注老子》并《义疏》于天下。

十一月戊午朔，始安太守罗希奭以停止张博济决杖而死，吉温自缢于狱。丙寅，范阳节度使安禄山率蕃、汉之兵十余万，自幽州南向诣阙，以诛杨国忠为名，先杀太原尹杨光翙于博陵郡。壬申，闻于行在所。癸酉，以郭子仪为灵武太守、朔方节度使。封常清自安西入奏，至行在。甲戌，以常清为范阳、平卢节度使、兼御史大夫，令募兵三万以御逆胡。戊寅，还京。以羽林大将军王承业为太原尹，以卫尉卿张介然为陈留太守、河南节度采访使，以金吾将军程千里为潞州长史，并令讨贼。甲申，以京兆牧、荣王琬为元帅，命高仙芝副之，于京城招募，号曰天武军，其众十万。丙戌，高仙芝等进军，上御勤政楼送之。

十二月丙戌朔，禄山于灵昌郡渡河。辛卯，陷陈留郡，杀张介然。甲午，陷荥阳郡，杀太守崔无诐。丙申，封常清与贼战于成皋罂子谷，官军败绩，常清奔于陕郡。丁酉，禄山陷东京，杀留守李憕、中丞卢奕、判官蒋清。时高仙芝镇陕郡，弃城西保潼关。常山太守颜杲卿与长史袁履谦、贾深等杀贼将李钦凑，执贼将何千年、高邈送京师。辛丑，诏皇太子统兵东讨。以永王璘为山南节度使，以江陵长史源洧副之；颍王璬为剑南节度使，以蜀郡长史崔圆副之。二王不出阁。丙午，斩封常清、高仙芝于潼关，以哥舒翰为太子先锋兵马元帅，领河、陇兵募守潼关以拒之。辛亥，荣王琬薨，赠靖恭太子。

十五载春正月乙卯，御宣政殿受朝。其日，禄山僭号于东京。庚申，以李光弼为云中太守、河东节度使。壬戌，贼将蔡希德陷常山郡，执太守颜杲卿、长史袁履谦，杀民吏万余，城中流血。甲子，哥舒翰进位尚书左仆射、同中书门下平章事。乙丑，贼将安庆绪犯潼关，哥舒翰击退之。乙巳，加平原太守颜真卿户部侍郎，奖守城也。

二月丙戌，李光弼、郭子仪将兵东出井陉，与贼将史思明战，大破之，进取郡县十余。丙辰，诛工部尚书安思顺。

三月壬午朔，以河东节度使李光弼为御史大夫、范阳节度使。乙酉，以平原太守颜真卿为河北采访使。己亥，改常山郡为平山郡，房山县为平山县，鹿泉县为获鹿县，鹿成县为束鹿县。

夏四月丙午，以赞善大夫来瑱为颍川太守、招讨使。

五月戊午，南阳太守鲁炅与贼将武令珣战于滍水上，官军大败，为贼所掳，进寇我南阳。诏嗣虢王巨自蓝田出师救南阳。

六月癸未朔，颜真卿破贼将袁知泰于堂邑，北海太守贺兰进明收信都。庚寅，哥舒翰将兵八万与贼将崔乾祐战于灵宝西原，官军大败，死者十六七。其日，李光弼与贼将史思明战于常山东嘉山，大破之，斩获数万计。辛卯，哥舒翰至潼关，为其帐下火拔归仁以左右数十骑执之降贼，关门不守，京师大骇，河东、华阴、上洛等郡皆委城而走。

甲午，将谋幸蜀，乃下诏亲征，仗下，从士庶恐骇，奔走于路。乙未，凌晨自延秋门出，微雨沾湿，扈从惟宰相杨国忠、韦见素、内侍高力士及太子，亲王，妃主、皇孙已下多从之不及。平明渡便桥，国忠欲断桥。上曰："后来者何以能济？"命缓之。辰时，至咸阳望贤驿置顿，官吏骇散，无复储供。上憩于宫门之树下，亭午未进食。俄有父老献粝，上谓之曰："如何得饭？"于是百姓献食相继。俄又尚食持御膳至，上颁给从官而后食。是夕次金城县，官吏已遁，令魏方进男允招诱，俄得智藏寺僧进笤粟，行从方给。

丙辰，次马嵬驿，诸卫屯军不进。龙武大将军陈玄礼奏曰："逆胡指阙，以诛国忠为名，然中外群情，不无嫌怨。今国步艰阻，乘舆震荡，陛下宜徇群情，为社稷大计，国忠之徒，可置之于法。"会吐蕃使二十一人遮国忠告诉于驿门，众呼曰："杨国忠连蕃人谋逆！"兵士围驿四合。及诛杨国忠、魏方进一族，兵犹未解。上令高力士诘之，回奏曰："诸将既诛国忠，以贵妃在宫，人情恐惧。"上即命力士赐贵妃自尽。玄礼等见上请罪，命释之。

丁酉，将发马嵬驿，朝臣唯韦见素一人，乃命见素子京兆府司录谞为御史中丞，充置顿使。议其所向，军士或言河、陇，或言灵武、太原，或言还京为便。韦谞曰："还京，须有捍贼之备，兵马未集，恐非万全，不如且幸扶风，徐图所向。"上询于众，咸以为然。及行，百姓遮路乞留皇太子，愿戮力破贼，收复京城，因留太子。

戊戌，次扶风县。己亥，次扶风郡。军士各怀去就，咸出丑言，陈玄礼不能制。会益州贡春彩十万匹，上悉命置于庭，召诸将谕之曰："卿等国家功臣，陈力久矣，朕之优奖，常亦不轻。逆胡背恩，事须回避。甚知卿等不得别父母妻子，朕亦不及亲辞九庙。"言发涕流。又曰："朕须幸蜀，路险狭，人若多往，恐难供承。今有此彩，卿等即宜分取，各图去就。朕自有子弟中官相随，便与卿等诀别。"众咸俯伏涕泣曰："死生愿从陛下。"上曰："去住任卿。"自此悖乱之言稍息。

庚子，以司勋郎中、剑南节度留后崔圆为蜀郡长史、剑南节度副大使。以颖王璬为剑南节度大使，以监察御史宋若思为御史中丞充置顿使，韦谞充巡阁道使，并令先发。辛丑，发扶风郡，是夕，次陈仓。壬寅，次散关。分部下为六军，颖王璬先行，寿王瑁等分统六军，前后左右相次。丙午，次河池郡，崔圆奏剑南岁稔民安，储供无阙，上大悦，授圆中书侍郎、同中书门下平章事，蜀郡长史、剑南节度如故。以前华州刺史魏犀为梁州长史。

秋七月癸丑朔。壬戌，次益昌县，渡吉柏江，有双鱼夹舟而跃，议者以为龙。甲子，次普安郡，宪部侍郎房琯自后至，上与语甚悦，即日拜为吏部尚书、同中书门下平章事。丁卯，诏以皇太子讳充天下兵马元帅，都统朔方、河东、河北、平卢等节度兵马，收复两京；永王璘江陵府都督，统山南东路、黔中、江南西路等节度大使；盛王琦广陵郡大都督，统江南东路、淮南、河南等路节度大使；丰王珙武威郡都督，领河西、陇石、安西、北庭等路节度大使。初，京师陷贼，车驾仓皇出幸，人未知所向，众心震骇，及闻是诏，远近相庆，咸思效忠于兴复。庚午，次巴西郡，太守崔涣奉迎。即日以涣为门下侍郎、同中书门下平章事。以韦见素为左相。庚辰，车驾至蜀郡，扈从官吏军士到者一千三百人，宫女二十四人而已。

八月癸未朔，御蜀都府衙，宣诏曰：“朕以薄德，嗣守神器，每乾乾惕厉，勤念生灵，一物失所，无忘罪己。聿来四纪，人亦小康，推心于人，不疑于物。而奸臣凶竖，弃义背恩，割剥黎元，扰乱区夏，皆朕不明之过也。今巡抚巴蜀，训厉师徒，仍令太子诸王搜兵重镇，诛夷凶丑，以谢昊穹；思与群臣重弘理道，可大赦天下。”癸巳，灵武使至，始知皇太子即位。丁酉，上用灵武册称上皇，诏称诰。己亥，上皇临轩册肃宗，命宰臣韦见素、房琯使灵武，册命曰：“朕称太上皇，军国大事先取皇帝处分，后奏朕知。候克复两京，朕当怡神姑射，偃息大庭。”

明年九月，郭子仪收复两京。十月，肃宗遣中使啖廷瑶入蜀奉迎。丁卯，上皇发蜀郡。十一月丙申，次凤翔郡。肃宗遣精骑三千至扶风迎卫。十二月丙午，肃宗具法驾至咸阳望贤驿迎奉。上皇御宫之南楼，肃宗拜庆楼下，呜咽流涕不自胜，为上皇徒步控辔，上皇抚背止之，即骑马前导。丁未，至京师，文武百僚、京城士庶夹道欢呼，靡不流涕。即日御大明宫之含元殿，见百僚，上皇亲自抚问。人人感咽。时太庙为贼所焚，权移神主于大内长安殿，上皇谒庙请罪，遂幸兴庆宫。

三载二月，肃宗与群臣奉上皇尊号曰太上至道圣皇帝。乾元三年七月丁未，移幸西内之甘露殿。时阉宦李辅国离间肃宗，故移居西内。高力士、陈玄礼等迁谪，上皇寝不自怿。

上元二年四月甲寅，崩于神龙殿，时年七十八。群臣上谥曰至道大圣大明孝皇帝，庙号玄宗。初，上皇亲拜五陵，至桥陵，见金粟山岗有龙盘凤翥之势，复近先茔，谓侍臣曰：“吾千秋后宜葬此地，得奉先陵，不忘孝敬矣。"至是，追奉先旨以创寝园，以广德元年三月辛酉葬于泰陵。

史臣曰：孔子称"王者必世而后仁"。李氏自武后移国三十余年，朝廷罕有正人，附丽无非险辈。持苞苴而请谒，奔走权门；效鹰犬以飞驰，中伤端士。以致断丧王室，屠害宗枝。骨鲠大臣，屡遭诬陷，舞文酷吏，坐致显荣。礼仪无复兴行，刑政坏于犬马，端揆出阿党之语，冕旒有和事之名，朋比成风，廉耻都尽。

我开元之有天下也，纠之以典刑，明之以礼乐，爱之以慈俭，律之以轨仪。黜前朝侥幸之臣，杜其奸也；焚后庭珠翠之玩，戒其奢也；禁女乐而出宫嫔，明其教也；赐酺赏而放哇淫，惧其荒也；叙友于而敦骨肉，厚其俗也；搜兵而责帅，明军法也；朝集而计最，校吏能也。庙堂之上，无非经济之才；表著之中，皆得论思之士。而又旁求宏硕，讲道艺文。昌言嘉谟，日闻于献纳；长辔远驭，志在于升平。贞观之风，一朝复振。于斯时也，烽燧不惊，华戎同轨。西蕃君长，越绳桥而竞款玉关；北狄酋渠，捐毳幕而争趋雁塞。象郡、炎州之玩，鸡林、鲲海之珍，莫不结辙于象胥，骈罗于典属。膜拜丹墀之下，夷歌立仗之前，可谓冠带百蛮，车书万里。天子乃览云台之义，草泥金之札，然后封日观，禅云亭，访道于穆清，怡神于玄牝，与民休息，比屋可封。于时垂髫之儿，皆知礼让；戴白之老，不识兵戈。虏不敢乘月犯边，士不敢弯弓报怨。"康哉"之颂，溢于八纮。所谓"世而后仁"，见于开元者矣。年逾三纪，可谓太平。

於戏！国无贤臣，圣亦难理；山有猛虎，兽不敢窥。得人者昌，信不虚语。昔齐桓公行同禽兽，不失霸主之名；梁武帝静比桑门，竟被台城之酷。盖得管仲则淫不害霸，任朱异则善不救亡。开元之初，贤臣当国，四门俱穆，百度唯贞，而释、老之流，颇以无为请见。上乃务清净，事薰修，留连轩后之文，舞咏伯阳之说，虽稍移于勤倦，亦未至于怠荒。俄而朝野怨咨，政刑纰缪，何哉？用人之失也。自天宝已还，小人道长。如山有朽坏，虽大必亏；木有蠹虫，其荣易落。以百口百心之谗谄，蔽两目两耳之聪明，苟非铁肠石心，安得不惑！而献可替否，靡闻姚、宋之言；妒贤害功，但有甫、忠之奏。豪猾因兹而睥睨，明哲于是乎卷怀，故禄山之徒，得行其伪。厉阶之作，匪降自天，谋之不臧，前功并弃。惜哉！

赞曰：开元握图，永鉴前车。景气融朗，昏氛涤除。政才勤倦，妖集廷除。先民之言，"靡不有初"。

古今名家评说

李林甫之谮杀太子瑛及二王，为寿王地也。武惠妃薨，寿王宠渐衰，而林甫欲树私恩、怙权势，志终不移，谋之愈很，持之愈坚，凡可以荧惑主听、曲成邪计者，尤剧于惠妃未死之前，以其为己死生祸福之枢机也，可以得当者，无所不用。然而玄宗终以忠王年长好学，闻高力士乘间片言，储位遂定，林甫莫能置一喙焉。繇此观之，奸邪自诩得君，劫廷臣以惧己，其夸诞无实之伎俩，概可知矣。

非徒玄宗中载未甚淫昏也，即极暗懦之主，一听奸臣之然然否否而唯其牵曳，亦情之必不能而势之不可得者。且奸臣孤媚以容身，抑岂若董卓、高澄威胁上以必徇己志而俾君怼怨哉？唯探其意之所欲为于前，秘其事之所自成于后，举凡其君之用舍从违，皆早测而知其必尔，乃以号于众曰：天子固未然而吾能使之然也。恩者其恩，威者其威，群工百姓待命于敕旨既下之余，不得亲承顾问，则果信恩威之出于奸臣，而人主唯其牵曳，乃以恐喝天下，笼络而使归己，虽有欲斥其奸者，弗敢发也。

——王夫之《读通鉴论》

武则天后，又有武惠妃，则天害死王皇后，惠妃亦谮死王皇后，吾不知王、武何仇，累遭残噬若此？玄宗亲见武后遗毒，且手定宫阙，诛死诸武，乃独恋恋于一武攸止遗女，听信谗言，甘忘结发，色之害人大矣哉！抑有可怪者，高宗好色而喜功，玄宗以孙绳祖，殆亦与高宗相似，河、陇连兵，日久不已，虏既有心求和，正可因势利导，罢兵息民。张说进谏，可从不从，王君㚟贪功希宠，反误信之，君㚟自误而杀身，玄宗被误而妨国。厥后赖有二三良将，屡次却虏，而虏众始不敢前，然劳师费饷，已不知凡几矣。况虏终未灭，仍与修和，是何若早从说言之为愈乎？至若高宗初政有永徽，玄宗初政有开元，高宗信许敬宗言而封泰山，玄宗亦信张说言而封泰山，两两相对，祖孙从同，无惑乎其有初鲜终也。史家尝称玄宗为英武，岂其然乎？

安禄山轻进失律，可诛不诛，致诒后患。张九龄力谏玄宗，请杀禄山，而玄宗正信任李林甫，疏斥张九龄，豢狼子以启他日之忧，用贼臣以速目前之祸，内外勾结，骨肉自戕，天下事之可长太息者，孰有过于此乎？

天宝以后，玄宗之昏瞀甚矣，以子妇而册为贵妃，名分何在？以贼臣而拜为首相，刑赏必乖。天下无不妒之妇人，况如淫悍之杨玉环乎？天下更无不奸之国贼，况如阴狡之李林甫乎？而且玉环进，则五杨俱贵，赌博无行之杨国忠，亦庆弹冠。林甫专，则群小同升，残虐好杀之吉温、罗希奭，亦得逞志。女子小人，有一于此，且致乱亡，兼而有之，尚能不乱且亡耶？君子以是知玄宗之不终。

语曰："当断不断，反受其乱。"如玄宗之待杨贵妃及安禄山，正中此弊。贵妃一再忤旨，再遭黜逐，设从此不复召还，则一刀割绝，祸水不留，岂非一大快事，何至有内蛊之患乎？惟其当断不断，故卒贻后日之忧。禄山应召入朝，尚无叛迹，设从此不再专阃，则三镇易人，兵权立撤，亦为一大善谋，何至有外乱之逼乎？惟其当断不断，故卒成他日之变。且有杨妃之专宠，而国忠因得入相，有国忠之专权，而禄山因此速乱，追原祸始，皆自玄宗恋色之一端误之。天下事之最难割爱者，莫如色。为色所迷，虽有善断之主，亦归无断，甚矣哉，色之为害也！

　　　　　　　　　　　　　　　　　——蔡东藩《唐史演义》

玄宗在即位之初所采取的解除诸王禁兵兵权，并出刺外州以及抑制功臣权势的措施，对于频仍的宫廷政变来说，起了釜底抽薪的作用，它消除了动乱隐患，使唐朝进入了相对稳定的历史时期。

玄宗实行的屯田制大大增加了国库的收入，同时还招抚了大量的流散农民，有利于农业生产的发展。

玄宗即位后励精图治，使唐朝出现了前所未有的繁荣兴盛局面，国力达到了鼎盛阶段。

玄宗在励精图治、取得成就以后，骄侈心代替了求治心。过去焚锦绣毁珠玉、矢志俭朴的作风被抛在一边，在生活上渐渐穷奢极欲，挥霍无度。他越来越崇道好仙，以为可以安享太平了。

唐玄宗在位的天宝后期，政乱刑淫，封建统治渐趋腐朽，社会矛盾越来越尖锐。朝廷是奸臣当道，上层的内部矛盾斗争也很激烈。李林甫尸骨未寒，杨国忠就诬告他与人谋反，因而剥夺了其官爵，清洗了其党羽。杨国忠与安禄山也势若水火，他奏请哥舒翰为河西节度使，以与安禄山相抗衡。均田制已破坏，官僚、商人大地主的势力进一步发展，土地兼并严重，"开元之季，天宝之末，法令弛坏，兼并之弊，有逾于汉成、哀（帝）之间"。为了防御外敌，曾在沿边地区设置了节度使，至天宝元年（742），全国拥有五十七万多军队，而分布在军镇的就多达四十九万多人。形成了内轻外重的军事格局。再加上玄宗贪求边功，有"吞四夷之志"，穷兵黩武，因而民族矛盾也有所激化。天宝末年的"安史之乱"正是在这一背景下发生的。

安禄山的叛乱，使唐朝的半壁河山陷入兵荒马乱之中。"国破山河在，城春草木深"，繁华的都市变为废墟，社会经济遭到了严重的破坏。从此，唐朝再也无法恢复元气了。

———白寿彝《中国通史》

唐与吐蕃间的战争，多半是唐边将挑动起来的。714年（开元二年），吐蕃赞普遣使官来境上请和，请用敌国礼。唐玄宗发怒，不许讲和。从此两国经常作战，互相侵夺。730年，吐蕃因屡次战败，请求讲和。皇甫惟明劝唐玄宗许和。唐玄宗说，赞普给我的信，狂悖无礼（指714年请用敌国礼），我不能原谅。皇甫惟明说，开元初年，赞普还很年轻，那会写这封信！我想，大概是边将故意假造，用来激怒朝廷。因为边境有事，将吏得以偷盗官物，虚报战功，骗取勋爵。这是奸臣的利益，对国家有什么好处。战事不停，费用浩大，河西、陇右两道都不得安宁。朝廷如果派使官去慰问金城公主（709年嫁到吐蕃），和赞普当面结和约，使他称臣息兵，不是对待邻国的善策么！唐玄宗使皇甫惟明到吐蕃讲和，赞普大喜，遣大臣入朝，两国恢复甥舅的和好关系。

皇甫惟明所说唐边将的好战行为，是切合实际情形的，诸如对奚、契丹，对吐蕃以及对其他邻国（例如南诏），都可以证明。本来，边将凭借国家的威力，侵侮邻国来求富贵，是常有的事，关键在于朝廷能否加以控制。唐玄宗本人就有好战心，节度使立功名，往往入朝作宰相，实际上，是鼓励边将生事邀功，唐与邻国当然不会相安无事。下列事例，说明唐玄宗发动战争，不愿意边境上有和平。

唐与吐蕃讲和以后，边境宁静。河西节度使崔希逸使人对吐善守将说，如今两国通好，亲如一家，双方何必置兵守备，妨害耕牧，请都撤去守备兵。吐蕃守将经崔希逸力请，允许撤兵。自此汉人耕种，吐蕃人畜牧，各得安居乐业。737年，崔希逸派使人孙海到京城奏事。孙海想立边功，奏称袭击吐蕃，定能大获。唐玄宗使宦官赵惠琮同孙海去河西审察情形。赵惠琮矫诏令崔希逸出击，崔希逸不得已进入吐蕃境两千里，大破吐蕃兵。崔希逸内调为河南尹，自愧失信，得病死去。赵惠琮、孙海都算有功受了重赏。唐玄宗贪小利，宁愿对邻国失大信，吐蕃因此断绝和好，进行战争。

　　朔方节度使兼河东节度使王忠嗣，是智勇全备的将帅。唐玄宗令哥舒翰率兵六万三千人攻石堡城，唐兵战死数万人才攻下石堡，俘获吐蕃守军四百人。战争的结果，不出王忠嗣所预料，唐损失是很重的。唐玄宗为夺取一个无关战局的小城，把士卒的生命看作蚁命，除了极度的骄侈心和发狂似的好战心驱使他这样做，再不能有任何其他理由。王忠嗣守正不屈，却被昏君奸相斥逐，又不幸早死。"安史之乱"时，唐朝军事上主要依靠郭子仪、李光弼来挽救危局，郭、李地位相差不远，出身的镇也不同（郭子仪出身朔方镇，李光弼出身河西镇），朝廷正缺少像王忠嗣那样能统率各镇兵将的大将，王忠嗣的贬黜和死去，对唐朝说来，是一个大损失。

　　唐玄宗自恃强盛，定要侵侮邻国来满足自己的骄侈心。安禄山生事邀功，因而得到宠信，王忠嗣持重安边，因而遭到黜逐，他用这样谬误的赏罚制造边境上的战争，足见战争所耗损的人命和财物，都是不必要的。

——范文澜《中国通史》

　　"藩镇"乃是形容地方军政机构能够屏藩（保卫）王室（中央），镇守一方的美称。唐代的藩镇称作"道"，道的长官为观察使。节度使、道之长官本为观察使，但玄宗渐对之起疑心，恐其势力坐大，遂派遣节度使（受节令而临时委任的官员）十名到边地，以监察观察使。及后，节度使势力日大，他们或兼任观察使，或废之，而自拥大权；此时，玄宗已无力对节度使的权力膨胀作出约制。

——翦伯赞《中国史纲要》

　　唐玄宗，史称唐明皇。他在诛除韦后之前，已封临淄王，曾任中央和地方许多官职，经历过不少政治斗争，有较丰富的政治和社会经验。即帝位后，励精图治，先后任用姚崇、宋璟、张九龄等为宰相，革除积弊，改善吏治，发展生产。在他统治的前期开元年间，唐朝进入鼎盛时期。史称"开元盛世"。开元时期是唐朝最隆盛的时期。史书上说："贞观之风，一朝复振。"

——张传玺等《简明中国古代史》

　　唐代诸君主中在位期最长的玄宗帝是一位非常能干的统治者，王朝经过了几十年的篡位、权力衰落和政治腐败的苦难，他又使它的力量达到了新的高峰。对生活在他退位以后苦难动荡的几十年的中国人来说，他的执政期代表着一个已失去光辉的黄金时代，一个政绩彪炳、安定繁荣和在国内外同样取得成就的时期。但是他的统治以悲剧和灾难告终，这一结局主要是他自己的一些几乎摧毁这个王朝的行动和政策所造成。对在 8 世纪 50 年代后期撰写玄宗期历史的历史学者来说，他是一个悲剧中的英雄，他在执政开始时政绩显赫，但后来被野心和狂妄引入歧途，以致使帝国的行政和资源过分紧张，最后以退出政务来结束他支离破碎的统治。

但所有学者都认为，他是一个出类拔萃的统治者，他给当时的历史留下了不可磨灭的痕迹。此外，他多才多艺：他精于音律、诗文和书法，是许多艺术家和作家的庇护人。他还精通道家哲学，成了道教的主要保护人；尽管他早期的措施对佛教组织不利，但后来仍深深地沉溺于密宗佛教。作为一个普通人，他似乎与弟兄和家属都有很深的情谊，甚至他执政时期的正式记载，也把他描绘成一个十分亲切、体贴臣属和直率多情的人。就在他去世的一段时间中，出现了大量与他名字有关的半传奇故事和民间传说，而他对杨贵妃的那种招致不幸和灾难的感情成了中国文学中一大悲剧主题和无数诗词、小说和戏剧的内容。

——［英］费正清、崔瑞德编《剑桥中国隋唐史》

玄宗用姚崇为相，廓清从武后以来的积弊。又用宋璟及张九龄，亦都称为能持正。自 713～741 年，史家称为开元之治。末年，突厥复衰乱，744 年，乘机灭之；连年和吐蕃苦战，把中宗时所失的河西九曲之地亦收复；国威似乎复振。然自武后以来，荒淫奢侈之习，浸染已深。玄宗初年，虽能在政治上略加整顿，实亦堕入其中而不能自拔。中岁以后，遂渐即怠荒。宠爱杨贵妃，把政事都交给一个奸佞的李林甫。李林甫死后，又用一个善于夤缘的杨国忠。天宝之乱，就无可遏止了。一个团体，积弊深的，往往无可挽回，这大约是历时已久的皇室必要被推翻的一个原因罢！

——吕思勉《吕著中国通史》

李隆基本来是一个英明人物，但他却在位四十五年，任何英明人物掌握无限权力如此之久，都会堕落，可惜李隆基在位的时间太久，几乎占去本世纪的一半。他年轻时曾把社会带上高度繁荣，但他的聪明才智，随着他的年龄日老而日渐消失。8 世纪五十年代后，中国第二个黄金时代在他手中结束。

——柏杨《中国人史纲》

父子兄弟

　　唐玄宗的父亲唐睿宗李旦昏庸懦弱，甘心听任太平公主摆布，又喜欢清净无为，所以他禅位于玄宗。唐玄宗对兄弟友爱，为历代帝王所罕见，受到人们的称赞，传为美谈。唐玄宗的儿子众多，此处仅选几个有代表性的。李瑛初被立太子，后被谗害而死；李亨在太子之位上战战兢兢十多年，终在"安史之乱"中得即大统……

睿宗李旦

李旦

李旦（662～716），唐朝第五代皇帝。高宗李治第八子，中宗李显之弟，母武则天。公元684年即位，在位两年。谥号"玄真大圣大兴孝皇帝"，庙号"睿宗"。在唐朝的历代帝王中，李旦和他的哥哥中宗李显一样，曾经两次称帝，但第一次登基受制于母后武则天，被囚禁在宫中，不得与闻政事；第二次登基则被夹在儿子玄宗和妹妹太平公主两大政治势力之间，不能够施展自己的政治抱负。因此，即位仅两年就遽行禅位。

一、傀儡皇帝　退让免祸

李旦一出生便被封为殷王，遥领冀州大都督、单于大都护、左金吾卫大将军。他长大后，为人谦恭，对人友好，事父母至孝。他十分好学，擅长草隶，尤其喜欢读文字训诂之书。

乾封元年（666），李旦被改封为豫王。总章二年（669）又被封为冀王。李旦初名旭轮，至此去掉"旭"字。上元二年（675）他又被封为相王，拜右卫大将军。仪凤三年（678），改名为"旦"，被封为豫王。

唐中宗嗣圣元年（684），武则天废中宗李显为庐陵王，二十二岁的李旦被他的母亲武则天立为大唐帝国的第五代皇帝，以取代他的哥哥中宗李显。哥哥的遭遇，母后的专横，使一向怯懦的李旦不寒而栗。李旦即位以后，由母后武则天下诏，改年号为文明，并将他的妃子刘氏册封为皇后，长子李成器为皇太子。在这些仪式结束之后，李旦便被赶下了皇帝的宝座，同他的皇后一起，被软禁在皇宫之中，所有国政不得与闻，由母后武则天临朝称制，裁决一切政事。没有母后的谕旨，李旦还不能随意出入宫廷，甚至在皇宫中也不能自由行动，整天陪伴他的只有刘皇后和几个宫女太监。此后，李旦开始了傀儡皇帝的生活。

李旦从开始即位到被降为皇嗣，共做了六年的傀儡皇帝，整天过着提心吊胆的生活。天授元年（690），母后武则天改唐为周，自称神圣皇帝，将李旦降为皇嗣，赐姓武氏，迁居东宫，将她的侄子武承嗣封为魏王。但武承嗣并不甘居魏王的地位，反而想除去皇嗣李旦，自己做皇太子，以便将来继承姑母武则天的皇位。为了达到这个目的，武承嗣到处活动，请求武则天废掉儿子李旦，立侄子武承嗣为皇太子。

武则天对皇嗣的废立问题，开始还拿不定主意，后来经过与大臣商议，方才认识到立子和立侄的利害关系，开始改变了态度，不再理会武承嗣的请求。武承嗣便阴谋加害李旦，他暗地唆使武则天的宠婢团儿，诬告李旦的皇后刘氏和德妃窦氏，说她们二人每夜对天诅咒女皇。武则天信以为真，立即下诏将刘氏和窦氏凌迟处死。随后，武则天又下诏禁止公卿百官进见皇嗣李旦，违者皆斩。武承嗣又诬告李旦有谋反之心。太常乐工安金藏以死来劝谏武则天，才使武承嗣谋害李旦的企图没有能够得逞。

经过这一次打击，李旦心灰意冷，决意放弃皇嗣的位置以避灾免祸。圣历元年（698），武则天在大臣们的一再劝谏下，将中宗李显召回长安。李旦多次请求让位给哥哥李显。于是，武则天立李显为皇嗣，改封李旦为相王，并加封为太子右卫率。

李旦的第一次登基，虽然有名无实，但使他有时间和精力从事其他事情。他对书法产生了兴趣，继而又迷恋上了文字训诂，并把自己全部的精力都转移到这方面来。他的草书和隶书甚至可以和当时的一些有名气的书法家的作品相媲美。直到第二次登基，李旦也没有放弃这些爱好。

李旦从开始做傀儡皇帝到武则天建大周、再到中宗二次即位，皇室多有变故，李旦每每恭俭退让，竟然得以免去灾祸。神龙元年（705），中宗复位，他被立为皇太弟，他坚决推辞，没有接受。

二、二次登基　隆基之力

中宗景龙四年（710）六月，中宗李显被皇后韦氏和女儿安乐公主合谋毒死。随后，韦后又与安乐公主阴谋拥立中宗的儿子温王李重茂为皇太子，由韦后临朝称制，处理一切国政。不久，又根据古礼"叔嫂不通问"之忌，改相王为太师。过了几天，才让十六岁的太子李重茂即位，这就是唐少帝（不入唐室帝皇正统）。与此同时，韦氏集团还广派亲信控制军队，并密谋加害于相王李旦和李旦的妹妹太平公主，准备效法武则天，篡夺唐室江山，做第二个女皇帝。李旦的第三个儿子李隆基与姑母太平公主密谋讨逆，由李隆基和薛崇简、钟绍京、刘幽求、麻嗣宗等人发动羽林军杀入宫中，将韦皇后、安乐公主以及韦氏集团的党羽亲信一网打尽。

当天，少帝下诏赦免全国罪囚，诏书上说："图谋叛逆的罪魁祸首均已伏诛，其余党徒概不追究。"改封临淄王李隆基为平王，并且让他主持内外闲厩事务和掌管左右万骑兵。将薛崇简赐爵为立节王。任命钟绍京为中书侍郎，刘幽求为中书舍人，均参知机务。又任命麻嗣宗行右金吾卫中郎将。至此时，武氏家族成员，几乎全被诛杀或者流放了。侍中纪处讷走到华州，吏部尚书、同平章事张嘉福走到怀州，都被捕获斩首。过了几天，少帝李重茂颁布诏书："叔父相王是高宗之子，过去把天下让于先帝（中宗）。神龙之初，已有明旨，将立太弟，以为副君。请叔父相王即皇帝位，朕退守本藩，归于旧邸。"太平公主传达了少帝的旨意，要求将皇位让给相王李旦，相王坚决推辞不受。

刘幽求对宋王李成器、平王李隆基说："相王以前就曾当过皇帝，是万民所向往的。现在民心尚未安定，皇室国家之事至为重要，相王怎能还拘于小节，不早日登基称帝以安定天下呢！"李隆基回答说："相王生性淡泊，从来不把名利权位放在心上，即使他已经君临天下，还要把帝位让给别人，何况当今天子是自己亲哥哥的儿子，他又怎么肯取而代之呢？"刘幽求说："民心不可违背，相王虽想高居世外独善其身，但大唐的宗庙社稷又怎么办呢？"李成器和李隆基前往拜见相王李旦，极力劝说他即帝位，相王这才答应重登帝位。

六月二十四日，少帝在太极殿内东边面向西坐着，相王李旦站在中宗的灵柩旁边，太平公主对群臣说："皇帝想把帝位让给他的叔父，大家认为可行吗？"刘幽求跪在地上回答说："在这国家多灾多难之际，皇帝仁爱孝顺，效法尧舜禅位贤人的传统，实在是出于至公无私之心；相王代替皇帝挑起治理天下的重担，是叔父对侄儿慈爱备至的表现。"于是，便根据少帝制书的旨意将帝位传给相王李旦。这时，少帝还坐在皇帝的宝座上，太平公主上前对他说道："天下臣民之心已归附相王，这个宝座已经不再属于你了！"说完便将他从宝座上拉了下来。睿宗李旦即皇帝位，并亲临承天门，下诏赦免天下罪囚，同时又恢复了少帝李重茂的温王爵位。

睿宗登基以后，遇到的第一个大问题就是立谁为皇太子。根据立嫡以长的传统，应该立长子宋王李成器为皇太子，但是按功劳而论，李成器不如三子李隆基。因此久久不能决定。李成器表示愿意让贤，大臣们也主张立李隆基，最后终于决定立李隆基为太子，同时又诏令李成器为雍州牧兼太子太师，比较恰当地处理了皇位的继承权问题。

三、任用贤臣　振兴朝政

睿宗继位的第一年，根据太子李隆基的建议，任命姚崇和宋璟为宰相，并让他们分别负责兵部和吏部这两个重要的部门。姚宋二人都是当时的名臣，睿宗在他们的辅佐下，裁减冗官，整修纲纪，使朝政呈现出一派振兴气象。

首先，睿宗恢复了选官制度。唐朝旧制规定，三品以上官员，由皇帝当面用册书任命，称为册授；四品以下、五品以上官员由皇帝颁布制书任命，称为制授；六品以下官员由皇帝颁布敕书任命，称为敕授。官员的任命都委托尚书省拟定，而后上奏，文官由吏部拟定，武官由兵部拟定，两部的尚书称为中铨，侍郎二人称为东西铨。中宗末期，得到皇帝宠幸的宰相宗楚客等执掌朝廷大权，所选任的官吏好坏混杂，不再有法度可言。此时，睿宗任命宋璟为吏部尚书，李乂、卢从愿为吏部侍郎，三人都不畏强暴，请托告求之路从此堵塞。在一万多名候选官员中，经过三铨之后入选的不超过两千人，人们都对他们的公正无私深为叹服。睿宗又任命姚崇、陆象先、卢怀慎为兵部侍郎，姚崇兼任兵部尚书，负责对武官的选拔，从此对武官的选拔任用也走上了正轨。

其次是裁减冗官。中宗在位时期，韦皇后与安乐公主专权朝政，公开卖官鬻爵，不通过尚书省直接用中宗的墨敕任命官员，这类官被称为"斜封官"。到中宗后期，这类官员多达几千人。睿宗即位以后，下诏将斜封官全部罢免，并罢免了各公主府官。

再次是昭雪冤案。李旦即位以后，对中宗在位时期的一些冤案进行了平反和昭雪，如追复被韦氏集团的党羽武三思杀死的汉阳王张柬之、南阳王袁恕己等五王以及驸马都尉王同皎等人的官爵。其他一些被韦氏集团冤杀的人也都被恢复或追赠了官爵。

最后，注意考察巡视全国，抑制武官的权势。睿宗分遣使者赴全国十道巡视考察，有人认为山南道所辖区域太广，于是将山南道分为东西两道；又

唐代韦氏家族墓壁画《宴饮图》

从陇右道中分出河西道。睿宗又下诏在全国分置汴、齐、兖、魏、冀、并、蒲、郦、泾、秦、益、绵、遂、荆、岐、通、梁、襄、扬、安、闽、越、洪、潭二十四都督，负责纠举检察所辖区域内州县官吏的善恶得失，只有洛州以及京畿各州不隶属于都督府。太子右庶子李景伯、太子舍人卢俌等人进言说："都督独掌生杀大权，权势太重，如果任用了不称职的人，那么所造成的危害就太严重了，现在御史的品位俸禄都很卑微，但是声望都很高，陛下派他们按时巡察地方，为非作歹之徒自然不敢横行。"睿宗听从了建议，罢去所有新置的都督，只是设置了十道按察使而已。

此外，睿宗还注意保护正直的大臣，对他们加以重用。宦官闾兴贵送财物给长安令李朝隐，有所请托。李朝隐不仅不接受财物，反而将他逮捕入狱。睿宗听说这件事之后，特意召见了李朝隐，慰问他说："你作为京师县令，能够做到这样，朕还有什么可忧虑的呢？"唐睿宗还在承天门召集文武百官和来自各州的朝集使，向他们公布李朝隐的所作所为，并且颁下制书表彰他说："自古以来宦官每遇宽容柔弱的君主，必定会玩弄权势，擅作威福。朕每次读前代历史时，都对此颇多感慨。真正能够符合朕的心意的，是像李朝隐这样的人，所以应为他晋一阶，为太中大夫，将他的考核成绩定为中上，并且赐给绢一百匹。"

侍御史倪若水上奏弹劾国子祭酒祝钦明、国子司业郭山恽扰乱常规、变更旧制，为迎合中宗韦后的旨意而使得中宗圣德有亏。睿宗因此将祝钦明降职为饶州刺史，将郭山恽降职为括州长史。

侍御史杨孚在奏劾纠察违法之事时不畏权贵，因而受到权贵们的诋毁，睿宗说："在老鹰搏击狡兔时，必须赶紧帮助它，否则它反会被狡兔咬伤。御史纠举弹劾奸诈邪恶之徒也是这样。如果没有君主对他多方保护，他也会被奸诈邪恶之徒咬伤的。"在睿宗的大力保护下，杨孚得以平安无事。

朝政虽然得以振兴，但边疆事务却没有处理好。当时，姚州各蛮族部落起初依附吐蕃，代理监察御史李知古请求调集军队前往讨伐。各蛮族部落归降唐朝之后，李知古上书睿宗请求在姚州修筑城郭，设置州县官署，对他们征收重税。黄门侍郎徐坚认为不能这样做，但他的建议没有被睿宗采纳。李知古调集剑南道兵马修筑城池，又想趁机铲除蛮族各部落的豪杰，将他们的子女掠为奴婢。蛮族各部落极为愤恨，部落酋长傍名召引吐蕃军队进攻李知古并将他杀死，然后用他的尸体祭祀上天，从此姚、巂州一带通往内地的道路断绝，连续多年未能打通。

唐安西都护张玄表侵扰掠夺吐蕃北部边境地区，吐蕃虽然对此极为不满，但却没有中断与唐和亲，于是他们贿赂唐鄯州都督杨矩，请求睿宗将河西九曲之地送给吐蕃作为金城公主的汤沐邑。杨矩上奏唐睿宗，劝他将河西九曲之地送给吐蕃。睿宗也没有多想，便同意了他的建议。河西九曲之地土地肥沃、水草丰足，吐蕃在此大量养马，后来便趁机侵扰唐朝，贻患无穷。

四、听信太平　昏庸无道

唐王朝振兴的好景并没有持续很久，睿宗即位的第二年，就失去了即位初期的进取精神，做出了一些昏庸无道的事情，使朝政出现了腐败和混乱的现象。他开始听信太平公主之言，重用奸臣。恢复冗官，如景云二年（711）二月，在太平公主等人建议下，睿宗下诏将过去被罢免的斜封官全部恢复；不恤民苦，如景云二年五月，李旦的两个女儿金仙、玉真公主出家当女道士；睿宗下诏征发了数万民工，准备拆毁许多民房，用钱一百多万缗，建造金仙、玉真两座道观。谏议大夫宁原悌向睿宗进言："先朝的安乐公主为中宗和韦后的爱女而骄傲自满，终于难逃杀身之祸；新城公主和宜都公主作为中宗的庶出之女而谦卑自制，终于得以保全。再说佛教和道教均以清净为本，不应耗费大量的人力物力广造佛寺道观。南朝梁武帝佞佛招致祸败于前，中宗广营佛寺道观致使国家多难于后，这样的历史教训距今不远。现在金仙公主和玉真公主做了女道士，陛下出于爱女之心而为她们营建道观，但营建时不应当过分豪华壮观，以免招来朝野士民的非议。此外，先朝中宗皇帝所宠幸的僧人们仍在陛下身边，应当一律斥退。"睿宗看了他的奏章之后，没有采纳他的建议，最终还是修建了金仙观和玉真观。

同是一个睿宗，前后判若两人，关键在用人方面。睿宗即位的第一年，主要是听太子李隆基的话，任命名臣姚崇、宋璟等人为宰相，因此使朝政出现了振兴气象。第二年，主要是听太平公主的话，任用奸臣窦怀贞、萧至忠、岑羲等人为宰相，结果导致了朝政的腐败和混乱。

如任用斜封官便是一例。

殿中侍御史崔莅、太子中允薛昭素对睿宗说："斜封官都是先帝任命的，制命早已颁布施行，现在却由于姚崇等人的建议而一下子全部削夺，这就彰明了先帝的过错，并且给陛下召来了很多怨言。眼下全国各地怨声载道，恐怕会引发非同寻常的变故。"太平公主也这样劝说睿宗，睿宗认为他们所说的都有道理，于是颁布制命："凡由于斜封别敕任命之故而被停任的官员，一律可以量材叙用。"

太平公主见睿宗懦弱，趁机拉拢官员，想借此干预朝政。在她的大力举荐下，睿宗将中书舍人、参知机务刘幽求罢免为户部尚书；任命太子少保韦安石为侍中。韦安石与李日知取代了姚崇、宋璟二人，开始主持朝廷政务，从此朝廷纲纪紊乱，又恢复到唐中宗景龙年间的老样子。前任右卫率府铠曹参军柳泽上疏认为："斜封官都是通过中宗皇帝身边那些小人的引进而得到任用的，哪里是出自中宗的本意呢？陛下将他们全部废黜，天下人都认为明智，现在却又反过来将他们全部收录叙用，善恶不定，朝令夕改，陛下的政令为什么如此前后不一呢？街谈巷议都说太平公主多方拉拢这些官员，诳骗惑乱陛下。臣担心这样下去会积小恶而成大祸。"睿宗没有采纳他的建议。

睿宗本人是一个不喜欢掌权管事、一心只想清净无为的人，触目惊心的宫廷斗争又使他对皇帝的至尊地位感到心灰意冷，因此想及早禅位，做一个安逸宁静的太上皇。景云二年（711）二月，睿宗下诏令皇太子李隆基监国。四月，睿宗又召集三品以上的大臣，对他们说："朕一向恬淡寡欲，并不以天子的尊位为贵，当初任皇嗣以及中宗时做皇太弟，都坚决地推辞掉了。现在朕打算把皇位传给皇太子，你们认为怎么样？"在场的大臣们都没有回答。李隆基让右庶子李景伯出面坚决推辞，睿宗没有同意。太平公主极力反对睿宗禅位。殿中侍御史和逢尧向来依附太平公主，便对睿宗说道："陛下年纪还不很老，正是被天下人依靠景仰的时候，怎么能急急忙忙地禅位于皇太子呢！"睿宗这才打消了这个念头。于是，睿宗采取了折中方法："凡是政事都由太子负责处理。军事、死刑和五品以上官吏的任免，都先和太子商量，然后再上奏我。"

睿宗任命中书令韦安石为左仆射兼太子宾客、同中书门下三品。由于太平公主认为韦安石拒绝趋附自己，所以用一些虚衔来表示对他的尊崇，实际上是借此削夺他的实权。

当时，各地水旱成灾，冗官增多，国库日渐枯竭。太平公主有意排挤正直、不依附自己的宰相郭元振、张说等，便把天灾归罪于宰相，建议睿宗罢免他们。睿宗听从了她的建议。

陆象先一向清心寡欲，言辞议论高妙玄远，受到当时人的推崇。崔湜是太平公主的情人，太平公主因此打算将他提拔为宰相，崔湜请求与陆象先一起提拔，太平公主不同意。崔湜说："如果陆象先不能做宰相的话，那么我崔湜也不敢做这个宰相。"太平公主只得请求睿宗将两人一同任命为宰相。睿宗不想用崔湜为相，太平公主流着眼泪请求，睿宗才同意。

过了几天，睿宗驾临承天门，对应召而来的韦安石、郭元振、窦怀贞、李日知、张说等大臣宣布制命，责备他们说："当今朝廷的刑赏与教化存在着很多的缺陷，各地水旱成灾，国库储备日趋枯竭，官吏日益增多，这些现象固然是朕德行浅薄所致，但也与诸位辅佐大臣不称职有关。从现在起韦安石担任尚书左仆射、东都留守，郭元振担任吏部尚书，窦怀贞担任左台御史大夫，李日知担任户部尚书，张说担任尚书左丞，一律免去宰相职务。"任命吏部尚书刘幽求为侍中；任命右散骑常侍魏知古为左散骑常侍，太子詹事崔湜为中书侍郎，二人同时都任同中书门下三品；此外，任命中书侍郎陆象先为同平章事。

五、不纳臣谏　禅让帝位

睿宗听信太平公主之言，任用她举荐之人，使朝政日趋混乱，这引来正直之臣的不满。右补阙辛替否上疏说：

自古以来，因为君主无道而导致国破家亡的教训，实在是数不胜数。请允许臣根据陛下亲眼目睹的事实来阐明道理。太宗皇帝是陛下的祖父，他使乱世纳入正轨，开创了大唐的基业，树立了中正的准则；他既不白白地把官爵俸禄赠送给任何人，也从不浪费国家的资财；他并不广建寺观，却有福分，他也没有更多地剃度僧尼，却没有灾祸，得到皇天后土的保佑，风调雨顺，五谷丰登；周边各蛮夷部落纷纷入朝进贡，在位的时间也很长久，受到千秋万代的景仰。陛下为什么不效法太宗皇帝呢？中宗皇帝是陛下的兄长，不以祖宗基业为重，一味顺从妇道人家的无理要求；没有才能却食取俸禄者达数千人，没有功劳而赐给封户的有一百余家；没有止境地营建寺庙，耗费钱财达数百亿之巨，剃度僧尼无数，不交纳租庸的人达数十万之多，府库支出日益增加，财政收入却一天天地减少；为供养贪得无厌的邪恶之徒不惜夺走百姓口中之食，为大兴土木雕梁画柱之用不惜剥掉黎民身上之衣，从而造成神人共怨、众叛亲离的严重后果，水旱天灾纷至沓来，公私财用同时告罄，不但自己在位时间无法长久，甚至还遭遇被弑身亡的惨痛结局。陛下为什么不能以此为戒，立即改正错误呢？

自从陛下即位之后，近期内水旱灾害接连不断，再加上霜冻蝗虫的危害，百姓口中无食，却不曾听说陛下开仓赈济灾民，但陛下为两个女儿营建道观，却不惜耗资一百多万缗。陛下怎么可以不考虑当今国库中的资财到底有多少，朝廷外所需经费又是多少，就轻易地拿出一百多万缗，来供给于国计民生没有任何用处的工程支出呢？陛下诛灭了韦氏的家族，但没有除去韦氏的恶行，难道忍心抛弃太宗的法度，却不忍心抛弃中宗的弊政吗？再说陛下与太子在韦氏集团专擅朝政之际，没日没夜地为大唐宗庙社稷和自己的身家性命担忧，对奸臣切齿痛恨，现在幸亏铲除了奸党，却不能改变他们当初的所作所为，臣担心会重新出现对陛下切齿痛恨的人。如果这样的话，陛下当初又为什么要痛恨群凶并将他们诛杀殆尽呢？

当初中宗皇帝喜爱安乐公主，宗晋卿为她建造私宅，赵履温为她整治园林。在耗尽了国家资财，用尽了民力之后，新建的私宅还没有来得及居住，修好的园林也没来得及游玩，安乐公主就被杀死。现在营建道观，如此追求奢侈豪华，一定不会是陛下和金仙、玉真二位公主的本意，大概是因为有像宗晋卿和赵履温这样的奸臣从中推波助澜，陛下对此不可不多加留意。如果陛下不能中止这项工程的营建，臣担心百姓的怨恨之心，不会比中宗时期减少。现在每个人都明白必将造成巨大的祸患，却没有一个人敢于直言规谏，是因为担心一旦说出来就会受到严厉的惩罚。臣今天所说的，希望陛下能够体察到这一点。

然而，睿宗没有采纳他的建议。

睿宗召见天台山道士司马承祯，向他请教关于阴阳术数的学问，司马承祯回答说："所谓'道'，应当是损之又损，以至于达到无为的境界，我怎么肯耗费心力去研究阴阳术数的学问呢？"睿宗又问道："对于修身养性来说，无为是最高的境界，那么治理国家的最高境界又是什么呢？"司马承祯回答说："治理国家与修身养性道理一样，只要能够做到顺乎世间万物发展的自然之理，内心之中没有任何私心杂念，那么国家就可以趋于大治。"睿宗感慨地说："您所说的话，没有人可以超过。"

延和元年（712）八月，睿宗传位给太子李隆基，自己称太上皇，自称为"朕"，下达的诏书叫做"诰"，五天一次在太极殿处理政事。玄宗李隆基自称为"予"，下达的诏书叫做"制"或"敕"，每天在武德殿处理政事。三品以上官吏的任免和大案件、大政事，都由太上皇亲自处理，其他的都由玄宗处理。

次年（713）六月，玄宗和太平公主之间的斗争白热化，双方都在聚集力量，准备发动政变。最后，玄宗先发制人，迅速扑灭了太平公主及其全部党羽的势力，完全控制了中央政权。太上皇李旦便下诏宣布正式禅位，只做清闲安静的太上皇，在百福殿颐养天年。

李旦前后两次称帝，但真正在位的时间只有两年，禅位以后为太上皇约

桥　陵

四年，玄宗开元四年（716）驾崩，终年五十五岁，谥号为"玄真大圣大兴孝皇帝"，庙号"睿宗"，被安葬在桥陵（今陕西蒲城丰山）。

肃宗李亨

李亨（711～762），唐朝第八代皇帝。原名嗣升，唐玄宗第三子，母元献皇后杨氏。公元756年即位，在位六年。谥号"文明武德大圣大宣孝皇帝"，庙号"肃宗"。他担惊受怕地在太子位置上苦熬了十八年，终于在"安史之乱"中登上皇帝宝座。他平定叛乱，安定国家，有功于唐朝。但他听信谗言，导致内宦专权，也遗讯于后世。

一、争位称帝　平叛安邦

唐肃宗李亨，初名嗣升，后又改名浚、玙、绍、亨。

李　亨

　　李亨两岁时封陕王，开元四年（716），年仅五岁的他又成为安西大都护。他性情仁义、孝顺，聪明敏捷，博闻强记，对于那些典丽的辞章，他常过目不忘。玄宗很喜欢他，命贺知章、潘肃、吕向、皇甫彬等文臣做他的侍读。

　　开元十五年（727），李亨改封为忠王，为朔方节度使、单于大都护。开元十八年（730），奚、契丹等侵犯唐朝边塞，唐玄宗命李亨为河北道行军元帅，派遣御使大夫李朝隐等八总管率十万大军前往讨伐。

　　唐玄宗命令百官前往为李亨送行。左丞相张说见到李亨，认为他仪表非常，退下来后对别人说："我曾见过太宗（李世民）的写真图，忠王（李亨）英姿勃发，仪表非凡，与太宗十分类似，这是社稷之福啊！"

　　开元二十年（732），诸将大败奚、契丹，李亨以统帅之功加官司徒。

　　本来，太子的位置是轮不上李亨的。其中也有一番争宠夺嫡、挟私陷害的宫廷内幕。

　　玄宗共有三十个儿子，他在位四十四年，内宠又多，即使有谁被立为太子，也很难熬到登基的那一天。唐玄宗最初立的太子是李瑛，其母是张丽妃，原是娼妓。后来武惠妃宠倾后宫，生下寿王李瑁。为让李瑁继承皇位，武惠妃指示自己的女婿驸马都尉杨洄诽谤太子李瑛与鄂王李瑶、光王李琚有异谋。玄宗听信谗言，一日杀三子。然而武惠妃害人并没有利己，不久也死去了。寿王李瑁的太子梦化为泡影。李亨以年长，于开元二十六年（738）被立为太子。然而李亨当上太子并不是好事，马上成为宫廷斗争的众矢之的。宰相李林甫攀龙附凤，为讨好武惠妃，曾建议立寿王李瑁为太子，见李亨得立，恐将来不利于己，千方百计陷害李亨，虽没有得逞，却使李亨惶惶不可终日。后来又有杨贵妃、杨国忠兄妹为患。李亨就这样担惊受怕地在太子位置上苦熬了十八年。

　　天宝十三载（754），范阳节度使安禄山来朝见玄宗，李亨认为他有反相，请求玄宗诛杀安禄山，但玄宗不以为然。

　　天宝十四载（755）冬，安禄山联合卢龙节度使史思明，果然起兵反叛，"安史之乱"就此爆发。当时海内承平日久，军备废弛，百姓数代不识兵革。叛军一路势如破竹，官兵望风瓦解。

　　天宝十五载（756）六月，唐朝已失去了潼关以东的半壁河山，唐玄宗惊惶万状，自长安出逃到马嵬驿后，又不得不忍痛割爱，缢死杨贵妃。史称"马嵬驿兵变"。

　　奉命在后安抚百姓的太子李亨率领的队伍中，一场有关国家安危的决策正在酝酿。父老百姓叩马进谏太子李亨："我等愿率子弟随殿下东向破贼，攻取长安。若殿下入蜀，谁为中原百姓之主？"太子之子建宁王李倓、广平王李俶及宦官李辅国亦持此议。在众人的拥护下，太子终于决定留下平定叛乱，收复失地，与玄宗分道，北上至灵武（今宁夏灵武西南）。玄宗继续西逃，分后军两千人及飞龙厩马给太子。

同年七月，太子李亨于灵武即皇帝位，是为唐肃宗，改年号"至德"，遥尊玄宗为太上皇。肃宗在灵武即位后，以杜鸿渐、崔漪为知中书舍人事，裴冕为中书侍郎、同平章事。当时制度草创，文武官不满三十人，直接控制的地区不过河西、陇右、顺化、扶风、天水等地。这个流亡朝廷规模虽然不大，但在当时京师陷落、皇帝出逃、天下无主的情况下，总算使唐朝廷的招牌没倒，使各地抗击安史的唐朝势力望有所归，战有所为，并给了他们一线光复唐朝的希望。

常山颜真卿听说肃宗即位，以蜡丸奉表灵武，肃宗以他为工部尚书兼御史大夫。诸道得知复国有望，都努力坚守长安；百姓也日夜盼望太子收复长安。京畿豪杰偷袭安史官兵的事件相继不绝。安史集团虽攻克长安，由于人民的反抗，势力所及仅长安附近很小的地区。

至德元年（756）五月，安史大将令狐潮攻围雍丘，守将张巡死守，屡败叛军，使其不得前进一步。次年，安禄山之子安庆绪又派尹子奇率兵十三万攻睢阳（治今河南商丘）。守将许远告急于张巡，巡与远合兵仅六千八百人守睢阳，二人督励将士，昼夜苦战，最后食尽援绝。前后大小四百余战，杀敌十二万。睢阳陷落时，安史集团已丢失长安，无力南进了。与此同时，安史叛将武令珣、田承嗣相继率军攻南阳（治今河南邓县），守将鲁炅苦守一年。南阳失陷后又退保襄阳。张巡守睢阳，鲁炅守南阳，扼住了安史叛军南下的要冲，使唐朝的物资供应有了保障，也使江淮地区避免了叛军的践踏。

张　巡

　　肃宗即位后，开始调集各路兵马，进讨安史。河西节度使李嗣业、安西行军司马李栖筠相继发兵至灵武，朔方节度使郭子仪亦率军五万自河北而至。为了声张军势，肃宗又派人去回纥、西域请兵。至此，肃宗军威始盛。肃宗以皇子广平王李俶为天下兵马大元帅；以李光弼为户部尚书、北都（今山西太原）留守，防守河东；以第五琦为山南五道度支使，征发江淮租调以供军需。

　　然而，肃宗既没有经略天下的本事，又无知人善任之能。在准备不充分的情况下，听信宰相房琯的妄言，让他统率军队，收复长安。房琯缺乏将才，结果唐军一败涂地。

　　至德二年（757），形势稍有好转。郭子仪率军攻克居两京之间的河东郡，掌握了主动权。陇右、河西、安西、西域等地兵马会集凤翔，江淮庸调亦至洋川、汉中。肃宗以郭子仪为天下兵马副元帅，准备再度收复长安。

　　在此之前，安禄山被其子安庆绪杀死。安庆绪即帝位后，史思明驻范阳，拥有重兵，不听调遣。安史集团分裂。

　　这年九月，回纥怀仁可汗派其子叶护率精兵四千来到凤翔，帮助平定安史叛乱。同月，唐军十五万，以李嗣业为前军，郭子仪为中军，王思礼为后军，与安史十万军队战于长安之西。战斗进行得异常激烈。双方酣战半日，安史军溃败，唐军乘胜收复长安。

二、收复两京　接回玄宗

　　长安收复后，报捷的文书到达凤翔，百官都入宫祝贺。肃宗泪流满面，当天即派宦官啖庭瑶入蜀中上奏玄宗，又命令左仆射裴冕先入京师，告慰祖宗陵庙并安抚百姓。

　　肃宗召见了谋士李泌。李泌到后，肃宗说："朕已经上表请求上皇回京城，朕当让帝位，还东宫重为太子。"李泌说："上表还能够追回吗？"肃宗说："已经走远了。"李泌说："上皇不会回来了。"肃宗吃惊地问什么原因。李泌说："按道理和情势，上皇不肯回来是自然的。"肃宗说："那怎么办呢？"李泌说："现在请再写一份群臣贺表，就说自从在马嵬被留，在灵武被劝说即帝位，到今天收复京城，陛下时刻思念着上皇，请上皇立刻返回京城，以使陛下能尽孝养之心，这样就可以了。"肃宗听后立刻让李泌草写表书。肃宗读了表书后，泣不成声地说："朕开始时想把帝位复归上皇。现在听了先生的话，才知道是失策。"于是立刻命令宦官奉表书入蜀，然后与李泌一起饮酒，并同床而睡。

不久，使者从成都回来，带回玄宗的诰命说："只要给我剑南一道容身自保就足够了，不想再回长安。"肃宗十分忧愁，不知道怎么办才好。这时，后来派去的使者回来说："上皇先得到陛下请求归还皇位的表书后，游移不定，吃不下饭，不想归来。等到群臣所上的表书到后，才心中大喜，命准备饮食歌舞，并颁下诰命确定了动身的日期。"肃宗把李泌召来说："这都是你的功劳！"

郭子仪率领蕃、汉兵追击叛军至潼关，杀敌五千人，攻克了华阴、弘农二郡。关东向朝廷献来俘虏一百余人，肃宗下敕书让把他们全部杀掉。这时监察御史李勉向肃宗进言说："现在举行叛乱的元凶还没有被除掉，战乱波及了大半个国家，许多人都受到了牵连，他们得知陛下即皇帝位，率兵平叛，都想着洗心革面，来服从陛下，现在如果把这些被俘的人全部杀掉，是逼迫那些跟随反叛的人继续作乱。"肃宗听后立即命令赦免了他们。

郭子仪在陕西又破安史军十五万。安庆绪见大势已去，仓皇逃归河北，唐军遂收复洛阳。

与此同时，肃宗从凤翔出发回京师，并派太子太师韦见素往蜀中去迎接玄宗。

郭子仪派左兵马使张用济与右武锋使浑释之率兵攻占了河阳及河内二郡，叛军大将严庄投降。陈留人杀了叛将尹子奇，献郡来降。叛军将领田承嗣围攻来瑱，这时也派使者来请求投降，因为郭子仪怠慢他，田承嗣再度反叛，与叛将武令珣退保河北。肃宗下制书任命来瑱为河南节度使。

肃宗到达咸阳望贤宫时，收到了东京克复的捷报。肃宗进入长安时，城中百姓出城门外二十里来迎接，一路不绝，拜舞跳跃，高呼万岁，还有人哭泣。肃宗入居大明宫。御史中丞崔器命令接受过安禄山叛军官爵的人都解下头巾赤脚立于含元殿前，让他们自己捶打自己的胸口，叩头谢罪，周围站立着持武器的士卒，并让百官在含元殿台上观看。因为太庙被叛军烧毁，肃宗身着白色的服装，向着太庙大哭三天。

肃宗登临丹凤门，颁下制书说："对于官吏和百姓中接受过安禄山叛军官爵、俸禄以及为叛军干过事的人，命御史台、中书、门下三司分别不同情况上奏。在战斗中被叛军俘虏的将士，或与叛军居住靠近，因而与其往来的人，一律允许自首而免其罪。家中有妇女被叛军污辱的，都不问罪。"

这时，玄宗到达凤翔，跟随护卫的士兵有六百多人，为了表示对肃宗的毫无戒心，玄宗命令士兵们把兵器全部交到凤翔郡的武器库中。肃宗派精锐骑兵三千去迎接，十二月初三，玄宗到达咸阳，肃宗准备了皇帝所乘的车驾在望贤宫迎接玄宗。当时，玄宗在望贤宫中的南楼上，肃宗脱下黄袍，身着紫袍，望着南楼下马，用小步快速前行，伏身拜于楼下。玄宗从楼上下来，与肃宗相拥而泣，肃宗手捧玄宗的双脚，呜咽不已。玄宗要来黄袍，亲自为肃宗穿上，肃宗伏地叩头，坚辞不敢接受。玄宗说，"天命与人心都已经归于你，你能够让我安度晚年，就是你的忠孝了！"肃宗推辞不过，只好接受了黄袍。这时被挡在仪仗外面的父老百姓们，都高声欢呼拜舞。肃宗命令士卒们开禁，让一千余人进宫谒见玄宗，他们说："我们今天重又见到两位圣人相逢，就是死了也不感到遗憾！"玄宗不肯居住在宫中的正殿，说："这是天子的住地。"肃宗坚请，并亲自扶玄宗上殿。尚食官进上食物时，肃宗都亲自品尝后再献上去让玄宗吃。

　　过了几天，玄宗将要从行宫出发回长安，肃宗又亲自为玄宗练马然后进上。等玄宗上马后，肃宗亲自为玄宗牵马。行走了数步后，被玄宗制止。肃宗又乘马在前面引导，不敢在路中央驰马。玄宗对左右的人说："我做了五十年天子，都没有感到高贵过；现在做了天子的父亲，才感到高贵了！"左右的人听后，都高呼万岁。玄宗一行从开远门进入大明宫，驾临含元殿，抚慰百官，然后到长乐殿中谢九庙神主，恸哭了很久。当天，玄宗前往兴庆宫，就居住在宫中。肃宗多次上表请求归帝位于玄宗，自己还东宫仍为太子，玄宗不答应。

　　在玄宗逃蜀之时，朝廷百官都没来得及跟随，安禄山占领长安，许多官员都投降了叛军，其中包括河南尹达奚珣和张成颀、宰相陈希烈。等广平王李俶收复长安，这些投降的官员再次归附唐朝。一开始，李俶赦免了他们。等肃宗回到长安，御史大夫崔器与兵部侍郎吕諲上言说："那些投降过叛军

大明宫含元殿正面图

的官吏，背叛了国家，依附于伪朝廷，按照法律，都应该处死。"肃宗计划
按照他们的意见办。而礼部尚书李岘却认为："当叛军攻陷两京时，天子南
逃避难，人们都各自逃生。那些投降叛军的官吏都是陛下的亲戚，或是一些
功臣的子孙，现在如果一概以叛逆罪把他们处死，恐怕有违陛下的仁恕之
道。再说河北地区还没有平定，群臣中投降叛军的还有许多人，如果能够宽
大处理，就为那些投敌的人打开了一条自新之路；如果把他们全部杀死，就
会更加坚定那些投敌官吏的反心。《尚书》说：'首恶必办，胁从不问。'吕
谨与崔器二人只知道谨守法律条文，不懂得大道理。希望陛下慎重考虑。"
争论了数日，最后肃宗依从了李岘的建议，决定分成六等定罪，罪重者在市
中公开处死，二等赐他们自杀，三等用棍杖重打一百下，以下三等是流放、
贬官。斩达奚珣等十八人于长安城西南独柳树下，赐陈希烈等七人自杀于大
理寺，又于京兆府门棍打那些应受此刑的人。只有安禄山所任命的河南尹张
万顷，因为能够在叛军中保护百姓，不加问罪。

不久，有人从叛军中回来说："跟随安庆绪在邺郡的唐朝群臣，听说广
平王李俶赦免了陈希烈等人，都十分痛心，恨自己失身叛国。后来又得知陈
希烈等人被杀，又坚定了反叛的决心。"肃宗听后，悔恨不已。

安史集团丢失两京，安庆绪驻邺郡，与驻范阳的史思明钩心斗角，矛盾
日趋激烈。为了保存实力以图再举，史思明曾一度归降唐朝。乾元元年
（758），郭子仪、李光弼、李嗣业等九节度使率军六十万进讨邺郡的安庆绪。
在这样的大好形势下，肃宗又犯了一个致命的错误，竟不设元帅，仅以宦官
鱼朝恩为观军容使，节制诸军。这时史思明又一次叛唐，派兵十三万援救安
庆绪。由于唐军号令不统一，宦官鱼朝恩自以为是，不听将领的建议，安阳
一战，被史思明打得溃不成军，甲仗、战马遗弃殆尽。

乾元二年（759），史思明杀安庆绪，自称大燕皇帝，稳定内部后，卷土
重来，复攻占洛阳及附近郡县。肃宗又派李光弼代替郭子仪为副元帅。上元
二年（761），史思明在邙山大败李光弼，乘胜向长安进犯，在途中被其子史
朝义杀死。史朝义在洛阳称帝，叛军内部更加分裂，从此再也没有力量向唐
朝发动进攻了。

三、内宦专权　惊惧而亡

肃宗一朝，虽没有彻底消灭安史的势力，总算在危难时刻支撑起了唐朝
这个破烂摊子，从安史手里收复了两京，恢复了唐朝的统治。然而肃宗在位
的过程中，留下了许多严重的过失和后患。

第一，借回纥兵以平叛乱。肃宗曾与回纥约定，收复长安之日，女子玉帛皆归回纥，为回纥烧杀抢掠提供了合法的口实。

第二，纵容地方骄兵悍将的跋扈行为。平卢节度使王玄志死，部将李怀玉推侯希逸为节度使，肃宗也就委曲求全，承认既成事实，致使朝廷号令不严，以后骄兵悍将随意逐杀、废立节度使。

第三，听信谗言，无深虑远谋。肃宗一朝本该彻底平定安史之乱，不该让兵祸蔓延到下一代。可肃宗本人没有戡乱的雄才大略，对别人的意见又唯唯诺诺，不能果断采纳，坐失了许多良机。在收复长安之前，谋士李泌建议派李光弼自太原出井陉，郭子仪自冯翊出河东，肃宗率兵据扶风，牵制住各路叛军，使敌人往来于千里之间，疲于奔命。然后派建宁王率军由长城与李光弼南北夹击，先捣毁安史集团的巢穴范阳，再调集大军四合而攻之，可以彻底平定安史叛军。肃宗说："现在大军已集，征收的丝织品、布匹等庸调也到达，应该以强兵直捣叛军的腹心，而您却要领兵向东北数千里，先攻取范阳，不是迂腐的计策吗？"李泌回答说："现在让大军直接攻取两京，一定能够收复，但是叛军还会东山再起，我们又会陷入困难的境地，这不是久安之策。"肃宗说："你说的有什么根据？"李泌说："我们现在所依靠的是西北各军镇的守兵以及西域各国的胡兵，他们能够忍耐寒冷而害怕暑热，如果借新到之兵的锐气，攻击安禄山已经疲劳的叛军，定能够取胜。但是两京已到了春天，叛军如果收集残兵，逃回老巢，而关东地区气候炎热，官军必定会由于炎热的气候而想要西归，难以在那里久留。叛军休整兵马，看见官军撤退，一定会卷土重来，这样与叛军的交战就会无休无止。不如先向北方寒冷的地区用兵倾覆叛军的巢穴，那样叛军就会无路可退，可以一举彻底平息叛乱。"肃宗说："朕急于收复两京，迎接上皇回来，难以按照你的战略行事。"结果唐军虽收复两京，却使叛军从容退回河北，除根不净。史思明杀安庆绪后，肃宗才想起李泌之计可用，准备以郭子仪统帅诸道兵七万人自朔方直取范阳，与李光弼前后夹击，使史思明腹背受敌。对这样重大的军事决策，他竟听信宦官鱼朝恩的谗言，中途停止，使彻底消灭安史的计划又一次化为泡影。

第四，封建赏爵之滥到了极点。当时朝廷的府库中没有财物积蓄，对于立功的将士只能赏赐官爵。诸将出征时，都给予空名委任状，上自开府、特进、列卿、大将军，下至中郎、郎将，都允许临时填写名字。后来又允许用信牒授予官爵，以至有异姓被封为王的。各路军队都以职务大小相互统辖，不看官爵的高低。因此官爵贱而钱货贵，一通大将军委任状才能换取一次酒醉。凡是被招募参军的人，都穿金紫色衣服，甚至有朝士的仆人身着金紫色衣服，口称自己是大官，而实际却干的是低贱的工作。唐朝的封官赏爵之滥，至此达到了极点。

　　还有，开宦官专权之局面。肃宗自马嵬北行，留击安史叛军，宦官李辅国即参与政事，以后逐渐专权用事。收复长安后，玄宗由蜀归来，住在兴庆宫，他竟敢矫诏把玄宗赶出兴庆宫。后李辅国又任兵部尚书，就更难对付了。地方节度使多是他的人，得到任命后，要到他家谢恩。宰相萧华和肃宗达成默契，阻止李辅国任宰相，李辅国竟强使肃宗免去了萧华的相职。对他的跋扈行为，肃宗一筹莫展，先是姑息敷衍，后是敢怒而不敢言，束手无策。

张皇后

　　李辅国专权用事是与肃宗的张皇后互相勾结才得逞的。自肃宗留击安史叛军，当时还是良娣的张氏就一直跟随在身边。肃宗北上朔方，每逢晚上休息，张良娣总是挡在外边，以备危急时掩护肃宗撤退。肃宗在灵武即位，张良娣产子刚三日，就下床缝战衣。由于张良娣这一阶段的出色表现，受到肃宗的宠爱。形势稍一好转，她的权力欲慢慢滋长，并迅速膨胀。当时，逃在四川的唐玄宗赐她一个七宝鞍。李泌劝肃宗，如今四海分崩，当以俭约示人。肃宗便让张良娣不要用七宝鞍。肃宗子建宁王李倓见肃宗采纳了李泌的建议，非常高兴，以为父皇从谏如流，一定能完成复国大业。张良娣从此对李泌、建宁王怀恨在心。宦官李辅国见张良娣得宠，且都怀恨肃宗的谋士李泌与建宁王，于是二人狼狈为奸，互为表里，干了许多坏事。

　　肃宗离开玄宗时，其子广平王李俶、建宁王李倓都跟随身边。李倓性情聪明果断，有才略。肃宗本来想以他为天下兵马元帅，因广平王居长，才以广平王为天下兵马元帅。建宁王对此毫无怨言，非但无兄弟互相争名夺利之事，反而相处得很好。李辅国与张良娣先在肃宗面前进谗言说："建宁王恨不得为元帅，谋害广平王。"肃宗不问青红皂白，将建宁王赐死。害死建宁王，李辅国与张良娣算是除掉了专权的一大障碍。

　　后来，张良娣升为淑妃，又由淑妃立为皇后。她加紧罗织罪名，散布流言，陷害广平王李俶。可是，天不遂人愿，她的长子李佋不巧死了，另一个儿子李侗年幼，广平王李俶又有大功，其阴谋才没有得逞。

　　就这样，张皇后与李辅国互为表里、狼狈为奸，专权用事达数年之久，而懦弱的肃宗只得听之任之。宝应元年（762），肃宗病重，张皇后为能继续专权，与李辅国反目成仇。先是想利用太子李俶除掉李辅国，被太子拒绝。后又伏甲士于宫内，矫诏召太子入宫，欲杀掉太子。李辅国的党羽程元振向李辅国告密，李辅国遂首先发难，率甲卒截留太子，逮捕张皇后党羽百余人。

张皇后闻变，逃入肃宗寝宫躲避。李辅国带兵入寝宫逼张皇后出宫。肃宗受此惊吓，病势陡然转重，当天死于长生殿。肃宗共当了六年皇帝，终年五十二岁。

宁王李宪

李宪（679～741），睿宗李旦长子，母肃明顺圣皇后刘氏；玄宗异母兄。本名李成器，初封永平郡王，后立为皇太子，又降为皇太孙，改封寿春郡王，又改宋王、宁王。谥号"让皇帝"。他明智达观，推让太子之位给李隆基，受到后人称赞。

一、明智达观　推让储位

李成器一出世，便被封为永平郡王。

文明元年（684），睿宗李旦登基，李成器被立为皇太子，时年六岁。李旦后来被武则天降为皇嗣，李成器被降为皇太孙。

长寿二年（693），武则天改封李成器为寿春郡王。

长安元年（701），武则天授任李成器为左赞善大夫，加授银青光禄大夫。

唐中宗李显即皇帝位后，改封李成器为蔡王，迁任宗正员外卿，加赐食邑四百户，加上以前所封，实封食邑七百户。李成器上表固辞，不敢接受，后仍为寿春郡王。

景龙四年（710），李成器晋封宋王。

睿宗李旦第二次即皇帝位后，拜李成器为左卫大将军。

当时，朝廷准备立皇太子。李成器身为长子，按理应当立为皇太子，但平王李隆基精明果敢，在消灭韦氏政治集团时立下大功，睿宗有意立他为皇太子。李成器上表推让："储副之位，是天下的公器。国泰民安则应当先立嫡长子，国家多难则应当首先将有功的人立为太子；如果在这个问题上违反时宜，就会让普天之下的人大失所望。臣宁可去死也不敢位居平王之上。"为此，他接连几天流着眼泪向睿宗请求立李隆基为太子。朝中百官，也有人

（唐）佚名《百马图》

说平王有大功，当居太子之位。睿宗最终同意李成器的请求。平王李隆基上表推辞，睿宗不许。于是，李隆基被立为太子。李成器封为雍州牧、扬州大都督、太子太师，另加食邑二千户，赐物五千段，良马二十匹，奴婢十房，甲第一处，良田三十顷。后拜尚书左仆射，又迁司徒，拜太子宾客。

太平公主准备夺朝中大权，就命人攻击李隆基，说太子应立嫡长，李隆基不应当被立为太子。准备用李成器为招牌，与李隆基争权。宰相姚崇、宋璟等人向李隆基建议，将李成器请出京城，避免他卷入政治斗争之中，以破坏太平公主等人的阴谋。李成器对此表示赞同，便以司徒身份，出任蒲州（今山西永济）刺史。

李隆基与李成器兄弟情深，他曾制作大被、长枕，送给李成器，以表示友爱之情。睿宗得知后大为高兴，赞不绝口。

延和元年（712）八月，唐玄宗李隆基即皇帝位。李成器被封为司空。太平公主、萧志忠、岑羲等人被玄宗消灭后，李成器又晋位太尉，仍兼任扬州大都督，加实封食邑一千户。月余，又加授开府、仪同三司，太尉、扬州大都督二职解除。

开元初年（713），李成器出任岐州刺史。

开元四年（716），李成器避玄宗之母昭成皇后窦氏之讳，改名李宪，封为宁王，实封食邑累至五千五百户。历任泽州（今山西晋城）、泾州（今甘肃泾川）等州刺史。

二、平和谨慎　死后哀荣

唐玄宗未当皇帝前，与兄弟们都一起住在东都洛阳的积善坊，兄弟五人分院而居，号称"五王宅"。后来，唐玄宗兄弟随从睿宗到达西京长安，睿宗赐给他们的府第在兴庆坊，亦号称"五王宅"。唐玄宗即位后，把他的旧邸改建成兴庆宫，又为四王修建了府第。四王宅绕于宫外：宋王李宪的府第在胜业坊东南角，申王李㧑、岐王李范的府第在安兴坊东南，薛王李业的府第在胜业坊西北角，府第相望，环列于兴庆宫周围。玄宗在兴庆宫西南建了两座楼：西面的楼题为"花萼相辉"，因古人常用花和萼比喻兄弟友爱；南面的楼题为"勤政务本"。玄宗不时登临花萼楼，一旦玄宗听到诸王奏乐，必定招他们一起到楼上，一同坐下来叙谈。有时，玄宗就直接到他们的府第，赋诗嬉戏。玄宗命诸王每日于侧门朝见，经常同诸王同榻而坐，饮酒作乐。有时赐金分帛给诸王，奖赏厚重。因此，虽有谗言挑拨，玄宗与李宪等人关系依旧融洽，毫无裂痕。世人因此都称赞玄宗对兄弟之情，近世帝王没能比得上的。

李宪平素非常谨慎小心，从不干预或议论朝中政务，也不随便结交大臣。玄宗对他愈发信任、推重。玄宗曾写信给李宪与岐王李范等人说："从前魏文帝（曹丕）诗写道：'西山一何高，高处殊无极。上有两仙童，不饮亦不食。赐我一丸药，光耀有五色。服药四五日，身轻生羽翼。'朕每次想到魏文帝靠服药来求羽翼之事，就想这怎么能与骨肉兄弟天生的羽翼相比呢！陈思王（曹植）有超绝的才华，堪担经纶之务，但魏文帝却不让他朝见，终于使他忧愤而死。魏祚未终，便被司马懿所夺，这岂是神丸之效！虞、舜圣明，亲近九族，相处和睦，百姓效仿。这是帝王之道啊！至今已过数千年，天下人向善，朕未尝不废寝忘食赞叹虞舜。因此趁闲暇时妙选仙经，得到了神方，古人说服此药必有效验。如今将此药分给你们，希望与兄弟同保寿命，永无限极。"

开元九年（721），李宪兼任太常卿。开元二十一年（733），复拜太尉。

开元二十八年（740）冬，李宪生病，玄宗命宫中送医药珍味，前去问候的太监络绎不绝。玄宗命高僧崇一前去诊治，才治好了李宪的病。等李宪病情稍一好转，玄宗就命人赏赐崇一和尚绯袍鱼袋，予以超常奖励。

后来，玄宗的几个兄弟先后去世，只有李宪健在，玄宗对他更加亲密。每年李宪生日，玄宗必到李宪府中祝寿。平日，他经常赐李宪各种珍馐美味。李宪奏请将玄宗赏赐的物品制成目录交付史馆登记造册，玄宗同意了。李宪府中开列的日常赏赐目录，每年都有数百张纸。

李宪曾经陪玄宗在万岁楼欣赏歌舞。玄宗在复道上窥见卫士将剩饭随便倒掉，非常生气，命高力士将该卫士杖杀。李宪从中劝谏："皇上从复道上窥见卫士，恐怕卫士从此心中不安；况且处置得不太适当。难道您的一个卫士的性命比剩饭还轻贱么？"玄宗猛悟，立刻制止高力士。玄宗对李宪称谢不已。

凉州进献新编乐曲，请玄宗欣赏，李宪和其他亲王在坐陪伴。音乐演奏结束，玄宗问诸位亲王有何意见，李宪回答："音乐虽然美妙，但宫调离而不和，商调乱而急躁。君卑逼下，臣僭犯上。发于忽微，形于声音，播之歌咏，见于人事。臣恐怕今后皇上有逃亡的祸患。"玄宗默然无语。待到后来"安史之乱"时玄宗奔逃蜀地，众人方才忆起李宪当时评论音乐的语言，无人不钦佩他善于欣赏音乐，更钦佩他善于婉言进谏。

开元二十九年（741）冬天，京城长安异常寒冷，凝霜挂树，如同挂满谷穗。李宪喟叹："树挂，达官怕，必有大臣应验，看来我该死了。"十一月，李宪去世，享年六十三岁。玄宗李隆基闻讯，号啕大哭。

李宪去世，玄宗赐谥号为"让皇帝"。李宪长子、汝阳郡王李琎上表固辞，力陈父亲一生谦让恭谨，不敢当此帝号。玄宗感叹，亲自书写诏书，命李琎不准推辞。朝廷择日备礼，宫中拿出御衣一副，送往李宪府中，玄宗亲自撰写悼词，命右监门大将军高力士置于李宪灵座之前。朝廷追赠李宪妻子元氏为"恭皇后"。

李宪安葬之日，天降大雨，玄宗令亲王大臣步送十里，号李宪墓为惠陵。

岐王李范

李范（？～726），睿宗李旦第四子，母孺人崔氏；玄宗异母弟。本名李隆范。初封郑王，后改封卫王，巴陵郡王，终于岐王。追赠惠文太子。他好学工书，礼贤下士，为时人所称。玄宗与他十分友爱，不加猜忌，也传为美谈。

一、与诛太平　礼贤下士

李范本名李隆范，李隆基登基后，避玄宗"隆基"之名，改单称"范"。他的母亲崔氏是睿宗李旦的妃子，封号为"孺人"。"孺人"在当时是贵族、官吏之母或妻的封号。他与李隆基自幼一起长大，兄弟情深。

李范初封郑王，不久改封卫王。

长寿二年（693），他被武则天降封为巴陵郡王。

神龙元年（705），中宗李显即皇位，李范升为太府员外少卿，加赐实封二百户，与以前所封相加共食邑五百户。

景龙年间（707～710），李范兼任陇州别驾，加银青光禄大夫。

杜甫

景龙四年（710），睿宗第二次登上皇帝之位，李范晋封岐王，又加实封五百户，拜为太常卿，兼左羽林大将军。

玄宗李隆基即位后，李范保持原官职。先天二年（713），太平公主谋害玄宗，李范随玄宗讨伐太平公主的党羽窦怀贞、萧至忠等人，以功加赐实封满五千户，玄宗还下诏书赞扬了他。接着，玄宗又拜李范为太子少师。李范历任绛、郑、岐三州刺史，在任职刺史期间，他把政务打理得井井有条。

开元八年（720），李范升为太子太傅。

李范深受父皇睿宗影响，也十分好学，工于书法。他喜爱有才华的文士，不论贵贱，他都以礼相待。因此，岐王宅中文人荟萃，诗人、乐师、画家、书法家往来于府中，络绎不绝。李范经常置酒宴招待文士们，席间与他们赋诗唱和，其中较著名的有杜甫、阎朝隐、刘庭琦、张谔、郑繇等人。

当时著名乐师李龟年也是岐王宅中的常客，杜甫的《江南逢李龟年》一诗中写道：

> 正是江南好风景，落花时节又逢君。
> 岐王宅里寻常见，崔九堂前几度闻。

诗写"安史之乱"后杜甫在江南遇见李龟年的情景，在诗中"岐王宅"象征着唐朝天宝年间的繁盛，从侧面反映了岐王李范的礼贤下士之风。

李范还喜爱收集古代书法、名画真迹，常请文士们鉴赏、临摹。一时间，岐王李范的声名鼎盛，时人皆赞不绝口。

二、被徼收敛　帝恩如初

在封建社会，皇帝对于那些声名鼎盛的王公大臣多有忌惮，尤其严禁王公大臣与群臣结交，担心他们聚集在一起谋反。对于结交群臣、诽谤朝政的王公，皇帝常毫不留情地惩治，不是诛杀，便是贬迁。如汉武帝刘彻时，淮南王刘安喜爱结交文士，心存谋反，最终被诛；汉明帝刘庄时，楚王刘英以信佛教为名广交士人，意图不轨，也被贬迁；隋炀帝更甚，对自己的亲生儿子也难容忍，齐王杨暕乐于结交大臣，百官奔走于门下，招致隋炀帝的猜忌，被废掉王位、囚禁起来。诸如此类的例子，数不胜数。

玄宗即位后，也禁令王公与外人结交。李范自恃参与铲除太平公主余党有功，有点骄傲，不知避皇帝之讳，仍然广泛结交士人。这不能不引起玄宗的警惕。但玄宗一向注意处理与诸王的关系，兄弟间非常友爱，因此他没有轻举妄动，他在等待时机，以便杀一儆百。

不久，玄宗便抓住了突破口。驸马都尉裴虚己娶睿宗的小女儿霍国公主为妻，他喜好谶纬之道，与李范往来密切，经常在岐王府中出入，带着谶纬之书给李范讲解。李范对于谶纬本来不懂，这一来引发了兴趣。玄宗得知此事，感到苗头不对，认为到了出手的时机。于是，玄宗将裴虚己关押起来，派官员审讯他，以与李范游宴、私挟谶纬书之罪，被贬官、流放岭南。接着，玄宗又将经常与李范饮酒赋诗的刘庭琦、张谔贬官。

这下子，李范傻眼了，颇感惊惶不安，再也不敢与士人来往。每日安居府中，闭门思过，以读书、赋诗、研习书法来打发时光。玄宗得知李范内心不安，十分怜惜他，对左右侍从说："我们兄弟友爱实属天性，李范肯定没有不轨的意图，只不过那些趋炎附势之辈依附他罢了。我终究不会因小事而责罚兄弟。"因此，玄宗仍然对李范恩情如初。李范见此，内心稍感安慰，但再也不敢有一丝一毫放肆，而是谨慎行事。

李范为人坦荡、正直，从不谄附权贵。当时，霍国公王毛仲因参与诛杀太平公主余党而位居高官，他本来起于微贱，现在骤然显贵，诸王内心都瞧不起他，但他是玄宗宠幸之人，都想讨好他，因此见到他仍然礼敬有加。唯独李范见到他十分自如，不另外加礼。

开元十四年（726），李范病死。玄宗痛哭失声，为他停止朝会三天，并为他祈福，亲自手写《老子经》，一连几十天都撤去御膳，改吃素斋。百官见玄宗如此，担心他身体受不了，纷纷上表劝谕，玄宗这才恢复常规。同年，玄宗命追赠李范为惠文太子，陪葬于桥陵（唐睿宗陵，在陕西蒲城县北的丰山）。

薛王李业

李业（？～734），睿宗第五子，母德妃王氏；玄宗异母弟。本名李隆业。初封赵王，改封中山郡王、彭城郡王，终于薛王。他为人孝敬，对兄弟姐妹友爱，与玄宗关系融洽。

一、佐帝平乱　孝敬友爱

李业本名李隆业，他的母亲王氏在他幼小时便去世了。睿宗李旦的另一个妃子贤妃没有儿子，便由她来养育李隆业。李隆业与李隆基一起长大，兄弟二人相亲相近，睿宗李旦见此，分外高兴。虽然李隆业过早失去了母亲，但在贤妃的爱护和李隆基的友爱下，他的童年仍无忧无虑。

垂拱三年（686），李隆业被武则天封为赵王，开府置官属。

长寿二年（693），李隆业被改封为中山郡王，授任都水使者。不久，又改封彭城郡王。

神龙元年（705），中宗李显赐封李隆业食邑二百户，与以前相加共五百户。

景龙二年（708），李隆业兼任陈州别驾、银青光禄大夫、太仆少卿。

景龙四年（710），睿宗第二次登上皇帝之位，李隆业晋封薛王，加封满一千户，拜秘书监，兼右羽林大将军。不久转宗正卿。李隆业平时十分好学，饱读诗书，深受睿宗喜爱。

延和元年（712），睿宗禅位于李隆基，是为玄宗。李隆业避玄宗名讳，改为李业。在玄宗铲除太平公主的余党萧至忠、岑羲时，李业积极参与，立下功劳，以功加实封到五千户。开元初年（713～719）李业先后历任太子少保、同泾、幽、卫、虢等州刺史。他在地方治理政事勤勉，颇有政绩，为开元盛世的到来作出了贡献。

开元八年（720），李业升为太子太保。他一向孝敬养母贤妃，但由于久任外官，不便将贤妃接到自己身边。至此，他回到长安，才把贤妃接到自己的府第，周到地事奉她，如同亲生母亲。李业的同母妹妹淮阳、凉国两位公主早逝，留下幼子，李业也将他们接到自己府中抚养，对他们疼爱甚于亲生之子。

二、帝为煎药　不加猜忌

玄宗认为李业孝敬、友爱，因此分外亲近他。李业曾偶然患病，当时玄宗正在临朝听政，一会儿工夫就十次派使者前往问候。玄宗还亲手为李业熬制汤药，恰巧有一阵旋风吹来，燃着玄宗的胡须，左右侍从赶忙上前帮他扑火。玄宗说道："只要薛王服下这碗药以后病能痊愈，朕的胡须有什么值得可惜呢！"玄宗亲自为李业祈祷，希望他早日痊愈。等李业病愈后，玄宗御驾光临薛王府，布置酒宴为李业庆贺他的生日，二人言笑欢洽。玄宗赋诗：

昔见漳滨卧，言将人事违。

今逢诞庆日，犹谓学仙归。

棠棣花重满，鸰原鸟再飞。

天宝十三年（725），玄宗病倒在床，李业十分担心皇兄，经常到宫中探问病情。但是，也有人私下议论玄宗病将不起，李业王妃之弟内直郎韦宾便与殿中监皇甫恂私下议论。这件事情被人揭发出来，玄宗大怒，命令杖杀韦宾，贬皇甫恂为锦州刺史。李业的王妃韦氏内心恐惧，担心受弟弟株连，便主动脱下王妃的礼服待罪，李业也不敢面见玄宗。

玄宗立即下令召见李业，李业来到宫外，在台阶下徘徊不敢进去，口称"有罪"。玄宗便走下台阶，拉住李业的手说："吾如果有猜忌兄弟之心，请天地神明共同惩罚我。"李业听了这话，一颗悬着的心立即放了下来。当天，李业与玄宗在一起吃酒宴，谈了很长时间。玄宗下诏安慰韦氏，让她复王妃之位。

这件事就这样有惊无险地过去了。此后，李业言行更加谨慎，与玄宗的关系也一直很好。开元二十一年（733），李业升任司徒，参与处理朝廷政务。

开元二十二年（734）正月，李业去世，玄宗追赠他为惠宣太子，陪葬桥陵（唐睿宗陵，在陕西蒲城县北的丰山）。

郢王李瑛

李瑛（？～738），唐玄宗李隆基次子，母丽妃赵氏。本名李嗣谦，初封真定郡王。后晋封郢王，立为皇太子，又废为庶人。后赐死，被追赠为皇太子。他因母宠得立太子，后来其母色衰失宠，他也渐受冷落。武惠妃谋废太子，改立己子寿王李瑁，李瑛因此受谗被杀。玄宗废杀太子李瑛，受到后人指责。

一、得立太子　因母失宠

景云元年（710）九月，睿宗李旦即皇位，李嗣谦被封为真定郡王。

延和元年（712）八月，玄宗李隆基即位，李嗣谦晋封郢王。

开元三年（715）正月，因为母亲赵丽妃深受玄宗宠爱，李嗣谦虽不是长子，也得以立为皇太子。

唐代舞乐图

开元七年（719）正月，李嗣谦加太子元服。同年，玄宗命太子李嗣谦入国子学，以同学身份与国子学中各位公卿子弟交游，不以太子身份入学。玄宗命太常择定吉日，让太子拜谒孔子，太子向孔子献祭礼。太子入学，玄宗命右散骑常侍褚无量讲课。太子入学这天，有关人员各有赏赐。

开元十三年（726），李嗣谦改名为李鸿，娶妻薛氏。太子结婚庆礼结束后，玄宗命赦免京城罪人。太子的侍讲潘肃等人一并升职，中书令萧嵩特封徐国公。由此可见，玄宗一开始是十分宠爱太子李嗣谦的。但是，好景不长。

开元二十五年（737）七月，李鸿改名为李瑛。

李瑛的母亲赵丽妃，本为歌伎，有才貌，善歌舞，玄宗在潞州时纳入府中。李瑛立为太子后，母以子贵。赵丽妃的父亲赵元礼、兄长赵常奴后来均升为高官。但是，玄宗后宫佳丽如云，赵丽妃无法长久专宠。等到武惠妃受到玄宗宠幸，赵丽妃就渐渐被冷落了。

当时，鄂王李瑶的母亲皇甫德仪、光王李琚的母亲刘才人，都曾受玄宗宠爱。武惠妃受宠后，这两位皇妃也渐遭冷落。母宠子爱，爱屋及乌，武惠妃的儿子寿王李瑁也深受玄宗钟爱，他所受待遇远远超过诸位王子。李瑛、李瑶、李琚三人，因母亲受冷落，自己不为玄宗钟爱，在私下里偶尔也发几句牢骚。

二、遭谗被废 含冤而死

武惠妃的女儿咸宜公主嫁给杨洄。杨洄为讨好武惠妃，用心揣摩武惠妃的心思，每日搜求李瑛等人短处，报告给岳母武惠妃。

武惠妃有心废太子李瑛，立自己的儿子李瑁为太子，便寻机在玄宗面前撒娇作态，边哭边控诉李瑛、李瑶、李琚等三人言词不敬，说太子结党营私，准备加害他们母子，还说太子李瑛等三人在背后议论皇上如何如何。玄宗深受女人迷惑，闻言震怒，便与宰相商议，准备废掉太子、鄂王、光王。

中书令张九龄劝谏："陛下登上皇位将近三十年了，太子和诸王都没有离开过深宫，每天都受到皇上的训诫，天下的人都庆幸陛下治理有方，在位长久，子孙繁盛。现在三个皇子都已长大成人，没听说有什么大的过失，陛下为何要听信那些无稽之谈，以一时的喜怒废掉他们呢？太子是天下的根本，不可轻易动摇其地位。昔日晋献公被宠嬖骊姬之言迷惑，太子申生死去，引起晋国三世大乱；汉武帝威加六合，受江充巫术蒙蔽，祸及太子，城中流血；晋惠帝听信贾后妖言，太子丧亡；隋文帝顺从独孤皇后的心意，废太子杨勇，最终失掉天下。从这方面的历史教训来看，太子废立不可不慎，况且太子年长，并无过错；二王贤良，没有违法。事关国家大计，臣不必隐瞒真实想法。"玄宗闻言，默然不语，这件事就这么过去了。

这一年，李林甫代张九龄为中书令，处处讨好武惠妃，想方设法吹捧她，并结交宫中太监，到处夸赞寿王李瑁英俊出众。武惠妃见此，便与李林甫内外相援，图谋废掉太子李瑛。

太子李瑛对武惠妃的险恶用心看得很清楚，但因武惠妃是父亲的宠妃，也无可奈何，在一班重臣相继去职、张九龄被免去宰相职权以后，李瑛失去外援，常常忧郁寡欢，与鄂王、光王聚于东宫，借酒消愁。

开元二十五年（738）四月，杨洄又到武惠妃面前挑拨离间，说太子李瑛兄弟三人与太子妻兄薛琇结交，图谋不轨。玄宗听武惠妃哭诉完毕，大为震怒，立刻召宰相讨论。李林甫说："这是陛下家事，我们做臣下的不能参与。"玄宗命太监宣诏于宫中，将太子李瑛、鄂王李瑶、光王李琚三人一同废为庶人；薛琇流放，后来赐死于城东驿。李瑛三人也被赐死于京城东面的驿站。天下人均感三人冤屈，号称"三庶人"。李瑛的舅家赵氏、妃子家薛氏以及李瑶的舅家皇甫氏因此案被贬官流放的多达几十人，只有李瑶的妃子家韦氏因为韦妃贤惠而免受惩罚。

宝应元年（762），唐代宗李豫即位，为三人平反昭雪，追赠李瑛为皇太子，李瑶、李琚恢复王位。

影响玄宗和被玄宗影响的女人们

　　女后干政是唐朝的独特现象。中宗皇后韦氏效仿婆婆武则天，干预朝政，一心想做女皇；安乐公主、太平公主作为公主也空前活跃，卖官鬻爵，干预政务，但她们最终都被玄宗诛灭。杨贵妃深受玄宗宠爱，可谓"三千宠爱在一身"。一人受宠，鸡犬升天，杨氏外戚权倾朝野、穷奢极欲，但下场也可悲。

睿宗李旦皇后窦氏

窦　氏

窦氏（？～693），本为唐睿宗李旦妃，是玄宗李隆基生母，后追谥皇后。岐州平陆（今山西平陆）人。父窦孝谌曾是唐朝重臣。公元684年，窦氏被封为德妃。谥号"昭成顺圣皇后"。为了取代李旦的皇嗣地位，武则天的侄子武承嗣费尽心机。窦氏也因此遭武承嗣诽谤。武则天信以为真，命人将窦氏处决，尸首下落不明。李旦对此无能为力，只能暗自悲伤。窦氏成为政治斗争的牺牲品，她的命运可悲可叹！

一、伉俪情深　生子隆基

窦氏的曾祖父窦抗是唐高祖李渊的挚交，也是高祖李渊的重臣，父亲窦孝谌也是唐朝的重臣。窦氏降临在这样一个条件相当好的官宦家庭。尽管如此，等待刚刚降临人世的窦氏的却是悲惨的人生结局。

窦氏聪明漂亮，肌肤细嫩，性格活泼，深得家人的喜爱。随着时光的推移，窦氏到了婚嫁的年龄，父母开始为其四处择婿。

此时，武则天之子相王李旦需要纳妾。武则天听说窦孝谌的女儿相貌端正，知书达理，对长辈十分尊敬，以贤淑著称。于是，武则天便与高宗李治商量想给儿子李旦娶窦氏为妾。高宗自然同意，更何况此时国事家事均由武则天做主。武则天便命人提亲，说是提亲，即使不愿意，谁敢违命，窦氏的父亲窦孝谌马上应允此事。

窦氏嫁入相王府后，李旦对窦氏十分关心体贴，窦氏被纳为孺人。夫妻俩非常恩爱。李旦性格懦弱，胆小怕事。高宗儿女较多，李旦在兄弟之间排行第八。李旦眼见兄长们为了争夺皇太子的位置互相争斗，而且母后武则天也在其中施展她母亲和皇后的权威，李旦并不想搅在其中。所以，李旦除了爱好读书、写字外，便是与窦氏及其他妃妾嬉戏度日。窦氏与相王李旦有共同嗜好，就是读书写字，他们对宫中发生的事情尽量回避，过得也算如意。

嗣圣元年（684），二十二岁的李旦被他的母后武则天立为皇帝，以取代他的哥哥中宗李显。哥哥李显的遭遇，母后的专横，使一向怯懦的李旦不寒而栗。睿宗即位后，名为皇帝，其实与他哥哥李显一样，只是母后的傀儡而已。母后为他下诏，改年号为文明，睿宗的长子李成器被立为皇太子。"母以子贵"，所以皇太子的母亲刘氏被立为皇后。窦氏尽管与睿宗感情很好，而且志趣相投，因其无子，所以，仅被封为德妃。随后，睿宗便被赶下皇帝宝座，与刘皇后、窦德妃及宫女、太监一起被软禁在皇宫，所有国事都由母后裁决。武则天总揽朝中一切大权，并且为她登基称帝做准备。

睿宗对做皇帝并没有兴趣，只想做一个清净无为的人。触目惊心的宫廷斗争，使他对皇帝的至尊地位望而生畏。所以，他虽不掌实权，但每天能与皇后、窦氏在一起，也不感到寂寞和痛苦。睿宗与窦氏一起读书、写字，而且，睿宗又迷恋上了文字训诂，把自己的全部精力都放在这方面。睿宗的草书、隶书甚至可以和当时的名家相比。

窦氏为睿宗生了二女，睿宗登基称帝后被封为金仙公主和玉真公主。垂拱元年（685），也就是睿宗登基称帝的第二年，窦氏又为睿宗生了一子，取名李隆基，也就是后来的唐玄宗。李隆基出世之时，睿宗是傀儡皇帝，等待母亲窦氏的将是一场难逃的厄运。武氏家族的力量大大强于李唐王室，所以，幼小的李隆基并没有引起武氏家族的重视。

二、遭凌迟死　成牺牲品

载初元年（690），武则天改唐为周，自称神圣皇帝，将李旦降为皇嗣，赐姓武氏，迁居东宫，李旦结束了六年傀儡皇帝的生活。在中国古代，后妃执政并不是罕事，从秦国宣太后到清代慈安、慈禧两太后都是怀抱幼主，于帘内执掌朝政；或借皇帝之位，在枕上左右政局。然而，尽管她们大权在握，但都不曾放弃手中的傀儡，只有武则天是一个例外，堂而皇之地揭开帘子走上政治舞台，做起了中国历史上载入史册的女皇。《新唐书·皇帝传》中的女性只有武则天。今人编写《中国皇帝全传》中的女性皇帝也仅有武则天一人。可以说武则天创造了中国历史上的奇迹。

武氏家族的力量随着武则天的称帝日渐强大，李唐王室之族则被罩上一层阴影。武则天称帝后，将她的侄子武承嗣封为魏王，堂侄武懿宗等十余人均封郡王。李氏家族的人被处死之多几乎数不清，最著名的有汝南郡王李玮、许王李素节及子李璟、南安郡王李颖近五十多人。

武承嗣被封为魏王仍不满足，他一心想除去皇嗣李旦，自己做皇太子，以便继承姑母武则天的皇位。为了达到这个目的，武承嗣四处活动，请求武则天废掉儿子李旦，立他为太子，不料反接到制敕，把他的左相重任废掉。

武承嗣不知何因，便探问武氏左右，才知是侍郎李昭德所为。原来，性格刚毅的李昭德颇得武则天信任，经常与武则天一起商议国政。武则天对立太子之事也拿不定主意，征求李昭德的意见。李昭德说："魏王承嗣，权势太重，应加裁制为是。"武则天说："承嗣乃朕的侄儿，为何不能委以重任？"李昭德又道："姑侄虽亲，究竟不及父子，子尚有弑父，何况姑侄？如今承嗣位居亲王，又兼左相，恐陛下未必久安天位。"武则天一想，确实如此，方才悟到立子与立侄的利害关系，于是不再理会武承嗣的请求。武承嗣对此敢怒不敢言，怏怏失望。

武承嗣绝望之中，又想再挣扎一次。长寿二年（693），武承嗣想阴谋加害李旦，他暗地唆使武则天的宠婢团儿，诬告李旦的皇后刘氏和德妃窦氏每夜对天诅咒武则天，欲让李旦重新即位。武则天听后信以为真，立即下诏将刘氏和窦氏凌迟处死，而且尸首都无着落。可怜的李旦一句不敢多言，只能背地落泪。

随后，武则天又下诏，禁止公卿百官进见李旦，尚方监裴匪躬及内常侍范去仙私谒李旦，有人告知武则天，二人均被斩首。武承嗣又进一步诬告李旦有谋反之心。武则天命来俊臣把李旦平日的侍役都抓到大堂，备齐刑具审讯。起初，全都齐跪堂前，替李旦喊冤，怎奈刑杖交加，血肉横飞，来俊臣再三胁迫，众人无奈，准备招供。突然有一乐工闯入，高喊："皇嗣未尝谋反，为何硬说他谋反。我愿剖心出示，替皇嗣表明真迹。"说完，取刀剖腹，顿时鲜血直喷，五脏皆见，昏死过去。此事传到武则天处，武则天忙唤御医治疗。武则天被其感动，说："我有子不能自明，却如此连累你，你真是忠臣啊！"遂令其养伤。并传谕，将李旦左右释放。武承嗣谋害李旦的企图再次失败。

李旦虽保全了性命，但刘氏、窦氏及一些忠臣却含冤死去。

神龙元年（705）元月，宰相张柬之等人发动政变。病榻中的武则天被迫逊位，中宗李显复位。同年，八十二岁的武则天死在上阳宫的仙居殿。

景云元年（710），复位后的睿宗李旦，追谥窦氏为"昭成皇后"。因其尸骨不知下落，便招魂葬于东都之南，曰靖陵，立别庙曰"仪坤"。

开元四年（716），睿宗驾崩，被安葬在桥陵（今陕西蒲城丰山）。玄宗李隆基追尊其生母窦氏为"皇太后"，将其母窦氏与睿宗合葬于桥陵。

天宝八年（749），玄宗又下诏将其母谥号加"顺圣"二字，为"昭成顺圣皇后"。

玄宗李隆基皇后王氏

王氏

　　王氏（？～724），唐玄宗皇后。同州下邽（今陕西渭南）人。父王仁皎，曾任甘府果毅都尉。公元712年被立为皇后。王皇后辛辛苦苦帮助丈夫李隆基铲除一切隐患，登上皇帝宝座，但她在后宫争宠失败，最终未能逃脱悲惨的命运，冤死黄泉。可以说，贪婪的权力欲造成了她的悲剧。

一、佐夫除患　得立皇后

　　王氏出身于士族，先祖是梁朝冀州刺史王神念。王氏的父亲王仁皎，在唐朝初年曾任甘泉府果毅都尉。王氏的呱呱落地，给这个家庭带来欢乐。王氏聪明、好学，长得漂亮，体态丰腴。所以，李隆基初封临淄郡王时，娶王氏为郡王妃。

　　中宗复位后，大权落入颇有手腕和野心的韦皇后手中，韦皇后玩弄权术，胜于武则天；雄才睿智，却望武则天之后尘而莫及。韦皇后为了达到临朝称制的目的，与安乐公主合谋毒死中宗，重用韦氏族人。

　　李唐王朝面临再次易姓的危机，临淄王李隆基与侍读张说密谋，联络太平公主，策动羽林军发动宫廷政变，包围太极殿，杀死了人人愤恨的韦皇后及其族人党羽，稳定了李氏大统。

　　在这场政治风波中，郡王妃王氏以她政治上的胆识和见地，参与了丈夫李隆基的密室谋划，力劝李隆基铲除韦后及其党羽，以防后患。

　　政变成功后，李隆基的父亲相王李旦即位，是为睿宗。李隆基因匡扶大唐基业有功，被封为平王，随后立为太子。王氏亦被晋册为太子妃。

　　自古以来，"母以子贵"。然而，王氏自从嫁给玄宗，一直没有生得一男半女。这让王氏忧心忡忡，因为无子则无以继大统。

　　后来杨良媛生了一个男孩，取名李嗣升（即后来的肃宗李亨）。玄宗曾梦有神人告之：神佑此子。所以，李隆基对李嗣升母子宠爱有加。这就更增添了王氏的忧虑。她想找人算算究竟李嗣升是否就是皇上梦中神人告之的孩子，于是找人寻得一位道长为李嗣升占卦，没想到卦相为"不宜养"。王氏以此为由将李嗣升接到后宫，收为己有，亲自抚养。杨氏无奈只得割爱。不久，杨氏病逝。

延和元年（712），睿宗让位给太子李隆基，即玄宗。王氏被册立为皇后。

王氏了却了自己的夙愿，做了"母仪天下"的皇后。王氏家族也因此显赫，王皇后的父亲王仁皎官拜邠国公；孪生兄长王守一娶靖阳公主为妻，做了驸马，升为殿中少监，加太子少保，封晋国公。王皇后家族，大都得官升迁。

玄宗虽然居皇帝之位，但大权却掌握在其姑母太平公主手里。对此，王氏十分担忧，暗中劝玄宗除去太平公主。先天二年（713），玄宗与张说、王皇后的孪生兄长王守一密谋杀掉太平公主，彻底铲除了武氏的势力。

二、争宠失败　被废病死

虽然王皇后收养了李嗣升，但她的忧虑依然存在。

原来，玄宗做了皇帝后，一天，发现后宫中还藏有一位艳丽、娇媚、高雅的佳人，这就是后来宠极一时的武惠妃。武惠妃出身名门，是恒安王武攸止的女儿。玄宗日益宠爱武惠妃，她在宫中的礼遇，几乎与王皇后平起平坐。武惠妃恃宠而骄，从不把王皇后放在眼里。

对于武惠妃的骄蛮，以及她的逾礼过失，王皇后十分不满，时常在玄宗面前数落她。由于玄宗对武惠妃的宠爱已经到了痴迷的境地，所以对王皇后的忠言不但不相信，反而认为她是争宠斗艳，故意谗言诋毁。

久而久之，玄宗对王皇后的所作所为非常厌恶，再加上武惠妃的挑拨，于是产生"废后"的念头。他多次与楚国公姜皎商议废后之事。其实，宫内宫外对玄宗专宠武惠妃早有议论，最为忌讳的就是"武"姓。姜皎有意无意地将玄宗废后的念头泄露出去，引起许多大臣不满。玄宗气愤至极，立即下诏流放姜皎去边地。

这恰恰证明了玄宗确有废后的意图。王守一将废后之事密告王皇后，王皇后感到十分恐慌，这对王皇后来讲，不能不说是一个危险的信号。自武惠妃专宠以后，玄宗几乎不召王皇后及其他嫔妃侍寝，王皇后既不能生儿育女，又不得常见玄宗，关系日渐疏远。

王皇后的处境引起王氏家族的忧虑和恐慌。王皇后的兄长、驸马王守一更为焦虑，王皇后一旦被废，且不说王氏家族的荣华富贵，就连生死性命也很难预测。情急之中，王皇后便与王守一商量，求助于符蛊左道，以求度过危机。王皇后身处后宫，难以找到作法的僧道，即使找得到，在宫中也难免不为人察觉败露。于是，蛊咒作法之事便交由王守一具体操办。

经过多方打探后，王守一听说左道僧人明悟精于蛊咒厌胜之术，于是请明悟在府邸设坛作法。明悟教王守一沐浴祭拜

传吴道子作《送子天王图》

"天枢"北斗，取了一块称做"霹雳木"的厌胜神牌，刻上玄宗"李隆基"的名字。然后画符压住，念咒封固。然后，将"霹雳木"交给王守一，十分肯定地说："皇后佩带此牌，定会早得贵子，大有作为，君临天下。"此话正符合王氏家族的意愿，所以，王守一万分高兴地接过"神牌"，悄悄携带入宫，交给王皇后佩带。

王皇后认为，明悟法术可以咒压玄宗不敢废后，况且玄宗能君临天下，自己确有"内助"之功。所以，她坚信自己具有君临天下的才能。于是，王皇后认为万无一失，竟以武后第二自诩，将玄宗比做高宗李治。

王皇后的所作所为，尤其是蛊咒厌胜之事，很快被宫人告发。玄宗得知，极为震惊。李唐王室自高宗以来，武则天、韦后、上官婉儿、太平公主几个女性相继专权朝政，几乎造成易姓改朝的事实。所以，心有余悸的玄宗生怕再出现一位武则天或韦后式的人物，危及李氏王朝的社稷。

开元十二年（724）七月，玄宗亲自调查此案，人证物证俱在，罪不可赦。为此，玄宗颁布诏书，废除王氏的皇后名位，贬为庶人，迁出后宫，别院安置。王氏族人免去所有品位，量刑处置。

王皇后十分绝望，临行前，她请求玄宗念结发夫妻之情再见一面。玄宗准奏。王皇后与玄宗会面时，泪如雨下，失声痛哭，可怜兮兮地说道："陛下难道不念你我患难时的情分吗？"但玄宗对此毫无反应。

当年十月，王庶人身心憔悴、忧郁病死，玄宗下令以一品官的礼遇葬于长安城外的无相寺。

　　后来，玄宗的孙子、唐代宗李豫继位以后，于宝应二年（762），宣诏为
"废后"王氏昭雪，免去所有罪名，追复"皇后"尊位，但仍未赐谥号。

　　王皇后死了，当时，诗人王谌曾赋诗《翠羽帐赋》，讥讽唐玄宗喜新厌
旧，致使王皇后寂而生怨、怨而生恨、冤死九泉。其实，王皇后的悲剧，亦
是其贪婪的权力欲所致，与李唐王朝众多后妃的悲剧如出一辙。可以说，是
她自己导演了一出人生悲剧。

玄宗李隆基惠妃武氏

　　武氏（？～737），唐玄宗妃。父武攸止，为武则天的侄子，封恒安王；
母杨氏，封郑国夫人。公元712年被封为惠妃，死后追封为皇后。谥号"贞
顺皇后"。武惠妃不同于其他后妃，她以其美貌和一夜侍寝，终身得宠，她
可以说是封建王朝众多后妃中的幸运者。

一、貌若天仙　得宠玄宗

　　武氏为武则天女皇的侄孙女，也许受武则天的遗传基因影响，生来貌若
天仙，艳丽娇媚，颇有大家闺秀的气质。

　　武氏的父亲武攸止是武则天的侄子。武则天做皇后以后，武攸止被封为
恒安王。武攸止虽与武氏家族其他成员血统同出一脉，但其性格、品行与他
们截然不同。武攸止在政治上没有什么野心，而且待人宽厚，老成持重。武
氏家族的人为争夺皇权，尔虞我诈，明争暗斗，互相残杀，而他始终是一位
旁观者。即使武氏权势不可一世时，他依然治家教子，闲居自家，与李氏皇
族私交甚好。所以，武则天退位，李唐复辟，归政中宗以后，唯独武攸止恒
安王的封爵未被削废。

　　武攸止病逝后，年幼的武氏入宫。武氏在后宫长大，对后宫以色争宠、
冷酷险恶的情形了如指掌。武氏深知，作为宫中女子，除非是得到皇帝的宠
幸，否则将一辈子不见天日。为此，她处心积虑想接近唐玄宗。

　　一天，武氏盛装打扮自己，然后找机会见到了唐玄宗。唐玄宗突然之间
发现后宫还有像武氏这样艳丽、娇媚、高雅的佳人，顿时心旷神怡，魂不守
舍，当夜便宠幸了她。从此，玄宗对武氏情深意笃。武氏生下儿子李瑁，封
为寿王，武氏也被晋册为惠妃，她的一切待遇与王皇后完全相同。她的儿子
李瑁也受到玄宗的喜爱，待遇在诸位皇子之上。

　　武氏得宠以后，王皇后、皇甫德仪、刘华妃、赵丽妃等后宫妃嫔，几乎是难以见到玄宗皇帝的面了。武氏的专宠，引起了王皇后及后宫妃嫔的不满和妒忌。王皇后时常在玄宗面前挑拨，然而玄宗根本听不进去，甚至愈加反感王皇后。

　　开元十二年（724），王皇后施蛊咒之术败露之后，早有废后念头的玄宗借此将其贬为庶人。王皇后被贬以后，玄宗为表示对武惠妃的宠爱，封武惠妃的母亲杨氏为郑国夫人，弟弟武忠升为国子监祭酒、武信升为秘书监。由此可见，武惠妃与皇后的地位只有一步之差了。

　　听说唐玄宗欲晋册武惠妃为皇后，宫内宫外舆论哗然。以宰相张九龄为首的朝臣力阻立武惠妃为皇后。御史潘好礼首先具书上奏，直呈玄宗：“《礼经》中说道：‘父母的仇人，子女与之不共戴天。’《春秋》中也说‘父母的仇不报，不为人子’。陛下若要立武则天的后人武惠妃为皇后，怎么向天下死节的忠臣义士交待呢？况且，太子李瑛并非武惠妃所生，如果武惠妃晋册为皇后，武惠妃的儿子将会取代当今太子李瑛的地位。古人之所以在事情没发生之前，就谏诤阻劝，为的是防微杜渐啊！”

　　唐玄宗看过潘好礼的奏折，感到确实在情理之中，又加之张九龄等一班重臣极力劝阻，玄宗也就不再提将晋册武惠妃为皇后的事了。

　　武惠妃终于没能如愿，而她的性格如同她的姑祖母武则天一样，是不达目的不罢休的。她想自己的儿子李瑁如果做了太子的话，那么“母以子贵”，她当皇后或是皇太后的梦想不就水到渠成了吗？于是她便将下一步的目标盯在了储君太子李瑛的身上。

二、巧弄权术　杀害太子

　　武惠妃废贬太子的阴谋，像一张大网，悄悄地在太子李瑛的周围撒开。

　　武惠妃召女儿咸宜公主的驸马杨洄入宫，密告了废贬储君太子的计划，令他密切监视太子李瑛的一举一动，广为散布太子李瑛与惠妃不和的谣言，制造太子行为淫秽的舆论。

　　咸宜公主每次入宫觐见父母，常将这些谣言巧妙地说与玄宗和惠妃，离间玄宗与太子的关系。武惠妃也常在玄宗面前哭诉自己的苦处，诋毁太子李瑛及其他诸王。

　　天长日久，唐玄宗对太子李瑛行为淫秽的谣言信以为真，他萌生了废贬太子的念头。

　　深知父皇秉性的太子李瑛，自然知道事态的发展将会不利于自己。对此，太子李瑛、鄂王李瑶、光王李琚等年长的儿子，个个自危。

废立太子，是关系到朝政延续、政权安危的大事，于是唐玄宗即刻召见三省丞相商议废立储君事宜。中书令张九龄等重臣早就明白其中的缘由，所以当玄宗提出贬废李瑛、另立储君之后，张九龄等重臣都极力反对。听了张九龄等一班重臣的直言诤谏，唐玄宗不得不放弃贬废太子的想法。

张九龄免相以后，李林甫取代他掌握宰相实权，此人诡计多端，很少有人能逃脱他的圈套。李林甫晋为宰相之前，处处探听内宫动态，早就知道武惠妃有废贬太子、立寿王李瑁为储君的企图，只是唐玄宗碍于张九龄一班重臣的激烈反对，无法实施罢了。所以，李林甫常有意在玄宗面前称赞寿王李瑁，贬斥太子李瑛，讨好玄宗，取得信任，稳固自己的地位。武惠妃得知暗暗得意，对他也另眼相待。

开元二十五年（737），杨洄再次密令家人四处散布太子李瑛、鄂王李瑶和光王李琚以及太子妃薛氏的兄长薛锈等人私藏甲兵，阴谋夺宫造反的谣言。一时间，京城长安传言纷纷，唐玄宗也半信半疑。

武惠妃为了让唐玄宗彻底相信太子李瑛阴谋造反的谣言，又与其亲信商量了一桩陷害太子及二王的更为可恶的阴谋。

一天，太子李瑛、鄂王李瑶、光王李琚同时接到宫中传旨，"内宫有贼盗闯入，命太子、鄂、光二王，携兵入宫护驾"。情急之中，李瑛、李瑶和李琚立即披甲备兵，率东宫卫队入宫巡捕盗贼。武惠妃得知太子已率兵进入皇宫，立即赶到大明宫，她装作惶惶不安地对唐玄宗说："太子与鄂、光二王欲谋弑君篡位，已经带兵闯入宫中了。"唐玄宗闻讯大吃一惊，但他深知武惠妃和太子之间的矛盾，所以还是先派宦官前去证实。事情果然如武惠妃所言。唐玄宗迅速传旨调禁卫军入宫，将太子、二王及东宫护卫包围。太子李瑛等人才知道中了武惠妃精心设置的圈套。

事变平息之后，唐玄宗再次宣召宰相及三省重臣廷议太子"谋反"事宜。由于李林甫早早有言在先，所以太子李瑛谋反真假难辨。众大臣都缄默不语。李林甫说："太子谋反之事，实为陛下的家务纠纷，家务事是无须和臣子们商议，陛下圣明，定有明断。"众大臣随即附和。于是，唐玄宗颁布诏令：将太子及鄂、光二王同时免去封号，贬为"庶人"，参与谋叛的党羽薛锈赐死。

尽管如此，武惠妃、李林甫等人还不罢休，深恐有朝一日，李瑛等人翻案，所以非要置三人于死地而后快。武惠妃常在玄宗面前数落李瑛对父皇不满，企望翻案。于是唐玄宗下令将李瑛、李瑶、李琚三人收监处死，以绝后患。

这件事很快传遍京都长安及全国各地，士人官吏及黎民百姓都为太子三人鸣不平，称李瑛、李瑶、李琚为"三庶人"，讥讽唐玄宗偏听偏信、武惠妃和李林甫邪佞奸阴。

迫于朝野上下的压力，唐玄宗在册立储君太子的事情方面犹豫不决，没有马上立新太子。武惠妃设计怂恿唐玄宗一日废杀三子，事后玄宗追悔不及，渐渐冷落了武惠妃。武惠妃自知亏心，夜夜都梦见太子李瑛、鄂王李瑶、光王李琚的冤魂前来作怪索命，不久便病

唐宫人双陆图

卧不起。病情日益加重，进而精神迷乱，无奈之际武惠妃只得求助于巫术。谁知从此武惠妃反而常见李瑛等"三庶人"冤魂白日幻出，索要性命。武惠妃日夜不得安宁，万般无奈她请求玄宗将李瑛、李瑶、李琚的灵柩起出，重新按太子、诸王礼仪厚葬，又将处死太子及二王的刽子手斩首，殉于三人墓旁，以求安寂亡灵，免除灾难，减轻罪恶。

然而，三人"冤魂"依然不去，日夜缠身，唐玄宗亦怕恶鬼缠身，疏远武惠妃，册立太子之事更不敢提。武惠妃连惊带吓，精神失常，病情愈来愈重，终于于开元二十五年（737）十二月离开了人世。

第二年，唐玄宗册立第三子李亨为太子。追封武惠妃为皇后，谥号"贞顺皇后"，葬于敬陵。

玄宗李隆基贵妃杨玉环

杨玉环（719～756），唐玄宗妃。蒲州永乐（今山西永济南）人。父杨玄琰，追封齐国公，母李氏，受封陇西郡夫人。公元745年被册为贵妃。杨贵妃倾城倾国的姿色，致使唐玄宗"夺子之妻"，杨氏家族也因此封官晋爵，贵盛一时。一个杨贵妃使得唐玄宗寻欢作乐，朝政日非，各种矛盾激化，最

杨 玉 环

后爆发"安史之乱"。杨贵妃虽然赢得了唐玄宗"三千宠爱在一身",然而,最终还是逃脱不了"宛转蛾眉马前死"的人生悲剧。

一、天姿国色　巧遇寿王

杨玉环的父亲杨玄琰是隋末梁郡(治今河南商丘)通守杨汪的四世孙。传说杨玉环出生时手臂上还套着一枚玉环,所以取名玉环。杨玉环自幼聪颖伶俐,天生丽质,逗人喜爱,不幸的是她父母早逝,很小就被叔父河南府士曹杨玄璬收养。因而她的少女时代是在洛阳度过的。

开元二十二年(734),杨玉环已长成亭亭玉立的少女,尽管还带着稚气,但已完全显露出其娇艳的风采。来访的亲友和达官的家眷们都非常喜欢美丽的杨玉环。杨家有美女,顿时传开了,作为养父的杨玄璬暗中也深为女儿的美貌所骄傲,因而更见宠爱,玉环也因此放纵了自己。她经常在府中弄歌习舞,据说杨家的使女以前是歌舞伎,她舞技很好,经常指点杨玉环跳胡旋舞。杨玉环性格开朗、热情,喜欢出游,所以,她们时常结伴外出。一个偶然的机会,杨玉环意外地认识了玄宗皇帝最宠爱的女儿咸宜公主。与公主的结识竟成为她一生转折的契机。

在一次参加咸宜公主府邸的游宴中,杨玉环认识了公主的同母弟弟、时封寿王的皇子李瑁。杨玉环的姿色使寿王李瑁一见钟情。其实,寿王李瑁早在咸宜公主的婚宴上已见过杨玉环,这次是专门让姐姐为他安排的宴会,因为尚没有王妃的李瑁十分想得到杨玉环。

咸宜公主和寿王李瑁都是唐玄宗最宠爱的妃子武惠妃所生。武惠妃是女皇武则天的侄孙女,深得玄宗的宠爱。所以,惠妃所生的子女,在玄宗那里也比较受宠。为了达到废掉当朝太子李瑛、改立儿子寿王李瑁为太子的目的,武惠妃暗中联络奸相李林甫,在自己周围形成了庞大的权力集团,处处打击排挤太子李瑛。寿王李瑁为人谨慎,虽然对杨玉环已产生爱慕之心,但他还是让姐姐咸宜公主试探母亲武惠妃的口气。儿子对杨玉环有好感的事,武惠妃已通过女儿咸宜公主获悉,而且面呈玄宗,玄宗皇帝也很快应允了李瑁的要求。

开元二十三年(735)十二月,河南府士曹杨玄璬宅院有特殊的布置。二十多名典礼人员沿着伊水岸,每隔十步就立一人,直到杨宅大门前。原来这是宰相李林甫和黄门侍郎陈希烈奉皇命持节到永乐坊的杨府举行册立杨玉环为大唐皇子李瑁的王妃仪式。美貌的杨玉环终因其明眸皓齿、风韵亭亭而成为寿王妃。

在寿王府的几年是杨玉环一生好运的开端。因其美丽的姿容，她得到了丈夫寿王李瑁的百般欢宠。寿王除了入宫进行指定事务外，将其他各种事情放弃，陪伴杨玉环，甚至利用母亲的宠爱让武惠妃一起伴杨玉环出游，所以杨玉环也受到婆婆武惠妃的格外关照；而且，杨玉环生子后，武惠妃时常去寿王府，对杨玉环关怀备至。对于李瑁一心想做皇太子的愿望，杨玉环并不理解，她觉得做寿王就很好，为什么非要争皇太子呢？后来，在宫中呆得久了，她感到当太子妃更好，而且一旦武惠妃的谋划成功，寿王能成为当今皇太子取得皇位继承大权的话，她杨玉环就会成为皇后。然而，开元二十五年（737）的十二月，年仅四十岁的武惠妃突然暴病身亡。这对于寿王李瑁夫妇来说无疑是塌天大祸，母亲的早逝使寿王李瑁被立为太子的希望一下子变得十分渺茫。

开元二十六年（738）七月，玄宗皇帝举行立太子的大典，李亨被立为皇太子。武惠妃去世后，玄宗皇帝陷入了深深的哀痛之中。他郁郁寡欢，除了上朝例行公事，常一人独处。到哪里去找一个像武惠妃这样的女人呢？玄宗的心事、烦恼被高力士看了出来。

"听说寿王妃杨氏颇似惠妃，不知陛下是否有意？"高力士诡秘地讨好皇帝。

是啊，美丽的儿媳杨玉环他确实见过几次，的确有一些武惠妃的影子，可是，杨玉环是儿子寿王李瑁的王妃，玄宗若有所思，迟迟没有反应。不过善于巴结逢迎的高力士马上就明白了玄宗的顾虑，他说："陛下您放心，老奴一定把事情办得合情合理。""唔！"玄宗终于露出了笑脸。

皇子寿王的王妃杨玉环的命运就这样在谈笑间被决定了。

寿王李瑁和杨玉环万万没有想到，武惠妃的早逝，带来的不仅仅是失去太子宝座的痛苦，更让他们难以接受的是父皇"夺媳为妻"的圣命，于是，这对恩爱夫妻抱头痛哭，因为夫妻二人从此就要"永别"。

二、媳作翁妇　宠冠六宫

开元二十八年（740）十月，玄宗带领文武官员行幸骊山温泉宫。第二天，玄宗派出的使者直奔长安寿王邸，诏令寿王妃杨玉环赴骊山侍驾。

寿王李瑁心里顿时明白，看来父皇夺媳为妻的主意已定，然而他在感情

位于骊山西北麓的华清宫

上无论如何是不能接受的。他深爱他的王妃，但是父皇的旨意又不能违背，因为寿王李瑁深知自己在玄宗心中的地位。既然父皇诏令杨玉环侍驾，如果不从，只能招来杀身之祸。献出爱妻，或许会得到父皇的欢心，再加杨玉环在父皇面前的进言，自己的太子梦或许还会实现。

听到诏令后，杨玉环一直处在惶恐和不安中。与父皇的关系这在他们夫妇间已不再是秘密，虽然不符伦理道德，可又无奈，现在与丈夫分别，她实在不忍。然而听了丈夫的想法后，她又觉得释然了：作为一国之主的父皇，有权要求任何东西，只有依从皇帝，才能保证自己的好运气，才能保证杨家的荣华显要和丈夫寿王及两个年幼孩子的性命。夫妻俩在极度的矛盾和痛苦中告别，杨玉环便匆匆乘轿离开了寿王府，连夜赶往骊山。

在高力士的亲自安排下，终于得到杨玉环的唐玄宗在骊山离宫里度过了令人销魂的日子，与杨玉环在一起他觉得自己变得年轻了。与武惠妃相比，深深让玄宗迷恋的杨玉环身上散发着一种野性的美。

"陛下，我可是没有脸再回寿王那边去了！"杨玉环的娇嗔令玄宗头疼。是的，杨玉环是儿子寿王李瑁的王妃，和儿子共享一个女人，在礼制上是行不通的，而玄宗又找不到任何可以纳她为妃的借口，但他已经离不开这个女人。这确实是一件难办的事，然而却又不能不办。

开元二十九年（741）正月，太真宫里来了一位法号太真的漂亮女道士——她，就是杨玉环。当人们知道那是皇子寿王妃时，都惊呆了。人们奇怪，觉得身为大唐皇子的王妃去做什么女道士，真是不可思议。深谙其中奥秘的玄宗却异常高兴。因为这样一来，皇帝将要娶的就是女道士杨玉环，而不是寿王妃杨玉环了。何况太真宫就在皇宫中，杨玉环可以随时入宫为皇帝侍寝。唐朝诗人张祜的《集灵台》一诗对此作了讽刺：

日光斜照集灵台，红树花迎晓露开。

昨夜上皇新授箓，太真含笑入帘来。

　　元宵佳节来到了。这一晚太真宫里的杨玉环也偕侍女来到街上观灯。往年的元宵节她都与寿王李瑁在一起的，现在陪侍自己的只是几个宫婢。皇帝要主持宫中的庆典，接受文武百官的祝贺和长安百姓的朝拜。百无聊赖的杨玉环随街上拥挤的人流往前移动，遇到了曾获玄宗专宠的梅妃带着婢女也来到街上，梅妃看到端庄貌美的杨玉环醋意大发，就是这个身材丰腴的杨玉环把皇上从她身边夺走，所以，她轻佻地骂了一句："这肥猪！"杨玉环感到自己受了奇耻大辱，怒不可遏，然而一想到自己只不过是一个女道士时，她强压怒火："哼！总有一天，我要叫你知道我的厉害！"杨玉环觉得要改变眼前的境况，首先，要改变自己的身份，她觉得到太真宫以来，宫中的人叫她太真，甚至皇帝也这样叫她，这使她感到惶恐。

　　一次，玄宗兴致很高，与杨玉环闲聊，杨玉环忽然流下了眼泪，责问玄宗皇帝："你为什么总叫我太真，却管梅妃叫爱妃！难道要我当一辈子女道士？"

　　入宫一年来，几乎每晚玄宗都要杨玉环伴寝，已很疏远梅妃了，但她忘不了元宵节上的侮辱，她要利用皇帝对自己的宠爱打击梅妃，出出这口恶气！

　　从此，玄宗亲切地称杨玉环为"娘子"，而且让宫中的人也这样称呼，杨玉环地位又有了提高。入宫一年，杨玉环以她的美貌、聪慧赢得了玄宗的宠爱，而且玄宗对她的宠爱超过了武惠妃和梅妃。玄宗的情趣与杨玉环有许多相同之处，杨玉环通晓音律，能歌善舞，加上她聪慧过人、善于献媚的天赋，越发使玄宗迷恋，为了陪伴杨玉环游乐，他把军国大政委之于李林甫。

　　杨玉环耳闻目睹了宫廷生活的残酷，她愈加感到，要保证自己在宫廷中的地位，就必须扼杀别人，杀掉每一个有碍于自己的人。她要建立自己的网络，这样才能立于不败之地，她懂得靠自己孤军奋战是不可能立稳脚跟的，必须寻求党援。老宦官高力士可以引为援手，在玉环看来，长得高高大大有着狡黠小眼睛的高力士是玄宗把自己弄进宫来的主谋。

　　一天，杨玉环请高力士到自己的宫室，这是她第一次单独和高力士在一起。此后，杨玉环凡事都同高力士商量，两人频繁来往，高力士为杨家的每一个人都安排了合适的位置。

　　杨玉环在玄宗的心目中占有极为重要的地位，除了她，玄宗几乎忘掉了其他的女人。夜夜宠幸杨玉环，每日恨春宵苦短，以致从此玄宗再不早朝。白居易的《长恨歌》一诗对此作了具体的描写：

> 天生丽质难自弃，一朝选在君王侧。
> 回眸一笑百媚生，六宫粉黛无颜色。
> 春寒赐浴华清池，温泉水滑洗凝脂。
> 侍儿扶起娇无力，始是新承恩泽时。
> 云鬓花颜金步摇，芙蓉帐暖度春宵。
> 春宵苦短日高起，从此君王不早朝。

　　为了让杨玉环开心，玄宗及朝中大臣极力讨好杨玉环。大臣们清楚，玄宗宠爱的女人高兴，玄宗肯定高兴。

三、多才多艺　册立贵妃

　　无论是男人还是女人，如果只有外貌，那么无论有多美，时间一久也一样会让人审美疲劳的，只有聪明才智才能使之拥有真正的魅力。杨玉环鹤立鸡群的原因，却很容易发现：她不但容色冠代，而且才华横溢、歌舞动人、机敏出众。这也是后宫许多姿色艳丽的女子做不到的地方。

　　一天，唐玄宗与亲王下棋，并令贺怀智独奏琵琶，杨贵妃站在棋局前观看。唐玄宗眼看就要输棋了，杨贵妃将怀里的猫扔在棋盘上，扰乱了棋局以乱其输赢，唐玄宗因此十分高兴。

　　秋天的八月，太液池上有数千朵白莲花盛开，玄宗与贵戚在一边饮宴观赏，左右都叹羡不已。玄宗指着杨贵妃对左右说："怎么比得上我的解语花？"

　　到了冬至日，正逢大雪，天地之间白茫茫一片。中午纷纷扬扬的大雪停了，因天气寒冷所结的冰溜都形成条状。杨贵妃命侍儿敲下两条冰溜看着玩。玄宗晚朝视政回来问贵妃说："你玩的是什么东西？"妃子笑而答曰："所玩的是冰筷子。"玄宗对左右侍从说："妃子天性聪慧，这个比喻得好。"

　　杨玉环能诗善文，她曾经作过《凉州》，达到轰动一时的程度，可惜的是没有传下来；《全唐诗》里对她的诗作，只收录了一篇而已。杨玉环的性格看起来还是挺不错的，完全没有一般人沉湎权势自抬身份的行为。因为她的这首诗就是为身边的宫女云容所作的："罗袖动香香不已，红蕖袅袅秋烟里。轻云岭上乍摇风，嫩柳池边初拂水。"诗成之后，她还配以曲谱，亲自为云容配唱助舞。

杨玉环善歌舞，而且她乐于接受新鲜事物，来自西域的胡旋舞，就在她的身姿旋转中出神入化。但是真正令玄宗对她的舞蹈天分叹为观止的，莫过于她配合《霓裳羽衣曲》所编排的舞蹈。《霓裳羽衣曲》是玄宗的得意巨作，其阵容庞大，乐师众多，仅配曲而歌的宫女就同时需要十人。全曲共十八章，分三大部，每部六曲，称为"散序六曲"、"中序六曲"、"终序六曲"。《霓裳羽衣曲》不仅乐器种类多，而且节拍先散后慢再快，对舞者的要求极高。然而杨玉环一听就能领会曲中的意境，随兴便能为这部恢弘大曲配出完美的舞蹈来。这不仅使她自己引以为傲，更使得玄宗如醉如痴，亲自为她伴奏，将她引为人生第一知己。

除了歌舞，杨玉环还精通音律。她是一个音乐天才，能将好几种乐器演奏得出神入化。

《谭宾录》中记载到，杨玉环擅弹琵琶，开元年间，宫中女官白秀贞出使蜀地，得到了一面名贵的桫檀木琵琶并进献给了她。这面音色清亮的琵琶在杨玉环指下弹奏，就像天外仙音一般动人。诸王、公主以及虢国夫人以下的内外命妇，都争着要做杨玉环的弟子，跟着她学弹琵琶。

唐玄宗爱好音乐。还是在天宝年间，玄宗命宫女数百人为梨园弟子，都住在宜春北院。玄宗一向精通音律，当时著名的乐师有马仙期、李龟年、贺怀智等。杨玉环恰恰对音律十分在行。《开元往信记》记载了杨玉环所擅长的另一种乐器：磬。说在她的敲击下，磬声"泠泠然""多新声"，即使是太常梨园中的专业击磬艺人，也比不上她的技艺。

天宝二年（743）正月，玄宗下令隆重接待北部边塞胡将安禄山。杨玉环看着对安禄山如此感兴趣的皇帝，感到不可思议。她早已听说过安禄山，父亲是胡族，母亲是突厥族。据说他会六个民族的语言，起初隶属于范阳节度使张守珪。玄宗十分赏识这个异族人，安禄山频频被提升，先被任命为平卢兵马使、营州刺史，后又被提拔为平卢节度使，成为唐朝第一个胡族节度使，安禄山掌握了北部边境的军权、民权和财政大权。

当杨玉环陪同玄宗在大殿上看到向玄宗走来的安禄山时，差点儿笑出声来。这个身材肥胖、尊容令人瞠目的人就是那个拥有各种各样动人传说、以勇武著称的安禄山吗？然而更令杨玉环吃惊的是，安禄山并没有弯腰向玄宗下拜，而是对着杨玉环弯腰行礼。

玄宗觉得失了面子，责问："啊，杂胡，你为何只向妃子叩拜，不向朕行礼?"安禄山说:"臣从小时候起,就只向母亲行礼,我只知道是母亲生下了我,至于父亲是谁,那就很难说清了,因此臣总是先向女的行礼。"杨玉环大笑起来,内心不由地对他产生了好感,玄宗自然也就不再追问。

为了犒劳安禄山,玄宗赐给了安禄山许多的金银珠宝,还任命他为范阳节度使、河北采访使。安禄山一下子增添了十万人马,掌握了北部边塞的军政实权。

"陛下,臣有一事相求,希望陛下恩准。"宴席之间,安禄山突然变得一本正经,这令玄宗和杨玉环感到奇怪。安禄山两眼盯着杨玉环:"臣自幼丧母,打算认一位高尚的女子做母亲。"

唐玄宗饶有兴趣地问:"不知这个女子是谁,莫非是朕的娘子?"

"不错!就是坐在陛下身边的那位。"安禄山毫无做作。

玄宗和杨玉环感到意外,随即玄宗应允:"朕同意。不知玉环意下如何?"认这个比自己大十几岁的安禄山为干儿子,这令杨玉环惊愕,然而她还是愉快地接受了。聪明的杨玉环想:有这样一个拥有地方实权的武将做自己的干儿子,对自己在宫中地位的巩固绝不会没有好处。

为了庆贺杨玉环收安禄山为义子,宫中连连举行盛宴。

天宝四载(745)七月,唐玄宗颁布诏令,命左相兼兵部尚书李适之为使,金紫光禄大夫陈希烈为副使,持节册立韦昭训的女儿为寿王妃。前夫寿王李瑁另有妻室,杨玉环心中别有一番滋味。从内心里她依然是爱寿王李瑁的,然而命运却要她与寿王李瑁分开。五年前与寿王李瑁分别的情景依然历历在目,她忘不了寿王李瑁眼含热泪教她如何为他被立为太子努力争取的话,然而事情的发展却让寿王李瑁的打算完全落空了,玄宗不会糊涂到让杨玉环的前夫来做太子的。

八月,唐玄宗李隆基在长安大明宫凤凰园发布诏命,册封太真宫女道士杨玉环为贵妃。杨玉环端坐在镶满金银的大椅上接受文武百官和朝廷命妇们的祝贺。看着那些年老的大臣、命妇对自己下拜,杨玉环感到从未有过的惬意。入宫五年,杨玉环终于有了正式的名分。

而且,杨氏家族也跟着显贵起来。杨贵妃的父亲杨玄琰被追赠为济阳太守,封齐国公,母亲李氏受封陇西郡夫人,叔父杨玄珪官拜光禄卿银青光禄大夫,哥哥杨铦为殿中少监,堂兄杨锜为驸马都尉,并娶武惠妃生的太华公主为妻。杨贵妃的三个姐姐也分别赐予夫人封号,大姐封韩国夫人,二姐封虢国夫人,三姐封秦国夫人,并赐宅第于长安,准许她们以女官身份出入宫廷。

当上贵妃的杨玉环终于从冷冷清清的太真宫光明正大地搬到兴庆宫来了。

侍女人数也大大超过以前，单是为她织锦刺绣的工人就有一千二百多人，出则乘轿，入则服侍，享受的礼仪品格与昔日的武皇后（武则天）一样，甚至比武皇后还奢侈。她要陪侍玄宗皇帝接见回京上朝的大臣，外国使臣进京也要为她备份厚礼。然而杨玉环现在却变得十分挑剔，难以侍候，饭菜稍不如意就要大发脾气。御膳房为了投其所好，据说一顿饭的花销就相当于当时十户中等人家的房产。玄宗也不时地赐给她各种金银饰物和古玩珍画。

四、争风吃醋　两次出宫

贵妃的三个姐姐个个妖艳异常，时常出入宫廷，每逢宴会场场必到，而且精心打扮，陪侍玄宗和贵妃左右。三人中长相最美的虢国夫人，特别善于逢场作戏、搔首弄姿。她时而笑闹不止，时而满面娇羞，有时甚至当着杨贵妃的面和玄宗眉来眼去，打情骂俏，令玄宗想入非非，春心荡漾。

天宝五载（746）三月三日，玄宗将游幸曲江（在今陕西西安东南）的消息发布后，从皇宫到曲江的沿途挤满了看热闹的长安百姓，想一睹圣颜，更想一睹倾倒后宫三千嫔妃的杨贵妃的风采。

那天，贵妃和玄宗同辇，三夫人照例各自乘着华丽的钿车随后，满朝文武也都参加了游宴。当时，众多丽人云集曲江，全都衣着华丽、体态优美、意态娴雅，美景对佳人，煞是好看。杜甫在《丽人行》中对此作了描写：

> 三月三日天气新，长安水边多丽人。
> 态浓意远淑且真，肌理细腻骨肉匀。
> 绣罗衣裳照暮春，蹙金孔雀银麒麟。

在游宴行将结束时，贵妃提议到附近的游乐原上看夕阳美景。玄宗推托饮酒过量想回帐篷歇息。贵妃一行刚走，虢国夫人就趁机溜了回来，与玄宗很快成了美事。

杨贵妃久已对虢国夫人不放心，当发现玄宗和虢国夫人都不在，她立即带领随从径回玄宗歇息的帐篷，看到那令人尴尬的场面和玄宗羞怯的目光，她气恼了，立即吩咐："备车，回宫！"对玄宗令其马上回去保驾的诏命，不予理睬。

杨贵妃气呼呼地回到皇宫，她感到气愤，没料到靠了自己才有今日的虢国夫人竟敢背着自己与皇帝乱来，她不能容忍！高力士匆匆赶回来，一见贵妃就说："啊呀，娘娘，见了皇上，你就说是因为身体不适才急着赶回来的。"

"不行！我岂能受虢国夫人侮辱，她算什么东西！"

次日一早，使者带来了皇帝诏令：贵妃立即出宫，搬到杨铦府第。杨贵妃余怒未消，拔腿便走，出宫到了杨铦府中。

杨氏家族听说贵妃被驱逐出宫，都纷纷聚集到被一种紧张不安的气氛笼罩着的杨铦府中。他们知道是贵妃触怒了玄宗才被赶出来的。杨氏家族的人恐慌起来，他们猜测事情将向何处发展。他们聚在一起商量如何避免眼前的灾难，最后觉得最好的办法是赶快让贵妃向玄宗赔罪，然而贵妃听完他们商量的结果后"哈哈"大笑，她觉得该赔罪的是玄宗而不是自己。

宫中，玄宗在盛怒中度过了这一天。登基几十载，还从未有人敢这样放肆，他想："一个虢国夫人算什么，朕还有后宫三千妃嫔。"他希望贵妃认个错也就了了，然而贵妃却更倔强。

到了晚上，玄宗终于耐不住了，命把赐膳送到了杨府。次日又有十几辆宫车运来了贵妃的衣物和几十个侍奉贵妃的侍女，聪明的杨贵妃明白玄宗已不再生气了。

杨贵妃出宫的第五天夜里，玄宗派高力士迎接贵妃回宫。杨贵妃由侍女扶下宫车，看到早早站在那里等待自己的皇帝，仅仅五天不见，玄宗竟苍老了许多。在这一瞬间她明白了自己在玄宗心中的地位。

唐玄宗下令在宫中举行欢宴为贵妃压惊，并赐给了贵妃各色各样的小玩意儿，给她的姊妹每年几千万钱的脂粉费。杨氏家族化险为夷，为此又获得了大量的赏赐，这是他们万万没有想到的。贵妃依然过着奢侈的生活，各国进贡来的珍珠宝石、奇花异草，贵妃十分喜欢，都要亲自过目，于是争相进贡成为一种时髦。贵妃匣中许多精巧优美世上罕见的东西都是岭南节度使张九章和广陵长史王翼进贡的，他俩也因此加官晋爵。杨贵妃爱吃荔枝，荔枝成熟时玄宗就诏令岭南地方官选择最好的，从岭南到长安的官道上马不停蹄、日夜兼程派专人奉送。真可谓"一骑红尘妃子笑，无人知是荔枝来"。

谁知到了第二年的春天，杨贵妃再次被逐出皇宫。原来是杨贵妃听说宁王李成器有个玉笛能吹奏出美妙的声音，就派人去借了来吹奏。玄宗的哥哥宁王李成器，喜好音乐，他的笛子借给贵妃，这在礼制上是欠妥的。玄宗看见悠然自得吹笛的贵妃，立时大怒，下令：立即出宫，搬到杨铦府中！

杨铦府邸再次被阴郁的气氛笼罩着。从虢国夫人事件以后，杨家的所有亲族再次聚到杨铦府邸，商议对策。他们想皇上无论如何也不会像上次那样宽宏大量了，所以骄纵的虢国夫人像换了个人似的，再没有了那盛气凌人的样子，老实的秦国夫人则大放悲声。杨家人感到那欢乐的生活将会一去不复返，杨氏家族将从此衰弱，甚至会招致杀身之祸。

笼罩着杨府的愁云惨雾只持续了四天。谁知第四天晚上，玄宗派内侍张韬光送来了御赐膳食，贵妃悬着的心终于放下。

于是杨贵妃剪了一绺头发用罗帕包妥交给张韬光，赋就短笺一张，令其转呈皇上："臣妾死不足惜，惟望陛下珍重圣体，陛下对杨氏家族的大恩大德，妾死不敢忘。今将头发一绺奉献陛下以为纪念。"

玄宗见到一绺秀发，心中一阵痛楚，马上派高力士迎接贵妃回宫。

再次回到宫中的杨贵妃更加受着专宠，玄宗对杨贵妃的任何要求都立即给予满足，杨氏五府因此又获得了大量赏赐。杨贵妃暗自高兴，这次事件后，她和玄宗的关系发生了错位，玄宗对她已不只是宠爱，简直是病态的迷恋。

五、全家得益　贵盛一时

杨贵妃荒淫奢侈的生活令人侧目，杨氏家族更是因她而飞黄腾达。堂兄杨铦、杨锜和三国夫人在长安都有御赐的宅邸，时人誉为杨氏五府。除皇宫外，长安城最豪华的当属五府的住宅。三国夫人入宫时连公主都得让座，她们出游时，地方官员都必须亲自出迎，盛情接待，备上丰厚的礼品。皇帝游幸骊山时，五府都乘着豪华的车子，打着五彩的旗帜随驾同行，怡人的香气飘出很远。长安的百姓都传唱着歌谣：生男勿喜女勿悲，君今看女作门楣。他们多么希望自己养一个像杨氏一门那样靠女儿获宠享荣华富贵的漂亮的女儿。

杨贵妃的从兄杨钊曾在蜀做小官，后到长安，因杨贵妃的关系得任监察御史。高力士以为，杨钊若能和贵妃的那个干儿子安禄山联合起来，必能当大任，就可保证杨贵妃的地位永远不可动摇。在高力士的举荐和杨贵妃的暗

（唐）张萱《虢国夫人游春图》

中干预下，杨钊很快又升任御史中丞。诏书发布后，杨钊到杨贵妃馆舍谢恩。

杨贵妃两眼盯着杨钊说："那个曾获皇上宠幸的梅妃，虽已远离了大明宫，却仍是我的心头之患，我要你……"杨贵妃突然停住。杨钊蓦然心惊，他没有想到看上去端庄柔顺的杨贵妃竟也这般心狠，对一个已经失宠的女人也不肯放过。可怜的梅妃做梦也没有想到，元宵夜的一句戏骂竟会招来杀身之祸。

杨贵妃的权力一天天扩大，杨贵妃的任何要求都变成了诏令，大臣们已经把她与皇帝视为一体，杨贵妃的地位迅速地巩固了。她的家族，杨铦、杨锜、三国夫人等五府的权势超过了其他王族。天宝十载（751）元宵灯会，五府各自带着随从在街上横冲直撞，在西市与玄宗的女儿广平公主相遇，双方互不让路发生争执。杨府随从挥鞭打人，广平公主受伤落马，驸马程昌裔下马欲救，也挨了几鞭，由此可见杨府的权势。公主向父亲玄宗哭诉，玄宗大怒，降旨将杨府随从乱棍打死，同时将驸马程昌裔削职为民。

由于杨贵妃在皇帝面前的极力夸耀和杨钊的投机钻营，杨钊在朝堂上的地位越来越重要。到天宝九载（750），他已官至兵部侍郎兼御史中丞，遥领剑南节度使，身兼十五使职，权倾内外。这年八月，玄宗又赐杨钊名国忠。杨国忠阴险奸诈，接受贿赂，暗结帮派，媚取皇帝，骗取玄宗的信任。然而他很快发现，玄宗的器重引起了宰相李林甫的不满，李林甫开始处处打击排挤他。为了与李林甫对抗，杨国忠在杨贵妃的帮助下加强与安禄山的联系。为此，杨国忠请求赐给安禄山东平郡王职位，玄宗应允并发布诏令。入朝为官仅四年的杨国忠成为独揽大权十七年的宰相李林甫的强大对手，双方的明争暗斗日趋激烈。

天宝十载（751），李林甫以剑南地方战乱迭起、边境不稳为借口，奏请玄宗，剑南节度使杨国忠应立即到任平定战事，想以此为借口把杨国忠排挤出朝。这使杨国忠无法拒绝。

杨贵妃心里十分清楚，杨国忠和李林甫的明争暗斗，杨国忠压倒李林甫成为朝中头号人物，这对杨家的显赫和她自己地位的稳固都大有好处。杨国忠受到暗算是她不能容忍的，她立即唤高力士商量。高力士是主要的谋划者，他认为杨国忠不如先到蜀地处理军务，暂避风头，然后由贵妃奏请圣上将其召回。果然，杨国忠刚到蜀地，玄宗派出的使者也随后赶到了。

天宝十一载（752）十一月，执政十九年的宰相李林甫因病死去。这对杨国忠来说真是天赐良机，玄宗马上发布了由杨国忠代替李林甫为右相的诏令。

　　杨国忠当政后，唐朝政治更处于混乱之中。杨国忠欺上瞒下，边境上的战败奏折他扣住不发，自作主张，甚至人事更动也不与玄宗商议。杨国忠利用宠臣的地位，身兼三十多使职，横行受贿，广结罗网，成为李林甫之后又一大奸相。

　　天宝十三载（754）正月，身领平卢、范阳、河东三镇节度使的安禄山入朝拜年。在他入京以前，宰相杨国忠曾多次上奏安禄山正在积蓄力量准备叛唐，要求玄宗用明升暗降的办法削夺安禄山的兵权。由于杨贵妃的暗中庇护，玄宗一直不予理睬。安禄山身领三镇节度使职，在北部边地的战场上屡立奇功，玄宗对他的宠爱较之杨国忠有过之而无不及，曾一度想拜任他为宰相。安禄山的存在对杨国忠的相位将会构成威胁，所以，他必须想法除掉安禄山。

　　然而杨国忠陷害安禄山却是杨贵妃不能容许的。玄宗这次召安禄山入谒就是她提出来的。为了笼络安禄山，玄宗下令在杨氏五府所在地宣阳坊附近的亲仁坊为安禄山不惜巨资盖起了一座宽绰豪华的住宅。玄宗仍然赐给了他金银财物，并加官左仆射，对其部下论功行赏。

　　安禄山被召进宫，受到玄宗和杨贵妃的热情款待。三天后，杨贵妃把安禄山召进自己的馆舍，在虢国夫人等人的怂恿下，几个妇人给安禄山洗了婴儿澡，一直闹到深夜。此后，安禄山经常出入宫闱，有时夜宿宫中。杨贵妃与安禄山的暧昧关系，也因此不胫而走，只有玄宗不知道。杨贵妃无论如何也想不到这位对皇帝和贵妃的宠幸感激涕零、忠心耿耿的胡将，将要反叛朝廷。

六、安史乱起　泣阻亲征

　　天宝年间，玄宗把军国大事先后托给奸诈的李林甫和杨国忠，他们骄纵跋扈，屡兴冤狱，致使朝廷贪污腐败，十分混乱。君臣又贪立边功，多次在边境上发动战争。唐初的那种内重外轻、以重驭轻的局面被打破了。多次入朝的安禄山窥透大唐国力空虚，觉得有机可乘，所以他一面积极招兵买马，制造枪械，储备粮草，为起兵叛唐做准备；一面用贿赂媚取的手段骗取玄宗和贵妃的信任，年年加官晋爵，拥有十五万兵马，成为唐朝权势最大的边将。

　　天宝十四载（755）十一月九日，安禄山以"诛杨国忠"的名义在范阳（今北京西南）起兵，率领胡汉兵马十五万长驱南下，直指长安，深受玄宗和贵妃宠爱信任的安禄山终于公开发动了武装叛乱。

　　十一月十五日，玄宗与杨贵妃一行正在骊山避寒，乍听安禄山起兵的消息，难以置信，安禄山一向很听话。然而各地不停送来战况报告，河北的州郡纷纷投降，安禄山的军队所向披靡，已经渡过黄河，迫近东都洛阳了。多年不理朝政、不问军事的唐玄宗感到手足无措，匆忙中，他召集紧急朝议，任命刚来京城的安西节度使封常清为范阳、平卢节度使，立即到东都洛阳募兵，固守洛阳。令荣王李琬、大将高仙芝为正副元帅，在长安募兵组成东征军，出守陕城（今河南三门峡西）。

安禄山以万夫不挡之勇，连连攻克大唐各地城池。十二月八日逼近洛阳外围。十二月十三日，安禄山进占洛阳。从举兵叛唐到占领东都洛阳，安禄山仅用了一个月时间。唐玄宗听说洛阳失守，怒不可遏，下令将封常清、高仙芝在军中斩首示众。任命陇右节度使哥舒翰为守潼关的主将。哥舒翰多年来屡立战功，是唐朝威名赫赫的边廷武将，正在长安养病。哥舒翰临行前，循例谒见玄宗：

"多年来承蒙陛下的恩宠，臣当誓死效力，然而沙场之争胜败难料，这次出征或者是安禄山的人头落地，或者是臣的首级滚落在安禄山的床笫之侧。"

第二天，哥舒翰率领留守京城的八万人马出发了。已在潼关的高仙芝和封常清的部下，此外还有各地汇集来的残兵败将，共计二十多万人马，统归他指挥，这是唐玄宗的最后一线希望，可是大病初愈的哥舒翰能敌得过拥有重兵的安禄山吗？他真担心。

大唐的江山社稷不能断送在自己手里，整日与杨贵妃沉浸在情爱中的玄宗似乎清醒了，他决定亲自率军征讨安禄山这个忘恩负义的畜生！让太子李亨监国。安禄山的叛乱对玄宗的打击太沉重了。

对玄宗的打算，杨贵妃立即表示赞同。然而得知太子监国、玄宗亲征消息的杨氏家族却惊慌了起来。杨国忠请求贵妃设法阻止皇帝亲征。他说："我们可是一直在同东宫作对啊！太子一旦监国，我们杨家满门都会丧失性命。"

于是，杨贵妃摘去环佩，穿上素服，口衔黄土，匍匐来到玄宗面前，叩头哭泣。玄宗一见大惊，问："这是怎么了？"杨贵妃边哭边说："兵凶战危，陛下为何要亲自出征？妾受恩深重，怎忍心远离陛下？自己身为妇女不能随驾出征，宁愿碎首阶前，以报圣恩。"说完又伏地大哭。玄宗见此，柔肠寸断，再也不忍割舍爱妃。所以最终，玄宗还是留在长安城。

天宝十五载（756）正月，安禄山在洛阳自号大燕国皇帝，改年号圣武，正式建立起与玄宗分庭抗礼的政权。消息传到长安，玄宗怒极，真恨不得亲手杀了他。

四月，安禄山的后方兴起了许多义军，与其抗争。其中规模最大的是郭子仪和李光弼的义军，一些投降的州郡纷纷反正，潼关的守军还击败了安禄山的一次进攻。而且传说安禄山病重，收复洛阳的时机已到，而哥舒翰将军派人送回奏折，认为此时收复洛阳还不是时机。所以，朝中部分大臣迫不及待，认为这会使玄宗犹豫。可是玄宗却听信杨国忠的谗言，不顾哥舒翰的反对，诏令哥舒翰立即出兵收复东京。

六月十日，哥舒翰的二十万大军从潼关出发，在灵宝县（今河南灵宝）西原同安禄山的劲旅崔乾祐部相遇，展开了决战。哥舒翰虽拼死力战，仍未能挽回败局，官军死伤大半，哥舒翰被俘，潼关失守。

潼关失守的消息传到长安，宫内一片惊慌。潼关一失，长安已无险可守，安禄山的部队很快会到达长安。次日，杨国忠入宫，商量皇帝西狩的具体问题，皇帝出逃的准备工作正在秘密进行，龙武将军陈玄礼被告知做这次出行的护卫。傍晚，玄宗和杨贵妃一起从兴庆宫移往大明宫。

出逃的消息传来，杨贵妃一直在惊恐和不安中度日。

七、马嵬之变　自缢而死

六月十三日天蒙蒙亮，玄宗带着杨贵妃、高力士及一些皇子皇妃踏上了逃难的路途。跟随去蜀的有太子李亨、宰相杨国忠等臣僚及充当护卫的龙武将军陈玄礼率领的龙武军。

长安城大明宫正殿含元殿遗址

　　全体将士启程不久，东宫宦官李辅国来到太子李亨面前，转达了龙武将军陈玄礼的话：全体将士以为国家遭此大难完全是由杨国忠骄横跋扈引起，请杀死杨国忠以谢天下。紧张的气氛骤然笼罩着这支队伍，只是坐在车中的玄宗和杨贵妃一无所知。

　　吃晚饭的时候，队伍到达马嵬（在今陕西兴平）驿站，陈玄礼的近卫军四处游荡，一场政变正在酝酿中。杨国忠忙得满头大汗，安置随行的官员和各国使者。二十多个吐蕃使者拦住杨国忠，请求宰相拨给粮食解决晚饭问题。突然，看到这一情形的陈玄礼部下立即高喊："宰相与胡虏谋反！"呐喊的士兵举起刀剑追向杨国忠，相府卫士和家丁及从官分别阻挡，然而他还没跑出多远就被蜂拥而上的士兵乱刀杀死。他的儿子杨暄也被杀死。

　　正在驿亭中吃饭的玄宗和杨贵妃听到外面的叫嚣声和奔跑声，一种不祥的预感紧紧攫住了玄宗的心。玄宗感到似有兵变，这时有人报告：宰相杨国忠叛乱已被龙武军杀死。玄宗闻言大吃一惊，这时士兵已围住了驿馆，龙武将军陈玄礼大声说："宰相杨国忠谋反已被臣等杀死，然而祸根却还留在陛下身边，将士请陛下割爱正法！"

　　陈玄礼所指玄宗当然明白，但是他怎舍得处死杨贵妃，玄宗落泪了。当了四十年的皇帝，此时却无法控制眼前的局面。他舍不得心爱的杨贵妃，可是士兵聚集不动，满脸杀气，形势非常紧迫，若不答应将士的请求，皇上的性命也难以保全。

　　杨贵妃明白自己绝不可能逃脱这场劫难，她站起身对高力士说："告诉将士，我愿以死殉国！"然后，她又跪在玄宗面前含泪向皇帝长辞："愿陛下珍重圣体，尽量设法求自免，妾死九泉亦当瞑目！"

　　玄宗泪落如雨，他怎么能忍心呢？十几年来，杨贵妃给过他多少欢乐的时光，他不能忘记长生殿里"在天愿作比翼鸟，在地愿为连理枝"的誓言，他想挽回，他的大脑一片空白，似乎一切都凝固了。士兵们聚集着，高力士为了避免危及皇上的性命，替皇帝传着口谕"皇上赐贵妃死"。众将军欢呼"皇上万岁！"

　　杨贵妃在马嵬驿佛堂前的梨树上自缢而死。白居易在《长恨歌》中对此作了描写：

　　　　渔阳鼙鼓动地来，惊破《霓裳羽衣曲》。
　　　　九重城阙烟尘生，千乘万骑西南行。
　　　　翠华摇摇行复止，西出都门百余里。

六军不发无奈何，宛转蛾眉马前死。

花钿委地无人收，翠翘金雀玉搔头。

君王掩面救不得，回看血泪相和流。

杨贵妃死时虽然年仅三十八岁，却享尽了人间荣华富贵，一抔黄土掩埋了绝代佳人。杨贵妃，一个美人，自"霓裳羽衣曲"至"宛转蛾眉马前死"，就这样了结了她的一生。

杨贵妃自缢而死后，高力士将杨贵妃的尸体抬到驿站的庭中，召陈玄礼等人入驿站察看，意在让其验尸。驿站外的将士们听到杨贵妃已经被处死，欢声雷动。陈玄礼等人验尸无误后，这才脱去甲胄，向玄宗叩头谢罪。此时的玄宗尚且镇定，好言好语安慰他们，并命告谕其他的军士。陈玄礼等人都高喊万岁，拜了两拜而出，然后整顿军队继续行进。

事后，玄宗让高力士将杨贵妃的遗体裹以紫褥，胸前放上香囊锦袋，草草下葬。

后世题咏马嵬坡的诗句极多，宋人杜真卿有一诗被认为最为婉丽。诗云："杨柳依依水拍堤，春晴茅屋燕争泥。海棠正好东风恶，狼藉残红衬马蹄。"

刚刚埋葬完杨贵妃，南方进贡的荔枝送到。玄宗睹物思人，不由得放声大哭，即命人以荔枝祭于贵妃坟前。张祐有诗吟咏此事："旌旗不整奈君何，南去人稀北去多。尘土已残香粉艳，荔枝犹到马嵬坡。"

杨贵妃以前患有一种肺渴的疾病，因此常含着玉鱼儿疗治。一次，杨贵妃齿痛，无法含玉鱼儿。玄宗见她颦眉泪眼，更加怜爱，对杨贵妃道："朕恨不能为妃子分痛。"后来有人专门据此事画了一幅《病齿图》。曾有名士在画上题道："华清宫，一齿痛；马嵬坡，一身痛；渔阳鼙鼓动地来，天下痛。"这三句话，极其精妙地概括了杨贵妃的一生。

受马嵬之变株连而死的，还有杨国忠的其他家人与亲属。杨国忠被杀时，他的妻子裴柔、幼子杨晞及虢国夫人、儿子裴徽和一女，已先行至陈仓（今

杨贵妃墓

陕西宝鸡南）。陈仓县令薛景仙听到马嵬之变的消息后，立即亲自带人追捕。虢国夫人等人不知道马嵬之变，还猜想是逆贼作乱，便扔下马逃进树林。眼看追兵已到，无路可逃，虢国夫人先拔剑杀死儿子裴徽，又刺死了自己的女儿。裴柔喊道："娘子为什么不给我方便！"虢国夫人于是又上前把裴柔杀了。杨晞脚快，抢先逃跑，但还是被官军追上一刀杀死。虢国夫人挥剑自杀，但未伤到要害，一时没有断气。追兵赶到后，将她抓住，送进陈仓监狱关押。虢国夫人为此大惑不解，问狱卒道："是皇帝要杀我们，还是逆贼作乱？"狱卒恨恨地说："都是。"虢国夫人听了，又惊又气，当夜伤发死去。陈仓县令薛景仙命人将死去的杨家人胡乱埋在东城外十几步道北的杨树下。

　　杨国忠有四个儿子，长子和幼子都在马嵬驿事变中被杀，二儿子杨昢被安禄山叛军杀死，三儿子杨晓逃到汉中郡后，被汉中王李瑀杀死。杨国忠的心腹翰林学士张渐、窦华和吏部郎中郑昂，后来都被唐朝廷处斩。另一个亲信中书舍人来昱本来已经逃脱，却因为舍不得丢下家产，偷偷返回长安，也被乱兵杀死。

金城公主

　　金城公主（？～741），唐宗室之女。父为雍王李守礼。唐中宗景龙四年（710），嫁给了吐蕃赞普赤德祖丹，完成汉藏和平相处的历史使命。由于藏王赤德祖丹年幼，一切军事大权掌握在垂帘听政的祖母手中，因此，在唐玄宗时，唐蕃边境时有战争。金城公主夹在娘家亲情与丈夫家族之间进退两难，然而，金城公主用她弱小的身躯，凭着聪慧、善良，硬是在汉藏之间架起一座通往和睦之路的金桥。

一、远嫁吐蕃　致力和平

　　唐神龙元年（705），赤德祖丹继位为吐蕃赞普，垂帘听政的赤德祖丹祖母派大臣悉薰热入唐，献上礼物，为赞普请求娶唐公主。为了边境的安宁，唐中宗将雍王李守礼之女金城公主嫁给赞普。

　　景龙三年（709），吐蕃派人前往长安迎接公主，中宗李显在苑内球场设宴招待。唐景龙四年（710），唐朝派左卫大将军杨矩护送金城公主入藏，中宗李显亲自送至始平县（今陕西兴平），并赐给锦缯各数万匹，大批杂使、工匠，还有龟兹乐队，同时还改始平县为金城县，地为怆别里，并颁布金城公主远嫁制书。

　　金城公主沿着丝绸之路至甘肃后，再经青海的河源、玉树等地，进入西藏。经过长途跋涉，终于来到了吐蕃首都。藏族人民以他们的方式隆重欢迎远道而来的唐朝公主，藏王赤德祖丹更是欣喜若狂。

　　金城公主出嫁时，带去大量的锦缯和各种工艺技术人员，入藏后，又派专人去中原求取《毛诗》、《春秋》、《礼记》等文化典籍。这些诗书的传入，对于吐蕃的语言文字以及整个文化的发展起了很大的影响。金城公主的丈夫赤德祖丹特别喜爱汉族文化。这时期吐蕃的文物制度多是采用唐朝的，汉文汉语也颇盛行。

　　金城公主到达吐蕃后，藏王赤德祖丹的祖母为她修建了城池。

金城公主进藏图

金城公主与丈夫相亲相爱，过了一段幸福的生活。唐睿宗即位，拜任杨矩为鄯州（今青海西宁东部一带）都督，以管理当地，处理与吐蕃的关系。吐蕃想让鄯州归属于自己，对此暗中衔怒，但表面上却对鄯州都督杨矩很好，经常厚赠财物给他。杨矩接受了财物，便乐意为吐蕃说话。因此，吐蕃请求以河西九曲（今青海化隆回族自治县）作为金城公主的汤沐之邑，杨矩便上表请朝廷将九曲赐给了金城公主。九曲一带，水多草茂，适宜放牧，与唐接壤。自从把九曲拨给吐蕃后，吐蕃更加得意，有些轻视唐朝政府，想以九曲为依托进犯大唐。

　　玄宗即位后，致力于收复失地，统一大唐。开元十年（714），吐蕃宰相坌达延上书，请求玄宗先派左散骑常侍解琬携带盟文到河源（今青海湖以南地区）划定两国的边界，然后两国再订立盟约。解琬曾经担任朔方大总管，所以吐蕃特意要求玄宗派他前往。解琬对玄宗进言，认为吐蕃一定心怀鬼胎，准备反叛，请玄宗预先在秦、渭等州屯兵以防意外事变的发生。与此同时，吐蕃也派遣宰相肖钦藏入朝进献两国盟书。

　　双方的盟约还未订，吐蕃便派将领率领十万人马进犯临洮（今属甘肃），敌军大队人马驻扎在兰州，还派兵进入渭源地区掠取牧马。鄯州都督杨矩自知当初为吐蕃请赐九曲不对，担心朝廷降罪，遂自杀。玄宗命左羽林将军薛讷与太仆少卿王晙一起率军迎击吐蕃。

　　坌达延率十万吐蕃兵驻扎在大来谷。王晙选拔了七百名勇士，身着胡人的服装，夜间袭击吐蕃军队，又在这七百人后面五里远的地方安排了很多战鼓和号角。先锋部队与敌军相遇后即大声呼喊，后面的人击鼓吹角与之呼应，吐蕃兵误以为唐军大部队袭来，惊慌失措，以至于自相残杀，死的人以万计算。薛讷的部队这时还驻扎在距大来谷二十里的武街，在这两地之间挤满了溃败的吐蕃兵。王晙又一次率军乘夜出击，吐蕃兵一败涂地，王晙这才得以与薛讷的部队会师。唐军乘胜追击溃败的吐蕃兵，一直追到洮水。两军又在长城堡展开激战，吐蕃军队再次大败，先后被杀被俘的达数万人之多。在这次战役中，丰安军使王海宾阵亡。

　　宰相姚崇、卢怀慎等上奏道："以往吐蕃与我大唐一向以黄河为界，中宗神龙年间娶了大唐公主，于是越过黄河到大唐境内修筑城池，设置了独山、九曲两军，两军距离积石军三百里，又在黄河之上架起了桥梁。现在吐蕃既已背叛了朝廷，我们就应该拆毁他们的桥梁、拔掉他们的城池。"玄宗对此表示同意。

　　藏王赤德祖丹继位时，年纪幼小，对外军事政策主要为大臣所操纵。到了成年以后，又常常受到边将的蒙蔽，虽然与唐室通婚，唐、蕃双方的战争时有发生。金城公主对此，也无可奈何。她夹在宗族国唐朝与丈夫之间进退两难，但她仍希望双方和平相处，常向赤德祖丹吹枕边风。

二、力求修好　王子认母

　　在金城公主的劝说下，赤德祖丹有些动摇，再加上吐蕃军队连连受挫，于是，赤德祖丹派使者入唐求和；金城公主也上书请求玄宗答应与吐蕃修好。于是，玄宗同意了，派皇甫惟明前往吐蕃，并捎给金城公主一封信。藏王非常高兴，又派大臣名悉腊赴唐，并转交赤德祖丹和金城公主的礼物及藏王赤德祖丹的书信。玄宗对吐蕃来使名悉腊予以优厚的招待，并与吐蕃订立了以赤岭（今青海湟源日月山）为界的互不侵犯和约，并立碑刻约，这是唐、蕃第三次和盟。自此，吐蕃岁岁向唐朝贡，不敢侵犯边境。可以说，这与金城公主的努力是分不开的。

　　藏史盛传，金城公主妊娠，藏王赤德祖丹的另一王后那昂女细顿得知后非常妒忌，便四处散布声称自己怀有身孕。当金城公主生下王子赤松德赞时，被细顿夺去，伪称是自己的，藏王和大臣们一直疑而未决。对此金城公主心中十分痛苦。按照古代藏族习俗，王子能说话走路时，要举行小王子的能步喜会，赤德祖丹设宴庆祝，邀请了两个王后的亲属和大臣。藏王用金质的酒杯盛满佳酿，交给小王子说道："儿呀，你就把这杯酒送给你的舅舅吧！"那昂家族的人们用不同的方式引诱他，而王子却走到了金城公主的家人一边，把金杯递给了金城公主的家人。这时金城公主落泪了，从儿子呱呱落地至今，始终母子分离，从此永远可以和儿子在一起了，金城公主欢跳起来。这段王子认母的故事，虽然只是一个传说，可它反映了藏族人民早在一千余年前就认识到汉藏血肉相连、不可分割的关系。

开元十年（722）八月，吐蕃军队围攻小勃律，小勃律的国王忙向唐北庭节度使张嵩求救说："勃律是大唐西域的门户，勃律如果灭亡，那么整个西域也就会落入吐蕃之手了。"张嵩于是派疏勒副使张思礼率领汉、胡步骑兵四千人前去救援。张思礼昼夜兼程，与小勃律的军队夹击吐蕃军队，大获全胜，斩杀和俘获敌兵数万。从这以后几年内，吐蕃一直未敢进犯大唐边境。

开元二十九年（741），金城公主长眠于西藏高原。她自出嫁吐蕃到去世，在吐蕃生活了三十二年，始终沸腾着一片唐、蕃和平相处的心愿，并为此作出了巨大贡献，为传播汉藏友谊耗尽了心血。

金城公主死后，吐蕃便派四十万大军入侵唐朝，至安仁军，被唐朝骑将率兵五千骑兵打败。

太平公主

太平公主（约665～713），名李令月。玄宗的姑姑，高宗李治与武则天所生。先是参与拥立中宗，被封为镇国太平公主，开府置官属。后又拥立睿宗，加实封至万户，权震朝野。当时宰相七人，四人出其门下。因谋废玄宗，事败被杀。她具有权术谋略和政治野心，凶狠毒辣，颇似其母武则天，并欲效仿其母专权，却被英明的玄宗击败。她的权力欲带给她以风光，也招致了她的灭亡。

一、宠于则天　初嫁薛绍

太平公主是武则天与唐高宗李治最小的女儿，自幼聪明伶俐，武则天在诸女中最喜爱她。

太平公主幼时常到被封为荣国夫人的外祖母杨氏家去。当时，她的表哥贺兰敏之因和杨氏私通，也常在外祖母家。在太平公主来往于外祖母家的日子里，她可能遭到过表哥的强奸。《旧唐书·贺兰敏之传》说："时太平公主尚幼，往来荣国之家，宫人侍行，又尝为（贺兰）敏之所逼。俄而奸污事发，配流雷州，行至韶州，以马缰自缢而死。"武则天可以容忍外甥与自己的母亲私通，但不能容忍他奸污自己钟爱的小女儿，因此这件事引起武则天大怒，加上此前贺兰敏之曾奸污内定的未来太子妃，武则天最终决定，撤销贺兰敏之作为武家继承人的身份，将他流放，并中途命人逼他自缢而死。

太平公主八岁时，以替已经去世的外祖母荣国夫人杨氏祈福为名，出家为女道士，"太平"一名，乃是她的道号。虽然号称出家，她却一直住在宫中。当时，吐蕃强大，唐、蕃几次战争都以唐军的失败而告终。调露元年（679），吐蕃派使者前来求婚，点名要娶走太平公主。高宗李治和武则天不想让爱女嫁到远方去，又不好直接拒绝吐蕃，便修起了太平观让她入住，正式出家，让她像方士一样熏香斋戒，借口公主已经出家来避免和亲。

过了几年，太平公主已是豆蔻年华，她虽然出家做了女道士，但并不想一辈子做道士。俗话说，哪个少女不怀春，她渴望爱情，希望像平常公主那样被父皇赐给驸马。也许是高宗和武则天疏忽了此事，竟然很长时间也没有想起太平公主的婚嫁之事。太平公主见此，心中十分着急，为了自己的终身大事，她决定不怕人笑话，亲自请求父母赐婚。

一天，高宗与武则天正在后宫欣赏歌舞，太平公主前来拜见。只见她身穿紫衣玉带，头戴折上巾，载歌载舞。中宗与武则天大笑起来，奇怪地问太平公主："女儿不做武官，为什么要穿成这样呢？"

太平公主羞答答地说："将衣服赐给驸马可以吗？"

中宗与武则天听后，明白了太平公主的心思，为自己疏忽了此事而心生愧意。

因为唐代正处于贵族社会向官僚社会的过渡阶段，贵族的势力在唐代特别是在唐前期的政治中还发挥着重要作用。各地域各层次贵族之间的分化重组是唐前期政治的重要内容之一。在这种大的社会环境下，出身和家族对一

个人生活经历的影响非常大，特别是对
于处在政治旋涡中心的人物比如太平公
主来说，更是如此。太平公主的父亲是
唐高宗李治。李氏家族虽是皇族，但在
当时并不是第一等的高门大族。从唐高
祖建立唐朝以后，几代皇帝都对传统的
一等大族特别是山东士族采取了又拉又
打的政策，而以抑制为主。就在唐高宗
显庆四年（659）还下诏禁止太原王氏、
荥阳郑氏、清河崔氏、范阳卢氏等"自
为婚姻"，以削弱山东士族的势力。当
时皇族也多与当世名臣或关中、代北贵
族联姻，而基本不与山东士族通好。这
一政策直接影响了太平公主的婚姻。

武　则　天

　　不久，中宗与武则天便选定了年少英俊的薛绍为驸马的最佳人选。薛绍
是高宗的嫡亲外甥、城阳公主的二儿子。薛氏当时是大族，是李唐家族的传
统姻亲，这点符合政治需要。

　　太平公主对薛绍很满意。因此，二人不久便举行了婚礼。婚礼在长安附
近的万年县馆举行，场面非常豪华，照明的火把甚至烤焦了沿途的树木，为
了让宽大的婚车通过，甚至不得不拆除了县馆的围墙。

　　武则天对女儿非常宠爱，她认为薛绍的嫂嫂萧氏和成氏出身不够高贵，
想逼薛家休妻，有人以萧氏出身兰陵萧氏，并非寒门相劝说，才使她放弃了
这个打算。薛绍的兄长薛顗也曾因太平公主来头太大而怕惹来祸事。

　　不过，太平公主在第一次婚姻期间，安分守己，并未有不轨事件传出。
太平公主与薛绍十分恩爱，一连生下了两个儿子一个女儿。这段婚姻生活是
平静幸福的，但不久就被打破了。

　　武则天执政的垂拱四年（688），薛绍的哥哥薛顗参与唐宗室李冲的谋
反，武则天下令将薛顗处死，薛绍受其牵连，被杖责一百，饿死狱中。当
时，太平公主还正怀着她和薛绍的第四个孩子。薛绍之死，令太平公主悲痛
欲绝。事后，武则天为了安慰女儿，打破唐公主食邑实封不过三百五十户的
惯例，将她的封户破例加到一千二百户。

二、再嫁攸暨　诛除怀义

薛绍死后，寡居的太平公主终日抑郁不乐，其母武则天看在眼里，疼在心里，决定立刻为女儿再择佳婿，来抚平她内心的伤痛。

武则天一开始为太平公主挑选的女婿是侄子武承嗣。后来由于武承嗣有病，就没有成婚。武承嗣身体确实不太好，在这次议婚的三四年后就病故了。于是，武则天又选择了她的一个堂侄武攸暨做她的女婿。武攸暨此时已有妻室，武则天暗中派人杀掉他的妻子，强行将他配给太平公主做丈夫。

武则天为什么一定要选择武攸暨已经不得而知，据推测可能是因为武攸暨性格谨慎谦退，与世无争，是个比较可靠、可以和太平公主长久生活的人。至于为什么那么着急让武攸暨配太平公主甚至不惜采用杀妻的手段，可能是因为武则天想在她称帝前将女儿与武氏联姻的事情安排好。

载初元年（690）七月，太平公主嫁给了武攸暨。九月，武则天称帝，改“唐”为“周”，封武氏子十四人为王，武攸暨被封为千乘郡王。太平公主与武氏联姻，使她被武则天很好地保护起来，避免了李氏子弟可能遭到的不测。

武攸暨与太平公主共同生活了二十二年，生有两男一女。太平公主在第二次婚姻期间，大肆包养男宠，与朝臣通奸。武攸暨性格老实憨厚，对太平公主的行为只能睁只眼闭只眼，太平公主曾将自己中意的男宠进献给武则天，相传张易之、张昌宗兄弟便是她进贡的。太平公主之所以如此，与她的母亲武则天有很大关系。

武则天的父亲可能是一个木材商人，她的母亲杨氏则来历不明。武则天当皇后前后，曾编造她母亲是隋宗室遂宁郡公杨达的女儿，但她的心中其实是没有底的。因此当有人瞧不起她的家族时，她还会十分生气。当时的人也清楚这一点，一直拿武氏当小族看。这个小小的武氏家族与山东士族相比，有一个很大的特点是“不守礼法”。武则天的母亲杨氏可以和外孙子贺兰敏之私通；武则天的姐姐韩国夫人在丈夫死后和妹夫（即唐高宗）私通，并把她的女儿也送进宫，侍奉舅舅（即唐高宗）；武则天养有许多男宠为众所周知；武则天的侄子武三思与表嫂（或表弟妹）韦皇后私通。太平公主从小就生活在这样一个家族里，她不可能不受到这种风气的很大影响。

太平公主身材丰满，额头方正，面颊宽广，多有权术谋略，武则天认为她长相、性格都像自己，格外喜爱她，常与她商议政事，但决不让太平公主将自己参与的事情外泄。太平公主畏惧母亲，因此处处谨慎，对外只字不提政事。她生活非常奢侈，大修宅第，华丽无比。

武则天一度宠爱薛怀义，后来有了张易之、张易宗兄弟，便喜新厌旧，疏远了薛怀义。薛怀义心有不甘，火烧明堂。他还四处斥责武则天负情忘义，另图新欢，有辱武则天的名声。武则天念旧情，不忍处死他，但太平公主看不下去，便进宫与母亲武则天商议除掉薛怀义。于是，太平公主叫来武攸暨的堂兄武攸宁，密嘱数语，又选了十几个健壮有力的妇女，安排妥当。

当天傍晚，太平公主派人以武则天的名义召薛怀义入宫。薛怀义半信半疑，但被女皇再次召幸是他一直期盼之事，因此还是带了几个力士入宫去了。到了宫殿前，见宫中没有异常，只有几个妇女，便让力士在外等候，自己放心入殿。薛怀义刚迈入殿中，突然遭到背后一击，倒在地上，然后被众健妇捆绑起来。接着武攸宁挥兵将跟薛怀义来的力士杀死，又进殿杀了薛怀义，将其尸体送到白马寺。

此事办得干净利落，武则天大为高兴，嘉奖了太平公主，赐赏了许多财物，将她的食邑增加到三千户。

三、拥立二帝　权倾朝野

武则天晚年，张易之兄弟倚仗武则天的宠爱，权势冲天。他们利令智昏，大有顺之者昌、逆之者亡的势头。长安元年（701），张氏兄弟将私自议论他们的邵王李重润、其妹永泰郡主、妹夫魏王武延基下狱逼死。李重润兄妹都是唐中宗李显的子女，这就不仅得罪了李氏，也得罪了武氏，迫使他们联合起来反对二张。

神龙元年（705），张柬之等联合右羽林卫大将军李多祚起兵诛二张，迫武则天传位于中宗李显，并改"周"为"唐"。太平公主参与了这次斗争，但似乎只是在幕后参与谋议，并没有什么实际行动。斗争胜利后，她因功被封为"镇国太平公主"，封五千户。

太平公主参与此事的原因可能有二：其一是她作为李氏女、武氏媳，不能容忍张氏兄弟掌权；其二可能是私人原因，即张昌宗诬陷她所爱的情人高戬，把高戬投入了监狱。

中宗即位后，对妹妹太平公主格外优待。太平公主所生的薛、武两家儿女都享有实封户。太平公主与相王李旦、长宁公主、安乐公主都派给卫士，环绕府第十步设置一区，由卫士手持兵器警卫，类似宫禁。神龙年间（705～706）太平公主与长宁、安乐、宜城、新都、定安、金城共七公主，都开府设置官属，一如亲王。安乐公主享有实封户至三千，长宁公主二千五百

上官婉儿

户，府中不设置长史。宜城、安定不是韦后所生，享受实封户只二千。太平公主的三个儿子：薛崇简、武崇敏、武崇行，都拜任三品官。

当时，中宗懦弱无能，韦后、上官婉儿当权，她们自认为谋略远在太平公主之下，因此畏惧她。太平公主也自认为排挤她们自己能够得势，所以更加骄横。于是，她大量保举天下士人为官，她认为儒生大多贫困，就大量馈赠给他们金帛加以接济，以让他们归附自己。如此一来，远近士人翕然向往太平公主。就这样，太平公主从武则天当权时的幕后参政，逐渐走到幕前，积极参与政治。她受到中宗的尊重，中宗曾特地下诏免她对皇太子李重俊、长宁公主等人行礼。

景龙三年七月（709），太子李重俊谋反。安乐公主与宗楚客想趁机陷害太平公主与相王李旦兄妹，遂诬告他们与太子同谋。主审官御史中丞萧至忠对中宗流泪进谏说："陛下富有四海，不能容下一弟一妹，反而让别人罗织罪名杀害他们。"中宗深受触动，太平公主与李旦才得以幸免于难，但太平公主与安乐公主的敌对已明显白热化。

景龙四年（710）六月，中宗被韦后与安乐公主毒死。上官婉儿与太平公主一起草拟遗诏，立温王李重茂为皇太子，皇后知政事，相王李旦参谋政事，试图在韦后与皇族之间谋取平衡。但宗楚客与韦后党羽商议，改相王李旦为太子太师，架空了李旦，打破了这一平衡。这引起相王之子李隆基的不满，遂与太平公主密谋诛杀韦后。七月，太平公主派其子薛崇简参与了李隆基等诛杀韦后的行动，清除了韦氏党羽。

铲除韦后以后，少帝李重茂依然居帝位，李隆基等人准备拥立相王李旦为帝，但没有人首先提议，相王李旦又谦让不肯居帝位。事情一时间陷入僵持状态，此时，太平公主出面了。

少帝李重茂时年十六岁，太平公主认为他不过是一个小孩子，可以胁迫他让位作为自己的功劳。于是，她入宫见少帝李重茂说："天下大事已归于相王，此处不是小孩子应该坐的地方。"说完，挟持李重茂下殿。然后，她取来皇帝的车马服装进献给相王李旦。李旦即位，是为睿宗。

太平公主有拥立之功，又是睿宗唯一的亲妹妹，深受宠爱，她的权势因此威震天下，加赠实封至一万户，三个儿子封王，其余的都任祭酒、九卿。

每次太平公主奏事，都要过很长时间才退出，睿宗对她言听计从。她保举的人才，睿宗无不任用，有的出身寒微、才能庸劣而破格升任侍从，不久又拜任将相。朝政大事如果不禀告她就不能执行，有时她不来朝谒，宰相就到她的府第商议决定朝政大事，睿宗只是画押而已。太平公主长期事奉武则天，善于谋算人主的心意，事先逢迎，无不切中。

太平公主贵宠无比，生活越发奢侈。她的田园遍于近郊，都是上等肥沃土地。给她制作器物，州县护送，一路不绝。天下的珍宝、奇物、美味充满她的家中。男女奴仆有一千人，拥有陇右牧马达一万匹。

长安僧人慧范积蓄钱财千万，交给权贵，以图封官。他本来与张易之亲密，张易之被杀，有人说他参与了诛杀张易之的计谋，于是他被封为上庸郡公，每月发给俸禄。太平公主的乳母与他私通，后来，太平公主也与他私通。慧范向太平公主请求升任他的官职，太平公主便上奏睿宗升任他为三品御史大夫。御史魏传弓弹劾慧范贪赃四十万，请求处以死刑。睿宗想要赦免他，魏传弓进言说："刑罚赏赐。是国家的大事，陛下已经妄加赏赐，又想废弃刑罚，天下人将怎么议论呢？"睿宗不得已，剥夺了慧范的大夫之职。大夫薛谦光弹劾慧范的不法行为，说不能宽贷；太平公主为慧范伸冤，睿宗偏听偏信，薛谦光等反落得有罪。

四、企图谋反　赐死家中

一开始，李隆基被立为太子，太平公主认为他年轻，十分小瞧他，不以为意。后来，李隆基以太子的身份代行主持国事，派宋王李成器、岐王李范总管禁兵。太平公主怨恨权力被分，乘车到光范门，召来宰相宋璟等人，对姚崇他们说李隆基不是长子，不应当被立为太子，要求废除太子。宋璟、姚崇听了很不高兴，便面见睿宗，请求把太平公主贬到东都洛阳。睿宗流着眼泪说"朕只有这么一个亲妹妹，为什么容不下她？这将会让天下人笑话。"于是不同意太平公主到东都洛阳，下诏太平公主居住在蒲州（今山西永济）。太平公主十分愤恨。监察御史慕容珣又弹劾慧范之事，睿宗怀疑慕容珣离间骨肉亲情，贬他为密州司马。太平公主在蒲州居住了四个月，被太子李隆基上表召回京师。

延和元年（712）七月，睿宗不顾太平公主的反对，禅位于太子李隆基。太平公主见此，无可奈何，但仍劝睿宗总揽大政。因此，睿宗仍有权任命三品以上的官爵，决定刑狱政事，太平公主仍能借此操纵国家大政。

太平公主不满足于干政，她想除掉玄宗李隆基，自己亲政。她暗中买通侍奉玄宗的宫女元氏，让她在玄宗的饮食中下毒药，想毒死玄宗。但是，玄宗十分警惕，对于饮食必定先让人查验是否有毒。所以，太平公主没有得手，但她不甘心。

自从武则天称帝，将唐朝改姓"武"以后，朝野上下对女人干预政治有一种本能的警惕。在这种大的社会背景下，任何"女人干政"的企图都是注定要失败的。韦后、安乐公主如此，太平公主也不例外。

当时的宰相七人，有四人出于太平公主门下。左羽林大将军常元楷、知羽林军李慈都私下谒见太平公主，表示愿意为她效命。太平公主决定谋反，来除掉玄宗。先天二年（713），太平公主与尚书左仆射窦怀贞、侍中岑羲、中书令萧至忠和崔湜、太子少保薛稷、雍州长史李晋、右散骑常侍昭文馆学士贾膺福、鸿胪卿唐晙及常元楷、李慈、慧范等阴谋废除玄宗，计划派常元楷、李慈带羽林兵入武德殿杀死玄宗，窦怀贞、岑羲、萧至忠在南衙起兵应援，已定好了日子。

玄宗得知太平公主的奸谋，召岐王李范、薛王李业、兵部尚书郭元振、将军王毛仲、殿中少监姜皎、中书侍郎王琚、吏部侍郎崔日用商定计策。玄宗派王毛仲取闲厩马三百匹，率领太仆少卿李令问、王守一、内侍高力士、果毅将军李守德叫开虔化门，斩常元楷、李慈首级悬挂于北阙下，绑缚了贾膺福关进客省，抓拿岑羲、萧至忠到朝堂，斩下他们的首级。

窦怀贞进入城壕之中自缢而死，唐玄宗下令斩戮他的尸体，并将他的姓改为毒氏。太上皇睿宗听到事变发生的消息后，登上了承天门的门楼。郭元振上奏唐睿宗道："皇帝只是奉太上皇诰命诛杀窦怀贞等奸臣逆党，并没有发生什么其他的事。"玄宗也随后来到门楼之上，睿宗于是颁发诰命列举窦怀贞等人的罪状，并大赦天下，但逆臣的亲属党羽不在赦免之列。

太上皇睿宗发布诰命："从现在起，所有军国政务与刑赏教化，均由皇帝处理。朕正好清净无为，修身养性，以遂平生夙愿。"在这一天，太上皇移居到百福殿居住。

太平公主逃入山寺，直到事发三天以后才出来，被唐玄宗下诏赐死在她自己的家中，她的儿子以及党羽被处死的达数十人。薛崇简因为平日屡次谏阻其母太平公主而受到责打，所以例外地被免于死刑，玄宗将他赐姓为李氏，并准许他留任原职。玄宗还下令将太平公主的所有财产没收充公，在抄家时发现公主家中的财物堆积如山，珍宝器玩可以与皇家府库媲美，厩中牧养的羊马、拥有的田地园林和放债应得的利息，几年也收不完。胡僧慧范也拥有家产达数十万缗。

当初，玄宗在筹划诛杀窦怀贞等人时，曾召见崔湜，想将他当作心腹。崔湜的弟弟崔涤对他说："无论皇帝问到你什么，你都不能有所隐瞒。"崔湜没有采纳。窦怀贞等人被杀后，崔湜与尚书右丞卢藏用两人都因私侍太平公主获罪，都被流放到边远之地。逢有关部门审讯宫女元氏，元氏供出崔湜与她同谋投毒谋害玄宗，玄宗于是重新下诏将崔湜赐死在流放途中。薛稷的儿子薛伯阳由于娶公主为妻的缘故而被免于处死，流放岭南，他在流放途中自杀身死。

在太平公主与其党羽谋划废掉玄宗之时，窦怀贞、萧至忠、岑羲、崔湜等人都赞成此举，只有陆象先认为这样做不行。太平公主说："太上皇废长立少，已经不合道理，再加上皇帝失德，为什么不能将他废掉呢！"陆象先说："既然皇帝当初是以立有大功而被立为太子的，那么就只能以获罪为由将其废黜。现在皇帝实际上没有罪，我终究不敢苟同。"太平公主十分生气地离去。玄宗诛杀窦怀贞等人以后，召见陆象先说："岁寒然后知松柏之后凋。这句话真是至理名言！"当时正值严厉惩处太平公主党羽的时候，应当入狱受罚的人非常之多，陆象先悄悄地为这些人申明冤屈，很多人因而得以保全性命，但他从未自己说起过这些事，当时也没有人知道此事内情。朝廷百官中平素受到太平公主的善待或者憎恶的人，此时有的被降职贬黜，有的受到提拔重用，这项工作总共持续了一年之久，仍未全部做完。

当初，太平公主在乐游原筑造观池，用作大集会的场所。在她败灭后，乐游园的观池被玄宗赐给了宁、申、岐、薛四王，都城民众每年在那里进行被禊活动。

功过是非论宰相

唐朝设中书省、门下省、尚书省，三省的长官即宰相。"开元盛世"之得来，宰相功不可没。唐玄宗在开元年间任人唯贤，重用姚崇、宋璟、张九龄等贤相，致力于刷新吏治，整顿官僚队伍。司马光在《资治通鉴》中赞美开元年间玄宗任用的宰相说："姚崇尚通，宋璟尚法，张嘉贞尚吏，张说尚文，李元纮、杜暹尚俭，韩休、张九龄尚直。"他们各有所长，多有政绩，成为唐代佳话。

兵部尚书姚崇

姚　崇

姚崇（650～721），唐朝宰相。本名元崇，曾改元之，后避"开元"年号改为崇。陕州硖石（今河南三门峡）人。父姚懿，任嶲州都督。姚崇曾三次做宰相，共居相位十多年，对挽救危局、整顿吏治、振兴经济、开创开元之治，使唐朝重新走上兴盛之路起了重要作用，人称"救时宰相"。司马光曾说："唐世贤相，前称房（玄龄）、杜（如晦），后称姚（崇）、宋（璟）。"

一、仕途平坦　扶摇直上

姚崇出生于官僚家庭。父亲姚懿，贞观年间做过嶲州都督。姚崇少时性格豪爽，崇尚气节，喜欢打猎，常呼鹰逐兽以自乐。长大后他听人劝告，刻苦读书，后经科举入仕，授濮州司仓参军，后任司刑丞。此时正值天授年间，武则天为了巩固自己的政权和统治，设置酷吏周兴、来俊臣，严刑峻法横行，遭冤被杀者比比皆是。姚崇理案公正执法，把很多人从冤狱中救了出来。不久，姚崇因为才能出众，接连晋升，直至夏官郎中，成为兵部要员。

时逢契丹大举进兵攻陷河北一些州县，河北一带人心恐慌。就在这紧急之时，姚崇上奏数条应急措施。武则天见其上书剖析周密，论理恰当，甚为惊奇，便破格提升姚崇为兵部侍郎。

武则天重用酷吏、奖励告密。酷吏趁机诬陷贤臣，任意用刑，滥杀无辜，民愤很大。满朝文武更被弄得人人自危，惶惶不可终日，却无人敢于净谏。周兴、来俊臣死后，武则天有一次对廷臣说："过去周兴、来俊臣等推断、勘验案件，受牵连的朝臣众多，都有谋反之罪，国家有法，朕岂能违背？只得将他们处死。其中也怀疑有枉法滥奏的，朕便让近臣到狱中亲自审问，都供认不讳，朕不再怀疑，即准处以死刑。近日周兴、来俊臣死后，再没有听说有谋反之人，那么以前被杀之人，会不会有被诬陷冤枉而死的？"姚崇站出来，毫不讳言地对武则天说："自垂拱以来，被告身死破家者，都是屈打成招而死。告密的人都认为自己有功，所以诬攀罗织，危害胜过了汉代的党锢。陛下命令近臣到狱中审问，近臣也担心不能自保，怎敢为被冤枉者翻案？被审问的犯人如果想翻案，又害怕遭其毒手，因此在近臣审问时，都不敢有异议。上天降灵使圣上恍然大悟，诛锄两位凶徒，朝廷得以安定下来。"姚崇还以自己以及全家百余口人的性命担保，认为全朝文武大臣并无一人有谋反之心，恳求武则天以后收到状子就收起来，不再追究。如果今后发现真有人谋反，甘愿承受知而不告之罪。武则天听了姚崇的话，非常高兴，随后说："以前宰相皆顺承旨意，使朕陷于滥施刑罚的境地，现在你的话很合朕的心意。"遂特赏白银千两给姚崇，并斩杀酷吏以平民愤。

圣历元年（698），武则天提升姚崇为夏官侍郎、同凤阁鸾台平章事，不久又兼相王李旦府长史。但姚崇以母亲年老有病解职侍奉，武则天下诏同意他以相王府长史侍疾。一个月后，姚崇重新兼夏官尚书、同凤阁鸾台三品。姚崇上奏道："臣事相王，不宜再掌管兵马。不是臣爱惜性命，只是这样做对相王无益。"武则天采纳了姚崇的意见，下诏改他为春官（礼部）尚书。

姚崇为官廉明，不畏权势，敢于直言。当时，武则天的内宠张易之、张昌宗兄弟，依仗武则天，肆无忌惮。长安四年（704），张易之要把京城的十个和尚调往自己在河北定州修建的佛寺。为了压一压张易之的嚣张气焰，明知这只是件小事的姚崇就是不同意。张易之几次请求姚崇，姚崇仍坚决不同意。张易之因此怀恨在心，常在武则天面前诋毁姚崇。恰逢突厥犯边，武则天便调姚崇任灵武道行军大总管，后改任灵武道安抚大使。虽然还是凤阁鸾三品，但已无宰相实权。姚崇赴任前，武则天要他推荐一名能担任宰相之职的人，他推荐了张柬之。他说张柬之沉稳有谋，能断大事。在这之前，狄仁杰就向武则天推荐过张柬之，但武则天一直没任其为相。现在经姚崇再次推荐，武则天这才任命张柬之为秋官侍郎、同凤阁鸾台平章事，做了宰相。

二、施谋避祸　再登相位

张柬之被提任宰相后，对张易之、张昌宗兄弟在朝中的无法无天深感不安。大臣们多次上书，要求对包藏祸心的二张进行惩治，但因武则天袒护，二张依然横行宫中，逍遥法外。神龙元年（705）正月，武则天病重卧床，不能出朝，张柬之觉得铲除二张的时机已到，便开始谋划诛杀二张。此时，正好姚崇从驻地回京，张柬之喜上加喜，认为姚崇来了，铲除二张一事就更好办了。经过精心谋划，姚崇和张柬之率五百羽林兵冲入玄武门，杀死了这两个作恶多端的淫夫恶棍。紧接着，他们又对武则天施加压力，迫使她让位给太子李显。李显复位后，姚崇、张柬之被任为宰相。因姚崇有功，加封为

唐代官报

梁县侯，食邑二百户。

武则天让位后，迁居上阳宫。一天，中宗李显率百官去问候武则天，大家都欢欣鼓舞，相互庆贺，可是姚崇却呜咽流涕，哭了起来。张柬之等人都感到诧异。张柬之忍不住问他："今日岂是您流泪哭泣之时？恐怕您的灾祸就要由此开始了。"姚崇说："我事奉了则天皇帝很久，现在要辞别她，悲不能忍。况且我前日因公义而诛杀奸逆，是人臣的本分；今天辞别旧日的君主，也是人臣的本分，都是出于本心。"中宗李显听了姚崇的话大怒，当天就下诏将他调离京城，出任亳州（今安徽亳县）刺史。

其实，被调离京城正合姚崇自己的心意，他并不是真正留恋君臣私情，而是已经预感到武氏家族和李氏王朝之间将有一场激烈的权力之争，他不希望自己遭到武氏势力的暗算，成为他们之间的牺牲品。果然不出姚崇所料，第二年，武则天的侄子武三思在中宗的支持下，削了张柬之等人的实权，并将他们在流放中杀害。姚崇则因"一涕"幸免于难。

姚崇罢相后，远离京城，摆脱了朝廷的内部斗争，先后在亳州、宋州、常州等地担任刺史。

这时，朝中大权已被武三思和韦后掌握，中宗只不过是个傀儡而已。景龙元年（707）七月，早已对武三思和韦后怀恨在心的太子李重俊率羽林军，杀死武三思及其党羽十余人。昏庸的中宗在韦后及其女儿安乐公主的迫逼下，派兵杀了李重俊。景龙四年（710），韦后母女合谋毒死中宗，准备登上皇位。然而，好梦不长，李隆基紧接着就策动禁军发动政变，一举杀死韦后、安乐公主及其党羽。在儿子李隆基和妹妹太平公主的支持下，相王李旦恢复帝位，是为睿宗，改元景云。李隆基被立为太子。

景云元年（710）六月，睿宗李旦拜姚崇为兵部尚书、同中书门下三品。姚崇再登相位。

三、相开三度　革新政纲

睿宗即位皇帝后，朝廷大权实际上被太平公主掌控着。太平公主受其母武则天影响很大，一心想干预朝政，坐上皇位。姚崇虽被睿宗拜为宰相，但他深知斗争复杂，隐患重重，依然有些惶恐不安。后来，为防后患，姚崇和宋璟联名上奏睿宗，建议将掌握兵权的人调任各州刺史，把太平公主安置到东都洛阳，以确保李隆基的东宫地位。哪知，昏庸的睿宗将姚崇、宋璟的建议如实告诉了太平公主，太平公主一听大怒。李隆基一下子慌了手脚，为争取主动，就站出来指控姚崇等挑拨皇上与兄妹间的关系，应受到严惩。随后，姚崇再次遭贬，调任申州刺史。之后又先后任扬州刺史、淮南监察史和同州刺史。在做地方官时，姚崇清正廉洁，很受百姓爱戴。

延和元年（712），睿宗让位给太子李隆基，是为唐玄宗。一心想当皇帝的太平公主见李隆基已对自己造成威胁，决定发动政变。唐玄宗李隆基事先得到密告，决定先发制人，遂于开元元年（713）七月，率羽林军消灭了太平公主的党羽，随后赐死太平公主。宫廷内乱终于平息下来，唐玄宗的地位得到了巩固。

刚登基时的唐玄宗是一位英明的君主，他励精图治，一心想振兴国家。平息宫廷内乱后，他决定起用姚崇为相。开元元年，唐玄宗到新丰（今陕西临潼东北）巡视军队。按规定，皇帝出巡，方圆三百里内的州郡长官都要到皇帝行营拜见。姚崇此时正任同州（今陕西大荔）刺史，并受到唐玄宗秘密召唤，非去不可。当姚崇来到行营时，唐玄宗正在渭河边打猎，立即就地召见。唐玄宗问姚崇会不会打猎，姚崇说从小就会，二十岁时就以呼鹰逐兽为乐，所以人虽已老，但还能射猎。于是，姚崇便和唐玄宗一起狩猎。姚崇在猎场上驰逐自如，很让唐玄宗满意。

罢猎后，唐玄宗向姚崇征求治理国家的意见。姚崇侃侃而谈，一点也不觉得疲倦。唐玄宗听了，对姚崇说道："你应该做我的宰相。"姚崇知道唐玄宗胸襟宽广，有宏图大治，也想做他的宰相，辅佐他成就大业；但又有意要激一下他，便不行礼谢恩。唐玄宗感到奇怪，有些不高兴，遂问姚崇："你嫌宰相位不高吗？"姚崇回答说："小臣不敢。只是，我有十点建议要上奏陛下，陛下考虑能否做到；如果做不到，我就不敢做这个宰相。"唐玄宗让他说出来看看。

姚崇立即说了如下九条意见：第一，垂拱年间以来，朝廷以严刑酷法治天下，请今后施政以仁义为先；第二，鉴于先朝高宗征伐吐蕃兵败青海，请于数十年内，不贪求边功；第三，朝廷亲近之人多冒犯法纪，而这些奸佞之徒都因受宠幸而免罪，请严格执法从近臣开始；第四，武后临朝以来，宦官专权，为了媚上而贡献财物珍宝，随意征缴苛捐杂税，搜括百姓。这种风气日益蔓延，公卿也多效法。请减除国家的租庸赋税，杜绝一切苛捐杂税；第五，鉴于武后以来皇亲国戚争权，朝廷内乱，政权不稳，请皇亲国戚今后不得担任中央要职；第六，鉴于先朝对群臣轻慢无礼，有失君臣之敬，请君主对大臣持之以礼；第七，鉴于中宗时擅杀忠臣，使谏臣心灰意冷，请使敢于直言进谏者，不获罪受害；第八，鉴于武后建造福先寺，上皇建造金仙、玉真二观，工程浩大，耗费百万，请今后杜绝建造佛寺道观；第九，汉朝外戚吕禄、王莽专权擅政，乱了天下，坏了国家，请以此为鉴。

　　姚崇的这九条建议，涉及政治、经济、军事、法治等，是他针对武则天以来的弊政和历史教训提出的，也是挽救政治衰败的革新纲领。言辞不多，但切中时弊。这对胸怀大志，欲振兴国家的唐玄宗来说，可谓九剂救世良方，因此他都欣然接纳。于是，唐玄宗就在渭川拜姚崇为兵部尚书、同中书门下三品。就这样，姚崇第三次当了宰相。

四、兴利除弊　大胆改革

　　姚崇第三次当上宰相后，唐玄宗为他提供了施展才能的广阔舞台。但凡军国要事，唐玄宗都要和他商量。宰相张说和姚崇不和，唐玄宗就把张说派往地方当刺史。另一宰相刘幽求则被调任闲职。当朝的宰相只有姚崇和卢怀慎。但姚崇既掌相权，又掌军权，无疑处于支配地位，从而成为开元年间革故鼎新的最高行政长官。

　　开元初年，政局混乱，社会动荡不安。自武后末年以来，皇亲国戚多居台省要职，诸王又掌管禁军。为了争权夺利，诸王勾结朝官，频频发动政变，短短八九年时间，连续发生五次政变。姚崇上任后，针对这一弊端，首先从整顿吏治入手。开元二年（714），姚崇协助唐玄宗将诸王改任为外州刺史，并规定诸王"不任以职事"，"到官但领大纲，自余州务，皆委上佐主之"。从此，诸王只享有爵位，不再掌握军政大权，从而失去了作乱的条件。

　　中宗以来，因风行卖官鬻爵，使官吏猛增，机构臃肿，除正员外，全国置外官两千余人。一些豪商富贾花钱就可以做官。官多俸禄就多，国家因此开支巨大。针对这一弊端，姚崇又于开元初年大量裁减冗员，所有员外官、试官、检校官，全被罢免，并严正声明，没有政绩和战功，不经皇帝特别诏令，吏部和兵部都不能录用这三种官。同时还取消了一些闲散诸司、监、置十余所。

姚崇还劝谏唐玄宗，"戚属不任台省"，因此开元初没有大封外戚。姚崇还把一些官高势盛、居功自傲的功臣贬到地方任刺史。这一系列措施，犹如釜底抽薪，抑制了功臣的权势，根除了中央政局动乱的隐患。多年来动荡不安的政治局面自此结束，所以，人们称姚崇为"救时宰相"。

开元初年，在姚崇的建议下，唐玄宗还制定了中央官和地方官相互交流的制度。京官有才识者，出任都督、刺史；都督、刺史有政绩者，入选京官。这根除了长期存在的重内官轻外官的弊端。县令是地方的基层长官，长期不予重视。为避免滥用，开元四年（716），唐玄宗亲自对新任命的县令进行殿试，其中只有一人成绩显著提升，其余四十五人不合格，被遣回家习读。

姚崇荐官取士，以德才为重。他推荐的广州都督宋璟，刚正不阿，为官清廉，是唐代的四大贤相之一。他还罢免了以前的"斜封官"。这种官是由皇帝直接颁下敕书，用斜封交付中书省执行，故称"斜封官"。开元二年，申王李成义未通过有关部门，私自奏请唐玄宗把府中的阎楚珪由录事提拔为参军，唐玄宗已表示同意。姚崇得知后上疏反对，他说："臣认为量才授官，应当交给有关部门。如果因为是亲戚故旧，而给他们官爵以显示恩惠，那就像先前一样，肯定会紊乱纪纲。"因姚崇据理力争，极力反对，唐玄宗最终收回了敕命。

姚崇在整顿吏治时，注意用封建法制来约束官吏，对违法乱纪者，即便是皇亲国戚，也一视同仁，决不宽容。开元二年正月，薛王李业的舅舅王仙童依仗权势，暴虐百姓，受到御史的弹劾，将依法受处。薛王李业到唐玄宗处求情，唐玄宗便下令重查，意欲宽赦。姚崇上书唐玄宗说："仙童罪状明白，御史所言并无冤枉，不能放过。"唐玄宗听从了姚崇的建议。

由于姚崇对吏治的大力整顿，使得开元初期政治较为清明，社会稳定，经济上得到了很好的恢复和发展。

五、力持灭蝗　"救时宰相"

佛教、道教在唐代甚为盛行。由于寺院享有特权，不用向国家交纳赋税和服役，上自皇帝、皇后、达官贵人，下至豪绅富贾，都在利用宗教捞取好处。他们不惜耗费巨资，占用大量土地，频繁修建佛寺、道观，然后纷纷度人为僧。由于"度人为僧无穷，免租庸者达数十万"，造成国家财政日益困乏。开元二年（714），姚崇上疏唐玄宗，请求裁减和尚。他说："只要使百姓能够安居乐业即是福身，哪里用得着剃度奸诈之徒为僧，让他们败坏佛法呢？"姚崇认为只知信佛，终将导致身死国亡，并以史实为例说明。唐玄宗

唐敦煌菩萨彩塑

采纳了这一建议，遂裁减僧尼三万人，让他们还俗，从事生产，并禁止百官和僧尼道士往来；禁止铸造佛像，传写经书，禁止修建佛寺；修缮佛寺的，也要报请批准。这一系列措施，无疑对控制寺院经济、发展农业生产，以及增加国家财政收入，起了很大的作用。

开元三年（715），山东等地连续发生严重蝗灾。由于人们都认为这是"天灾"，希望求得上天显灵消灾，因此眼睁睁地"坐视食苗不敢扑"。姚崇上疏唐玄宗，主张扑杀蝗虫。他说："田地都有主人，让他们自己救自己的地，肯定无人偷懒。"建议"夜中设火，火边挖坑，且焚且塞，除之可尽"。他还说："自古以来之所以有不能除尽的蝗虫，只不过是不够用力罢了。"

姚崇的建议一出，朝廷议论纷纷，都"以驱蝗为不可"。姚崇力排众议，据理力争。他说："庸儒教条，不知道变通。现在山东遍地蝗灾，极其罕见。河北、河南没有多少存粮。如果没有收成，百姓免不了流离失所。事关重大，不能死板。即使不能除尽，也比任其成灾要强。"为了消除唐玄宗的疑虑，坚定他灭蝗的决心，姚崇直言表示："陛下好生恶杀，这件事不必您下敕文，请允许臣下牒文办理就是了。如果除不了，臣的官职爵位，都可以除去。"姚崇的这一席话终于让唐玄宗抛开了顾虑，他对左右说："朕与贤相讨论已定，扑蝗之事，再有敢议论者处死。"

接下来，姚崇立即派遣御史，取名"扑蝗使"，分赴各地督促扑蝗。数日后，仅汴州一地就扑灭蝗虫十四万石，投入汴渠顺流而下的更不计其数。由于奋力扑杀，蝗虫渐渐止息，山东免遭了一场大灾难。

黄门监魏知古本是小吏出身，因为姚崇的引荐，才与姚崇同朝为相。姚崇有些轻视他，让他代理吏部尚书职务，负责主持东都洛阳的官吏铨选之事，另派吏部尚书宋璟在门下省负责审定吏部、兵部注拟的六品以下职事官。魏知古因此对姚崇十分不满。

姚崇的两个儿子都在分设于东都洛阳的中央官署任职，倚仗其父对魏知古有恩，大肆揽权，为他人私下向魏知古求官；魏知古回到长安后，把这些事全都告诉了唐玄宗。过了几天，玄宗装作漫不经心地问姚崇："卿的儿子才干品性怎么样？现在担任什么官职啊？"姚崇揣摸到了玄宗的心思，便回答说："臣有三个儿子，其中有两个在东都任职，他们为人欲望很大，行为也很不检点；现在他们一定是有事私下嘱托魏知古，只不过是臣没有来得及去讯问他们而已。"唐玄宗原先以为姚崇一定会为他的儿子隐瞒，在听了他的这番回答之后，高兴地问道："您怎么知道这件事的呢？"姚崇回答说："在魏知古地位卑微之时，臣曾经多方关照他。臣的儿子非常愚鲁，认为魏知古一定会因此而感激臣，从而会容忍他们为非作歹，所以才敢于向他干求请托。"唐玄宗因此而认为姚崇忠正无私，而看不起魏知古的忘恩负义，想要罢黜他的职务。姚崇再三请求唐玄宗不要这样做，他说："此事本是臣的两个儿子有罪，破坏了陛下的法度，陛下赦免了他们的罪过，臣已经是感到万幸了；如果由于臣的缘故而斥逐魏知古，天下的人们一定会认为陛下是在偏袒臣，这样会累及圣朝的声誉。"唐玄宗沉吟了很久才答应了他的请求。魏知古被免去相职，改任工部尚书。

姚崇曾有一次因事请了十几天的假，从而使得应当处理的政务堆积成山，宰相卢怀慎无法决断。姚崇假满复出之后，只用了一会儿工夫便将未决之事处理完毕，不禁面有得意之色，回头对紫微舍人齐浣道："我做宰相，可以与历史上哪些宰相比？"齐浣没有回答。姚崇继续问道："我与管仲、晏婴相比，谁更好些？"齐浣回答说："管仲、晏婴所奉行的法度虽然未能传之后世，起码也做到终身实施。您所制定的法度则随时更改，似乎比不上他们。"姚崇又问道："那么，我到底是什么样的宰相呢？"齐浣回答说："您可以说是一位救时之相。"姚崇听后十分高兴，将手中的笔扔在桌案上说："一位救时宰相，也是不容易找到的呀！"

六、自请罢相　唯物抑佛

有人进言说："各道按察使只会给官府和百姓添麻烦，请陛下精简各地的刺史、县令，停止向各道派遣按察使。"唐玄宗下令召集尚书省官员讨论这件事。姚崇认为："现在只不过是选派了十道按察使，尚且担心未必都能找到合适的人选，何况全国共有三百多个州，至于县的数量则又超过好几倍，每一位刺史、县令怎么能都称职呢！"唐玄宗于是没有停派按察使。

尚书左丞韦玢上奏道："各部郎官大多无事可做，请陛下裁汰郎官，改授他职。"不久韦玢就被外放为州刺史，宰相打算任命他为冀州刺史，玄宗下令改派他到一个小州去做刺史。姚崇上奏道："各部郎官松散懈怠，还有不称职的，韦玢请求裁汰郎官，正是奉公的表现。现在郎官刚刚被改任他职，韦玢就被贬黜外放，街谈巷议都说这是受到郎官的诽谤所致；臣担心今后尚书左右丞以韦玢为戒，那么尚书省的日常事务又怎么能够办好呢！臣希望陛下对此事全面考察，以便使为官者无所疑惧。"唐玄宗听从了姚崇的意见，将韦玢任命为冀州刺史。

开元四年（716），山东的蝗灾又起，姚崇又下令各州组织人力捕杀蝗虫。汴州刺史倪若水说："蝗虫是上天降下的灾祸，并非人力可以扭转的，朝廷应当通过修德行善来消除蝗灾。十六国时期前赵的刘聪就常捕杀埋掉蝗虫，但蝗虫所造成的灾害却反而更为严重。"因此，倪若水抵制前去督促捕蝗的御史，不肯捕蝗。姚崇得知此事，写信给倪若水说："刘聪乃僭越称帝，因此德不胜邪；当今乃圣朝明君，所以邪不胜德。自古郡守贤良，蝗虫不入其境。倘若修德可以免除蝗灾，岂不等于说蝗灾是因为无德而招致的吗？"倪若水这才不敢坚持违抗捕杀蝗虫的命令。

五月，唐玄宗颁布敕命，委派使者分赴山东受灾各州仔细考察地方官捕杀蝗虫的情况，并将勤勉者和懒惰者的姓名记录下来回奏。也正是因为姚崇的力主灭蝗，连年发生的蝗灾才没有引起严重的饥荒。

姚崇自己没有住宅，寓居在罔极寺中，因身患疟疾向唐玄宗请假。唐玄宗屡次派使者询问他的日常饮食起居状况，每日竟达数十次之多。黄门侍郎源乾曜上奏言事时，每当他的回答符合唐玄宗的旨意，唐玄宗总是说："这一定是姚崇的主意。"如果有时的回答不符合唐玄宗的旨意，唐玄宗就说："你为什么不事先与姚崇商量一下呢？"源乾曜也常常向唐玄宗道歉，承认确实是如此。

朝中一有大事，唐玄宗就要让源乾曜到罔极寺询问姚崇的意见。源乾曜请求将姚崇从罔极寺搬到四方馆居住，并准许他的家属入馆照料他的病，唐玄宗答应了这个要求。姚崇认为四方馆内存有官署的文书，不是病人应当居住的地方，因此坚决推辞。唐玄宗对他说："设置四方馆本来就是为官员服务的；朕安排你住进来，是为国家考虑。朕恨不得让你住到宫里，你还有什么可推辞的呢？"

姚崇的两个儿子光禄少卿姚彝和宗正少卿姚异，平日广交宾客，收受了许多礼物，受到当时人们的非议。主书赵诲受到姚崇的亲近信任，他接受胡人的贿赂被发觉，唐玄宗亲自审讯，罪当处以死刑，姚崇出面营救，唐玄宗因此不高兴。恰巧赶上因特殊情况赦免京城的在押罪犯，唐玄宗在赦免敕书中专门标出赵诲的名字，另处以杖刑一百，并流放岭南。姚崇因此而感到担心和恐惧，便屡次请求辞去宰相职务，推荐广州都督宋璟代替自己为相。唐玄宗允许，并授开府仪同三司。

虽然姚崇不在相位，但有关军国大事，唐玄宗依然征求他的意见。开元五年（717）春，唐玄宗将赴东都洛阳巡幸，太庙突然倒塌。唐玄宗问身边大臣何故，那些人都说是唐玄宗服（睿宗）丧未满三年，巡幸不合天意。唐玄宗召来姚崇询问此事，姚崇说："太庙大殿乃前秦苻坚所建，年代久远，木质腐朽，必然会倒塌。但倒塌之日与行期相合，只是巧合。"遂劝唐玄宗不可误了巡期，并建议重新修建太庙。唐玄宗依了他的意见。

开元九年（721）九月，姚崇病逝，时年七十二岁。临终时，嘱咐子孙薄葬："吾身亡后，可殓以常服，四时之衣，备一副而已。"并再三叮嘱子孙不要信佛："佛教以清净慈悲为本，愚昧的人却希望通过抄写经文、建造佛像来求得来世之福。过去的北齐与北周两国对峙，北周毁弃佛经佛像而整治军队，北齐却丢开刑罚与政令，大量建造佛寺，等到两国一交战，结果是北齐灭亡，北周勃兴。近代的武氏成员和韦氏诸人，所建之寺与所度之僧数不胜数，却并未免除其宗族被夷灭的后果。在我死后，你们不要像凡夫俗子那样愚昧无知，为我诵经超度以求死后之福！道士们见僧尼因此而获利，也效法僧尼，更不能将他们请进家门。这条家训，子孙后代必须永远遵守！"

唐玄宗对姚崇的去世十分悲痛，遂下令为他撰写了赞誉之碑文："位为帝之四辅，才为国之六翮；言为代之轨物，行为人之师表。"

吏部尚书宋璟

宋璟

宋璟（663～737），唐朝宰相，是与房玄龄、杜如晦、姚崇齐名的唐代四大名相之一。邢州南和（今属河北）人。父宋玄抚，任司户参军。宋璟曾先后两度出任宰相。第一次在睿宗景云元年（710）七月至景云二年二月；第二次在玄宗开元四年（716）闰十二月至开元八年正月。谥号"文贞"。他两次为相总共三年八个月。宋璟为相，刚正不阿，直言敢谏，又精于吏治，是唐代的中兴名相，辅佐唐玄宗开创了"开元之治"的繁荣局面。

一、初涉政坛　勇斗二张

宋璟的父亲宋玄抚，曾任卫州司户参军，是一个低级官员。因此，宋璟家境不好，但他力求上进，刻苦好学，博学多识，工于文辞。二十岁左右中进士，授上党尉，后又升任监察御史、凤阁舍人。他为官正直，颇受武则天的赏识。

张易之、张昌宗是武则天的内宠，有恃无恐，横行不法。宋璟不顾个人安危，与二张反复进行斗争。武则天长安三年（703），张易之诬陷宰相魏元忠，他贿赂凤阁舍人张说作诬证。张说同意了，将至御前作证。同为凤阁舍人的宋璟对张说说："一个人一生最重要的是名誉气节，不可只图个人苟生，诬陷好人。即使因此被谪官流放，他的美德也会受到人们的尊敬。我准备叩请天子赦免魏元忠，倘有不测之祸，情愿与你一起去死。要想让万代瞻仰，就在此举。"张说为宋璟的话所感动，廷辩时如实上奏，使魏元忠免受陷害。

不久，宋璟调任御史中丞。这时武则天年事已高，张易之、张昌宗兄弟更加飞扬跋扈。朝中大臣都惧怕二张，不敢直呼其职，而称张易之为五郎，张昌宗为六郎。宋璟对二张毫不畏惧，反而使二张有些怕他。一次，武则天大宴群臣，二张位居列卿三品，在上座。宋璟官阶六品，在下座。张易之讨好宋璟，虚位作揖说："公是朝中第一人，为何下座？"宋璟说："我才劣位卑，张卿以为第一，这是什么原因？"天官侍郎郑杲平时对二张毕恭毕敬，问宋璟："中丞奈何称五郎为卿？"宋璟说："以官言之，正当为卿，足下不是易之的家奴，何必称他为郎？"宋璟的话使郑杲面红耳赤，也使二张狼狈不堪。从此，张易之兄弟对宋璟怀恨在心，处处中伤宋璟，但因为武则天知道内情，所以宋璟得以免罪。

长安四年（704），二张因武则天病情加重，深以为虑，暗中密谋对策。这时有人发觉二张有异谋，告发二张谋反，但武则天不信，也不加追问。这时，许州杨元嗣告发张昌宗召术士李弘泰看相，李弘泰说他有天子相，还劝他在定州建造佛寺，使天下归心。因为涉及谋反大事，这次武则天派凤阁侍郎韦承庆、司刑卿崔神庆和御史中丞查明上报。

韦、崔二人惧怕二张的权势，又想讨好武则天，竭力为张昌宗开脱，说张昌宗已将李弘泰的话告诉皇上，不可加罪。宋璟质问说："易之等在事情泄露后自陈，情在难恕，而且谋反大逆，不应赦免。应收入牢狱，详加追问，以明国法。"他还对武则天说："易之等久蒙陛下驱使，分外承恩，臣知道言出祸从，然而义激于心，虽死不恨。"武则天听后很不高兴。宰相杨再思恐怕宋璟获罪，急忙拉了宋璟出去。宋璟说："圣主在此，不烦宰相擅宣敕命!"宋璟始终不放过二张，对武则天说，倘若不将二张拘押在狱中，恐怕将要为乱天下，动摇民心。于是，武则天将张易之、张昌宗拘押入狱。

过了不久，武则天又将二张特赦放出。为了缓和矛盾，她令张易之兄弟到宋璟家谢罪，宋璟拒不会见，说："公事当公言之，若私见，则法无私也。"他对二张恨得咬牙切齿，对左右的人说："不先击小子脑袋，负此恨矣!"宋璟对二张的斗争，关系到国家的安危，因而得到朝臣的支持。左拾遗李邕上奏武则天，说宋璟所奏，不是为谋自身私利，而在安定国家，但武则天就是不听。

为了避免矛盾，武则天派宋璟到扬州当按察，宋璟说："审理州县案件，是监察御史的职责。"后又诏令宋璟按察幽州都督屈突仲翔。宋璟又拜辞说："御史中丞非大事不得出京。仲翔犯的是贪赃罪，要臣前去，必有害臣之心。"随后，武则天又下诏让宋璟为李峤副使，出使陇蜀。宋璟又辞掉这个差使，说："陇右没有变故，臣以御史中丞为李峤之副，朝廷还没有先例。"宋璟为治二张之罪，三次违诏，不肯奉诏前行。本来，张易之兄弟想借宋璟出京的机会，向武则天劾奏，以谗言陷害他，予以诛杀。此计不成，他们又生一计，在宋家举办婚事时，刺杀宋璟。宋璟知道了阴谋，就乘坐破车躲到别处歇宿。因此，刺杀的计划无法实现。

宋璟对二张的斗争，虽然没有取得结果，但却使二张处于不利地位，朝臣对二张的所作所为，极为痛恨。

神龙元年（705）正月，武则天病情加重，二张守在武则天身边处理国事，大臣无法近前。宰相张柬之经过详尽周到的密谋，联合禁军将领，杀死了张易之、张昌宗兄弟，迫使武则天让位于太子李显。

二、坚持原则　不畏权贵

中宗李显复位后，认为宋璟为官正直，命令他任吏部尚书兼谏议大夫、内供奉，随时讨论朝政得失。不久，又改任黄门侍郎。中宗是个昏庸的皇帝，不理朝政。大权掌握在皇后韦氏和武则天的侄儿武三思手中，二人淫乱宫闱，狼狈为奸。因此宋璟又和武三思开展了尖锐的斗争。武三思曾经因事请托宋璟，宋璟正色对他说："当今圣上复位，大王应该以侯爵身份归居府第，为何要干预朝政？大王难道没听说过吕产、吕禄（汉高祖刘邦皇后吕氏的兄弟，因干政被杀）之事吗？"

神龙二年（706），京兆人韦月将上书中宗，告发武三思"潜通宫掖，必为逆乱"。武三思得知后，暗使手下人诬陷韦月将大逆不道。中宗听信谗言，特令处斩韦月将。宋璟以为案情不实，请求查实验证。中宗大怒，他说："朕已决定斩首，你还有什么可说的？"宋璟说："韦月将告韦后与三思有私情，陛下不加过问就问斩，臣恐天下会议论，请查实后用刑。"中宗愈加发怒。宋璟面无惧色，说："请陛下先将臣斩首，不然不能奉诏。"中宗无奈，才免韦月将死罪，发配岭南。后来又将他处死。不久，中宗下诏宋璟为检校并州长史，没有成行；又任为检校贝州（治今河北清河）刺史，宋璟终于被挤出了朝廷。

宋璟到达贝州时，正值当地暴雨成灾，庄稼颗粒无收，百姓饥馁。武三思的封地在贝州，他不顾百姓死活，派人向封户强征租税。宋璟出于对百姓的爱护，抗拒交纳租税。武三思利用手中的权力，将宋璟调到杭州、扬州做刺史，后又迁任洛州刺史。宋璟在任地方官期间，为官清廉，执法严正，官吏百姓没有敢为非作歹的。

当时，韦后、武三思相互勾结，权倾朝野。太子李重俊不是韦后所生，引起他们的忌恨，欲废太子，立韦后女儿安乐公主为皇太女。李重俊忍无可忍，于景隆元年（707）与左羽林大将军李多祚共谋，矫诏调动羽林军，发动宫廷政变，杀死武三思及其同党。但昏庸的中宗，不察大局，听从韦后和安乐公主，挫败了李重俊的政变，李重俊兵败被杀。

从此，韦后和安乐安主更加有恃无恐，中宗成为傀儡，一切由她俩摆布。韦后一心想做女皇，于是于景龙四年（710），将中宗毒死。螳螂捕蝉，黄雀在后。眼看就要做女皇了，不料中宗的弟弟李旦的儿子李隆基联合姑母太平公主发动政变，杀死了韦后和安乐公主。相王李旦复位，立李隆基为太子。

三、出任宰相　革除弊政

睿宗复位后，任命宋璟为检校吏部尚书、同中书门下平章事，成为宰相。他和姚崇同朝为臣，二人同心协力，辅佐睿宗，改革中宗以来的弊政。中宗时期，外戚和诸公主干预朝政，吏治腐败，贪污成风。只要出钱三十万，不论何人都给官做。他们不经中书、门下批准，直接由皇帝降墨敕授予。当时人称为"斜封官"。这些斜封官大都是富豪商贾，不会理政，搜括百姓更加凶狠。姚崇和宋璟上疏睿宗，请求罢免斜封官，进忠良，退不肖，共罢免斜封官数千人，纲纪为之一振。宋璟还从整顿制度着手，恢复三铨制度，在候选的上万人中，铨选了两千人。宋璟选拔、考核官员，不畏权贵，不徇私情，赏罚公平。时人以为有贞观遗风。

睿宗是个无能的皇帝，他的妹妹太平公主，为睿宗复位出了力，权势日重。她广交朋党，积极扩大势力，直接威胁太子李隆基。景云二年（711），她邀集宰相于光范门内，要求废掉太子李隆基，在场的人都惊慌失色。宋璟镇定自若，抗言说："东宫太子有功于天下，是真正的宗庙社稷之主，公主为何忽有此议！"

为确保太子地位，宋璟和姚崇密报睿宗，提出三条对策。一是将宋王李成器、幽王李守礼出为刺史；二是将岐王李隆范、薛王李隆业的统领羽林军的大权交出来，由太子直接掌握；三是将太平公主及其丈夫武攸暨迁往东都洛阳。睿宗采纳了前两条意见，但对于第三条他没有同意，仅命太平公主出居蒲州（今山西永济）。然后，睿宗命太子监国，凡六品以下官员及徒罪，均由太子处置。这些措施无疑对太子有利。太平公主加紧反扑，在她的鼓动下，掀起了一股反对罢"斜封官"的浪潮，还把矛头直接指向太子李隆基。李隆基受到极大压力，他违心地上奏睿宗，说姚崇、宋璟离间他和姑姑、兄弟之间的关系，睿宗就罢去姚、宋宰相职务，贬宋璟为楚州刺史。从此，宋璟的调动极其频繁，先后任申州、魏州、兖州、冀州刺史，河北按察使，幽州都督兼御史大夫，最后转任广州都督。在广州，他改革住房旧俗，教老百姓烧砖瓦建瓦房，将茅草屋改成了砖瓦房，避免火灾蔓延烧及。老百姓歌颂他的功德，在他离开广州时立"遗爱碑"，纪其爱民之情。

延和元年（712），睿宗禅位给太子李隆基，自己当了太上皇。玄宗李隆基虽然当了皇帝，但太平公主的势力很大，朝中宰相，多数依附于她。有人密告玄宗，太平公主将要作乱。玄宗召集岐王李隆范、薛王李隆业和宰相郭元振等人商议，决定先发制人，调兵三百余人，一举杀死太平公主党羽，太平公主闻变逃脱，后被赐死家中。至此，宫殿内不断的政变才告一段落。

四、再度任相 犯言直谏

唐玄宗是个精明能干的帝王，是个出类拔萃的统治者。他决心革除弊政，使国家重新复兴起来。开元之初，他任用姚崇为宰相，整顿吏治，开创了开元之治的繁荣局面。姚崇免去宰相后，他又采纳姚崇的建议，任命宋璟做宰相。

开元四年（716）十一月，唐玄宗任用宋璟为吏部尚书兼黄门监。唐玄宗派内侍杨思勖前往广州迎接，宋璟风度凝远，沉默寡言，一路上竟未与杨思勖讲话。杨思勖颇为不满，回来告诉唐玄宗。唐玄宗于是更加器重宋璟的为人。

宋璟为相，志在择人，因才授人，使百司各任其职。他看到括州员外司马李邕、仪州司马郑勉有才略、有文采，但思想和性格上有不少毛病，宋璟感到

"若全引进，则咎悔必至，若长弃捐，则才用可惜"。于是，根据各人的特点，分别拜任渝州刺史和硖州刺史。大理卿元行冲在人们的心目中可以说是才行兼备，但上任之后，宋璟发现他并不称职，于是调其为左散骑常侍。他选拔官吏，大公无私，不论亲疏。他有个堂叔叫宋元超，在吏部选拔官吏时，特别说明自己是宰相宋璟的叔父，想借此得到重用。宋璟知道后，给吏部去了一函，说宋元超既表明了他和自己的关系，为了矫枉过正，就不应再予任用。宋璟用人，不论皇亲国戚，一视同仁。岐山县令王仁琛是唐玄宗称帝前的藩邸故吏。唐玄宗特降墨敕令授五品官，宋璟上疏认为不可，他说："陛下对亲朋故旧所能给予的私情和恩惠，向来有惯例，任命官职，要看其资历，也有一定之道。仁琛因为旧恩，已获升职，如今若再蒙超擢，就是有违惯例。"他请求由吏部考核，按制度办事。唐玄宗只得听从宋璟的意见，收回成命。

宁王李宪奏请授给候选官员薛嗣先一个小官。唐玄宗将此事交给中书省和门下省处理。宋璟上奏道："薛嗣先曾两次被任命为斋郎，虽说他并非明显应当留任，但考虑到是至亲的缘故，本来应当大小任命一个职位。景龙年间，皇帝经常用墨敕直接除授官职，这些人被称为斜封官。自从陛下登基以来，所有这些弊端均已革除，朝廷每颁行一次封赏，每任命一个官职，全都是由于这些人立下了功劳，或者是由于才能出众，而且都必须通过中书、门下二省。像这样的至公之道，唯有圣明君主才能真正实施。薛嗣先是陛下的姻亲，陛下并未法外施恩，而是将这个问题交由臣等商量，臣请求将此事交由吏部具体处理，不要直接正式降敕任命。"唐玄宗对此表示同意。

在此之前，来自各州的朝集使们往往携带很多礼物进京打点，等到来年开春即将返回时，大多得到升迁；宋璟奏请唐玄宗将这些人一律原职遣还以便革除这一弊端。

（唐）李邕行书《云麾将军碑》

唐玄宗的宠臣太常卿姜皎，也是唐玄宗为藩王时的故旧，在诛杀太平公主时又立过大功。唐玄宗对他的宠遇为其他大臣所莫及。姜皎的弟弟姜晦也沾哥哥的光，当上了吏部侍郎。宋璟为此事对唐玄宗说："姜皎兄弟权宠太盛，不是安定之道。"唐玄宗听从了他的意见，将姜皎改任散官，放回田园，姜晦也改任为宗正卿。

宋璟也是一位制度建设方面的专家。他为了避免朝廷大臣的独断专行，避免君王听信谗言，建议恢复贞观年间的谏官、史官参与议事制度。贞观年间，皇帝临朝，立中书、门下及三品官奏事，或御史弹劾百官，都让谏官、史官参与。高宗即位后武则天专权，这一制度逐渐破坏，大臣奏事多待谏官、史官退朝之后，秘密奏事，所奏之事，他人不得而知，产生了许多弊病。恢复对仗奏议，有利于公开和监督。唐玄宗批准恢复这一制度："自此以后，凡事情不属秘密的，皆让史官、谏官参与。"

宋璟作为宰相，敢于犯颜直谏，唐玄宗很敬畏他，常常曲从于他。开元五年（717），宋璟随同唐玄宗巡幸东都，路过崤谷（在今河南陕县境），山高路窄，难以行走。玄宗十分恼怒，要罢免河南尹李朝隐和负责旅途事务的知顿使王怡。宋璟进谏说："陛下刚开始巡幸，如今便因此罢免二臣，臣担心将来民受其弊。"唐玄宗认为很有道理，就免去二人死罪。

五、力戒奢华　严禁恶钱

当时社会风气趋向奢华，讲求厚葬。宋璟为官，力戒此弊。王皇后的父亲王仁皎死于开元七年（719），哥哥王守一是当朝的驸马都尉，他请求唐玄宗为其父建造高五丈二尺的坟墓。唐玄宗答应了。许多大臣虽有异议，却不肯上奏。唯独宋璟无所畏惧，他和同朝宰相苏颋上疏玄宗，指出厚葬和薄葬是俭与奢的大事，他说："节俭是德行之首，奢侈是万恶之源。高坟是前代贤人所诫，厚葬将为正人君子非议。"唐玄宗完全接受了宋璟的劝谏，按宋璟的尺寸，建造坟墓，还特意赏给宋璟、苏颋彩绢四百匹。

宋璟很厌恶那些明明有罪却没完没了地四处告状的人，便将这些人全都交付御史台治罪。他对御史中丞李谨度说："你应当将那些已认罪不再上诉的人释放，把那些还在不停地申诉的人先关起来。"所以很多人怨恨他。正赶上旱神作怪，天下大旱，宫中演滑稽戏的俳优在玄宗面前扮作旱神模样演戏，其中一个演员问"旱神"道："你为什么到人间来降灾呢？""旱神"回答说："我是奉了丞相的命令降临人间的。"又问："这是为什么？""旱神"接着回答："蒙冤者达三百余人，丞相将他们全都关进监狱，借此压制他们，所以我不得不到人间降灾以示警告。"唐玄宗心中对此也有同感，自此便对宋璟开始产生不满。

开元八年（720）正月，宋璟和同朝宰相苏颋奏请禁恶钱。恶钱是民间铸的私钱。铸造时掺进杂质，质量低劣。恶钱的流行，使贫者日贫，奸豪者的财富岁增。他们建议："切断天下恶钱，推行二株四累钱，不堪使用的钱币全部销破复铸。"但因为伤害了铸钱富豪的利益，引起人们不满。鉴于江、淮之间劣质钱尤其泛滥，宋璟派监察御史萧隐之作为使者前往该地搜查劣质钱。萧隐之执法严酷，所到之处鸡犬不宁，百姓怨声载道，唐玄宗因此将萧隐之贬官。唐玄宗罢了宋璟、苏颋的宰相职务。宋璟任开府仪同三司，不再握有实权。此后，朝廷对劣质钱的查禁大为放松，劣质钱再一次泛滥。

宋璟罢相以后，一如既往，仍直言敢谏，刚正不阿，处理事务十分果断。罢相后的第二年，唐玄宗任命他兼任京兆留守，并要他接替河南尹王怡处理权梁山的谋反案。宋璟对案件进行复查，发现权梁山诡称办婚事，筹集款项，县吏要贷款的人连坐。宋璟接手后，经过了解和审讯，把几个头头定了罪，其余一概不问，迅速断了案。

开元十二年（724），玄宗东巡泰山，宋璟留守京师。玄宗将出发，对宋璟说："卿是国家元老，为朕股肱耳目。朕如今将巡洛阳，分别有一段时日，请问你有什么好建议，告诉朕。"宋璟一一直言相告。玄宗将宋璟"所进之言，书之座右，出入观省，以诫终身"。

后来，宋璟兼任吏部，开元十七年（729）玄宗拜任宋璟为右丞相，玄宗在尚书省宴请百官，席间赋《三杰诗》一首，并亲自书写，赐给宋璟、张说等三人。

姚崇和宋璟相继为相，姚崇擅长随机应变以圆满完成任务，宋璟则擅长遵守成法坚持正道；两个人的志向操守不同，却能同心协力辅佐唐玄宗，使得这个时期赋役宽平，刑罚清省，百姓富庶。在唐代的贤相中，前有贞观朝的房玄龄和杜如晦，后有开元朝的姚崇和宋璟，其他的人，则无法与此四人相提并论。姚崇与宋璟进见时，唐玄宗常常要站起来迎接；他们离开时，唐玄宗便要在殿前相送。等到李林甫做宰相时，虽然受到的宠信超过了姚崇和宋璟，但得到的礼遇无法与他们相提并论。

开元二十年（732），宋璟年已七十岁，年老体弱，请求辞职，退求洛阳东都私宅。开元二十五年（737），一代名相与世长辞，享年七十五岁，赠太尉，谥号"文贞"。

户部尚书钟绍京

钟绍京（生卒年不详），唐朝宰相，史称"江南第一宰相"。字可大，虔州赣（今江西赣州）人。历任司农录事、苑总监、中书侍郎、中书令、户部尚书、太子詹事、温州别驾等职。在玄宗李隆基诛杀韦后时，钟绍京作为苑总监，指挥属下参与其事，因这一功劳得任宰相。但他出任宰相，任意赏罚，不得人心。玄宗见他不是治国之才，遂罢其相职，贬任外官。另外，他还是著名书法家，其书法作品多有传世。

钟绍京是三国时期的书法家钟繇的十世孙。他自幼习练书法，写得一手好字，尤工小楷，因此得以跻身书法家之列。他喜爱收藏，个人收藏名家真迹数百卷，其中有著名书法家王羲之、王献之、褚遂良的真迹达几十卷。后人对钟绍京的书法作品多有好评。宋朝文学家曾巩在《元丰类稿》中说："钟绍京字画妍媚，遒劲有法，诚少与为比。"宋代书法家米芾在《书史》中称钟绍京的书法"笔势圆劲"。钟绍京的书法作品传世的有《灵飞经》，现在是唐代著名小楷之一，字体精妙，端庄灵动，瘦硬清劲，虽有细若毫芒处，而骨力不减。后人初习小楷多以此为范本。

钟绍京因为书法闻名当时，人称"小钟"，称钟繇为"大钟"。但他家境贫困，为了改善处境，他发奋读书。长大后，他进京赶考，考中进士。这主要得益于他的书法。当时大书法家、兵部尚书裴行俭看了他的书法，爱不释手，便把他推荐到朝廷。他以任司农录事起家，因擅长书法进入凤阁任职。武则天时题署各个宫殿、明堂榜额以及九鼎铭文，都是钟绍京的手笔。

景龙年间（707~710），钟绍京担任苑总监。当时中宗皇后韦氏毒杀中宗，阴谋叛乱。临淄王李隆基决定先发制人，诛除韦后。他联络掌管禁苑的钟绍京，让他作内应。钟绍京当即同意了。

景龙四年（710）六月二十日夜，约定举事的时间到了，李隆基身穿便服与朝邑尉刘幽求等人进入禁苑之中，到钟绍京的住所集合。此时钟绍京已有后悔之意，他担心事情不成功，自己全家性命难保，便想将李隆基拒之门外，他的妻子许氏对他说："为了国家大事而不计个人安危的人必得神助，再说你平常就一直与他们共同谋划这件事，现在即使你不去亲自参加，又哪里能够脱得了干系呢？"钟绍京听了，感觉妻子言之有理，赶忙开门拜见李隆基。然后，钟绍京率领户奴、丁夫等随从接应李隆基。平叛成功的当夜，

唐代大雁塔进士题名帖

李隆基便授任钟绍京为中书侍郎，参知机务。睿宗即位，晋升他为中书令、越国公，实封五百户，赏赐与刘幽求相等。钟绍京当朝掌权后，因任意赏罚，当时的人都厌恶他。他便上疏辞让官职，睿宗采用中书侍郎薛稷的计谋，晋升他为户部尚书，出任彭州刺史。

李隆基即位，再次授任钟绍京为户部尚书，增加实封，改任太子詹事。宰相姚崇因为钟绍京任意赏罚，十分厌恶他，上奏玄宗说钟绍京自认为有平叛大功却不被重用。玄宗一听大怒，便将钟绍京贬任果州刺史，赐封邑一百户。后来，钟绍京又因其他事获罪，贬任怀恩尉，削夺全部散阶封邑，又升任温州别驾。

开元十五年（725），钟绍京入朝，他一见到玄宗就流着眼泪说："陛下难道忘了过去的事吗？怎忍心将臣抛弃而死在荒野！况且同时立功之人（指刘幽求），如今尸骨已经腐朽，唯独臣还活着，陛下能不哀怜臣吗？"玄宗很同情他，当天授任他为银青光禄大夫、太子右谕德。过了很久，才升任少詹事。

钟绍京年过八十时，在官任上安然去世。建中年间，追赠太子太傅。

户部尚书王琚

王琚（？～746），唐朝宰相。怀州河内（治今河南沁阳）人。父王仲友，为下邽丞，追赠楚州刺史、魏州刺史；叔父王隐客，在武则天朝任凤阁侍郎。王琚历任主簿、太子舍人、谏议大夫、中书侍郎、户部尚书等职。他为玄宗诛杀太平公主出谋划策，并参与实际行动，因功升任宰相。他的官职可谓扶摇直上，宠极一时，无人能比。玄宗在安定天下后，致力于治国安邦，而王琚非其才，遂被疏远。王琚贬官外任后，不知收敛，仍然恃功骄纵，遂引起宰相李林甫的忌恨，被诬陷成罪，终致缢死。他死非其罪，时人都哀怜他。

一、隐姓埋名　厚交太子

王琚幼年丧父，叔父王隐客对他十分疼爱。为了出人头地，他刻苦学习，他一向聪敏有才略，经过刻苦钻研，很快便精通了天文星象之学。因为王隐客曾任凤阁侍郎，所以王琚得以经常与权贵近臣交往。他二十岁时，前往拜见驸马都尉王同皎，王同皎十分器重他。

中宗李显时，武则天的侄子武三思与皇后韦氏勾结，专断滥杀，王同皎谋划刺杀武三思，王琚赞同这一义举，便与周璟、张仲之等共同策划。但事情不慎泄露，武三思斩杀了王同皎。王琚仓皇逃命，隐瞒姓名受雇于扬州富商之家。时间一长，主人看出他不是等闲之辈，便将女儿嫁给他，给他丰厚的资财，王琚也赖此得到接济。

过了几年，睿宗李显即位。王琚主动向岳父讲述了事情的始末，岳父厚送财钱使他返回长安。当时李隆基为太子，空闲时常在长安近郊游猎，感到疲倦便在树下休息。王琚穿着儒服拜见太子，并且邀请太子去他的家里。李隆基见他是个儒生，估计没有什么恶意，就同意了。到了王琚的住处，李隆基一看，他家非常凄清简陋。李隆基坐了很久，王琚杀牛进酒，招待特别丰厚，李隆基很惊异。自此李隆基每次到长安近郊游猎，总要去他家里停留。

早在李隆基在潞州任别驾时，襄城张暐任铜鞮令。张暐性格豪放正直，喜欢待客打猎，尤其厚待李隆基，多次邀请他到家中饮宴。山东倡人赵元礼有个女儿，善于歌舞，得到太子喜爱，住在张暐宅中。张暐便将她嫁给太子，她后来生了个儿子叫李瑛。太子诛除毒杀中宗的韦后等人后，征召张暐，授任宫门郎，命他与姜皎、崔湜、李令问、王守一、薛伯阳等一同侍奉左右。李令问后来升任殿中少监，王守一升任太仆少卿。当时，这几个人依仗东宫都势重天下。

二、与诛太平　扶摇直上

王琚结识李隆基后，在李隆基的推荐下，得以补任诸暨县主簿，为此，他前去东宫拜谢太子。那时，睿宗之妹太平公主专断朝政，权倾朝野，王琚对此颇为担忧，想借机向太子献计以铲除太平公主。

王琚来到东宫廷中，故意昂起头慢悠悠地走，侍卫见此，认为这是对太子的不敬，就呵斥他说："太子在此！"王琚愤怒地说："在外面只听说有太平公主，没听说有太子。太子本来对国家有功，对君主孝敬，怎么会背上这种名声？"李隆基听见王琚说话，立即召见他，王琚说："韦氏杀君，天下动摇，人们思归李氏，因此殿下除去他们很容易。如今天下已经平定，太平公主一心要专权用事，左右大臣多为她效力，皇上因为她是自己的亲妹妹，能容忍她的罪过，臣私下为殿下寒心。"李隆基拉着他的手，让他与自己同榻坐下，哭着说："现在父皇的兄弟姐妹中，就只有一位太平公主了。如果把这些事禀告父皇的话，恐怕会让他老人家伤心；可如果不去禀告，又担心她所造成的危害会越来越严重，这可怎么办呢？"王琚回答说："天子所讲究的孝道，与平民不同，应当考虑的是宗庙社稷的安危。以往汉代盖长公主把昭帝从小抚养长大，后来她与上官杰谋杀大司马霍光，没有与昭帝商议，昭帝还是以大义除去了她。如今太子功定天下，而太平公主竟敢妄自图谋，在大臣中树立党羽，有废立之意。如果太子诚心召见宰相张说、刘幽求、郭元振等策划，他们必有妙计诛除太平公主，那么忧患就可以解除。"李隆基说："先生有何才能可以与寡人游处？"王琚说："臣善于飞丹炼药，并擅长诙谐好作隐语，情愿混迹于优人当中。"李隆基听了很高兴，只恨与他相知太晚。

第二天，便授任王琚詹事府司直、内供奉，兼宗文馆学士，命他每天与诸王及姜皎等人入宫侍奉。虽然姜皎、王守一、李令问等人势重天下，但这

唐代壁画《仙山楼阁图》

几个人缺乏谋略，只有王琚常参与密谋。不到一个月，王琚便升任太子舍人，兼谏议大夫。延和元年（712），太子受内禅即位，是为玄宗，王琚升任中书侍郎。

太平公主与宰相窦怀贞、萧至忠、岑羲等日夜谋划，意欲除掉玄宗。刘幽求、张暐谋划先诛杀他们，由于侍御史邓光宾泄露密谋，没能成功，他们全都获罪。此后，太平公主加紧谋害玄宗的行动，王琚见事情紧急，请玄宗及早决策。

先天二年（713）七月，玄宗与岐王、薛王、姜晈、李令问、王毛仲、王守一率铁骑到承天门。太上皇李旦听到外面喧哗聒噪，召郭元振登上承天楼，闭门抗拒。不久，侍御史任知古召集数百人到朝堂，不得进入。很快，王琚随从玄宗来到楼下，诛杀萧至忠、岑羲、窦怀贞，斩杀贾应福、李猷于内客省。事情平定后，王琚晋任户部尚书，封赵国公，姜晈任工部尚书、封楚国公，王毛仲任辅国大将军、封霍国公，王守一任太常卿、封晋国公，各自享用实封五百户；李令问任殿中监、封宋国公，享用实封三百户。王琚、姜晈、李令问辞谢不受，以旧官增加实封二百户。玄宗还在内殿召集宴会，赐给金银杂器每人一床、帛两千匹、宅第一所。

三、罢相外任　骄纵招祸

玄宗对王琚特别爱重信任，让他参与重大政事，当时人称"内宰相"。每次玄宗早上在阁中接见王琚，直到黄昏时王琚才出来。遇到休假日，使者便到宅第召他，而皇后也派尚宫慰劳王琚的母亲，赏赐不断，群臣无不羡慕。王琚宠极一时，无人能比。

有人劝玄宗说："王琚、麻嗣宗等人都是诡诈游说之士，可以与之共度危难，不可与之共享安乐。一旦让他们得志，便容易恃宠骄纵。如今天下已经平定，陛下应当多求纯朴经术之士来辅佐自己。"一语点醒了梦中人，此后，玄宗逐渐疏远王琚。

不久，玄宗授任王琚为御史大夫，持节巡察天兵以北各军。开元二年（714），王琚改任紫微侍郎，还未到京城，又被授任泽州刺史，削减封户一百。此后，王琚历任衡、郴、滑、虢、沔、夔、许、润八州刺史，又恢复封户。开元二十二年（734）起，王琚先后担任巂、同、蒲、通、邓、蔡六州刺史；天宝元年（742）起，他又任广平、邺郡二郡太守。

王琚自认为立有功勋，到天宝时已为旧臣，因此日常行为有些骄纵。他性格豪放奢侈，他担任过十五州的地方长官，每当离旧任就新职，接受馈赠常达数百万，侍儿数十，备具宝帐，满门有三百口人。玄宗念旧情，常宽容他，因此他更加自我放纵，不遵守法度。王琚在州府与官属、胥吏、豪强饮酒戏谑，以赌博、藏钩取乐；每次调任，车马数里不绝；他经常携从宾客歌伎驱驰射猎。王琚这种在地方上呼风唤雨的日子，前后达四十年。

李邕过去与王琚友善，他俩都是年纪大了迁徙在外，常书信往来，因遭受贬谪生不逢时而心怀不满。天宝五载（746），右相李林甫忌王琚依仗有功意气用事，想除掉他，遂派人揭发王琚以往受赃纳贿之罪。王琚被削去封户散阶，贬任江华员外司马。李林甫又派酷吏罗希奭详细审察他的罪行，王琚非常害怕，喝下毒药，还没死掉，罗希奭便来到了，于是勒死了他。当时的人都哀怜他死非其罪。

王琚任中书侍郎时，他的母亲本来居住洛阳，千里迢迢来到京城长安，责备王琚说："你们王家上代都任州县官职，如今你没有攻城野战的功劳，以谄佞取悦于上，海内切齿憎恨，我担心以后你家坟墓无人再去扫除了。"王琚却听不进去，仍我行我素，因此招来祸患。宝应元年（762），追赠王琚为太子少保。

兵部尚书张说

张说

张说（667～730），唐朝宰相，文学家。字道济，又字说之。范阳（今北京大兴）人，世居河东（今山西永济），徙家洛阳。祖父张恪，任庆州都督；父张骘，任洪洞丞。张说三次为相，封燕国公，对唐代的文治武功均有贡献，尤其在裁冗兵归农、改府兵制为募兵制等方面贡献最大，为开元盛世的有名宰相。他还是唐代著名文学家，是当时文人的领袖。有文集《张燕公集》传世。

一、科举出身　直言被贬

张说家世代为官，家境富有，他受到良好的教育。武则天永昌元年（689），朝廷策贤良方正，时年二十出头的张说前往参加。当时从四面八方赶来应试的人达一万多，竞争非常激烈。掌管国家大权的武则天亲自到洛阳临试。最后，张说对策第一，授太子校书郎。没有多久，又升至左补阙，掌皇帝规谏之事。

久视元年（700），武则天至三阳宫（在河南境内）避暑，酷热已过，秋凉径至，仍不见她降旨返回，朝中大臣不知何故，却不敢言语。张说上疏武则天，劝谏说：

> 陛下以万乘之躯驾幸离宫，暑退凉至，未降归来之旨。愚臣固陋，担心这不是良策，请让臣为陛下陈述其理由。
>
> 三阳宫距洛阳一百六十里，中间隔着山川，经夏至秋，雨水众多，道坏山险，不通转运，河面宽广，咫尺千里，随从的兵马需要资给，如果连月大雨，便难以供应及时。陛下的太仓、武库都在京城，粮食兵器堆积如山，为何离开宗庙所在的京城，安居于山谷偏僻之地？臣私下认为陛下这样做不妥，因为祸患常发生于人们忽视之时。这是不可长居离宫的原因之一。
>
> 三阳宫狭小，四方车马云集该地，填塞城池，充满城郭，一旦没有休憩房屋，便驱赶当地百姓宿于蓬草，风雨突至，无处可躲，使老弱之人奔波流转于街巷。陛下为百姓父母，岂可如此？这是不可长居离宫的原因之二。
>
> 三阳宫水池、亭台奇巧，诱惑圣心，削掉山峦建造楼阁，竭尽河流引水入池，更易山川之气，侵夺农桑之土，采伐木石，运送斧斤，声音喧嚣于山谷，春夏不肯停止。劝陛下修建三阳宫的人，难道是正直之人吗？这是不可长居离宫的原因之三。
>
> 三阳宫的御苑东西长达二十里，出入来往的杂人很多，外面没有墙垣，内里有榛丛溪谷，猛兽潜伏其中，不法之徒窥视。陛下出行往往警戒不严，如果突然有猛兽狂徒惊犯左右，岂不危险！希望陛下为百姓保重。这是不可长居离宫的原因之四。
>
> 如今国家北有胡寇觑视边境，南有夷獠骚扰。关西小旱，耕稼令人担忧。希望陛下及早返回，安居京城，大力发展农业，修德以招抚远人，罢掉不急之务，减省无用之费。

武则天虽然没有听从张说的意见，但对他敢于谏言非常赏识。长安初年（701），武则天提升张说为凤阁舍人，他由此正式成为朝廷要员。

长安三年（703），武则天的男宠张易之、张昌宗兄弟横行无度，一心想陷害宰相魏元忠。为官正直的魏元忠一直对张氏兄弟倚仗权势无法无纪非常愤怒，曾杖杀了张易之的不法家丁，随后又阻止武则天提升张昌宗为雍州长史，并曾对武则天说："让小人在陛下身旁，是臣之过错。"此时正值武则天有病，张氏兄弟在武则天面前诬陷魏元忠，状告魏元忠与司礼丞高戬私下议论，说"太后已经老了，不如依附太子，作长久之计"。武则天听后十分恼怒，立即将魏元忠和高戬打入大牢，并要他们与张昌宗对质。张昌宗知道辩不过魏元忠，就许以官位诱惑张说站出来作伪证。张说为了自保暂时答应下来。在去作证的路上，当时和他同为凤阁舍人的宋璟对他说："一个人的名誉是最可贵的，千万不要为了保全自己，去附和奸臣，陷害好人啊！即使为这个得罪朝廷被流放出去，脸上也光彩。"史官刘知几也在旁边提醒张说："不要在青史上玷污你的清名，连累后代子孙啊！"这些话使张说深受触动，遂决定不作伪证。

　　当武则天召太子李显、相王李旦和诸宰相到朝廷对质时，张说进入朝堂，武则天问他，他没有马上回答。魏元忠害怕了，对张说说："你也要与张昌宗一起罗织罪名陷害我魏元忠吗？"张说大声呵斥他说："你魏元忠身为宰相，为什么竟说出了这种陋巷小人的语言呢？"张昌宗在一旁急忙催促张说，让他赶快作证。张说说："陛下都看到了，张昌宗在陛下眼前，尚且这样威逼臣，何况在朝外呢！臣现在当着诸位朝臣的面，不敢不把真实情况告

武则天巡行图

诉陛下。臣实在是没有听到过魏元忠说这样的话，只是张昌宗威逼我，让我为他作虚假的证词罢了！"张易之和张昌宗急忙大声说："张说与魏元忠是共同谋反！"武则天追问详情，张易之和张昌宗回答说："张说曾经说魏元忠是当今的伊尹和周公。伊尹流放了太甲，周公做了周朝的摄政王，这不是想谋反又是什么？"张说说："张易之兄弟是孤陋寡闻的小人，只是听说过有关伊尹、周公的只言片语，又哪里懂得伊尹、周公的德行！那时魏元忠刚刚穿上紫色朝服，做了宰相，我以郎官的身份前往祝贺，元忠对前去祝贺的客人说：'无功受宠，不胜惭愧，不胜惶恐。'我确实是对他说过：'您承担伊尹、周公的职责，拿三品的俸禄，有什么可惭愧的呢？'那伊尹和周公都是做臣子的人中最为忠诚的，从古到今一直受到人们的仰慕。陛下任用宰相，不让他们效法伊尹和周公，那要让他们效法谁呢？况且今天我又哪能不明白依附张昌宗就能立刻获取宰相高位、靠近魏元忠就会马上被满门抄斩的道理呢？只是我害怕日后魏元忠的冤魂向我索命，因而不敢诬陷他罢了。"武则天说："张说是个反复无常的小人，应当与魏元忠一同下狱治罪。"后来，武则天又一次召见张说追问这事，张说的回答仍然与上次一样。武则天大怒，指派宰相与河内王武懿宗一同审讯他，张说的说法仍然与最初一样。

大臣朱敬则上疏直言申辩说："魏元忠一向以忠诚正直著称于世，张说入狱又没有任何正当理由，如果将他们治罪，会失掉天下民心。"大臣苏安恒也为此上疏，认为：

> 陛下登基之初，臣民们都认为您是善于纳谏的皇帝，在位多年以后，都认为您是喜欢阿谀奉承的皇帝。自从魏元忠下狱，大街小巷纷扰不安，士民们都认为陛下信用为非作歹之徒，贬逐贤良方正之士。那些忠臣志士，都在自己家中扼腕叹息，而在朝堂之上却缄口不言，害怕万一违犯了张易之等人的意图，会白白送死而毫无益处。现在朝廷征发的赋税劳役都很繁重，百姓生计日益残破，再加上邪恶之徒专擅放纵，刑罚与赏赐失当，我真担心民心不稳，引发其他的变故，以致朱雀门内动起刀兵，有人前来大明殿夺取帝位，陛下将用什么来解释，又将靠什么来抵御他们？

张易之等人见到他的奏疏之后，勃然大怒，想要杀死他。幸亏有朱敬则和凤阁舍人桓彦范、著作郎魏知古的多方保护才得以幸免。

魏元忠因而免于被杀，只是被撤了宰相职位。但武则天怪罪张说出尔反尔，前后说法不一，遂把他流放到钦州（今广西钦州）。

二、三任宰相　辅佐新主

两年后，宰相张柬之和一些官员趁武则天病重，策动禁卫军杀了张易之、张昌宗兄弟，逼迫武则天让位于唐中宗。不久，显赫一时的女皇帝武则天病逝。中宗即位后，召张说为兵部员外郎，后升为工部侍郎。不久，张说的母亲去世，奏请离职回家服丧。期满后回朝，仍为工部侍郎。随后迁兵部侍郎，加弘文馆学士。

景云元年（710）六月，睿宗李旦即位，迁张说为中书侍郎，兼雍州长史。七月，中宗的第二个儿子、谯王李重福在东都洛阳举兵谋反，兵败被杀。东都留守捕获其党羽数百，审讯了很久，始终没有结果。睿宗派张说前去处理此案。张说到了洛阳后，很快抓捕了举兵主谋，案件处理得干净利落。审得实情后，张说还释放了其他被拘捕者。

睿宗对张说这次洛阳之行非常赞赏，他说："朕知道卿按察此狱，决不会冤枉良善无辜之人，亦不会漏掉罪人，如果不是卿忠正，岂能如此。"遂任他为太子李隆基的侍读。这期间，张说与太子李隆基相处得十分融洽。

景云二年（711）正月，睿宗拜张说为中书侍郎、同中书门下平章事，做了宰相。此时，正值皇室内部斗争白热化，太子李隆基和太平公主之间正为争夺皇位进行着一场生死之战。太平公主野心勃勃，一心想像其母武则天那样当上女皇。太子集团有姚崇、宋璟支持，太平公主集团有武则天侄子武三思等人支持。二月，有术士上言，五日内有急兵入宫。睿宗闻知后，立即命令严加戒备。张说对此十分敏感，意识到情况不妙，忙对睿宗说："这是奸人离间太子之计，陛下如果让太子监国，则名分确定，奸人丧胆，流言消失，祸患堵塞。"姚崇觉得张说说的有理，也对睿宗说："张说所言，是保全社稷的最好计策啊！"唐睿宗采纳了张说的建议，即命太子监国。

虽然唐睿宗已命太子监国，但太平公主依然伺机反扑，想尽办法迫使睿宗将姚崇、宋璟等大臣赶出朝廷，贬为地方州官。不久，又迫使睿宗罢免张说相职，贬为尚书左丞，令为东都留守。

延和元年（712）八月，唐睿宗以"传德避灾"为由，让位给太子李隆基，是为唐玄宗。太平公主广引党羽，密谋举兵发动政变。早有预感的张说知道情况紧急，急忙自东都派人带着自己的佩刀赶来献给唐玄宗，暗示他迅速拿定主意，先发制人，除掉太平公主。就在太平公主即将发动政变之时，唐玄宗终于下定决心，一举诛杀了太平公主及其党羽。此后，皇室内部开始稳定下来。

张说见唐玄宗宠信姚崇，深感担忧恐惧，便私下到岐王李范那里表明自己倾心依附的诚意。但此事被姚崇探听而知。

因协助唐玄宗除掉太平公主有功，张说被召为中书令，第二次当上宰相。但张说一直与同为宰相的姚崇不和，经常相互告发。张说一向忌恨姚崇，便指使御史大夫赵彦昭弹劾他，但唐玄宗不理睬。张说又指使殿中监姜皎向唐玄宗进言道："陛下早就想任命一位河东总管，却苦于找不到合适的人选，臣现在发现了这样一位称职的人。"唐玄宗问他这个人是谁，姜皎回答说："姚崇文武全才，是担任河东总管的合适人选。"唐玄宗说："这是张说的主意，你竟敢当面欺骗朕，应当处以死刑！"姜皎赶忙叩头自首谢罪。

一天，姚崇退朝时，故意装作行动不便，落在众大臣后面。唐玄宗见了后问他："卿有足疾吗？"此时其他人都已散去，只剩下姚崇自己一人，他便对唐玄宗说："臣有腹心之疾。"玄宗追问其故。他答道："岐王是陛下的爱弟，张说是辅臣。张说暗地里乘车到岐王家里，臣恐怕出什么差错，所以担忧。"结果，张说被贬为相州刺史。

不久，与张说一直相处很好的宰相苏颋对唐玄宗说，张说忠诚正直、建有功勋，不宜外迁，遂被提升为荆州长史。随后又出任右羽林将军、检校幽州都督。入朝时，张说穿着戎服拜见唐玄宗，唐玄宗非常高兴。开元七年（719）六月，张说被提升为检校并州大都督府长史兼天兵军大使。这期间，张说为边疆的安定作出了很大的贡献。

开元八年（720）六月，朔方大使王晙在受降城诱杀突厥降户，死者千余人。大同等地的突厥闻知后非常震惊，人心惶惶，局势开始动荡起来。张说受命后，亲自带领二十骑前往安抚。副使李宪担心突厥很难相信，不宜轻入，去信阻止张说前往。张说回信说："我的肉不是黄羊肉，不怕被吃；我的血不是野马血，不怕被喝。士人临危舍命，这正是我效忠的时候。"于是直接进入突厥部落，召集各酋长耐心慰抚。突厥被他的诚心深深感动，人心慢慢平静。突厥部落因此安定下来，避免了一场动乱之祸。

开元九年（721）四月，兰池州（今宁夏盐池）康待宾举兵谋反，攻陷六胡州，然后纠合党项共七万人进逼夏州（今陕西神木南）。张说率兵万人前往讨伐，康待宾兵败服降。讨击使阿史那建议诛杀党项，以免他们死灰复燃，再次谋反。张说说："王者之师，应该征伐叛逆、抚慰服从，怎么能杀已经降服的人！"遂奏请唐玄宗设置麟州，以安置党项余众，使其安居复业。张说因这次平乱有功，迁兵部尚书、同中书门下三品，再次当了宰相，掌握朝廷文武大权。

三、讨叛定边　改兵革制

开元十年（722）四月，张说兼知朔方节度使。九月，康待宾余党康愿子又起兵反叛朝廷，自立为可汗。张说奉命率兵征讨，生擒康愿子。征服叛兵后，张说将河曲六州残余的五万多顺服残兵，分散安置，迁徙到许、汝、唐、邓、化、豫等州，黄河以南及朔方各州的千里之地遂无人居住。

为防止外敌犯边，边境过去常驻兵达六十余万。张说认为没有强敌，请唐玄宗减兵二十万，以减轻巨大的军备耗资。唐玄宗对张说的话颇感疑虑，但经过张说再三上疏，玄宗最后同意裁撤边境驻边部队二十余万，占了驻兵的三分之一。

随后，张说还根据实际情况，建议唐玄宗改府兵制为募兵制。府兵制是寓兵于农的一种制度，经过训练的兵士平时在家耕种田地，战时应召出征，且自备军需。这样一来，兵士不堪其苦，逃亡者甚多。开元十年（722）九月，唐玄宗要招募青年担任宿卫，张说建议免除他们的租调劳役，给予他们优厚待遇，并一年更换一次。唐玄宗听从了张说的建议，不到十天，张说就招募精兵十三万。从此以后，兵农分开，兵成为一种职业性的雇佣兵，这对加强军事管理，提高军队素质和作战能力，起到了有效的促进作用。

史官刘知几死后，著作郎吴兢撰修了《则天实录》，其中记载了宋璟激励张说为魏元忠作证的真实经过。张说在修史时见到了这段记载，心里知道是吴兢所写，嘴里却故意说道："刘五（即刘知几）在修史时对我一点都不照顾！"吴兢马上站起来回答说："这一段是我吴兢写的，所有的草稿都还在，我不能让明公您错怪了已经死去的刘知几。"在坐的同僚听了这话全都大惊失色。后来张说私下里请求吴兢将这段记载略改几字，吴兢始终没有答应，他说："我要是曲从您的要求，《则天实录》就不再是秉笔直书的信史，将何以取信于后人呢？"

开元通宝

由于山东各州旱情严重，唐玄宗命令台省名臣出任州刺史；玄宗任命黄门侍郎王丘、中书侍郎崔沔和礼部侍郎、知制诰韩休等五人出任刺史。

当初张说举荐崔沔任中书侍郎，依照惯例，接受皇帝制命以及传达皇帝旨意均由宰相负责，中书侍郎形同虚设。崔沔认为："朝廷设官分职，上下之间应相互维系，只有在位者各抒己见，朝廷大政才能减少失误。中书侍郎是中书令的副职，岂可拱手沉默无所事事呢！"因此遇事经常表示不同意见，张说对此感到不快，便趁此机会将他外放为刺史。

开元十一年（723）二月，张说兼中书令。随后，他改革政事堂为中书门下，其下设五房：吏房、枢机房、兵房、户房、刑礼房，分曹掌管总务，正式建立了政事堂的办事机构，加强了政事堂的权力和地位，使政事堂的发展步入了新的阶段。

四、行为不慎　获罪罢相

开元十三年（725），唐玄宗准备封禅泰山，张说草拟了封禅礼仪并将其进献给玄宗。四月，唐玄宗与中书门下及礼官、学士们一起在集仙殿聚饮。玄宗说："神仙是凭空虚构的，朕并不认为可取。贤才则是治理国家的工具，朕今天与诸位一起会餐，应当将集仙殿改名为集贤殿。"规定凡在书院中供职的官员，五品以上均为学士，六品以下均为直学士；又任命张说为知院事，任命右散骑常侍徐坚做他的副职。唐玄宗还打算请张说任大学士，因张说极力推辞而作罢。

张说推荐了许多中书省、门下省吏员和自己亲近的人任代理官职随从玄宗登泰山。封禅大典结束后玄宗推恩颁赏时，这些人往往可以被破格地提拔为五品官，但这种皇恩却与其他文武百官无缘；中书舍人张九龄向张说谏阻这种做法，但张说拒绝采纳。还有，扈从车驾的士卒，均只加勋而不赐物，因此朝廷内外均对张说极为不满。

开元十四年（726），张说奏道："如今的五礼，经过贞观、显庆年间两次编撰修改，前后有很多不同之处，其中有些尚有所偏颇。希望陛下允许臣和学士等人对古今的礼仪进行讨论研究，酌情对五礼作适当的增删修改，然后颁布施行。"唐玄宗采纳了张说的建议。

唐玄宗召见河南尹崔隐甫，准备重用他。张说鄙薄崔隐甫没有文采，就向唐玄宗提议让他当金吾大将军；前殿中监崔日知一向与张说关系好，张说就举荐他当御史大夫。但唐玄宗没有听从张说的建议。唐玄宗任命崔日知为左羽林大将军；任命崔隐甫为御史大夫。崔隐甫从此与张说有了矛盾。

张说很有才学智谋，但贪财，百官陈述事情有不符合他心意的地方，他喜欢当面驳斥，甚至大声呵斥谩骂。他厌恶御史中丞宇文融的为人，而且还担心宇文融的权力上升，因此对宇文融所提出的建议，大多加以压制。中书舍人张九龄对张说说："宇文融蒙受恩宠掌握大权，又能言善辩，很会耍弄权术，您对他不能不有所防备。"张说轻蔑地说："鼠辈能有什么作为！"

四月，崔隐甫、宇文融和御史中丞李林甫一起向唐玄宗上书，弹劾张说："请来术士观星象以测吉凶，还徇私舞弊，收受贿赂，过分奢侈。"唐玄宗立即下令拘捕张说，并派兵包围了他的家。

这次事件给了张说很大的精神打击。事后，唐玄宗派高力士去探视，只见张说坐在席上，蓬头垢面，"食以瓦器，惶惧待罪"。高力士回朝对唐玄宗明说了一切，并说张说曾为侍读，于国有功。玄宗怜悯张说，就只罢了他的中书令，免去宰相之职，其余不予追究。

崔隐甫、宇文融害怕张说被重新起用，多次上奏诋毁他。他们各自结成朋党，明争暗斗。唐玄宗很厌恶他们的做法，开元十五年（727）二月，唐玄宗命令张说退休，崔隐甫免职回家侍奉他的母亲，宇文融离京任魏州刺史。

张说离开朝廷后，专心致志研读文史。开元十六年（728），张说仍被请为集贤院院士，朝廷每有要事，唐玄宗仍要征求他的意见。开元十七年（729）二月，唐玄宗复任他为尚书左丞相。

《张燕公集》书影

张说是唐代著名的文学家，也是当时的文人领袖。他的文章以清丽、精密为后人称颂。朝廷一旦有大作出现，多出于张说之手。张说尤其擅长碑文，当代人无一能及。他倡导开馆置学士，唐玄宗就设立丽正书院，聚集了许多文学名士从事文化教育事业，如徐坚、贺知章等。唐玄宗还任张说为修书使，总管丽正院。有关部门给予这些人的供应十分优厚。中书舍人陆坚认为这些人所干的事对国家没有什么益处，只是白白地耗费钱财，打算奏请唐玄宗将他们全部罢免。张说道："自古以来的帝王在国家安定时期，无不大建宫室，增广耳目声色之好，唯独当今天子延纳和礼遇博学的儒者，阐发和弘扬先圣所遗留下来的文献典籍，这样做对国家大有好处，并且耗费的钱财也极为有限。陆子所说的话，怎么如此不明事理！"唐玄宗得知此事后，愈发推重张说而鄙视陆坚。后来，丽正书院改名为集贤书院，五品以上为学士，六品以下为直学士，并任命张说为知院事。张说在做宰相时，提拔和重用了一批文学之士，其中最著名的有张九龄，后来成为唐代的名相。

开元十八年（730）十二月，张说病逝，时年六十四岁。唐玄宗亲自为其制神道碑文。因张说曾被封为燕国公，其文集称《张燕公集》，共计二十五卷。

中书令张嘉贞

张嘉贞（676～739），唐朝宰相。字嘉贞，蒲州猗氏（今山西临猗）人。祖籍范阳（今北京西南），高祖张子吒，在隋朝时任河东郡丞，遂举家迁至蒲州。张嘉贞历任平乡尉、河东采访使、监察御史、中书舍人、并州长史、中书侍郎、同中书门下平章事、中书令等职。追赠益州大都督，谥号"恭肃"。张嘉贞性格粗疏，待人以诚，心胸宽大，不以一己私仇而误国家大事。他虽然显贵，但不热衷为自己谋利，从不置办田园，他的品行受到人们的称赞。

一、才惊则天　忠感玄宗

张嘉贞自幼丧父，十分好学，长大后考中五经科，补任平乡尉，不久便因事获罪免去官职。

长安年间（701～704），御史张循宪出使河东，遇到一件事不能决断，十分忧愁，便询问佐吏说："你知道哪里有德才兼备的宾客吗？"佐吏听说过张嘉贞的才名，遂向张循宪荐举了张嘉贞。于是张循宪召见张嘉贞，向他询问如何处理那件事情。张嘉贞剖析条理，无不透彻。张循宪大为惊奇，试着让他起草奏章，张嘉贞挥笔立就，张循宪一看奏章内容，都是自己所考虑不到的。有一天，武则天认为张循宪的奏章十分出色，便夸奖他大有长进，张循宪奏告都是张嘉贞所写的，便请求将自己的官职让给他。武则天说："朕难道没有另外的官职来晋用贤能吗？"武则天在内殿召见张嘉贞，用帘遮挡住自己。张嘉贞仪表英俊魁伟，奏对直抒己见，武则天认为他有奇特的才能。他趁机请求说："臣是草野之人，未见过朝廷礼仪，陛下误听，引我在宫禁对奏。如今天威近在咫尺之间，却犹如隔着云雾，恐怕君臣之道有不能尽意的地方。"武则天说："好。"下诏卷起帘子，授任他为监察御史，升任张循宪为司勋郎中，奖励他举荐得人。

张嘉贞经过几次升任后，担任了兵部员外郎。当时，文牒堆满几案，郎官不能裁决，张嘉贞认真处理，不出十天，廷里便没有被拖延的文牒了。通过政绩考核，张嘉贞得以晋任中书舍人，历任梁、秦二州都督和并州（治今山西太原）长史，他为政严肃，不讲情面，吏员下属无不畏惧他。

开元初年（713），张嘉贞到京城奏事，玄宗称赞他的政绩，多次慰劳他。张嘉贞趁机说："臣幼年丧父，与弟弟张嘉祐相依为命长大成人，如今他任都州别驾，与臣各在一方，相距遥远，互相牵挂。希望能调任他为内官，使我们稍近一些，臣兄弟定会尽力报国，死而无恨。"玄宗为此调任张嘉祐为忻州（治今山西忻县）刺史。

当时，突厥九姓部落刚刚归附唐朝，散居在太原以北，张嘉贞奏请设置天兵军以安抚保护民众。玄宗采纳了这一建议，在并州设置了天兵军，张嘉贞被任为天兵使。

开元六年（718）春天，张嘉贞入朝，有人告他在军中生活奢侈、僭越，并且贪赃受贿，御史大夫王晙因此弹劾他。玄宗命有关官员审查此案，经过审查不合实情，玄宗令诬告者获罪。张嘉贞不以私仇为念，向玄宗致辞说："国家的重兵利器都在边疆，如今告状者一有不当便治他的罪，臣恐怕会因此阻塞言路，将成为未来的祸患。从前天子听政于上，盲者歌赋赞诵，百官规劝，众人指责，如今将要让此人获罪，以后天下的事情就无法传达给朝廷了。"于是诬告之人得以免去死罪。

玄宗因此认为张嘉贞很忠诚，许诺要任他为宰相。张嘉贞便说："过去马周起自平民，谒见君主，血气方刚，太宗任用他，能竭尽他的才能，可他刚五十岁就去世了。假使任用稍晚，便来不及了。陛下不认为臣无能，一定要用臣的话，就要趁早，以后臣衰老就无能为力了。况且百年之寿谁又能达到呢？臣时常担心自己先于朝露死在沟壑中，如果真的能效力万一，不辜负陛下之恩，臣就满足了！"玄宗说："你暂且前去，不久就征召你为相。"

二、入朝任相　张说排挤

开元八年（720）春天，苏颋、宋璟罢相，玄宗果真打算任用张嘉贞，却忘了他的名字。他在夜里召见了中书侍郎韦抗，问他："朕曾记得他的风度操行，如今任北方大将，姓张是两个字的名，卿为我想想是谁。"韦抗说："不就是张齐丘吗？现在任朔方节度使。"玄宗便让他起草诏令任他做宰相。将近半夜时，玄宗因阅览大臣表疏，拿起一份是张嘉贞所呈进的，这才记起他的名字，便任他为中书侍郎、同中书门下平章事。

张嘉贞见到任命自己为宰相的诏令，立即欣然入朝。他任相后，兢兢业业，政务处理得当，颇受好评。因此，仅过了几个月，他便加银青光禄大夫，升任中书令。张嘉贞任职三年，擅长陈述奏进，裁断处置思维敏捷。然而他的性格强直急躁，时论恨他不够宽容。

开元十年（722），玄宗御驾到达东都洛阳。当时洛阳主簿王钧负责为张嘉贞修理宅第，正遇王钧因贪赃被人告发，玄宗下诏在朝堂对王钧处以杖刑。张嘉贞害怕受到诬告牵连，催促有关官员迅速将王钧处死以灭口，然后他将此事归罪于御史大夫韦抗、中丞韦虚心，将二人贬黜。

唐代官服图

当年冬天，秘书监姜皎获罪，张嘉贞迎合驸马王守一的意旨，奏请下诏对姜皎处以杖刑，不久姜皎死去。正值广州都督裴伷先获罪，玄宗召见侍臣问如何定罪，张嘉贞又接引姜皎的例子比照。兵部尚书张说说："不对，刑不上大夫，因为他接近君主。所以说'士可杀不可辱'。臣今年秋天奉诏巡视边疆，中途听说姜皎因罪被处以在朝堂上杖刑，流放发配而死。姜皎的官位三品，并且有功，如果罪应处死，就杀死他，唯独不应该让他当廷受辱，像对待兵卒那样对待他。何况勋贵还享有八种减罪的条件呢？姜皎的事情已然过去不可追究，岂能容许再对裴伷先滥施决罚呢？"玄宗认为很对。张嘉贞退下，不高兴地对张说说："你的话太严重了。"张说说："宰相，时运来了就做，不可能长久保持这个地位。如果贵臣都可以决杖，只恐怕我辈也要连及，我之所以这样做，难道不是为了天下士人君子的地位吗？"

起初，张嘉贞在兵部时，张说已任侍郎。等到他们二人都做了宰相，张说地位在张嘉贞之下，议论政事时张嘉贞无所谦让，因此张说不满，故意说这些话来激怒张嘉贞。此后两人开始不合。

三、罢相病死　子也拜相

不久，张嘉祐受任金吾将军，兄弟并居将相之位，地位显要而接近皇上，人们对此都十分害怕、忌恨。

　　张嘉贞品性简慢疏放，待人诚恳，从不猜疑，心胸宽大，有时因此带来祸患。有想要晋升的人，他就引荐他们，并能始终给引荐者以恩惠。他所引荐的中书舍人苗延嗣、吕太一，考功员外郎员嘉静，殿中侍御史崔训，都居于清贵重要职位，张嘉贞每日与他们商议政事。因此当时人说："张令公四俊：苗、吕、崔、员。"张嘉贞开始任中书舍人时，中书令崔湜轻视他，后来与他议事，见解每每超出自己。崔湜惊叹道："中书令这个官位应该由他来坐。"果然，十年后张嘉贞便任中书令。

　　张嘉贞任中书令后，虽然显贵，却不置办田园。有人劝说他，他回答道："我担任宰相，未死之际，岂有饥寒之忧？如果遭到贬逐，即使富有田产，仍然不能自己拥有。你没有看见近代士大夫扩大田宅，等他们死后，却成为不肖子弟的酒色花费，我不这样做。"

　　开元十一年（723），玄宗到达太原，张嘉祐贪污受贿之事被人告发到朝廷，张说劝说张嘉贞素服待罪，不得入朝谒见。之后张嘉贞出为幽州刺史，张说代他任中书令。张嘉贞心中恨张说，对别人说："中书令幸有二员，他怎么相逼得如此紧迫呢？"

　　第二年，张嘉贞任户部尚书、益州长史，主管都督事。玄宗下诏在中书省设宴，命张嘉贞与宰相聚会。张嘉贞怨恨张说排挤自己，在座席中谩骂张说，源乾曜、王晙一同劝解，才得以和解。

　　开元十三年（725），玄宗皇后王氏的兄长王守一因犯罪被赐死，张嘉贞因与他亲厚友善而获罪，贬任台州刺史。不久，张嘉贞授任工部尚书，任定州刺史，主持北平军事务，封河东侯。他将要赴任时，玄宗为他赋诗，下诏百官在上东门为他饯行。

　　张嘉贞到任后，在恒岳庙中立碑，他亲自撰写碑文，然后命匠人刻在石碑上。碑用白石雕刻，文字是黑色的，黑白对照，十分分明，甚是奇丽。以前恒岳庙祠为远近百姓祈禳，每年收入钱数百万枚，张嘉贞自认为自己有撰写碑文之功，就从中取万枚。

　　开元十七年（739），张嘉贞因病请求回东都，玄宗下诏同意了。他来到东都，眼睛已经看不见了，玄宗下诏命御医为他看病。但病势已重，御医也无力回天。当年秋天，张嘉贞去世，终年六十四岁，追赠益州大都督，谥号"恭肃"。

　　张嘉贞为相时，曾举荐万年县主簿韩朝宗任御史。张嘉贞死后十多年，韩朝宗任京兆尹，有一次他谒见玄宗说："陛下对待宰相，进退都能以礼相待，他们虽已身亡，子孙却在朝廷。张嘉贞晚年得到一个儿子张宝符，陛下唯独没有授任给他官职。"玄宗恻然，遂召入张宝符，授其为左司御率府兵曹参军，赐名延赏。

张延赏虽然幼年丧父，却能博涉经史，精通吏治，宰相苗晋卿尤其器重赏识他，将女儿嫁给他做妻子。肃宗在凤翔，升任张延赏为监察御史，征召任用为关内节度使王思礼的幕府。王思礼任北都留守，上表推荐他任副职，肃宗召入张延赏升其为刑部郎中。元载能任宰相，得力于苗晋卿，所以他优厚对待张延赏，推荐他任给事中、御史中丞。后来，张延赏官至中书侍郎、同中书门下平章事。父子二人都官至宰相，时人传为美谈。

中书侍郎李元纮

李元纮（？～733），唐朝宰相。本姓丙氏，字大纲，祖籍滑州（今河南滑县），后迁居京兆万年（今陕西西安）。曾祖丙氏粲，隋炀帝时为屯卫大将军，后率众归附唐高祖，拜宗正卿，封应国公，赐姓李氏。祖父李宽，唐高宗时任太常卿，封陇西郡公。父李道广，武则天时任汴州刺史，官至同凤阁鸾台平章事，封金城县侯。李元纮历任雍州司户、好畤令、润州司马、京兆少尹、工部侍郎、吏部侍郎、中书侍郎、同中书门下平章事等职。谥号"文忠"。他为官正直，不畏权贵，为百姓办了许多好事，颇有政绩。为相清廉，所得赏赐之物都分给亲朋。虽贵为宰相，但家无储积。

一、家族显赫　政绩非凡

李元纮出身于官宦世家，家族显赫。李元纮的曾祖丙氏粲，在隋炀帝大业年间（605～618）任屯卫大将军。隋末义军四起，盗贼遍地，隋炀帝命他督率追捕京城以西二十四郡盗贼。他善于安抚，甚得军心。唐高祖李渊时为太原留守，有意起兵成就帝业，便与丙氏粲深交。等到唐王朝的军队入关，丙氏粲率领众兵归附唐高祖，被授任宗正卿、应国公，赐姓李。后来任左监门大将军，因他年老，唐高祖允许他乘马在宫中巡视。他八十多岁去世，谥号"明"。李元纮的祖父李宽，高宗时任太常卿、陇西公。父亲李道广，武则天时任汴州刺史，颇有政绩。突厥、契丹侵犯河北，朝议征发河南兵进击他们，百姓受到惊扰，李道广尽心安抚，没有人逃往他乡。李道广因功升任殿中监、同凤阁鸾台平章事，封金城侯，去世后追赠秦州都督，谥号"成"。

唐墓壁画《礼宾图》(局部)

　　李元纮在这种官宦之家中长大，深受影响，因此他少时便十分端庄谨慎。成年后，他出仕任雍州司户参军。当时武则天的女儿、睿宗的妹妹太平公主权势震慑天下，百官无不顺应迎合其意。太平公主为了谋求私利，曾与僧人争夺水碾，李元纮判定还给僧人。雍州长史窦怀贞畏惧太平公主的权势，催促他改判。李元纮在判状后面用大字写道："南山可以移动，这个判状不可动摇。"最终，李元纮也不肯改判，窦怀贞不能夺其志。但这却开罪了太平公主，李元纮不久便被改任好畤令。由于他很有政绩，又升任润州司马，以善于治理闻名。

　　开元初年（713），李元纮任万年令，赋役号称公平，深得民心。玄宗得知后，立即将李元纮升任京兆少尹。玄宗诏令李元纮疏通三辅渠，当时，亲王、公主、权贵之家都沿渠架设水碾，蓄水筑堰与民争夺利益。李元纮不畏权贵，命令官吏将其全部捣毁，分水灌溉渠旁田地，庄稼丰收，百姓大获其利。

　　李元纮的官声很好，玄宗命官员考核政绩时，他成绩优等，得以升任为吏部侍郎。开元十三年（725），户部侍郎杨玚、白知慎因支出失当获罪，贬为刺史，玄宗命令宰相及公卿寻求可以接替之人，公卿多推荐李元纮。玄宗打算升他为尚书，宰相认为他资历浅薄，于是任户部侍郎。

　　李元纮在任户部侍郎期间，曾列举利害及政事得失，玄宗认为他有才能，可以担任宰相，赐给他衣一套、绢二百匹。第二年，便授任李元纮为中书侍郎、同中书门下平章事，封清水县男。

二、抑止名利　正直清廉

李元纮出任宰相执掌国事，致力于严厉约束百官，抑止追求名利之人。那些喜好浮夸钻营者都害怕他，常在玄宗面前诋毁他。但玄宗十分宠信李元纮。有一次群臣在武成殿宴会，玄宗赐给群臣衣裳，特别以紫服、金鱼袋赐他及另一宰相萧嵩，群臣无人能比。

当时，朝廷废置了京官的职田，议论者请求在京城附近设置屯田，以充实仓廪。李元纮说："军务与国政情况不同，内地与边境制度相异。如果百姓清闲没有劳役，土地荒芜没有开垦，就可让消闲的百姓耕种荒田，减省运输，充实军粮，在这种情况下设置屯田，它的益处很大。如今百官所废置的职田不在一个县，不可以集中；百姓的私田都努力自耕，不可以占取。如果设置屯田，就要公私相换、调发壮丁。调发劳役则家业荒废，减免租庸则国赋欠缺，内地设置屯田，自古从未有过。恐怕得不偿失，徒然烦扰百姓、浪费财钱。"玄宗认为他言之有理，便采纳了他的意见。

起初，左庶子吴兢任史官，撰写《唐书》一百卷、《唐春秋》三十卷，这两部书还没完成，他便因守丧而解官。后来，吴兢守丧期满，上书请求完成撰述，玄宗下诏允许他在集贤院完成史书；等张说退休时，又诏令他在家修史。李元纮因此进言："国史记录君主善恶、国政利弊，关系褒贬，前代圣人尤为注重此事。如今张说在家修史，吴兢又在集贤院中撰录，遂让国家大典分散不一。况且太宗在宫中另设史馆，是为了重视这个职务、隐秘其事。请求勒令张说到史馆修史，与史官一起参酌会同撰录。"玄宗下诏，让张说和吴兢都到史馆修撰国史。

李元纮任宰相，节操十分清廉。他执掌国事多年，不曾改修住宅，僮仆很少，车驾的马匹都老弱不堪。他将得到的封赏随时接济亲族。后来，宰相宋璟曾感叹说："李公引荐美才，贬黜贪官，身为国相，家无储蓄，即使季文子的德行，也不能超过他！"

后来，李元纮与宰相杜暹不和，两人几次在玄宗面前争辩，玄宗不高兴，将二人都罢免了宰相，命李元纮任曹州刺史。调任蒲州时，李元纮因病辞职。后来，他以户部尚书退休。

开元二十一年（723），李元纮病体好转，被玄宗再次起用任太子詹事。但没过多久，他便去世了，追赠太子少傅，谥号"文忠"。

礼部尚书杜暹

杜暹（约 675～740），唐朝宰相。濮州濮阳（今河南濮阳）人。父杜承志，武则天时任监察御史。杜暹历任婺州参军、郑尉、大理评事、监察御史、给事中、黄门侍郎、安西副大都护、同中书门下平章事、礼部尚书等职。追赠尚书右丞相。谥号"贞孝"。他为人孝顺友爱，事继母至孝，对待异母弟十分友爱。他为官清廉，生活节俭，常自我约束，勤勉不倦。因与宰相李元纮互争高下，惹怒玄宗，被罢相外任。他清廉的节操，受到后人称赞。

一、清正廉明　出使绝域

杜暹的父亲杜承志，在武则天时任监察御史。武则天取代唐建立大周，遭到李唐宗室的反对。因此，武则天残酷打击李氏宗亲。她放手任用酷吏，李氏宗室被杀和遭流放者众多。怀州刺史李文暕也是李唐宗室，他被仇人诬告谋反，武则天下诏令杜承志推问审验。杜承志禀公审验，没有查出谋反事实。后来，李文暕获罪，杜承志被贬为方义令，又升任天官员外郎。杜承志看到罗织诬陷之狱兴起，便称病辞官，死在家中。

杜家从高祖到杜暹，五世同居。杜暹尤其恭敬谨慎，他的生母去世早，他由继母抚养长大，因此他侍奉继母十分孝顺。

杜暹二十岁左右考中明经科，补任婺州参军。等他任期满将要调任他职时，属下官吏送给他一万张纸，杜暹只接受百张，其余的全都退还。众人感叹说："这与从前清官接受一枚大钱，又有什么区别呢？"

不久，杜暹任郑尉，又因清廉节操闻名。华州司马杨孚是公正刚直的人，经常向杜暹征询，很是器重他。时值杨孚升任大理正，杜暹因为受到一些事牵累获罪，杨孚说："假如连这个人都获罪，该如何劝勉众人呢？"于是，杨孚便用文书陈述事实向执政者说明，朝廷升任杜暹为大理评事。

开元四年（716），杜暹以监察御史之职前往漠西检查屯守。正值安西副都护郭虔瓘与西突厥可汗阿史那献、镇守使刘遐庆互相控告，玄宗下诏杜暹就地查验。他进入突厥人的营帐，寻求郭虔瓘等人的犯罪证据。突厥人以黄金馈赠杜暹，杜暹坚决推辞，左右人说："公出使绝域，不可失去戎人之心。"杜暹只好接受了黄金，却又悄悄埋在帐幕下。等到他出境以后，他才传书让突厥人收取黄金。突厥人大惊，越过沙漠追赶他，没有追上，只好回去。

事后，杜暹升任给事中，因继母去世而离职守丧。开元十二年（724），安西都护张孝嵩升任太原尹，有人推荐杜暹为继任人选，说杜暹以前出使安西，突厥人佩服他清廉，至今仍然思慕。于是，杜暹丧期未满便被起用授任为黄门侍郎兼安西副大都护。杜暹毫不推辞，遂单骑赴职。

第二年，于阗王尉迟眺暗中联合突厥各国叛乱，杜暹察知他们的阴谋，出兵讨伐他们，将其党羽五十人全部消灭，另立君长，于阗于是安定。杜暹因功加授光禄大夫。杜暹守卫边疆四年，安抚戎人训练士兵，能勤苦自励，受到少数民族和汉族人民的喜爱。

二、勤勉不倦 不受馈赠

开元十四年（726），玄宗认为杜暹有宰相之才，遂召入其任同中书门下平章事，派宦官前往迎接。他入京就职。杜暹奉命离开安西，当地官吏百姓前来送别者众多，都对他恋恋不舍。但皇命难违，杜暹只得与他们洒泪而别。

杜暹谒见玄宗时，应对机敏，玄宗大为高兴，赐绢二百匹、马一匹、宅第一处。杜暹为相兢兢业业，政事处理得井井有条。

杜暹友爱兄弟，对异母弟杜昱非常关爱。虽然杜暹缺少学问，在朝堂议论往往失于浅薄，然而能以清廉勤俭自我约束，勤勉不倦。他从年轻时立誓不接受亲友赠送之物，直到终身。

后来，杜暹与李元纮互争高下，被罢免宰相，外任荆州都督长史，历任魏州刺史、太原尹。开元二十年（732）冬天，玄宗从东都洛阳出发，到达北都太原时，任命杜暹为户部尚书，允许他随从皇帝车驾。玄宗回到西京长安没过多长时间，再次前往东都，以杜暹为京城留守。杜暹率领值勤的卫士修缮了三座宫城，又疏浚了城河，他亲自监督工程，毫不懈怠。玄宗听说后赞扬他，几次赐书褒扬慰劳，升任他为礼部尚书，封魏县侯。

开元二十八年（746）杜暹去世，追赠尚书右丞相，玄宗派遣使者护

唐宝珠顶单檐四门纯金塔

丧，宫中拿出三百匹绢赐给他家办理丧事，太常寺议定谥号"贞肃"。右司员外郎刘同昇等认为杜暹品行忠孝，谥号不尽全面。博士裴总说杜暹从前在守丧期间奉命出使安西，虽然为国勤劳，却不得尽孝。他的儿子杜孝友又向玄宗陈诉，玄宗再次诏令有关部门考订，最终定谥号"贞孝"。

杜暹去世后，尚书省及故旧官吏赠送财物以帮助办理丧事，他的儿子杜孝友一概不接收，以遵行杜暹平素不接受亲友馈赠的心志。

黄门侍郎宇文融

宇文融（？～约730），唐朝宰相。京兆万年（今陕西西安）人。祖父宇文节，唐太宗时任尚书左丞，唐高宗时任宰相；父宇文峤，官至荣州长史。宇文融历任主簿、劝农使、兵部员外郎、侍御史、御史中丞、户部侍郎、黄门侍郎、同中书门下平章事等职。他大肆搜刮民脂民膏，以聚敛财富邀宠玄宗，使唐玄宗更加穷奢极欲，整个封建统治阶级日益腐朽，成为"安史之乱"的原因之一。

一、家庭影响　善于聚敛

宇文融，是隋平昌公宇文敬的后代。祖父宇文节通晓法令，在唐太宗贞观年间（627～649），曾任尚书右丞，他为人谨慎，办事干练，洁身自好。当时，江夏王李道宗因私事向宇文节请托，宇文节不仅没有答应，反而将此事奏报太宗，太宗很高兴，赐给他绢二百匹，慰劳他说："朕近来不设左右仆射，正是因为公在尚书省啊。"永徽初年（650），宇文节迁任黄门侍郎、同中书门下三品，接替于志宁任侍中。

宇文节与唐初名相房玄龄的儿子房遗爱一向来往密切，关系很好。房遗爱娶太宗的女儿高阳公主为妻，公主十分骄横。房玄龄死后，公主教唆房遗爱和他的兄长房遗直分财产，过后又反过来诬陷房遗直。房遗直自我申辩，太宗对公主大加责备，公主由此失宠，闷闷不乐。恰巧此时御史弹劾盗窃案，搜得僧人辩机的宝枕，辩机称是公主赐给他的。原来公主早就与辩机私通，送给他无以数计的财物，改让另两个女人侍候房遗爱。太宗得知此事大怒，下令腰斩辩机，杀死奴婢十多人，公主更有怨言。太宗驾崩时，面无悲戚之容。高宗即位后，公主又让房遗爱与房遗直相互诉讼分财产，房遗爱因此获罪，降职出任房州刺史，房遗直为隰州刺史。房遗爱遂与同样被降职的驸马都尉薛万彻密谋，拥立荆王李元景为帝。此事被房遗直揭发出来。高宗令长孙无忌审问其事，又得到房遗爱与公主谋反的罪证。高宗诏令将房遗爱、高阳公主等人处斩。宇文节虽然没参与谋反，也因与房遗爱友善而获罪，贬往桂州，并死在那里。

宇文节被贬官后，家境中落。宇文融的父亲宇文峤，任莱州长史，官位不高，因此宇文家族再也没有恢复当年宇文节为尚书右丞的繁盛景象。全家人常惶惶不安，生活也很拮据。宇文融自幼生长在这样的环境中，对他的性格造成了很大影响。他十分看重钱财，渴望出人头地。

长大后，宇文融明达善辩，擅长属官治事之道。开元初年（713），调任富平县主簿。宇文融办事干练，凡事都处理得井井有条。源乾曜、孟温相继任京兆尹，都称赞他贤能，并以礼相待。在他们的举荐下，宇文融不久便升任监察御史。

当时，全国各州县的户籍缺漏隐匿现象严重，人们大多离开原籍，四处辗转逃亡，以逃避徭役赋税，因此导致强弱兼并，州县不能制止，朝廷引以为患。宇文融面见玄宗，进奏对策，请求查实天下户籍，没收隐户和没有申报的土地以增加财用。玄宗采纳了他的建议，任命他为覆田劝农使，负责检查赈簿虚实，宇文融抓住这一机会，分外认真，结果查出很多假冒功勋及逃亡的人丁。他因此升任兵部员外郎，兼任侍御史。宇文融于是奏请慕容琦、韦洽、裴冕、班景倩、库狄履温、贾晋等二十九人为劝农判官，以御史名义分别查验州县，核检订正田亩数量，招集流亡人户而分给他们去耕种。宇文融又兼任租地安辑户口使。当时各道查出逃亡人户达八十万，田地也差不多有这么多。截至开元九年（721）年底，增收的钱达数百万贯。玄宗很高兴，召见了宇文融，授他为御史中丞。

唐代骑驼乐舞三彩俑

二、受玄宗宠　与张说争

各路使者在执法上竞相追求严峻苛刻，所在州县官吏又一味迎合使者，变本加厉地骚扰百姓，致使百姓苦不堪言。阳翟县尉皇甫憬上疏反映这一情况，由于玄宗正信任宇文融，所以皇甫憬反被贬职为盈川尉。州县官吏迎合上司的旨意，务求多得逃户，为此不惜虚报数量，有的甚至把户籍中原有的实户也当作新增的客户呈报上去。议者认为没收田地核查户口是滋生事端，百般反对诘难，但玄宗一心向着宇文融，宰相源乾曜等人也支持宇文融的举动。玄宗又召集群臣广泛商议，公卿附和玄宗不敢提出异议，只有户部侍郎杨玚认为在户籍以外收税，会导致百姓贫困破产，得不偿失。杨玚因此获罪而被贬官。

宇文融见玄宗支持自己，越发得意，他请求亲自从驿路巡行天下，事不分大小，先上报劝农使，然后再上报台省，台省官吏等待他的旨意，才能下达实行。尚书省左右司长官也都是在看到宇文融提出的意见后，才对具体问题作出处理决定。宇文融经过的地方，必定召集百姓，宣传天子的恩旨，以至于有的百姓因感激而流泪，都称赞宇文融是百姓的父母官。

开元十三年（725），宇文融出使返回朝廷，向玄宗奏报情况，玄宗于是下诏说："各地征收的客户赋税，在当地设立常平仓，增加各种谷物的储备，根据情况买进和卖出；官府鼓励设置农社，使贫富相互救济。凡在农忙季节，州县一般事务全部停止，以便使百姓全力收割庄稼。流亡新归的农户，十道各自分派官吏慰问安抚，使他们安居乐业。待已恢复完成旧业，州县每季申报一次情况，不得隐瞒。"

一时间，宇文融权倾朝野，皇帝宠幸，百官争相巴结、奉承他。宇文融也得意洋洋，自以为掌管着天下的财政大权，谁敢奈何他，便趁机贪污受贿。

中书令张说一向厌恶宇文融，每当宇文融有所建议，张说总是援引大道理在朝廷上与他争辩。宇文融见张说对自己如此，便怀恨在心，寻找一切机会中伤他。宰相张九龄对张说说："宇文融最近得势，他能言善辩而且诡计多端，公不可以轻视。"张说不以为然地回答说："狗鼠之辈能有什么作为！"

不久，宇文融又兼任户部侍郎。适逢玄宗到泰山封禅归来，宇文融鉴于迫近冬季考选官员的期限，请求将吏部考选事务分由十人主持。玄宗下诏命宇文融与礼部尚书苏颋、刑部尚书韦抗、工部尚书卢从愿、右散骑常侍徐坚、蒲州刺史崔琳、魏州刺史崔沔、荆州长史韦虚心、郑州刺史贾曾、怀州刺史王丘分别负责，但不得参与最后决定，一切由皇帝裁决。宇文融向朝廷奏报考选之事时，张说多次驳斥他，宇文融大为恼怒，就与御史大夫崔隐甫等人在朝廷上弹劾张说招引术士驱邪及受贿之事，张说因此被罢免了宰相之职。

宇文融担心张说将来再被任用，仍联合崔隐甫对他诋毁不止。玄宗痛恨他们结党，下诏命张说退休，放崔隐甫回家，令宇文融出任魏州（治今河北大名）刺史。

三、任相百日　获罪贬死

开元十四年（726），河北发大水，玄宗立即下诏命宇文融领宣抚使，不久兼检校汴州（今河南开封）刺史、河南河北沟渠堤堰决九河使。宇文融又建议请求开垦九河旧地为稻田，以陆地运输的经费暂且移作放债本钱，以收取利息缴到官府。玄宗全部同意了他的建议。然而，宇文融兴办役事众多，但其事大多没有成功。

开元十六年（728），宇文融被玄宗召入朝廷任鸿胪卿，兼户部侍郎。第二年，他又升任黄门侍郎、同中书门下平章事，也就是成了宰相。

宇文融既然居宰相之位，便雄心勃勃，以天下为己任，曾对别人说："假使我执政能有数月之久，天下就可以安定了。"于是，他引荐宋璟任右丞相，裴耀卿任户部侍郎，许景先任工部侍郎。当时人称赞他知人善任。但宇文融性情急躁，很少赞许下人。任宰相后，每天接待宾客旧友一起畅饮。因此，被时人所讥。他思维机警敏捷，无论何时他都能随口应答玄宗的问话，即使是天子也无法使他理屈。

信安王李祎任朔方节度使，宇文融畏惧他的权势，十分忌恨他，便指使侍御史李宙上奏弹劾他。李祎暗中得知，通过玉真公主、宠阉高力士而自行回朝。第二天，李宙果然上疏弹劾李祎，玄宗很生气，罢免了宇文融的宰相之职，叫他出任汝州刺史。

宇文融任宰相共一百天而罢职，但钱粮之事也从此得不到治理，国家用度费用日渐不足。玄宗十分思念他，责备宰相裴光庭等人说："公等指责宇文融的罪过，朕已将他治罪，然而国家财用不足，该怎么办呢？"裴光庭等人不能回答，就指使有关官员弹劾宇文融结交不法之徒，作威作福，其子大肆接受赃物、贿赂，名声恶劣等事。于是，玄宗一怒之下将宇文融贬为平乐县尉。一年以后，司农卿蒋岑在汴州时欺骗隐藏官息钱达巨万，给事中冯绍烈援引法律条文深加追究，玄宗下诏将宇文融流放到岩州。

在途经广州时，宇文融拖延不肯前往，都督耿仁忠斥责他说："明公受到朝廷的谴责，以至于此，如果再故意抗拒皇命，滞留广州境内，恐怕将连累我耿仁忠，恐怕朝廷知道明公在此，也肯定不能罢休。"宇文融惶恐不安地上了路，死在途中。

当初，宇文融广设使职聚财以满足玄宗奢侈放纵之心，百姓忧愁恐惧。有关部门的官员争相搜刮民财，就是从宇文融开始的。宇文融死后，玄宗还不忘其旧功，追赠他为台州刺史。此后向玄宗谈论财利而得宠的人接踵相继，都是以宇文融为榜样的。

宇文融被贬外地，他的儿子宇文审与兄弟在京城奉养母亲。等听到宇文融再度被贬，宇文审没有告诉他的家人，大哭着徒步去探望父亲，使者怜悯他，让他乘车一同到达岩州。后来宇文审考中进士，多次迁任后为大理评事。鉴于刑具大小没有规制，首创杖架，用高低来度量刑杖的长短，又用铜制成铜规，来度量刑杖的精细。宰相杨国忠专政，诛杀流放岭南的官人，通过宦官传达口敕行刑。大臣们都忌恨杨国忠的残酷，于是奏请玄宗，任命宇文审为岭南监决处置等使。宇文审到任后，宽大为怀，使很多人得以活命。后来，宇文审位终于永、和二州刺史。

刑部尚书韦坚

韦坚（? ～746），唐朝宰相。字子全，京兆万年（今陕西西安）人。父韦元圭，任银青光禄大夫。韦坚历任长安令、陕郡太守、水陆转运使、左散骑常侍、刑部尚书等职。他迎合玄宗心意，大肆兴修、开凿漕渠，深受玄宗宠信重用。但权势太盛反遭忌恨，奸相李林甫借机诬陷他谋反，他被贬官流放，又被杀死。可见，一个人过于贪恋权势常招致祸患。

一、迎合上意　大肆兴修

韦坚的姐姐是玄宗之弟薛王李业之妃，韦坚的妹妹是皇太子李亨之妃，韦坚的妻子是楚国公姜皎之女，他的亲戚全都富贵显赫，所以韦坚做官很早。由秘书丞历任奉先、长安令，因干练而闻名。韦坚与侍候玄宗的太监友好，经常让他窥伺玄宗心意。

开元二十五年（737），韦坚看见户部侍郎宇文融、太尉卿杨慎矜以聚敛财赋而被重用，于是转运江、淮一带的租赋，所到之处设官督察，以增加充实国库，年终增加财用达巨万。玄宗因此赏识他的才能，于天宝元年（742）三月升任他为陕郡太守、水陆转运使。

早在汉代时便兴修了漕渠，东起潼关门，西到长安，转运太行山

唐代铰接式铆金白玉镯

以东的租赋，直到隋朝还经常整治。韦坚任转运使后，在咸阳堵塞渭水，修筑堤堰，阻截灞水、浐水向东流到永丰仓（在今陕西华阳东北渭河口上），再与渭水合流。浐水紧靠禁苑东侧有一座望春楼，韦坚想在它的下方挖掘一个新潭来通漕渠。于是，他聚集江淮地区的运粮船只，让服役人、匠人凿通渠道，掘开百姓的坟墓、田野。百姓无不怨恨不已，只是不敢声张。

漕渠历时两年才修成。玄宗为此而登上望春楼，下诏命群臣前来观看。韦坚预先调来洛、汴、宋、山东小斛船三百艘停在潭中，篙工舵手都头戴大笠，身穿宽袖衣服，脚蹬草鞋，扮作吴、楚人的装束。每只船都署名是某郡，并将当地物产公开陈列在船上。如广陵郡船上陈列着锦缎、铜器、绫罗、刺绣；会稽郡船上陈列着吴绫、绛纱；南海郡船上陈列着玳瑁、象牙、珠玑、沉香；豫间郡船上陈列着名瓷、酒器、杯盏、茶釜；宣城郡船上陈列着空青石、纸笔、黄连；始安郡船上陈列着蕉葛、蛇胆、翡翠；吴郡船上陈列着糯米、方文绫。所有的船都是首尾相连而前进，连绵数十里。关中人没见过如此庞大的船队，观看的人都很惊异。

在此之前，民间传唱《得体纥那歌》，其中有"扬州铜器"之语。开元末年（741），在桃林得到宝印，而陕县尉崔成甫因韦坚大规模运输南方物产与歌词中所唱相吻合，于是改作《得宝歌》，他亲自创作歌曲十余首，召集属吏演唱练习。到这时崔成甫命数百名倡优身穿缺胯的绿衫、半袖的锦衣，以红罗包头，个个衣装鲜艳，站在船前，齐声应和，鼓乐和奏。船停在楼下，韦坚取来各郡船上的珍奇之物跪着献给玄宗，玄宗将这些珍奇之物赐给身边的贵戚、近臣。韦坚献上以百牙盘盛着的各色食物，府县教坊音乐相继上前演奏，薛王李业之妃也献上宝物器具。

玄宗非常高兴，升任韦坚为左散骑常侍，赏赐其属僚的物品多少不等，免除役工一年的赋税，赏赐船工二百万钱，为潭取名叫广运潭。韦坚进兼江淮南租庸、转运、处置等使，又兼御史中丞，封韦县男。

二、宠盛遭嫉　受诬身死

韦坚妻是姜皎之女，而姜皎是宰相李林甫的舅舅。因此李林甫开始十分亲近韦坚，后来见他得宠，怕玄宗宠信他，任他为宰相取代自己，便转为忌恨他。韦坚也自以为得到天子的欢心，而一意谋求加官晋爵，加上他与左相李适之友善，李适之常与李林甫争权，李林甫就更加仇恨他们。李林甫授任韦坚为刑部尚书，剥夺了他所任的诸使职权，让杨慎矜取代他。韦坚失去使职，内心非常怨恨李林甫。

河西、陇右节度使皇甫惟明多次在玄宗面前诋毁李林甫，称赞韦坚的才能，李林甫暗中知道了这件事。皇甫惟明原是忠王李亨的好友，这时李亨已是皇太子了。天定五载（746）正月十五日夜，皇甫惟明同韦坚聚宴，李林甫上奏说韦坚以外戚身份与边将私下交往，并且谋划拥立太子为帝。玄宗大怒，诏命有关官员严厉审讯。李林甫令御史中丞杨慎矜、金吾兵曹参军杨国忠侍御史王铄、御史中丞吉温等人罗织成罪名，玄宗被迷惑，将韦坚贬为缙云太守，皇甫惟明贬为播川太守，并抄没了他们的家产。

韦坚的弟弟们上诉称冤，玄宗十分恼怒。太子李亨恐惧，上表请求与韦妃离婚。玄宗再次贬韦坚为江夏别驾。不久，韦坚又被长期流放到临封郡。韦坚之弟将作少匠韦兰、鄂县令韦冰、兵部员外郎韦芝和韦坚之子河南府户曹韦谅都遭贬降放逐。

同年，李林甫派监察御史罗希奭前去诛杀了韦坚，又杀了皇甫惟明，只有韦坚之妻因为是李林甫的表妹得到宽赦。连坐的达十多人，仓部员外郎郑章、右补阙内供奉郑钦说、监察御史豆卢友、杨惠、薛王李业之子李玙都被免官放逐。

当初韦坚开凿广运潭时，大量毁坏百姓坟墓，从江、淮到长安，官民受到骚扰。韦坚获罪后，李林甫派使者前往江、淮一带，搜罗韦坚的罪证，捕捉惩治船夫漕吏。使者迎合李林甫之意，大量抓获百姓，所到之处监狱里都关满了人。郡县官吏搜刮百姓以便抵偿转运之失，督责征收连及邻居，很多人赤身裸体死在牢里。直到李林甫死后，冤狱方才停止。

黄门侍郎韩休

韩休（672～739），唐朝宰相。京兆长安（今陕西西安）人。父韩大智，任洛州司功参军；伯父韩大敏，在武后朝官任凤阁舍人。韩休历任主爵中外郎、礼部侍郎、虢州刺史、工部侍郎、尚书右丞、黄门侍郎、同中书门下平章事、工部尚书、太子少师等职。追赠扬州大都督，谥号"文忠"。韩休品性正直，不致力于升官，不谋求荣华富贵，他出任宰相，甚合天下人的期望。他坚持己见，不肯轻易改变本意，常与玄宗面折廷争。他又能直言玄宗的过失，不讲情面，幸亏玄宗在开元年间尚很英明，因此能容忍他。如果他在天宝年间为相，恐怕早就被疏远外任了。

一、为民请命　不惧获罪

韩休自幼深受正直的伯父韩大敏的影响。韩大敏在武则天时任凤阁舍人。当时，武则天极力抑制李唐宗室的势力。梁州都督李行褒被部下诬告谋反，武则天下诏令韩大敏到梁州去审判。韩大敏临行前，有人劝他说："李行褒是李唐的近属，武后想要除掉他，你如果不迎合旨意，祸患不久将至，你不可不为自己考虑呀！"韩大敏说："怎能为了自身的安全而以死罪冤屈他人呢？"韩大敏抵达梁州以后，便审查事实，开脱了李行褒之罪。武则天大怒，派遣御史复审，最终杀了李行褒，韩大敏被赐死于家。

韩休喜好学习，博览群书，擅长文辞，二十岁左右考中贤良科。玄宗李隆基时为东宫太子，令他逐条对答国政。韩休逐条答来，对答如流。结果，他与校书郎赵冬曦一同考中乙科，升任左补阙。任主爵员外郎，因为政绩过人，他晋升到礼部侍郎，知制诰，不久，他出任虢州刺史。

虢州位于东京、西京之间，为朝廷近州，是皇帝出行必经之地，时常要为厩马征收草料。韩休请求将料秤平均摊派给其他郡，中书令张说反驳说："减免了虢州百姓的负担而转嫁给其他州，这是刺史想施私人恩惠罢了。"韩休又坚持论奏，部下劝他不要冲撞冒犯宰相旨意，韩休说："作为刺史我有幸知道了百姓的弊害而不去救助，以后怎样治理政务呢？即使为此获罪，我也心甘情愿。"朝廷最终同意了韩休的请求。

唐代开元镇国禅寺匾

一年后，韩休因母亲去世解官，按礼法为母守丧。等他守丧期满后出任工部侍郎，知制诰，很快又升任尚书右丞。

侍中裴光庭于开元二十一年（733）去世，玄宗诏令宰相萧嵩推荐能够接任的人，萧嵩称赞韩休的志向品行，玄宗于是授任他为黄门侍郎、同中书门下平章事。

二、面折廷争　玄宗优容

韩休品性正直，从不致力于升官，也不谋求发财，他做宰相后，天下人都认为十分适宜。韩休为相，秉承他一贯正直的作风，即使对玄宗，他也敢于面折廷争。

万年尉李美玉有罪，玄宗要将他流放岭南。韩休说："尉是小官，所犯又不是大罪。如今朝廷有大奸，请求先予惩治。金吾大将军程伯献依恃恩宠贪赃枉法，住宅车马超越规制，臣请求先逐出程伯献，再逐出李美玉。"玄宗不同意。韩休坚持己见，与玄宗争论说："不能容忍小罪，对大奸却置之不问，陛下不逐出程伯献，臣不敢奉诏流放李美玉。"玄宗不能迫使他改变本意，只好听从了他的建议。韩休遇事坚定正直大都如此。

起初，萧嵩认为韩休柔顺容易控制，因此推荐他为相。但没有想到，韩休任相后，在处理政事时经常反驳萧嵩，萧嵩心中不平。宰相宋璟听说后说："想不到韩休能做到这样，真是仁者之勇啊！"

萧嵩为政宽宏随和，韩休则严峻耿直。对于时政的得失，韩休谈论起来言无不尽。玄宗在苑中狩猎，有时大举奏乐，只要稍有过度，玄宗都要看着左右的人说："韩休知道吗？"玄宗担心他会上书劝谏。果然不一会儿韩休的疏议就奏上。玄宗时常引以为鉴，心中暗自不乐。

玄宗曾经对着镜子默默不乐，宦官高力士在旁边说："自从韩休入朝为相以来，陛下无一日欢乐，比以前瘦多了，何必自我烦恼而不驱逐他呢？"玄宗说："我的面容虽然消瘦了，但天下人必定肥了。萧嵩每次奏事，必定顺从旨意，我退朝后常思及天下，不能安睡。韩休铺叙治理之道，多能直言我的过失而不讲情面，我退朝后常思天下，总能安睡。我任用韩休，是为国家考虑啊！"

韩休与萧嵩日益不和，常在玄宗面前争执不休，韩休当面揭萧嵩的短处。玄宗对此很不高兴，便罢免萧嵩改任左丞相，命韩休以工部尚书罢免宰相。开元二十四年（736），韩休调任太子少师，封宜阳县子。

开元二十七年（739）韩休去世，终年六十八岁，追赠扬州大都督，谥号"文忠"。宝应元年（762），追赠太子太师。

韩休的儿子韩浩、韩洽、韩洪、韩泆、韩滉、韩浑、韩洄都有学问。

韩浩曾任万年主簿，因没收京兆尹王洪家财有所隐瞒而获罪，被京兆尹鲜于仲通所揭发，流放循州。当时，韩洪任司库员外郎，与韩泆都受兄长连累贬职。韩洪后来任华州长史。韩浑任大理司直。安禄山侵占京城，他们都陷入判军手中。判军强逼他们做官，韩浩与韩洪、韩泆、韩滉、韩浑出逃，准备前往玄宗逃难所在的蜀中。韩浩、韩洪、韩浑及韩洪的四个儿子又被判军俘获而杀害。韩洪善于与人交往，有节义，在当时闻名，看到他们遇害的人都为他们流泪哭泣。肃宗李亨因为大臣的儿子能死于国难，下诏追赠韩浩为吏部郎中，韩洪为太常卿，韩浑为太常少卿。

中书令张九龄

张九龄（678～740），唐朝宰相。字子寿，又名博物。韶州曲江（今广东曲江）人。曾祖张君政，曾任过韶州别驾；祖父张子虔，曾任窦州录事参军；父亲张弘愈，曾为索虑丞。张九龄历任校书郎、左拾遗、中书舍人、洪州都督、工部侍郎、中书令等职。他在相位时间不长，总共三年。这时唐玄宗已由开明君主变成昏庸天子，奸相李林甫得宠，直臣失势。但张九龄仍直言诤谏，是唐代有名的直臣严相。曾劝唐玄宗按军法斩首安禄山，被拒。他还是唐代著名的诗人，有名篇传世。

张九龄

一、幼聪善文　科举授迁

张九龄出身于官僚家庭，父祖都为官。张九龄幼年时就表现出了其聪敏的天赋，七岁时就能做出很好的文章。十三岁时，他写信给广州刺史王方庆，信写得条理清晰，文采斐然，王方庆阅后，惊奇地叹道："此子必能致远。"武则天神功元年（697），张九龄参加科举考试，以乙第考中进士，授校书郎。

景云元年（710）六月，李隆基被立为太子。随后，李隆基召集天下文士，亲加策问。张九龄前往应对，成绩优异，升为左拾遗。不久，李隆基即皇帝位，是为玄宗，遂调张九龄任左补阙。在任期间，由于张九龄才学出众，办事公正，当时吏部考试选人，都由他和右拾遗赵冬曦考其等第，前后四次都公正服人，为众考生及旁人称道。

当时，宰相姚元之（即姚崇）曾经奏请依照顺序提拔任用郎吏，玄宗却只是盯着宫殿的屋顶不做声。姚元之重复了几次，玄宗始终一言不发。姚元之感到十分恐惧，便急忙退出。当日罢朝以后，高力士向玄宗进谏道："陛下刚刚总理天下大事，宰臣上奏言事，就应当面表明您自己的态度，为什么您对姚元之的建议不闻不问、一言不发呢？"唐玄宗回答说："朕让姚元之总理朝廷政务，遇有军政大事可以当面奏闻，共同商议；郎吏是小官，这样的事也要一一打扰朕吗？"适逢高力士奉旨到省中宣谕诏命，将玄宗的话转达给了姚元之，姚元之这才转忧为喜。知道这件事的人无不叹服玄宗深明为君之道，姚元之的声望也因此更高了。

张九龄鉴于姚元之声望极高，又受到唐玄宗的信任和重用，所以写给他一封信，劝他疏远阿谀奉承急于进取之徒，提拔任用纯正忠厚之士，这封信的大意是："任用的人必须有才能，是治理国家的基本原则，与有才能的人共同处理政事，治理国家不能超越这一途径。以往在任用贤才的时候，掌权者并非不具备识别人才的本领，之所以存在很多弊端，是由于考虑私情的缘故。"信中还说："自从您担任宰相职务，执掌用人的大权以来，那些浅薄鄙陋、软弱无能的人，已经伸长了脖子，踮起了脚跟，向您围拢过来，他们或者谄媚您的亲戚以求得他们的赞誉，或者讨好您的宾客以取悦他们。我相信他们中间或许也有有才能的人，但认为他们实在是太无耻了。"姚元之十分赞赏他的建议，并予以采纳。

开元十年（722），张九龄被调任司勋员外郎。当时的宰相张说因为与张九龄同姓，对张九龄特别器重，尤其欣赏他的文才，常对人说："后出词人之冠也。"张九龄因此视张说为知己，两人的关系非常密切。开元十一年（723），张九龄被升为中书舍人，封曲江男。

开元十三年（725）十一月，唐玄宗到泰山封禅，张说以宰相之权亲自选定玄宗的随同官员，其中有许多是中书、门下三省官员。封禅礼毕，这些官员都加阶晋级。在这之前，张九龄就提醒张说："官爵是给天下的示范，应该以品德声望为取舍标准，劳绩资历应该放在其次，如果颠倒了，讥讽毁谤也就跟着来了。"张说听后不以为然，他说："事情已经决定了，空虚的说法不足为虑。"没有听从张九龄的劝告。结果不出张九龄所料，加阶晋级这一做法为内外所怨。

次年四月，御史中丞宇文融上奏唐玄宗，请求弹劾张说。宇文融在奏疏中指责张说："请来术士观星象以测吉凶，还徇私舞弊，收受贿赂。"张说遂被罢官遣返回家。其实，在宇文融弹劾张说之前，张九龄就曾提醒张说，要他对宇文融"不可不备"，张说对此并没有放在心上。张九龄因与张说来往甚密，也受到牵连，先改任太常少卿，随后又出任冀州刺史。后来张九龄以老母在乡、冀州路途遥远为由，上书请求换至江南。唐玄宗允许，改为洪州（今江西南昌）都督，继而转任桂州（今广西桂林）都督兼岭南道按察使。

开元十八年（730），张说去世。唐玄宗在哀悼张说时，忽然想起他生前曾多次推荐张九龄为集贤院学士以备顾问的话，便召拜张九龄为秘书少监、集贤院学士，掌管院事。这时，正好遇到朝廷起草赐渤海国诏书，朝廷上下无一人胜任，张九龄提笔即就，为上下叹服。没多久，张九龄转任工部侍郎，知制诰，继而转中书侍郎，后因母亲病故回家守丧。

开元二十一年（733），张九龄守丧期满，唐玄宗又恢复其中书郎职务，并加同中书门下平章事，做了宰相。次年改任中书令，兼修国史。

二、廉正敢谏　整肃纲纪

张九龄为相后，于开元二十二年（734）上书玄宗，请求不要禁止私人铸钱。三月，玄宗敕令百官商议此事。裴耀卿等人都说："一旦取消这样的禁令，恐怕那些小人都会弃农逐利，钱的滥恶就会更加严重。"秘书监崔沔说："如果折劳役为收铜，官方就可以用来铸钱，计算估价物品的价格，加上雇工的费用，私人铸钱就无利可图了。这样的办法既简易可行，还可以杜绝欺诈行为。再说钱的用处，贵在通商，不在于谋利，为什么说要允许私人铸钱才能使钱够用呢？"右监门录事参军刘秩说："人富有了，就难以用奖赏来劝诱他，人贫穷了，就难以用威权来禁止他。如果允许民间私人铸钱，贫穷的人必定不能冶铸，我担心这样贫穷的人就会更加穷困，因而被富人役使；富有的人就会更加富有，因而为所欲为。汉文帝时代，吴王刘濞之所以富有与天子相等，就是私人铸钱所招致的结果。"于是玄宗才打消了这一念头。

唐玄宗前期是个贤明的君主，但到了后期就昏庸起来，听信奸臣谗言，沉湎酒色，过着荒淫奢靡的生活。张九龄当宰相的时候，正值玄宗由贤明走向昏庸的转折时期。面对这种形势，张九龄不顾个人安危得失，直言敢谏，屡有建言，力求排除日益严重的危机，以挽救开元之盛世。

唐画像砖《胡人牵驼》

张九龄始终认为，选人用才是关系国家兴衰存亡的大事，他曾说，"国家赖智能以治"，"国家之败，由官邪也"，"任人当才，为政大体"。基于这些认识，他在实际工作中一直反对以私情用人，反对利用职权压制人才、排挤人才，反对依据资格判断人才。当时，朝廷上下重京官轻外官的风气盛行。为了改变这一弊端，张九龄上奏玄宗说："谋求治理，根源在于重视地方官。"他认为县令和刺史是最能接近百姓的亲民之官，应该加以重视。他建议唐玄宗："凡是没有担任过都督、刺史，虽有高策，不得任侍郎、列卿；没有担任过县令，虽有善政，不得任台郎、给事中、中书舍人。"张九龄的这些主张，对后来提高外官地位、重视外官作用，以及整肃地方吏治，起到了重大的推动作用。

开元二十三年（735），幽州节度使张守珪征讨契丹有功，唐玄宗为奖赏他，要拜他为相。张九龄认为张守珪虽有战功，但不具备宰相的品行和才干，便进谏玄宗说："宰相是代理天子管理事务的官，不是奖赏功劳的官。"唐玄宗不完全赞成张九龄的意见，便退一步说："只给名分不给职权，可以吗？"张九龄认为这样做也不妥，他说："名望和典范不能随便给人，这是君主要好好掌管的。"继而反问唐玄宗："张守珪才破契丹，陛下就给他做宰相，要是他消灭了奚、突厥等，又用什么官来奖赏他呢？"唐玄宗无言以对，遂放弃了拜张守珪为宰相的念头。

起初，殿中侍御史杨汪杀了张审素，就改名为万顷。张审素的两个儿子张瑝和张琇年纪都小，因受牵连被流放到岭表。不久逃回，商议伺机报仇。开元二十三年（755）三月，他们亲手在都城杀死了杨万顷，并把表状挂在斧头之上，说自己的父亲死得冤枉，然后又想去杀掉与杨万顷共同陷害父亲的人，在半路上被官府抓获。议论的人都说他们的父亲无罪而死，两个儿子忠孝刚烈，能为父亲报仇，应该赦免其罪，张九龄也想救他们的命，而裴耀卿与李林甫则认为，如果那样，就会违背国法。玄宗也认为如此，并对张九龄说："孝子的这种感情，是为义而不顾死，但杀了人而不问罪，这样的风气不能开。"于是就下敕说："国家之所以制定法律，就是为了禁止杀人。如果各自都从为人儿子的方面去伸明大志，谁不是遵守孝道的人呢？这样辗转复仇，哪里会有个完！咎繇在虞舜时做掌管刑法的官，有法必依。就是曾参杀了人，罪也不可赦。应该交付河南府杖杀他们。"百姓都觉得十分惋惜，为他们作了哀祭的悼文，张贴在大路旁。

奸相李林甫口蜜腹剑，深得唐玄宗宠信。他见张九龄精通文辞、文笔超群，为皇帝所器重，一直深怀妒忌。在提升他为宰相时，玄宗曾征求张九龄的意见。张九龄对玄宗说："宰相关系国家安危，陛下任李林甫为相，我担心日后要有宗庙社稷之忧。"但后来，唐玄宗已听不进逆耳之言，遂于开元二十二年（734）拜李林甫为宰相，为后来所酿成的严重后果埋下了隐患。

三、林甫中伤　九龄罢相

当时玄宗宠爱武惠妃和她的儿子寿王李瑁，武惠妃与李林甫勾结起来，诋毁太子李瑛，阴谋废掉他，改立李瑁为太子。玄宗与宰相商议废掉太子李瑛之事，张九龄说："陛下登上皇位将近三十年了，太子和诸王都没有离开过深宫，每天都受到皇上的训诫，天下人都庆幸陛下治理有方，在位长久，子孙繁盛。现在三个皇子都已年长成人，没听说有什么大的过失，陛下为何要听信那些无稽之谈。以一时的喜怒，把他们全部废掉呢？再说太子是天下的根本，不可轻易动摇他的地位。春秋时代晋献公因为听信骊姬的谗言杀了太子申生，引起晋国三世大乱。汉武帝因为相信江充的诬告，治了戾太子的罪，使京城发生了流血事件。晋惠帝因为相信贾后的诬陷，废掉了愍怀太子，使五胡乱华，中原涂炭。隋文帝听信了独孤皇后的话，废掉了太子杨勇而立隋炀帝，以致失掉了天下。由此来看，对废立太子的事不可不谨慎对待。陛下如果一定要那样做，我难以遵命。"玄宗听后不高兴。

李林甫起初没有说什么，而退朝后私下却对受玄宗器重的宦官说："这种事情是皇上的家事，何必要与外人商量！"玄宗仍然犹豫不决。武惠妃又暗中让官奴牛贵儿对张九龄说："有废必有立，你如果能够从中助一臂之力，就可以长做宰相。"张九龄斥责了牛贵儿，并把这些话告诉了玄宗，玄宗因此有所感悟，所以一直到张九龄罢相，太子的地位也没有动摇。

开元二十四年（736）十月，因为朔方节度使牛仙客在河西任职时节约有度，勤于职业，使得仓库充实、器械精良，唐玄宗要拜其为尚书。张九龄

张九龄《望月怀远》诗意图

说："不能这样做。尚书就是古代的纳言，唐朝建立以后，只有曾经做过宰相和朝野内外有名望有德行的人才能担任。而牛仙客原本是河湟地区节度使判官，现在骤然被任命为这么显要的官职，恐怕有辱于朝廷。"玄宗说："那么只封给他有实封户数的食邑可以吗？"张九龄回答说："这也不可以。封爵本是为了奖赏有战功的人。牛仙客作为边将，充实仓库、修理军器都是他应该做的事，谈不上有什么功劳。陛下如果要奖赏他勤于政事的功劳，赐给他金帛就可以了。而分土封爵，恐怕不合适。"玄宗沉默不语。李林甫对玄宗说："牛仙客具有宰相的才能，当不当尚书又有何妨！张九龄是一介书生，不懂得大道理。"玄宗听后十分高兴。第二天，又说要封给牛仙客食邑，张九龄仍然坚持说不可以。玄宗极为愤怒，脸色大变说："朝廷大事都要由你来做主吗？"张九龄叩头谢罪说："陛下不认为我无能。使我为宰相，所以朝中大事有不对的地方，我不敢不直言。"玄宗说："你嫌牛仙客出身贫寒，那么你自己的出身有什么高贵呢？"张九龄说："我不过是岭南地区一个十分贫贱的人，不像牛仙客出生于中原，但是我在台阁之中，掌管诰书诏命已有许多年了。牛仙客原本是边疆地区的一个小官吏，目不识丁，如果委以大任，恐怕难孚众望。"李林甫退朝后说："只要有才能，何必一定要会写诗歌文章。天子要重用一个人，又有什么不可以呢？"十一月，玄宗赐牛仙客陇西县公爵位，并给食邑实封三百户。

此后，李林甫不断在玄宗面前揭张九龄的短，极尽诬陷中伤之言，加之张九龄老是犯颜直谏，已使玄宗深感心烦，以至于李林甫的甜言蜜语使其顿感开心。

就这样，事态开始发生变化，权力开始从张九龄之手转移到奸相李林甫之手。同年十一月张九龄被罢知政事，改任尚书右丞相。第二年，由张九龄举荐的监察御史周子谅弹劾牛仙客，不料触怒了唐玄宗。玄宗遂命左右将周子谅打得死去活来，然后流放外地，周子谅不幸死于流放途中。于是，唐玄宗以张九龄举荐不当为由，贬为荆州大都督府长史。

张九龄被贬江南后，曾作《感遇》诗十二首，其中第七首写道：

> 江南有丹橘，经冬犹绿林。
> 岂伊地气暖，自有岁寒心。
> 可以荐嘉客，奈何阻重深！
> 运命唯所遇，循环不可寻。
> 徒言树桃李，此木岂无阴？

诗人以丹橘自喻，表现诗人对贤者难为世用的不平。

唐玄宗在位时间久了，逐渐耽于穷奢极欲的宫廷生活，怠于政事。但张九龄每遇政事，不论巨细，均据理力争。张九龄还具有识人之能。当初，幽州节度使张守珪派胡将安禄山讨伐奚、契丹，由于安禄山轻敌，大败而归、被押送京师。张九龄请求说："安禄山违令败军，按照法律，不可不杀。再说我观其面貌有反相，不杀必有后患。"玄宗爱惜安禄山的才能，对张九龄的话根本听不进去，还说："卿不要误害忠良。"竟然赦免了安禄山，以致有了后来的"安史之乱"。

开元二十八年（740）三月，张九龄去世，时年六十八岁，谥号"文献"。张九龄为官清廉，风度潇洒，唐玄宗曾对左右说："每见九龄，精神顿生。"后来每选用一个人，玄宗必先问："风度能和九龄相比否？""安史之乱"后，唐玄宗奔蜀，想到张九龄当初谏斩安禄山一事，为之流涕。下诏追赠张九龄为司徒，特遣使者前往曲江为张九龄祭奠，并厚恤其家。这时候，他才对张九龄有了正确的认识，理解了张九龄的忠心。

张九龄才思敏捷，文章高雅，诗意超逸，是唐代著名诗人。其《感遇》、《望月怀远》等为千古传诵的名篇。有《曲江集》二十卷传世。

工部尚书牛仙客

牛仙客（675～742），唐朝宰相。泾州鹑觚（今甘肃灵台）人。历任陇右营田使、太仆少卿、河西节度使、工部尚书、侍中等职，谥号"贞简"。他从小吏起家，官至宰相。但他缺乏宰相的才干，一味唯唯诺诺，随波逐流，毫无建树。牛仙客被任命为宰相，反映了玄宗偏听偏信而又负气用事的一面。

一、出身小吏　勤勉政务

牛仙客没有读过书，最初不过是个县衙小吏。但由于他善于察言观色，投上司所好，所以县令傅文静很器重他。傅文静调任陇石营田使后，把牛仙客召至幕府，让他参与议事。牛仙客在陇右屡立功劳，选任洮州司马。

开元初年（713），河西节度使王君㚟征用牛仙客任判官。当初，突厥默啜部十分强盛，强夺铁勒的辖地，因此回纥、契苾、思结、浑四个部族穿越沙漠，移居到甘州和凉州之间，以躲避突厥的欺凌。王君㚟未得志的时候，常往来于这四个部族之间，受到他们的轻视，等到他当了河西节度使，就利用法律惩治他们。这四个部族感到耻辱，十分怨恨他，便偷偷地派使者到东都洛阳告状。王君㚟得知此事，立即上奏道："这四个部族难以制服，他们暗地里有叛乱的计划。"唐玄宗派宦官前往调查，宦官接受了王君㚟的贿赂，在唐玄宗面前包庇他。结果，这几个部族蒙受的冤屈竟不能平反：瀚海大都督回纥人承宗被流放到瀼州，浑人大德被流放到吉州，贺兰都督契苾人承明被流放到滕州，卢山都督思结人归国被流放到琼州。唐玄宗任命回纥人伏帝难为瀚海大都督。

回纥承宗的同族兄弟之子瀚海司马护输，纠集亲族部下要为承宗报仇。适逢吐蕃派使者走小道前往突厥，王君㚟带领精锐的骑兵在肃州拦截他，牛仙客也随同前往。在他们返回途中，来到甘州南巩笔驿时，护输的伏兵突然冲出来，抢走了王君㚟的节度使旌节，先杀死了王君㚟的判官宋贞，挖出他的心脏说："最早搞阴谋的就是你。"王君㚟带领几十个部下奋力拼杀，从早晨一直战到下午，手下的人几乎全部战死。护输杀死了王君㚟，用马车载着他的尸体投奔吐蕃。

当时，牛仙客惊慌失措，幸亏他机敏，趁敌人不注意，侥幸逃脱了。

兵部尚书萧嵩代王君㚟任节度使，又将军政交付于牛仙客。牛仙客为政清廉，工作勤勉，从不懈怠，以信义对待士大夫，受到萧嵩的称赞。等到萧嵩回朝执政，乘机推荐了他。牛仙客因此得任太仆少卿，判凉州别驾，知节度留后事，不久升任节度使。开元二十四年（736），牛仙客接替信安王李祎任朔方行军大总管，而崔希逸接替他任河西节度使。

二、为相谨慎　毫无建树

牛仙客的仕途可谓一帆风顺，从小吏到朔方行军大总管，扶摇直上。这一方面是因为机缘巧合，另一方面是取决于他的才干。恐怕连他自己也没有想到，当朝宰相的位置又在向他招手。

当初在河西时，牛仙客致力于节省费用，仓库积蓄达巨万，器械也全部精良。崔希逸接替他任河西节度使后，看到这些成果，当即奏报了朝廷。唐玄宗派刑部员外郎张利从驿路赶去复查核实，果然如表状中所称。唐玄宗很高兴，于是，准备任用牛仙客为尚书。然而，这一提议遭到了宰相张九龄的反对。他认为牛仙客目不识丁，本来不过是边疆地区县衙的小吏，让这种人出任尚书这样显要官职，恐怕有辱于朝廷。玄宗听了虽然很不高兴，但也没有坚持己见，赐给牛仙客陇西县公的爵位，并给食邑实封三百户。但没过多久，在奸相李林甫的排挤下，张九龄被罢相，李林甫大力荐举牛仙客为相，唐玄宗同意了，因而牛仙客得以任工部尚书、同中书门下三品，知门下省事，遥领河东节度副使。

当时，监察御史周子谅私下里对御史大夫李适之说："牛仙客毫无才干，滥登相位，大夫是皇室至亲，岂能坐观其事？"李适之遂将周子谅之言上奏唐玄宗，唐玄宗大怒，当即诘问周子谅，周子谅辞穷。唐玄宗负气用事，最讨厌别人说牛仙客滥登相位之类的话，一怒之下把周子谅发配瀼州。周子谅死在途中。

牛仙客既然是靠李林甫的大力举荐才当上宰相的，所以他对李林甫言听计从，遇事只做应声虫而已，不敢有丝毫异议。因此，他任宰相，除谨慎小心之外没有其他建树，不过是随波逐流、唯唯诺诺、一味顺从罢了。唐玄宗前后赐给的物品，他都封存起来不敢动用，百官向他请示裁决，他不作任何决断，总是说："依照令式。"

唐玄宗任用牛仙客之后，知道舆论并不赞同，一次闲聊时，他就此事询问高力士，高力士说："牛仙客原是小吏，不是任宰相的才气。"唐玄宗愤然说道："朕将任用康功！"康功也是一名小吏，没有什么才干。这是唐玄宗一时气头上的话。有人说给康功，康功竟然信以为真，十分高兴。但过了很长时间，也没有任他为相的诏令，原来是空欢喜一场。

天宝元年（742），玄宗命改易官名，牛仙客被封为豳国公，加授左相，任工部尚书如故。七月，牛仙客死去，追赠尚书右丞相，谥号叫"贞简"。

开 疆 平 叛 众 将 领

唐玄宗为彻底解决边疆问题，巩固政权，发动了一系列战争，因此涌现出众多开疆拓土的将领，如薛讷、王忠嗣、高仙芝等将。他们收复失地，维护了国家的统一。"安史之乱"起，又有历时数年的平叛战事，造就了许多优秀将领和卓越的军事家，如郭子仪、李光弼等。其中，还有少数民族将领哥舒翰。

左羽林大将军薛讷

薛讷（649～720），唐朝将领。字慎言，绛州万泉（今山西新绛）人。父薛仁贵，曾任左卫大将军，唐初名将。薛讷历仕高宗、武则天、中宗、睿宗、玄宗五朝，先后任蓝田令、幽州都督、左羽林大将军等职，封平阳郡公。谥号"昭定"。他勇敢善战，屡建战功，为唐朝巩固边疆作出了贡献。

一、抗拒俊臣　劝谏则天

薛讷出身将门，从小深受其父薛仁贵影响，喜好骑马射箭，练就了一身过硬的本领。他性格深沉果敢，不爱言谈。薛讷初任城门郎，负责守护城门，后来，他升任蓝田（今陕西蓝田）县令。神功元年（697），有一个倪姓富商因为私人债务诉讼于御史台，重金贿赂御史中丞来俊臣。来俊臣让薛讷拨义仓中的粮食数千石给那个富商，薛讷坚决不从。他对来俊臣说："义仓中的粮食是用来防备水旱灾害的，怎么能够舍弃众百姓的性命于不顾，而充实一个人的资产？"薛讷上奏武则天，武则天诏命不给粮食。不久，来俊臣因罪被杀，此事便就此了结。

唐中宗李显即皇帝之位没多久，便被母后武则天废为庐陵王。

载初元年（690），武则天改唐为周，自称神圣皇帝。

武则天称帝后，李武两姓储位之争十分激烈。以武承嗣、武三思为首的武家子侄们跃跃欲试，甚至曾联合酷吏迫害李氏宗室。薛讷作为将门之子，一心拥护李氏宗室，但他官职卑微，没有机会向武则天进言。

契丹与李唐王朝世代修好，唐太宗、唐高宗都曾赐赏给契丹财物，双方交好多年。决定不与周修好，并开始侵扰边境。

万岁通天元年（696），契丹军队侵扰河北时，发布檄文说："还我庐陵王。"圣历元年（698）八月，武承嗣之子淮阳王武延秀前往突厥迎娶默啜可汗的女儿，被当场拒绝说："我世代受李氏恩赐，打算把女儿嫁给李氏子作为报答，你武家儿哪有资格。听说李氏还有两位皇子，我应当发兵相助。"

于是，契丹再次发兵入侵边境。武则天意识到，解决好储君问题，是进一步稳定政局的关键。狄仁杰、李昭德等几位有见识的宰相坚决反对立武氏为皇嗣。武则天伤透了脑筋：立本家子侄为皇储，可以保全她的武周政权，但继位的人是不会把她作为先祖供奉太庙的；而立儿子为储君，可以同夫君享受子孙的祭祀，得到名正言顺的皇后位置，但这又必然使自己重新回到她亲手打破的传统中去。

一天，七十四岁高龄的武则天对宰相狄仁杰说："昨天夜里，朕梦见一只大鹦鹉，两翼折断了，卿看是何征兆？"狄仁杰趁机借题发挥说："鹉者，武也，即指陛下，两翼即指陛下的两个儿子。陛下若起用两位殿下，两翼不就复振了吗？"

于是，武则天派人把庐陵王李显秘密接回洛阳，入住东宫，立为太子。

契丹得知李显被复立为太子，担心是缓兵之计，仍不肯退兵。武则天只好决定发兵击退，她以薛讷出身将门，命他率军前往讨伐契丹，任命他为左威卫将军、安东道经略使。临行前，薛讷趁

唐代武士复原图

机对武则天说："丑虏（契丹）侵扰边境，以庐陵王为借口，如今庐陵王虽已返回东宫，契丹还不肯坚信。如果太子之位不动，敌人将自然解兵而退。"武则天深以为然，遂坚定了立李显为太子的决心，发布了诏书。果然，契丹见薛讷前来讨伐，恐怕不是对手，便以李显已复立太子为由退兵去了。

薛讷因此功被武则天授为幽州都督，兼安西都护，检校左卫大将军。在此期间，薛讷多次率兵征讨突厥族，屡建战功。

二、一度削职　复起大捷

唐玄宗即位后，薛讷因带兵有方，深受朝廷的赏识。升任他为左军节度。当时，诸军因太平日久，都放松训练，号令也不严，只有薛讷军号令严明。玄宗曾令轻骑前往军营召见他，轻骑来到军门，被守门的士兵拦住，不让随便进入。后来，轻骑出示了天子的诏书，薛讷才命放行。玄宗得知此事，十分高兴，派人慰劳了他。

开元二年（714）夏天，契丹族与奚族联合突厥族侵犯边境，薛讷建议征讨。玄宗下令他与左监门将军杜宾客、定州刺史崔宣道统兵两万前去征讨。当时天气炎热，酷暑难耐，士兵身负重甲，还要携带粮草，难以行进。杜宾客担心征讨不会成功，建议等秋凉后再进兵，宰相姚崇也认为不可。薛讷认为天气虽热，但草木茂盛，战马粮草充足，可以放慢行军速度挺进。众将争论不定。唐玄宗正想向四方夸耀国威，喜好奇功，于是听从薛讷的意见，授任他为紫微黄门三品，以示对他的倚重，然后命令大军北上，但已贻误战机。敌兵有了充分的准备，唐军长途跋涉，人困马乏，又不按计策作战，被契丹兵打得全军覆灭。薛讷战败回朝，被削去所有官职，成为一介平民。崔宣道和大将李思敬等八人也获罪，只有杜宾客因主张不出兵而获免。

开元八年（720），吐蕃大将坌达延、乞力徐聚兵十万，侵扰临洮、兰州，抢掠渭州的渭源县（在今甘肃东部）。薛讷重被起用，从平民百姓直接任命为左羽林将军，作为陇右防御使与太仆少卿王晙一同率兵前去征讨。薛讷与王晙配合作战，组成掎角攻势，两面夹击敌军，连连取胜。斩杀、俘虏敌兵数万人，擒获吐蕃首领六指乡弥洪，缴获的兵备器物不计其数。唐玄宗本打算于十二月御驾亲征，接到前方的捷报后，大为高兴，授薛讷为左羽林大将军，封平阳郡公。

开元八年，薛讷去世，终年七十二岁，谥号"昭定"。

范阳节度副使封常清

封常清（？～755），唐朝将领。蒲州（今山西蒲县）人，历任侍从、判官、安西节度留后使、安西副大都护、北庭都护、范阳节度副使等职。他的学识、才能过人，但因孤苦贫困，直到三十岁还没有名气。后来，他毛遂自荐成为高仙芝的侍从，凭借才能逐渐升职。"安史之乱"中他受命平叛，惨遭失败，受宦官诬告被冤杀。

一、因才升职　以威服人

封常清少时父母双亡，和外祖父生活在一起，并在其指导下，博览群书。虽然封常清学识过人，但因为他孤苦贫困，所以年过三十，仍无名气。

当时，夫蒙灵詧担任四镇节度使，高仙芝任都知兵马使。高仙芝曾有一次出兵，奏请拨给鞍前马后效力的随从三十多人，要求侍从服装必须鲜亮。

封常清一直仰慕高仙芝，于是慷慨激昂地
向高仙芝投书一封，毛遂自荐，希望成为
他的一员随从。但高仙芝见他身材细瘦，
腿短跛足，嫌他丑陋，不愿接受。第二天，
封常清再次投书，高仙芝就推脱说："我的
随从已经够了，你何必再来！"封常清听后
大怒，说："我封常清向来仰慕您，希望在
您麾下效劳，所以毛遂自荐，为何却被公
拒之千里之外呢？您如果按本事待人，那
是志士仁人所希望的；如果以貌取人，恐
怕会失去人才。公还是再考虑一下吧。"尽
管如此，高仙芝还是没收留他。从此，封
常清就早晚不离高府之门，等他出入。几
十天后，高仙芝迫不得已，只好收封常清
做了侍从。

唐文俑

　　开元末年（741），达奚部落叛乱，从
黑山之西进攻碎叶城，玄宗昭令夫蒙灵詧
平叛。夫蒙灵詧派高仙芝率两千精骑追击
叛军。达奚兵因长途跋涉而来，十分劳
顿，不堪一击，结果唐军大获全胜，达奚
兵几乎全军覆灭。封常清在帐中私下写了
捷报，详细地陈述了他们遇敌的情形和克敌制胜的谋略，高仙芝想说的，封
常清都周到地替他讲了。高仙芝取来他写的捷报，读后感到十分意外，惊奇
不已，遂加以采用。

　　高仙芝的部队凯旋，夫蒙灵詧设宴犒劳，判官刘眺、独孤峻等问他："前
些日子的捷报是谁写的？你麾下怎么会有如此人才？"高仙芝答道："是我的侍
从封常清所写。"刘眺等人便命封常清入座，像旧相识一样和他攀谈起来，众
人都对封常清另眼相看。随后，封常清因破达奚有功，被封为叠州戍主。

　　天宝六载（747），高仙芝代替夫蒙灵詧任安西节度使，便上奏朝廷清求
让封常清做庆王府录事参军，为节度判官。高仙芝每次出征讨伐，常任命封
常清为留后使。当时，高仙芝乳母的儿子郑德诠已是郎将，高仙芝把他看作
亲兄弟，家事委托他处理。但郑德诠傲慢无礼，瞧不起封常清。封常清有一
次外出办事，返回时诸将都来拜谒他。只有郑德诠不屑一顾，还驰马越过封

常清而去。封常清就命左右把他秘密带来，对他说："我封常清出身贫寒，想侍奉中丞（高仙芝），两次都被拒绝，你也不是不知道；现在，中丞命我做留后使，你怎敢对我无礼，侮辱中丞？"接着对手下人吩咐说："把郎将处死以正军纪。"于是郑德诠被杖打六十，脸冲下拖出。当时高仙芝的妻子和他的乳母在门外大声哭嚎为郑德诠求情，封常清不为所动，之后将他的罪状如实上呈高仙芝。高仙芝看后大惊失色，但见到封常清却没提一句话，封常清也没向他谢罪。其后又处决了两员有罪的大将。军中官兵自此都很畏惧封常清，再无人敢轻视他。

二、出兵平叛　兵败被杀

后来，高仙芝出任河西节度使，又上书请求任命封常清为判官。过了几年，封常清升任西安副都护，安西四镇节度副使。不久，他改任北庭都护，兼任伊西节度使。封常清勤勉节俭，吃苦耐劳。他出行时常乘骡子，私厩中因此减少了两匹马。他对待属下赏罚分明，军士对他又敬又怕。

天宝十四载（755）十一月，封常清入朝拜见玄宗。当时范阳节度使安禄山已反，玄宗遂向他询问平叛之策。封常清上奏说："安禄山领叛军十万，犯我中原，由于太平已久，中原之人不知作战。但事有顺逆，情况也会发生突变，我请求大开府库，招兵买马，割下叛贼安禄山的首级献于圣上。"玄宗听后大为高兴。第二天，封常清便被官拜为范阳节度副使。封常清奉命到东京（即洛阳）招募兵勇，集合部队六万人，都是市井百姓。接着，封常清砍断河阳桥，以东京为固守之地。

安禄山传檄书给平原太守颜真卿，希望他趁早归顺。颜真卿派兵参军事李平前往洛阳告知封常清。封常清接到李平的书信，立即写信给颜真卿，劝他坚守平原，并把几十封传购安禄山头颅的檄书一并送去。颜真卿见了来信，更加坚定了死守不降的决心，并把讨伐安禄山的檄书传送各郡。

同年十二月，安禄山渡过黄河，先遣队与封常清的军队遭遇，几百名士兵被斩杀。随后安禄山大军压境，由于封常清的部属缺乏军事训练，而叛军却久经战阵，故封常清屡战屡败。当时，高仙芝奉命驻守陕城（今河南三门峡西）。封常清战败后逃到陕城，见到高仙芝，将叛军的情况详细作了汇报，对高仙芝说："敌军强大，恐怕难以获胜，潼关无兵防守，一旦失守则京师危险，不如退守潼关。"高仙芝只好放弃陕城，退守潼关。

封常清兵败后，先后三次派使者入朝，上表陈述叛军的形势，玄宗都不肯召见。于是，封常清就亲自骑马入朝报告，刚到渭南，玄宗便下敕书削其官爵，让他以平民身份隶属于高仙芝，高仙芝命封常清巡监左右厢诸军。由于高仙芝对宦官监军边令诚的请托多不听从，边令诚遂怀恨在心，趁机诬告高仙芝和封常清无故弃城撤兵。玄宗大怒，派边令诚处决二人。

边令诚到了潼关，宣布敕令，封常清说："我封常清所以兵败后没有自杀，是不忍心玷污国家的尊严，被敌人杀害。如今讨贼无功，死而无憾。"封常清和高仙芝先后被杀。

封常清被杀后，天下人都哀怜他。

右羽林大将军高仙芝

高仙芝（？～755），唐玄宗时名将。高句丽族人。父高舍鸡，任四镇校将、诸卫将军。高仙芝历任游击将军、安西副都护、四镇都知兵马使、四镇节度使、左金吾大将军、河西节度使、右羽林大将军等职。他因父功二十多岁即拜将军，镇守安西多年，因为屡有战功而不断升官。他为维护唐西部边疆的安全、加强与西域的联系作出了贡献。他本性贪婪，出战缴获财宝常据为己有，家财巨万，但能散财施舍有求于他的人。"安史之乱"他奉命平叛，坚守潼关，却因宦官监军边令诚诬告被杀。玄宗偏听偏信，枉杀大将，致使朝中再无得力大将，战局日益恶化，遂至潼关失守，玄宗奔蜀。

一、年轻有为　战功卓著

高仙芝的父亲高舍鸡以将军之职隶属于河西军，任四镇校将。高仙芝二十多岁时，跟随父亲来到安西，因父功补授为游击将军。几年后，父子成为同僚。高仙芝仪表堂堂，善于骑射，骁勇果敢，但其父仍为他性格迂缓而担忧。高仙芝起初隶属于节度使田仁琬、盖嘉运等人，没有受到重用。后来隶属于安西四镇节度使夫蒙灵詧，这才受到器重。开元末年（741），夫蒙灵詧上表奏请朝廷拜授高仙芝为安西副都护、四镇都知兵马使。

小勃律（今克什米尔）是唐朝西北部少数民族部落，原为唐朝属国，又是吐蕃通往四镇的交通要道。吐蕃赞普把自己的女儿嫁给小勃律王为妻，小勃律王听命于吐蕃，吐蕃进而控制了西北各国，因此西北二十个小国都隶属于吐蕃，不再向唐朝进贡物品。田仁琬、盖嘉运、夫蒙灵詧都曾相继出兵讨伐小勃律，都没有成功。

天宝六载（747），玄宗下诏命高仙芝率步骑一万人出讨小勃律。当时步兵都各自带着私马，高仙芝就从安西出发经过拨换城（今新疆阿克苏），进入握瑟德（今新疆巴楚东北），途经疏勒（今新疆喀什），登上葱岭（今帕米尔），跋涉播密川，最后停驻在特革满川，行军共一百天。高仙芝在这里兵分三路，派疏勒守捉使赵崇玭统领三千人马取道北谷道，派拨换守捉使贾崇瓘取道赤佛道，高仙芝与监军边令诚取道护密，三路一起进兵，相约在连云堡（小勃律西北部）会合。连云堡城中有守兵一千多人。连云堡城南依山设营栅，有九千守军。连云堡城下有婆勒川，适逢川水暴涨，不能渡过。高仙芝杀牲畜祭川，命士兵带上三天的干粮集合在水边，士兵都不相信能渡过。但渡过川后，连旗都没有沾湿，马的鞍鞯也没有湿。士兵登岸后列好了阵，高仙芝非常高兴，告诉边令诚说："假若我军正渡水时敌军袭击我们，我军将全军覆灭。现在已渡过川并列好阵，这是上天把敌人赏赐给我们啊。"于是登山挑战，不到中午就打败了敌军，又连夜发动猛攻，夺取了敌城，斩杀敌人五千首级，生擒一千人，缴获战马一千多匹，服装、物资、武器、甲胄数以万计。

二、威震西域　宽恕仇人

高仙芝打算乘胜深入，但边令诚畏惧，不肯前行。高仙芝留下边令诚和弱兵三千人驻守连云堡，他自己带兵继续前进。三天后，到达坦驹岭（今克什米尔北部德尔果德山口）。坦驹岭高峻险绝，稍不注意，就会坠入深渊，下山的路有四十里。高仙芝担心士兵畏惧艰险不敢前进，就暗中派了二十名骑兵，穿着阿弩越胡人的衣服前来迎接，高仙芝事先对部将说："如果阿弩越胡人来迎接，我们就没有顾虑了。"正当士兵们畏惧而不敢下山时，正巧二十名骑兵赶到了，对高仙芝说："阿弩越胡来迎接，我们已将娑夷河（古代的弱水）上的藤桥截断了。"娑夷河的藤桥是小勃律通往吐蕃的唯一之路，桥断则吐蕃不能前来入援。兵士听了，畏惧心理顿消。高仙芝立即命士兵全都下山。

下山后行走了三天，阿弩越胡来迎唐兵。第四天，唐兵到达阿弩越城，当天命将军席元庆、贺娄余润先修桥、路。次日，高仙芝派席元庆率精锐骑兵一千人先行，对小勃律国王说："我们不是想得到你的城而是借道前往大勃律而已。"小勃律城中的大酋领有五六个，都是吐蕃的心腹。高仙芝事先曾密令席元庆说："如果小勃律酋领逃跑的，你只须出示诏书呼喊他们，用缯彩赏赐他们，等我们来到，把他们全都捆绑起来等待我。"席元庆按照他的吩咐去做了。等高仙芝来到城中，将大酋领全部斩杀。小勃律国王和其妻逃入山洞无法抓到，高仙芝招抚告谕后，国王和其妻才出来投降，高仙芝于是乘机平定了小勃律国。事后，高仙芝急忙派席元庆截断娑夷河的藤桥，当时距离大勃律仍有六十里。直至日暮，藤桥才全部截断。当天黄昏，吐蕃援军赶到，因为藤桥已断而不能过河。桥的长度约有一箭之遥，需费时一年才能完工。于是，没有后顾之忧的高仙芝率领唐军抵达大勃律，平定了其国。

这年八月，高仙芝带着小勃律王和王妻从赤佛道赶回连云堡，准备与边令诚一起班师。从此西北七十二国都震惊畏惧而归降于唐。

九月，高仙芝一行到达连云堡，与边令诚相见。月底，高仙芝率军到达播密川，派判官王庭芬到京师报捷。高仙芝率军到达河西时，夫蒙灵詧因为他不事先告诉自己径自向玄宗报捷大为愤怒，不肯迎接慰劳大军。见到高仙芝后，夫蒙灵詧骂道："高丽奴，于阗使者你是从谁手里得到的？"高仙芝很害怕，忙说："是中丞之力。"夫蒙灵詧又说："你所任的焉耆镇守使、安西副都护、都知兵马使的职务，都是从哪里得到的？"高仙芝回答说："也是中丞之力。"夫蒙灵詧说："既然如此，捷报不等待我而竟敢直接上奏，这是为什么？按理当斩首，看你刚立了功，所以赦免了你。"高仙芝心怀恐惧，不知所措。边令诚秘密将情况报告了玄宗，并说："高仙芝立了奇功，如果因忧虑而死，将来谁还愿意为朝廷效命呢？"

唐代边城遗址

　　天宝七载（748）六月，玄宗升任高仙芝为鸿胪卿、暂行御史中丞，取代夫蒙灵詧任四镇节度使，而下诏命夫蒙灵詧返回，夫蒙灵詧十分害怕。高仙芝一如既往，一早一晚都去拜见夫蒙灵詧，总是小跑着来到他跟前。夫蒙灵詧因此更加惭愧，不能安心。

　　副都护程千里，衙将毕思琛，行官王滔、康怀顺、陈奉忠等人都曾在夫蒙灵詧面前诋毁过高仙芝。高仙芝就任四镇节度使后，叫来程千里谩骂道："公面容虽是男子，而心胸狭窄却像妇女，为什么啊？"他又对毕思琛说："你夺走我城东能产千石种子的田地，还能记起来吗？"毕思琛回答说："那是公赏赐给我的。"高仙芝说："那是因为从前我畏惧你的权势，难道会是怜悯你而赏赐给你的吗？我本来不想说出来，只是怕你恐惧，这才说出来。现在说出来便没事了。"他又召来王滔，准备揪打羞辱他。过了一段时间，高仙芝将以上仇人全都予以宽大，说："我不再恨他们。"从此全军得以安定。不久，高仙芝加授为左金吾卫大将军，授一子为五品官。

三、为人贪婪　受诬被杀

　　天宝九载（750），高仙芝率兵讨伐石国（昭武九姓之一）。他假意与石国议和，石国国王车鼻施遂投降。高仙芝却突然率兵袭击了石国，将国王车鼻施作为俘虏献到朝廷，并斩杀了他。从此西域诸国都畏惧降唐被杀，再也不肯降唐。石国王子逃到大食，乞求大食派兵到怛逻斯城（今哈萨克汇布尔城附近）攻打高仙芝，以替父亲报仇。高仙芝听说后，亲自率领蕃兵和汉兵三万去攻打大食，深入大食国境内七百余里，到了怛逻斯城，与大食军队相遇，两军对峙了五天。这时，葛罗禄部落的军队叛唐，与大食军前后夹击唐军，高仙芝的军队被打得大败，士卒几乎全部战死，留下来的仅有几千人。高仙芝为人十分贪婪，攻破石国后，获得瑟瑟（即碧珠逻）十余斛、黄金装了五六骆驼、良马宝玉很多。其家产累积达巨万，但他并不大吝惜财物，人们有所求他就给予，不问多少。

　　不久，高仙芝授任为武威太守，取代安思顺任河西节度使，众胡执意挽留安思顺，朝廷于是改拜他为右羽林军大将军，封为密云郡公。

　　天宝十四载（755），高仙芝封密云郡公。同年十一月，范阳节度使安禄山反叛，荣王李琬任元帅，率领飞骑、彍骑及朔方军等军队，拿出宫中财物招募关辅士兵五万，接替范阳节度副使封常清东讨，让高仙芝兼任御史大夫。玄宗登上勤政楼，引荣王李琬接受军令，赐宴高仙芝以下的将领。

　　十二月，高仙芝率领唐军从长安出发，玄宗又到望春亭慰劳，下诏命边令诚监军。军队停驻在陕郡（今河南三门峡西），但封常清败退，东京洛阳被叛军占领。封常清劝高仙芝放弃陕郡，退守潼关。高仙芝十分着急，就打开太原仓，拿出所有东西赏赐士兵，焚烧了剩余的物品，领兵急速赶往潼关。正巧叛军赶到，官军仓皇而逃，将甲仗资粮丢弃在路上，绵延几百里。到潼关后，高仙芝整顿军队修缮守备设施，士气才渐渐振作起来。叛军进攻潼关不得攻入，于是退兵。潼关是长安的屏障，应该承认，高仙芝和封常清退守潼关的战略决策是十分正确的。

当初，边令诚多次因私事请托高仙芝，高仙芝没有答应，边令诚遂怀恨在心。这时，边令诚乘机告发高仙芝逗留不进以激怒玄宗，还说："封常清用叛军的强大来动摇军心，而高仙芝放弃陕郡数百里土地，并克扣、盗取军粮物资。"玄宗大怒，派边令诚到军中斩杀封常清和高仙芝。

边令诚到了潼关，杀了封常清，将他的尸体放在草席上。高仙芝从外边赶到，边令诚率一百名刀手跟随自己，说："大夫也有诏命。"高仙芝立即跑下来说："我遇到叛军不作抵抗而退却，这是我的罪过，处死我是应该的。然而，说我盗取、克扣军粮，这是诬陷我。"他对边令诚说："上有天下有地，三军都在，君难道不知吗？"他又环顾部下说："我招募你们，本想击败叛贼领取重赏，但贼势正盛，所以拖延到这时，也是为了坚守潼关啊。我如果有罪，你们直说无妨；如果我无罪，你们应当喊冤枉。"于是，士卒都高声喊叫："冤枉！"喊声震地。但边令诚不为所动，仍要杀死高仙芝。高仙芝看着封常清的尸体说："公是我所引荐提拔的，又取代我任节度使，如今与公同死，难道这是天命吗？"他说完就被杀死。

河西节度使哥舒翰

哥舒翰（？～757），唐朝将领。突厥哥舒部落人，以部落名称为姓。父亲哥舒道元，任唐朝安西都护府副都护，久居安西（今新疆吐鲁番）。哥舒翰作战勇敢，名振西鄙，历任右武卫员外将军、鸿胪卿、河西节度使等职，爵西平郡王。但哥舒翰被俘后屈节求生，成为他一生的大污点。

一、威振三军　勇猛无敌

哥舒翰家庭富有，个性豪爽，为人仗义，好许诺，爱读书，喜欢饮酒赌博，疏财重气，广交朋友，所以许多人愿意同他来往。他四十岁时，父亲去

哥舒翰

世，他到京师长安客居三年，因故受到长安一个小军官的训斥，他气愤地仗剑出走，到河西（今甘肃敦煌）参军。

哥舒翰先在节度使王倕部下为将，王倕攻打吐蕃，命他指挥三军。他治军严厉，态度强硬，三军无不震慑。继任节度使王忠嗣将他提升为衙将。哥舒翰喜欢读《左氏春秋传》及《汉书》，在军中仗义疏财、看重义气，士兵多归心于他。王忠嗣命他任大斗军副使，派他去征讨吐蕃。与他一起出征的同级将官对他傲慢无礼，当面表示不与他合作。哥舒翰大发雷霆，伸手便打，一阵疯狂地猛烈抽打，将其打得瘫在地上，他才扬长而去。士卒急忙去扶救那个将官时，发现已经气绝身亡。其他军官敢怒不敢言，士兵更是感到害怕。哥舒翰自己也以为回军之后会受到惩处，但是王忠嗣只是简单地问询了一下经过情况，不但未予训斥，反而提升他为左卫郎将。哥舒翰感谢王忠嗣的知遇之恩，处处言听计从。

当吐蕃又来入侵时，哥舒翰主动请战。敌军分成三个梯队，从山上一批接一批地依次冲下来接战。哥舒翰手持长枪迎头奋击，不一会儿，枪柄折断，他拾起带刃的半截，继续拼杀，一直把三重敌兵都打败，他才带着染成血色的半截枪返回本阵。从此，他的名字广为传播，敌军闻风丧胆。

天宝六载（747），哥舒翰被授右武卫员外将军，任陇右节度副使、都知关西兵马使、河源军使。原先，那一地区每到麦熟时节，吐蕃便率部众到积石军（今甘肃临夏西）一带抢掠收割。他们兵民一齐抢割，武装驱赶麦主，分散的边民没有人敢于反抗，只是称之为"吐蕃麦壮"，遇则遭殃。哥舒翰到任后，便有人向他讲述了"麦壮抢粮"一事。他派王难得、杨景辉带领兵马埋伏在积石军附近。吐蕃的五千多骑兵又来抢麦时，哥舒翰率领精兵猛将从城中杀出。吐蕃兵众猝不及防，许多人是专门来抢麦的，只带着工具而没有武器，遇到强劲的攻击，急忙回头逃命。哥舒翰的将士四处追击，杀伤其大半人马。跑在前面的"麦壮"正要松一口气时，埋伏的军队突然冲了出来，前后夹击，打得"麦壮"匹马不还，此后吐蕃再也不敢前来抢麦。

哥舒翰有个家奴叫左军，十五六岁便有超常的膂力，胆大凶猛，每次出征都不离主人的左右。哥舒翰善使长枪（即长矛），追杀时往往先把枪搭在敌兵的肩上大喝一声，趁敌兵吃惊地回头张望的一瞬间，突然刺入其喉头，接着用力向上一挑，将整个人挑离马鞍或地面三五尺高，然后才摔到地上。左军则下马将奄奄一息的敌兵一个个地割下头来带在身边。他们主仆就这样配合作战，已经习以为常。他的这一作战风格被人们传扬开去，成为传奇英雄，进而产生歌谣：

> 北斗七星高，哥舒夜带刀；
> 至今窥牧马，不敢过临洮。

二、义救忠嗣　斥责禄山

天宝六载（747）冬天，节度使王忠嗣被宰相李林甫诬陷谋反，免除官职，待罪狱中。玄宗李隆基召哥舒翰入朝，哥舒翰的部将劝他多带些金帛以便救王忠嗣，但哥舒翰却不以为然地说："假如皇上信任我，何必非要金帛？如果皇上不信任我，多行贿又有什么用？"于是，他没有带任何财物便前往京城长安。

玄宗在华清宫召见哥舒翰，盛赞他的勇气和战功，向他问起西部边疆的防卫战备情况时，他以前所未有的谦和态度作了回答。玄宗十分高兴，当即授鸿胪卿，兼西平郡太守，摄御史中丞，并且代替王忠嗣为陇右节度使。哥舒翰一听到王忠嗣的名字，心中顿时涌起感恩热望，他曾为王忠嗣蒙冤受屈而悲伤，于是那种义气为重的情谊，促使他斗胆向玄宗提出恢复王忠嗣的官职，极力否定加于王忠嗣身上的种种罪名，以事实说明王忠嗣无罪而有功。玄宗见他喋喋不休地讲个没完，不耐烦了，起身向后宫走去，他急忙跟上去叩头，并且声泪俱下地慷慨陈词。玄宗为他的一片至诚所感动，终于答应不将王忠嗣处以死罪，而只贬官为汉阳太守。朝中文武官员听到这件事后都称道哥舒翰的为人义气。

新疆吐鲁番出土唐代《牧马图》

天宝七载（748），哥舒翰在青海湖中的龙驹岛上修筑了城堡，不久，见到城畔湖面上有白龙游泳，于是取名应龙城。哥舒翰居于城中，吐蕃不敢接近青海，而退守石堡城（今青海省东境），由于道路遥远而又多险阻，所以官军一直没有发兵攻打。第二年，朝廷下令调集朔方、河东等地的兵将十万多人，由哥舒翰统领进攻石堡城。哥舒翰派部将高秀岩、张守瑜带兵进攻，不到十天便攻拔其城。于是西部边境出现长时间的安定局面。玄宗以哥舒翰的功劳，拜特进鸿胪员外卿，赐物千匹、庄园和住宅各一处，加摄御史大夫，并封其一个儿子为五品官。三年后又加开府仪同三司。

哥舒翰与胡将安禄山、安思顺见面之初便话不投机，后来他们先后都当上了节度使，在商讨用兵、防务等方面的问题时，常常发生矛盾。玄宗多次为他们调解，并让他们以兄弟相称。

天宝十一载（752）冬天，他们三人一齐回到朝中，玄宗派宦官高力士等人，在京城东驸马崔惠童池亭设宴招待他们。哥舒翰的母亲尉迟氏是于阗族人，父亲是突厥人，安禄山早想借机嘲弄他一番。如今同坐一席，安禄山忽然对哥舒翰说："我的父亲是胡人，母亲是突厥人，你的父亲是突厥人，母亲是胡人，你我族类相同，咱们何不相亲相近呢？"哥舒翰立即回答说："古人云：狐向着自己的洞窟号叫是不祥之兆。这是因为他忘本的缘故（意指安禄山公开他们的出身，是故意贬低人格，称其自相贬损为号叫）。老兄如果能够与我亲近，我怎么敢不尽心呢？"安禄山听出了哥舒翰反唇相讥的语义，无名怒火窜上心头，便起身大骂："你这个突厥小子竟敢如此无礼！"哥舒翰也拍案而起。这时高力士看到两员大将都到了剑拔弩张的地步，唯恐搅乱了宴席，一再用眼神制止哥舒翰，哥舒翰一来看重与高力士的友情，出于对他的尊重，二来从那种眼神中还看出鄙视安禄山的含义，所以不与再争，他假装喝醉了酒离席而去。但此后，两人的积怨更深。

三、出兵平叛　结怨国忠

天宝十二载（753），哥舒翰晋封凉国公，食邑三百户，加河西节度使。当时，安禄山看不起宰相杨国忠，杨国忠也忌惮安禄山得宠于玄宗，在玄宗面前说他有造反作乱的迹象，只是玄宗听不进去。正遇哥舒翰击败吐蕃，攻克洪济、大漠门等城，尽收九曲部落，回京报捷。杨国忠便乘机拉拢哥舒翰，上奏朝廷赐予哥舒翰西平郡王爵位，一年后又拜为太子太保兼御史大夫，增封食邑三百户。

哥舒翰喜好饮酒，放纵声色，因而身体虚弱。有一天洗澡时受了风寒，昏倒在地，过了很长时间才苏醒过来，此后回到京城，在家养病。

天宝十四载（755）十一月，安禄山在范阳（今北京西南）发动叛乱，举兵南下。在唐将封常清、高仙芝因战败被杀后，朝中已经没有几个能当平叛大任的将领。只有哥舒翰，一向威名远震。于是，玄宗召见哥舒翰，拜为皇太子先锋兵马元帅，并以田良丘为御史中丞兼行军司马，以王思礼、李承光、苏法鼎、管崇嗣及少数民族将领火拔归仁、李武定、浑萼、契苾宁等副将，率领河陇、朔方兵及蕃兵共二十万将士出征。玄宗皇帝在勤政楼上亲自送行，并下诏让哥舒翰率军路过殿门不要下马，还命令臣僚百官到郊外饯行。哥舒翰十分惶恐，多次以病推辞，玄宗不肯批准。哥舒翰只得硬着头皮率军出征。

天宝十五载（756），玄宗为了笼络哥舒翰，拜任他为尚书左仆射、同中书门下平章事。安禄山派其子安庆绪率军攻打潼关，被哥舒翰击败。

起初，户部尚书安思顺得知安禄山要谋反，借入朝之机向玄宗奏报了此事。安禄山起兵反叛后，玄宗因为安思顺先已奏报，所以不加问罪。哥舒翰素来与安思顺有矛盾，现在想借机报复。他认为自己重兵在握，有所请求，玄宗必定不敢不答应，于是就故意伪造了一封安禄山给安思顺的信，让人假装送信，然后在潼关城门口抓住此人，献给朝廷，而且列举了安思顺的七条罪状，请求玄宗杀了他。结果，安思顺和他的弟弟太仆卿安元贞都因此事被处死。家人被流放到岭南。杨国忠无法救他们，因此开始畏惧哥舒翰之势。

哥舒翰率大军进驻潼关，派出各路使者与河北、山西各地的节度使取得联系，以掌握叛军的动向，然而在收到各地军情报告的同时，更多的是将士、民众对宰相杨国忠的声讨，认为是他弄权朝中，招致叛乱，人人对他切齿痛恨。这时大将王思礼劝他："安禄山起兵，是以诛杀杨国忠为名。现在我们留下三万兵据守潼关，带领精锐之师返回去诛杀杨国忠，或者派小股兵将把他挟持到潼关来斩首，你看如何？"哥舒翰说："那样一来，我们岂不成了反贼？"但他内心是同意这样做的，只是觉得时机未到，不便行动，所以犹豫未决。

其时，有人对杨国忠说："如今朝廷重兵全部掌握在哥舒翰手中，如果他率众回头西进，对你来说不是很危险的事吗？"杨国忠闻言大吃一惊，因为他也知道百姓对他怨声载道，而且自己在文臣武将中树敌不少，所以他认为那种可能性是存在的。于是他想了一个冠冕堂皇的理由奏请玄宗扩兵，他说："兵法上说'安不忘危'。现在潼关虽有重兵把守，但是后方没有预备队伍，万一潼关失守，京师能不害怕吗？请允许挑选牧区的三千青年，立即予以训练。"玄宗同意之后，杨国忠便派剑南军将李福、刘光庭去办理。同时，杨国忠又奏请玄宗，招募一万人，驻屯灞上，派他的心腹杜乾运统领。这些部队名为御敌，实则防哥舒翰。

哥舒翰得知这方面的军事情报后，便想到这是针对自己的一种战略部署，于是以顾全大局、统一指挥为由，上表请求将杜乾运的兵马隶属潼关，接着便召杜乾运到潼关议事，借故将他杀死。杨国忠所到这一消息更加害怕，对他的儿子说："我将死无葬身之地了！"

然而哥舒翰也因此终日不安。原先中风留下的后遗症日见严重，不能亲自处理军务，大小事都委托行军司马田良丘，田良丘又不敢专断，转而让部属王思礼主管骑兵、李承光主管步兵，结果，王、李二人争权夺利，全军号令不一，人无斗志。

四、出师惨败　降而被杀

哥舒翰据守潼关之初，多次向朝廷报告：安禄山虽然占据了河朔，但他不得人心，请允许坚守潼关，等待叛军前途无望而人心离散时，出兵剿灭它，可以不伤自己的兵将而全歼叛贼。当时，叛军将领崔乾祐在陕郡养精蓄锐，伺机进攻。哥舒翰对此有所觉察，亦有戒备。但是，有人却上书说安禄山在陕城（今河南三门峡西）兵不满四千，且是老弱无备之众。玄宗即令哥舒翰立即出关作战，收复陕、洛一带。哥舒翰再次上奏说："安禄山既然起兵反叛，早就训练了军队，根本没有无备之军，即使有老弱兵卒，也一定是引诱我军的钓饵。叛军远道而来，利在速战，现在我军在本地据险，利在坚守，不易轻出，如果轻易出关，便入了叛军的圈套，希望陛下允许臣静观事态的发展。"

与此同时，节度使郭子仪、李光弼也上书说："哥舒翰既病又老，叛军一向知道这一情况，而且哥舒翰的大军是乌合之众，不足以战。如今叛军悉尽精锐之兵南破宛城（今属河南）、洛阳，而以其余军队驻守幽州，请让我们率军直捣其巢穴，将叛军将领的妻子作人质扣押起来，招降叛军，他们内部一定崩溃。潼关大军，只应固守，不可轻出。"然而杨国忠一直害怕哥舒翰对自己不利，屡屡奏请玄宗下令出兵。玄宗长久以来生活在太平岁月之中，不熟悉军事战阵之事，加之杨国忠煽动，于是派遣宦官多次督促哥舒翰，火速出兵。哥舒翰受到催促、责备，不得已而引兵出关。

天宝十五载（756）六月四日，哥舒翰放声号哭了一场，便率兵出潼关抵达灵宝县（今河南西部）西原。出潼关门七十里，道路险要狭窄，叛军数千人预先在险要处埋下了伏兵。八日，官军与叛军交战，官军北临黄河，南遇高山。叛将崔乾祐率数千人先占领了险要地方。哥舒翰与田良丘乘船在河中观察叛军布置形势，见敌军人少，以为人数不多，没什么阻力，便催促官军将士加速前进。哥舒翰领兵三万登上北岸高处，擂鼓助威，其时叛军出兵不过万人，三三两两，散如星星，或疏或密，或进或退，了无阵容。官军望见之后，都耻笑其无能，说："等擒贼后再吃饭也不迟。"一经接战，叛军偃旗息鼓，看似要逃遁。因此官军更加懈怠，以为不战可胜。不久，埋伏在高处的叛军一齐出击，居高临下地乱抛下滚木礌石，官军死伤无数。由于道路狭窄，官军无法疏散展开，士卒手中的兵器无法使用，躲又没处躲，完全处于被动挨打的地位，死伤惨重。

哥舒翰想用毡车驾马为前驱，冲杀出去，但是正当午后，东风劲吹，叛军用数十辆草车乘风纵火，霎时烟焰张天，充满山道，熏得官军将士睁不开眼。叛军健卒不时从烟雾中跃出击杀几人，然后又隐蔽无影。于是官军以为敌人就在烟雾中，聚集强弩乱箭齐发，结果自相残杀，自相拥挤，甚而跌进滚滚黄河之中。后面的军队看到前军大败，转身便跑，溃不成军，填沟坠河，呼天喊地，死亡数万人。有的捆缚器械，粗制成筏，以枪为楫，渡河逃命，结果登上北岸的不到十分之一。官军最后生还的仅八千余人。于是，潼关被叛军占领。

哥舒翰治军严格，但不关心士卒疾苦。行军时，他从不体恤将士饥寒，有的士兵饿得受不了，便偷吃百姓的桑葚，哥舒翰知道后便凶狠地鞭打他们。监军顾大宜在军中不处理军务，终日与将士赌博、饮酒、弹奏箜篌、琵琶取乐，而士兵们却吃不饱饭。玄宗派人慰劳军队时，许多士卒反映缺衣，玄宗以十万件成衣赐予军队，但哥舒翰压住不发，军败之后，衣满军库。

哥舒翰与数百名骑兵逃出战场后一路向西疾驰，渡过黄河，到了关西驿（一个小驿站），收集残兵败将，打算收复潼关。蕃将火拔归仁等以一

新疆吐鲁番出土的唐代星占图

百多骑兵围住了他，说："你把二十万人一战而损失殆尽，还有何面目去见
皇帝？"有人说，不如干脆去投降安禄山。哥舒翰不肯回头向东走。火拔归
仁等数人强制他上马，又用绳索把他的腿脚绑在马腹上，就这样把他带到了
安禄山面前，安禄山得意地说："以往你常常看不起我，今天觉得怎么样？"
哥舒翰害怕地伏在安禄山脚下说："我是肉眼不识圣人，才到这个地步。你
是拨乱反正的主子，现在天下尚未平定。李光弼在土门，来瑱在河南，鲁炅
在南阳，陛下如果留下我的性命，我可以用书信招他们投降，那样，用不了
几天就取得了天下。"安禄山听罢大喜，当即委任哥舒翰为司空，让他写信
招降李光弼等人。但是收到他书信的将领都谴责他毫无气节，拒不投降。安
禄山看到他没什么用处了，便把他囚禁起来。第二年正月，安庆绪（安禄山
长子）先杀死安禄山，后又杀了哥舒翰。

朔方节度使郭子仪

郭子仪（697～781），唐朝将领。华州郑
县（今陕西华县）人。父亲郭敬之，历任五
州刺史，追封祁国公。郭子仪一生经历了武
则天、唐中宗、唐睿宗、唐玄宗、唐肃宗、
唐代宗、唐德宗七朝，历任左卫大将军、九
原太守、朔方节度右兵马使、卫尉卿、朔方
节度使、兵部尚书、司空、中书令等职。谥
号"忠武"。他度过了六十多年的军旅生涯，
其中以一身而系天下安危达二十余年。他多
次担任过军事要职，参与指挥了历次重大的
平叛战争，具有杰出的军事才能。

郭子仪

一、善抓战机　敌疲我打

郭子仪在军中，先后担任过各军的军使。天宝八载（749），唐玄宗下令
在木剌山（在今内蒙古乌拉特旗北）设置横塞军及安北都护府，命郭子仪任
横塞军军使，拜任左卫大将军。天宝十三载（759），玄宗下令改横塞为天德
军，仍令郭子仪为天德军使，兼九原郡（治今内蒙古五原）太守，朔方（治
今夏灵武西南）镇节度右兵马使。

天宝十四载（755）十一月，范阳（治今北京城西南）节度使安禄山起兵反唐。十五万叛军从范阳大举南下，一月之间，攻占了河北数郡和河南荥阳、洛阳。唐玄宗任命郭子仪为卫尉卿，兼灵武郡太守，充朔方节度使，命他率领本军东讨叛军，郭子仪亲赴校场，检阅大军，誓师出征。郭子仪率军首先与叛将周万顷的大军相遇，双方经过一场厮杀，叛军大败，俘获、斩杀了周万顷，传首朝廷。安禄山又派同军使高秀岩攻夺河曲（在今山西永济西蒲州），郭子仪又挥军击败了他。

第二年正月，叛军将领蔡希德攻陷常山郡（治今河北正定），转攻河北郡县，河北全境皆被叛军占领，安禄山在洛阳称大燕皇帝，唐朝处于危亡之际。在这紧急时刻，唐玄宗命郭子仪率兵南讨叛军。四月，郭子仪收复云中（今山西大同）、马邑（今山西朔县东北）两郡之后，兵出井陉（今河北井陉），会合河东节度使李光弼的部队，一举攻占了史思明坚守四十多天的九门（今河北藁城县西北）、藁城两县。至此，常山郡九县全为唐军收复。安、史叛军的后路受到了严重威胁。

安禄山的后方基地在平卢（今辽宁朝阳）和范阳两镇。他占领洛阳后之所以不急于西进，一则为谋称帝，二则为保后路。河北各郡是洛阳至范阳的必经之地，既是后路，也是他的退路。如果河北失守，安禄山就将陷入后路断绝的困境。因此，他一得知常山太守颜杲卿、平原太守颜真卿起兵反抗的消息，立即派主将史思明率几万人马回救河北。在这种情况下，李光弼和郭子仪出兵井陉，攻其后路，这一战略决策是非常正确的。

郭子仪、李光弼两军攻占九门、藁城两县后，率兵退往常山。史思明立即收整人马，跟踪而进。郭子仪见史思明"我行亦行，我止亦止"，于是将计就计，派出五百精锐骑兵，牵着史思明疾速北进。史思明不知是计，一连追了三天三夜，追到行唐县（今河北省中部）时，已经人困马乏了。当他发现前面只是五百骑兵时，才知上了当。于是东退沙河（今河北行唐和新乐两县之间）休整。郭子仪乘其疲劳之机发起进攻，大获胜利。安禄山得知史思明出战不利，就增派蔡希德从洛阳率步、骑兵两万北上，令将领牛廷玠从范阳率兵一万南下增援史思明。这就使河北地区的叛军增加到五万多人。

郭子仪所率兵力总数虽多于叛军，但他没有急于与敌交战，仍旧实行疲敌计策。他率唐军从沙河、行唐继续北走，引诱叛军追击。史思明因兵力大增，不再顾虑，放心追赶。郭子仪到达恒阳（今河北曲阳）后，加固城池，采取"贼来则守，贼去则追"的战术，使四五万叛军处于欲战不可、欲退不得、欲歇不能的疲劳状态之中。六月底，郭子仪见史思明的几万人马已被拖

"安史之乱"形势图

得疲惫不堪，决定大规模出击。他联合李光弼的部队共十万余人，在嘉山（今河北定西）与五万叛军展开了一场大战。结果杀死叛军四万多人，俘虏一千多人。叛军首领史思明被打得从马背上掉了下来，丢盔弃甲，拖着半截枪杆，狼狈逃回营中，急率残部退守博陵（今河北定州）。郭子仪、李光弼乘胜率军进围博陵。

嘉山一战，唐军声威大震，河北十多个郡纷纷杀死叛军守将，归降唐朝。安禄山的后路被彻底切断，往来通信使者都被唐军捕获。洛阳的叛军，家属都在范阳、平卢，听说退路已绝，都惶惶不安，军心动摇。加上唐将哥舒翰坚守潼关，致使安禄山陷入西进不得、北退不能的被动地位。他非常恐慌，招来他的狗头军师高尚、叛军将领严庄骂道："你们教我造反，说是万无一失。现在过去了好几个月，我只剩下汴、郑几个州，唐军两面夹攻，到哪儿找万无一失。"于是叛军商议放弃洛阳，兵退范阳。

这一大好局面是郭子仪与李光弼联合作战的结果，尤其值得称道的是郭子仪采取的疲敌战术。本来，郭、李两军十万余人，迎战五万叛军已是优势。但是，郭子仪在战术上采取谨慎态度，用走、扰等多种办法使敌军一疲再疲，因而在嘉山打了唐军出战以来第一个最大的歼灭战，切断了敌军退路，改变了整个战争形势。这时，唐朝廷如果采取郭子仪和李光弼提出的坚守潼关、北攻范阳的方案，那么消灭安、史叛军于黄河南北已不需要多长时间。但是，极端骄傲又极端昏庸的唐玄宗，听不进这些正确的意见，反而听信宰相杨国忠之言，强迫哥舒翰率领缺乏训练的潼关守军展开战略反攻，致使哥舒翰所率唐军全军覆灭。叛军随即西出潼关，攻入长安，唐玄宗仓皇逃往成都。唐王朝的东、西两京均被叛军占领，战局急剧恶化。

二、借兵回纥　灭敌主力

天宝末年（756）七月，太子李亨在灵武登基，年号至德，李亨即唐肃宗。郭子仪奉命率朔方军五万人前往保驾。经过近一年的准备，唐军集结于朔方的军队有所增强；叛军方面，出现了分裂，安禄山被儿子安庆绪杀死，史思明驻军范阳后，不听安庆绪的调动。在这种情况下，唐肃宗决定展开战略反攻，首先收复两京。至德二年（757）四月，唐肃宗任命自己的儿子广平王李俶为天下兵马元帅，而以郭子仪为副元帅，授予收复洛阳、长安的任务。李俶并无太大的军事才能，实际指挥重任全在郭子仪的身上。

五月，郭子仪率军从凤翔（今陕西凤翔）东进，准备收复长安。在城西清渠与安守忠、李归仁的军队遭遇。两军相持七天之后，安守忠、李归仁假装退却，郭子仪没有识破敌计，挥军追赶。安守忠、李归仁随即以九千骑兵摆了一个长蛇阵，郭子仪又错误地攻击对方中部。叛军即收首尾两翼，和步兵一道夹击唐军，结果唐军大败，郭子仪只得收集溃军，退保武功（今陕西武功）。

清渠之战所以失利，不仅由于郭子仪指挥不当，缺乏对付精锐骑兵的经验；同时，也证明收复长安的时机还不成熟。九月十二日，唐军经过三四个月的兵力补充之后，唐肃宗又命令李俶和郭子仪率领十五万大军再次反攻长安。二十七日，唐军进军到长安城西面，与安守忠、李归仁和张通儒率领的十万叛军对阵。

郭子仪接受清渠之战中遭到叛军骑兵冲击而迅即溃败的教训，加强了纵深部署。他自己率领中军，以李嗣业为前军，王思礼为后军，同时也加强了侧翼的保护。交战开始以后，叛军李归仁部首先向唐军挑战。李嗣业即率前军出击，将李归仁击退。但是叛军迅速调整部署，集中兵力迎战李嗣业，很快击溃了唐军。李嗣业乘叛军抢夺唐军丢弃的物资之机，整顿队伍，调整队形，再次发起猛攻。由于李嗣业身先士卒，带头冲锋，战场形势很快好转。

叛军见正面进攻没有进展，就出动骑兵向唐军阵东迂回，企图袭击唐军右侧。郭子仪发现这一情况，立即令出身于回纥铁勒部落的将领仆固怀恩，率四千回纥骑兵迎击。这支回纥骑兵，是郭子仪为了对付叛军骑兵，特地建议唐肃宗向回纥怀仁可汗借来的。人数虽然不多，但战斗力很强。一下子就将叛军骑兵消灭了一大半。然后，郭子仪又命令他们迂回到叛军阵后发动袭击，同时指挥前军和中军发动猛攻，在唐军的两面夹击之下，叛军逐渐败溃。经过半天激战，唐军歼敌六万余人。叛军残部逃往长安城内。这时，唐军本应乘胜追击并截断叛军东逃之路，但是元帅李俶以疲劳为由而收兵，郭子仪也没有主张追击。结果，安守忠、李归仁、张通儒当夜放弃长安，率军东撤。

三天以后，郭子仪率兵继续东进。唐军的迟缓行动，使叛军得以重新部署。为了确保洛阳，安庆绪令严庄率领防守洛阳的主力部队西上，会合从长安东退之军，合力阻击唐军。这时，叛军的总兵力仍有十五万人。

十月十五日，郭子仪在新店（今河南陕县西）与叛军主力遭遇。叛军依山列阵。郭子仪首先从正面进攻，并令回纥骑兵从侧后袭击。当正面进攻失利之际，仆固怀恩率领的回纥骑兵赶到南山（位于新店之南），对叛军侧翼发起了猛烈的冲击。叛军畏惧回纥骑兵，一见射来的箭是回纥骑兵之箭，立即惊恐溃乱。郭子仪乘机指挥大军发起猛攻，形成两面夹攻之势，又大败叛军。严庄等叛军将领率残部东逃。十月十六日夜晚，安庆绪听说主力战败，万分惊慌，仅率三百骑兵和一千多步兵从洛阳逃往邺城（今河南安阳）。十八日，唐军胜利收复东京洛阳。郭子仪因收复两京有功，晋封代国公。唐肃宗也发出了由衷赞叹："我的国家有今天，全仗你的力量啊！"郭子仪由此而名声大振。

其实，郭子仪对收复两京的作战指挥并不是十全十美的，他针对叛军骑兵精悍的特点，采取梯次配置两面夹攻的战术，充分发挥回纥骑兵勇猛善战的特长，使之迎战敌骑、袭敌侧翼，都是正确的。然而，他不依靠自己的力量，开借兵助剿之先例，则并非上策。昏庸的唐肃宗甚至主动提出了"克城之日，土地、士庶归唐，金帛、子女皆归回纥"的条件，造成了无穷的后患，为回纥在收复长安后烧杀抢掠提供了合法的口实。在进军长安和洛阳的作战中，唐军十几万兵力集中于一个方向，没有多路配合，从而未能全歼叛军的有生力量。

三、军无统帅　兵败邺城

乾元元年（758）九月，郭子仪奉诏与李光弼同率九路节度使，统兵二十万，征讨安庆绪。此时，唐肃宗开始忌惮将帅功高权大，便以"郭子仪与李光弼都是元勋、无法相互统率为由"命令这次出征不设元帅，仅以宦官鱼朝恩为观军容宣慰处置使，实为军中的最高军职。

郭子仪带兵从杏园（今河南汲县东南）渡河，围攻卫州（今河南汲县）。安庆绪统兵七万分三路，向卫州增援。郭子仪严阵以待，他布置三千名弓弩手藏于土垒之后，对他们说："敌兵到后，我佯装后撤，敌兵必然追赶，到那时你们一起跃出射杀。"到交战的时候，郭子仪率兵后退，叛军果然追了上来，追到土垒边上时，埋伏的士兵一起放箭，登时箭如雨下，射死敌兵大半。郭子仪率兵返身杀回，安庆绪急忙退回邺城（今河南安阳），并派人向史思明求救，史思明从范阳发兵三十万来救，但观望不敢向前，只先派遣了一万人马到达滏阳（今河北磁县），遥造声势。

乾元二年（759）二月，唐军重重包围邺城，挖通城墙，堵截漳河的水灌城。城中水流四溢。从冬天一直到第二年春天，安庆绪坚守城门不出。邺城城内，粮食吃尽，人们挖野菜、削树皮充饥，一只老鼠竟值钱四千。人们都以为城陷只在朝夕，叛军中有想出来投降的，由于水太深而无法出去。而唐军因为没有一个统一的首领，宦官鱼朝恩不懂军事，所以进退无人调遣，围城日久却没有成效。史思明趁机引兵进逼邺城，他把各路兵马重新部署，以离邺城五十里为限，四面扎营，每个军营配鼓三百面，遥相呼应。并让每个营选五百精骑，每天袭击唐军，唐军出击，他们又都返回本营。连续多日，唐军日有损失。史思明又派人抢劫唐军的运粮车，致使唐军粮食奇缺，由此唐军军心动摇。

三月，唐军屯兵六十万于邺城城北，史思明亲自率领五万精兵前来挑战。唐军以为是小股游兵，没有在意。史思明趁机率军直前奋击，两军交战，正赶上狂风骤起，飞沙走石，天昏地暗，咫尺不能相辨。敌我双方均大乱，唐军向南溃逃，叛军向北奔袭。唐军损失惨重。各路兵马都惊慌撤回本镇。

宦官鱼朝恩平日里就忌恨郭子仪的功劳，他借邺城的失利，乘机上书皇帝诬陷郭子仪。七月，唐肃宗召郭子仪回朝，由李光弼率领众兵。众将士听说后，都站于道旁哭着挽留郭子仪，郭子仪无奈地看了看众将士，策马而去。

上元二年（761），李光弼失守河阳（今河南孟县）之后，郭子仪被重新起用，出兵河东，刚打了几个胜仗，因受新即位的唐代宗李豫所疑，第二次被解除兵权，闲职在家；宝应二年（763），吐蕃起兵二十万攻入长安，唐代宗东逃陕州，他被再次起用，任关内副元帅。他指挥刚收集到的四千多散兵游勇，用疑兵之计，虚张声势，吓退了吐蕃，收复了长安。从此，他才受到唐代宗的重用。

四、七十挂帅　　单骑退敌

广德二年（764），郭子仪先前的部下大将仆固怀恩率领朔方军叛变，在河东与唐王朝分庭抗礼。年近七旬的郭子仪以朔方节度使奉诏出征。朔方兵都是郭子仪的老部下，听说郭子仪来了，自动离开仆固怀恩，欢迎郭子仪。仆固怀恩率三百名亲信逃到灵武，招引了回纥、吐蕃两部共十万人马，绕过邠州（今陕西邠县），进逼奉天（今陕西乾县）。唐代宗派郭子仪率兵抵御，回纥、吐蕃因畏惧郭子仪，不战而退。永泰元年（765）九月，仆固怀恩又引回纥、吐蕃、吐谷浑、党项等族共计三十多万人马攻唐。唐朝国都长安再次受到威胁。郭子仪立即建议唐代宗调兵遣将，扼守要冲。自己则率兵一万人，坚守泾阳（今陕西泾阳），保卫长安。

十月，郭子仪刚到泾阳，就被吐蕃、回纥联军十万余人团团围住，形势非常危急。面对十倍于己的强敌，郭子仪镇定自若，毫不惊慌。他一面令众将严密设防，坚守不战，一面密切监视敌军的动向。

不久，郭子仪发现敌军之间出现了间隙。原来，挑动吐蕃和回纥出兵的唐朝叛将仆固怀恩突然于九月在鸣沙（今宁夏中卫东）暴病身死，吐蕃便想乘机统辖回纥人马。率领回纥军队的主将是怀仁可汗的弟弟药葛罗，他为了防备吐蕃乘机吞并，将其兵营从城北移屯城西。郭子仪认为：在平定"安史之乱"，收复两京的战争中，自己曾与回纥军并肩作战，在回纥将士中有较高的威望，有可能说退甚至争取回纥军反戈一击。因此，他派亲兵将领李光瓒先出城试探。

李光瓒见到回纥主将药葛罗后，转达了郭子仪对他的问候，劝他不要与郭子仪为敌。药葛罗狐疑满腹地问："郭令公（郭子仪曾任中书令官职，时人尊称其令公）确实在这儿吗？你在欺骗我们吧？仆固怀恩早就告诉我们，说郭令公已经死了。如果确实在此，你请他亲自来和我们谈。"

李光瓒回城向郭子仪汇报了情况。郭子仪立即召集众将商议对策。郭子仪说："现在敌军多我十倍，死力硬拼，是不可能取胜的。过去，我和回纥

郭子仪说服回纥反戈图

将士有过比较亲密的关系,我亲自去见他们,和他们谈一谈,有可能不战而退回纥之兵。"大部分将领同意郭子仪的意见,但是请他带上五百名精锐骑兵随行护卫,以保证安全。郭子仪反对说:"这不需要,人去多了,增加对方的怀疑,反而会坏大事。"

会后,郭子仪带了几名随从,跨上战马,正要出发。他的三儿子郭晞飞奔而来,一把抓住郭子仪的马缰,跪在地上哭着劝道:"回纥军队是像虎狼一样的敌人,父亲大人是堂堂唐朝的元帅,为什么偏要自成俘虏,上门送死呢?"郭子仪回答说:"现在敌强我弱,形势危急,如果交战,不但我们父子俱死,而且会使国家遭到灭亡。我现在只身前往,以诚相待,若是谈判成功,岂不是四海黎民的洪福!只要国家、社稷能够保全,我就是死了,又有什么关系呢?"郭晞不听,仍然苦苦劝阻。郭子仪大怒道:"滚开!"说着手起一鞭,打掉了郭晞紧攥缰绳的手,扬鞭跃马,驰出西门。

出城之后,郭子仪放慢速度,令几名随从边走边大声喊道:"郭令公来啦,郭令公来啦……"药葛罗闻讯,不知是真是假,生怕唐军有诈,立即摆开阵势,弯弓搭箭,严阵以待。郭子仪一见这个情景,明白回纥对他仍有疑虑。于是,他毅然摘下头盔,脱去铠甲,放下刀枪,策马提缰,向回纥阵前缓缓行去。

药葛罗及其主要酋长,见来将只带了几名随从,还免胄空手而行,终于放下心来。大家仔细辨认,发现果真是郭子仪。当郭子仪到达回纥军阵之前时,回纥的大小酋长们,在药葛罗的率领下,一齐下马,拜倒在地,表示欢迎。郭子仪立即翻身下马,跨步向前,一把搀扶起药葛罗,并向各位酋长们拱手问候。

寒暄过后,郭子仪紧紧地握住药葛罗的手,婉转地责备说:"你们回纥军队于唐朝江山是有大功的,朝廷对待你们也很不错,你们为什么要违背旧约、出动大军攻到唐朝京都附近来呢?像仆固怀恩这样背叛朝廷、把自己的母亲也遗弃不管的人,在你们回纥中是从没有过的。你们跟着他,抛弃前功而新结怨仇,背离唐主而帮助叛臣,这是多么愚蠢的行动啊!我今天挺身前来,就是为了说明这些道理。你们可以把我绑起来杀掉,但是,我的将士会与你们决一死战的。"药葛罗听了,既惭愧又害怕,他对郭子仪说:"请郭令公恕罪,我们是上当受骗了。仆固怀恩说天可汗(唐代宗)已驾崩,令公已去世,中原已经无主,我们才兴兵前来的。现在天可汗仍在长安,令公又统兵在此,仆固怀恩已被上天所杀,我们哪能再跟老将军为敌呢!"

郭子仪见药葛罗同意了不再攻唐,十分高兴,便趁机说:"吐蕃背信弃义，乘中原内乱，不顾与朝廷的甥舅之亲，屡次兴兵侵犯边境，深入内地，到处烧杀抢掠，夺走的牛羊马匹、金银珠宝不计其数。现在吐蕃又想乘机吞并你们，你们何不乘机反戈一击呢？果真如此，你们既可以击败吐蕃获其财物，又可以与唐朝继续友好下去，一举两得，两全其美。这乃是上天赐给你们的良机呀！"药葛罗听后，立即表示同意说："我们被仆固怀恩骗到这里，已对令公有罪，我们愿意为令公出力，攻打吐蕃，将功赎罪。"

郭子仪的谈判成功，双方订好了合击吐蕃的计划。然后，郭子仪和药葛罗以酒洒地，共同发誓说："大唐天子万岁！回纥可汗万岁！两国将相万岁！唐、回两军，合击吐蕃，有违约者，死于战阵，家灭九族！"

吐蕃得知回纥转与唐军结盟，感到大事不妙，连夜撤兵西走。郭子仪即派朔方兵马使白元光率精骑会合药葛罗跟踪追击，自己亦统大军继后。联军追至灵台西原赤山岭（今甘肃灵台县西），大败吐蕃军，斩杀五万余人，俘虏上万人，夺回了被吐蕃抢走的工匠、妇女四千多人，缴获牛羊驼马数以万计，吐蕃残军狼狈逃走，其他各路攻唐人马也都闻风而退。这一战郭子仪更是名震朝野。单骑退兵，传为千古佳话。

五、为人宽容　谦退礼让

大历年间（767），吐蕃仍连年内侵，郭子仪以副元帅久驻河中（今山西永济西）、邠州，承担备御任务。大历十四年（779）五月，唐德宗李适继位，召郭子仪还朝，任为山陵使，主管代宗安葬事宜，赐号尚父，晋位太尉、中书令，免去副元帅及所兼节度使等职。

郭子仪洞悉世情，为人宽容，对待同僚十分宽容。李光弼和郭子仪同为唐朝著名将领。他们曾经同在朔方镇当将军。可是两个人的关系并不太好，互不服气。"安史之乱"爆发后，唐玄宗提升郭子仪任朔方节度使，位居李光弼之上。李光弼怕郭子仪刁难他，曾想调到别的方镇去。这时朝廷要郭子仪挑选一位得力的大将，去平定河北。郭子仪出于公心，推荐了李光弼。李光弼却以为郭子仪是借刀杀人，让他去送死。可是朝廷之命又不能不服从。临行前对郭子仪说："我赴死心甘，只求你不要再加害我的妻子儿女好吗？"郭子仪听到他冤枉自己的话后，流着热泪对他说："现在国难当头，我器重将军，才点你的将，愿与你共赴疆场讨伐叛贼，哪里还记着什么私愤呢？"李光弼听了非常感动。两人手拉手相对跪拜，前嫌尽释。

郭子仪的府第从来都是大门洞开，贩夫走卒之辈都能进进出出。一次，郭子仪的一名手下将领到外地任职，去郭子仪的府第辞行。在王府里，他看见郭子仪正为夫人和女儿做奴仆，端着洗脸水，拿着手巾。郭子仪的儿子觉得脸上无光，一齐劝说父亲，希望父亲能够自重，不要让外人笑话，郭子仪给儿子们讲明道理说："我家的马吃公家草料的有五百匹，我家的奴仆吃官粮的有一千多人，如果我筑起高墙，不与外面来往，只要有人与郭家有仇，嫉妒郭家的人煽风点火，郭氏一族很可能招来灭族之祸。现在我打开府门，任人进出，即使有人想诬陷我，也找不到借口。"儿子们恍然大悟，都十分佩服父亲的高瞻远瞩。

郭子仪晚年在家养老时，王侯将相前来拜访，郭子仪的姬妾从来不用回避。唐德宗的宠臣卢杞前来拜访时，郭子仪赶紧让众姬妾退下，自己正襟危坐，接待这位"鬼貌蓝色"的当朝大臣。卢杞走后，家人询问原因，郭子仪说道："卢杞相貌丑陋，心地险恶，如果姬妾见到他，肯定会笑出声来，卢杞必然怀恨在心，将来他大权在握，追忆前嫌，我郭家就要大祸临头了。"后来卢杞当上宰相，即使与他有小过节的人，他也必欲置对方于死地，完全应验了郭子仪的说法，一场大祸被郭子仪消弭得不着痕迹。

郭子仪功德越高，人们越尊重他。吐蕃、回纥称他为神人，皇帝都不直接呼他的名字。甚至有些安史叛将也很尊重他，因为他曾施恩于很多人。安庆绪的骁将田承嗣占据魏州后，蛮横无理，飞扬跋扈。郭子仪派遣自己的一个部将去见他。田承嗣倒很规矩，还向郭子仪所在的方向遥望叩拜，指着自己的膝盖对使者说："我这双膝盖，不向别人下跪已有多年了，现在要向郭公下跪。"他麾下的老将军数十人，都是王侯显贵，郭子仪指挥他们进退，他们就像奴仆一样，听从他的安排和指挥。

郭子仪处处做士兵的榜样。他领兵打仗从不侵犯百姓的利益。当时，连年战争，农村经济破坏，农民生活困难，负担很重，筹集军粮确实不易。为了减轻人民的负担，他不顾自己年迈力衰，亲自耕种。在他的带动下，官兵在休战时，一边训练，一边参加农业劳动。动乱时期，他的驻地丰收的庄稼随处可见。

郭子仪不仅得军心民心，事奉圣上也很忠心勤谨。无论是手握强兵，还是方临戎敌，诏命他何时入朝，他从未迟延过。在他被幸臣鱼朝恩谗毁，削去兵权后，仆固怀恩率十万大军进逼京师，正当用人破敌之急，朝廷恢复和加封他为太尉、泾原、河西及朔方招抚观察使、关内河东副元帅、中书令等一系列虚职和实职。郭子仪从不把打仗破敌当作升官发财的敲门砖，他坚决要求辞去太尉之职，只保留招抚观察使一职即可。他上奏说，自兵乱以来，纲纪破坏，时下与人比高低、争权势已成风尚，他希望在朝中兴起礼让之

工讳子仪华州郑县人自武举补左卫长史累遇同平章事平安史之乱功居第一加司徒封代国公德宗赐號尚父封汾阳王謚忠武

郭子仪画像

风，就由自己开始实现。他还说，自己早已懂得知止知足的道理，心中惧怕盈满之患。

在击败叛军、擒获仆固怀恩后，郭子仪对往昔的官爵决心一无所受。经过他再三恳让，才辞掉了太尉之职。但这位四朝柱石、卫国功臣，理应受到宠遇。他权倾天下而朝不忌，功盖一代而主不疑。德宗尊他为"尚父"。他既富贵而且长寿，后代繁衍安泰。他有八子七婿，都是朝廷重要官员。孙子有数十人之多，当孙子来问安，他都无法分辨谁是谁，只是颔首而已。

六、功高不骄　严于教子

郭子仪戎马一生。先平"安史之乱"，继而抵御吐蕃、回纥叛军，确保京师，战功卓著，威震四方，敌人听说郭子仪出战，常闻风而逃。他治军宽厚，深得人心，将士把他看作如父母一般，都愿为他拼死效力。他还培养出大批人才，有数十人后来位至将相。

郭子仪一心向着朝廷，忠心不贰。"安史之乱"后，许多节度使手握兵权，不听从朝廷的命令，为非作歹。而郭子仪功高却不骄傲，掌握重兵但从无异心，奖罚惩处，毫无怨言。

大历二年（767年）十二月，郭子仪父亲的坟冢被人盗窃，人们都认为是宦官鱼朝恩干的，朝廷非常害怕郭子仪会一怒而反叛。等郭子仪入朝时，代宗向他谈起这件事，郭子仪说："我引兵征战多年，手下将士大多横尸野外。我家的事，是上天要谴责我，不是人为的。"朝廷因而也安下心来。

作为父亲，郭子仪和王氏夫人严格教导子女，儿子、女儿人品端方，才华出众，没有一人走上邪路。他的三儿子郭晞曾驻守邠州，协助邠州节度使白孝德防守吐蕃和回纥，郭晞手下有十几个士兵酗酒闹事，还拔刀刺伤了酒店主人。泾州刺史段秀实不徇情面，将这十多个士兵就地正法，在郭晞的军营里引起了极大的震动，军士们准备宰了这个胆大妄为的老头。段秀实当面教训郭晞："郭令公功劳盖世，人人敬仰，你作为他的儿子，却纵容士兵横行不法，胡作非为，这样下去，郭家的功名还保得住吗？"郭晞十分惭愧，向段秀实诚恳致谢，认为这是对自己的关怀和爱护，他不准军士为难段秀实，段秀实在郭晞的军营里过夜，郭晞亲自为他站岗放哨，以防歹人加害。第二天，还和段秀实一起前往白孝德处赔礼道歉。郭晞为将如此，实在应归功于郭子仪夫妇教子有方、忠厚传家。

郭子仪的女儿也是才女。有一次，两位著名画家为郭子仪的女婿赵纵画像，画完之后，众人认为两幅画像不分高下，郭子仪的女儿语出惊人，得到众人一致的认可，她说韩姓画家"空得赵郎状貌"，周姓画家"兼移其神气，得赵郎性情笑言之状"。如果不是具有深厚的文化修养，又如何能说出如此精辟的点评。

郭子仪的六儿子郭暧有一次与妻子升平公主争吵，郭暧说："不要仗着你的父亲是当今皇上，你就这样厉害，我父亲并不惧怕你父亲。"升平公主听到非常气愤，跑回去告诉了父皇代宗。郭子仪回家听说后，顿时大怒，将儿子郭暧捆绑了起来，并亲自入朝向代宗谢罪。代宗对他说："你没听说过这样一句俗语吗？'不痴不聋，不作家翁'。儿女们自己的事，我们何必要认真呢？"郭子仪回来后，还是把郭暧打了四十杖。

建元二年（781），郭子仪去世，享年八十五岁。陪葬建陵（唐肃宗李亨墓，今陕西礼泉县），德宗沉痛悲悼，废朝五日，下诏书高度评价和追念他。赐谥号"忠武"。按照礼仪制度，一品官坟墓高一丈八尺，特下诏给他加高十尺，以彰显郭子仪的盖世功勋。君臣依次到府第吊唁，德宗还到安福门临哭送行。生前死后，哀荣始终。

河北节度使李光弼

李光弼（708～764），唐朝将领。营州柳城（今辽宁朝阳）人。父亲李楷洛，本是契丹族的酋长，曾任左羽林将军、朔方节度副使，以作战勇敢著称。李光弼历任兵马使、节度副使、云中太守、范阳长史、户部尚书、侍中、太尉等职，爵临淮郡王。李光弼智勇双全，用兵有方，堪称中唐一代名将。

一、文武双全 出镇河北

李光弼的父亲李楷洛本是契丹酋长，在武则天执政时，归附唐朝，官至左羽林大将军，封为蓟郡公。吐蕃入侵河源（今属青海），李楷洛率精兵击

李光弼

败了他们。在刚出兵攻打吐蕃时，李楷洛对别人说："贼肯定能平定，但我将不能返回。"结果此言不幸言中。在班师返回的路上，李楷洛去世。武则天追赠他为营州都督，谥号"忠烈"。

李光弼从小严于律己，不爱嬉戏，练武则善于骑马射箭，读书则能通晓班固所著《汉书》。李光弼少年参军，在部队中表现出严谨刚毅的性格，处事从大处着眼，先当了左卫郎。在父亲去世后，李光弼守孝三年不与妻子同居。

天宝初年（742），李光弼升任左清道率兼安北都护府朔方都虞侯。天宝五载（746），到河西节度使王忠嗣部下任兵马使，兼赤水军使。王忠嗣看到他气度非凡，办事认真、干练，对他特别看重，常说："李光弼将来必定能做到我这个官位上。"边疆一带开始有人称他为名将。天宝八载（749），李光弼被提升为节度副使，封蓟郡公。三年后，拜为单于副使都护。天宝十三载（754），朔方节度使安思顺爱其才干，想把女儿嫁给他，他听到消息后托病辞官。陇右节度使哥舒翰对他的节操很是赞许，于是奏请朝廷，朝廷将他召回了长安。

天宝十四载（755），范阳节度使安禄山起兵叛乱。玄宗调集各路兵马去征讨，命令哥舒翰率师抗拒，任命郭子仪为朔方节度使，在河西（今甘肃、陕西一带）集结兵力；同时，准备选派一人担任河北、山东地区的军事总管，他亲自征求各地将帅的意见，看谁能担当此任。问到郭子仪时，郭子仪推荐了李光弼，说只有他才能不负朝廷的期望。

天宝十五载（756）正月，李光弼任云中太守，兼摄御史大夫。二月转魏郡太守、河北道采访使，率领五千朔方兵与郭子仪会师，向东进军，攻克井陉（今河北井陉北）、常山郡（今河北正定南）。叛将史思明领兵数万前来援救常山郡，截断常山粮道，于是城中官军缺乏草料。李光弼派出五百车辆，到石邑（今河北获鹿东南）取运，由一千多名弓弩手保护，让驾车的人一律穿上甲衣，编组成方队，依次行进，结果绕过了史思明的军队，安全往返。

二、郭李联兵　大败叛军

当时，史思明等叛将已经将饶阳（今属河北）城包围了二十九天，还没有攻下，李光弼率领蕃、汉步骑兵一万余人，再加上太原弩机手三千人出井陉关。李光弼兵到常山，常山团练兵三千人杀死反叛的胡兵，抓住叛将安思义，出城投降。李光弼对安思义说："你知道你的罪该死吗？"安思义不说话。李光弼又说："你久经沙场，看我的这些部队能否打败史思明？如今为我打算，我应该怎么办才好？如果你的计策可取，我就不杀死你。"安思义说："您的兵马远道而来，士卒疲劳，立即与强敌交锋，恐怕难以抵挡。不如率兵入城，早做准备，先为部署，然后再出兵。叛军虽然精锐，但难以持久，一旦失利，就会气丧心离，到那时就可以打败他们。史思明现在饶阳，距离此地不到二百里路程；昨天晚上已向他发出了求援信，估计先锋部队明天早上一定会到达，紧接着后面就是大部队，一定要留意才是。"李光弼听后很高兴，就为安思义松了绑，当即移军入城。史思明得知常山失守，立刻解除对饶阳的包围来救常山。次日天未亮，前锋部队已到达常山，史思明等率大军紧随其后，共两万多名骑兵，直逼城下。李光弼派步兵五千人从东门出击迎战，叛军死命地堵住城门不退。李光弼命五百名弩机手从城头上一齐射击，叛军被迫后撤。然后李光弼又把一千名弩机手分为四队，一队接一队地不停地发射，叛军不能抵挡，收军退于道北。李光弼派五千人手持矛枪排成方形的队伍出于道南，在滹沱河两岸列阵。叛军多次用骑兵来进攻，都被李光弼的弩机手射退，大半人马被射中，只好停止进攻，退下去休战，以等待步兵。

这时，有村民报告说叛军的五千步兵从饶阳向常山进军，昼夜兼程，行走一百七十里，已到了九门南面的逢壁，估计正在那里休息。李光弼立刻派出步、骑兵各两千，偃旗息鼓，沿滹沱河悄悄地进军。到了逢壁，叛军正在吃饭，官军突然袭击，叛军被全部歼灭。

史思明得知步兵被消灭，形势不妙，遂率兵退入九门。当时常山郡的九个县，有七个归顺了官军，只有九门与藁城还被叛军占据着。李光弼派裨将张奉璋率兵五百驻守石邑，其余的县都派三百人守卫。叛将蔡希德率兵攻打石邑，被张奉璋击退。

李光弼派人向郭子仪求救。郭子仪率兵出井陉关，四月到了常山，与李光弼合兵，共有蕃、汉步骑兵十余万。郭子仪、李光弼与史思明交战于九门县城南，史思明被打得大败。中郎将浑碱射死了叛将李立节。史思明收罗残兵逃奔赵郡，蔡希德逃奔巨鹿。史思明从赵郡又逃到博陵，当时博陵已经归顺了官军，史思明就把郡官全部杀死。河朔地区的民众不堪忍受叛军的残暴行为，纷纷起兵反抗，各郡县都有抵抗的军队聚结，多的达两万人，少的也有一万人，各自与叛军战斗。郭子仪与李光弼的大军一到，这些军队都自动来助战。进攻赵郡，打了一天，全城投降。

入城的官军士卒大肆抢掠，李光弼坐在城门上，收缴了所有被抢掠的物品，全部归还了百姓，百姓十分高兴。郭子仪俘虏了四千余人，都释放了他们，杀了安禄山所任命的太守郭献璆。李光弼又率兵包围了博陵，攻了十天没有攻克，于是就退兵回恒阳补充粮草。三月八日，李光弼兼范阳长史、河北节度使，攻克赵郡（今河北栾州）。

自从安禄山叛乱以来，常山一带成为战场，死人漫山遍野，白骨遮蔽平原。李光弼望着凄凉的荒野，悲惨的景象，不禁流下眼泪。他迎着扑面的寒风发誓：一定要扫清叛乱，告慰冤魂。

六月，郭子仪与李光弼率兵退回常山，史思明又收罗散兵数万随后追击。郭子仪挑选骁勇善战的骑兵轮番挑战，三天以后，到了行唐县。叛军因疲劳无力再战，只好退兵。郭子仪乘机出击，

唐代彩绘贴金天王俑

又败叛军于沙河县。

蔡希德到了洛阳，安禄山又让他率领步、骑兵两万人向北靠近史思明，并派牛廷玠发范阳等郡兵一万多人增援史思明，合兵共五万多人，其中同罗、曳落河精兵占五分之一。郭子仪抵达恒阳，史思明也率兵追到，郭子仪依靠深沟高垒，以逸待劳，叛军来攻就固守，撤兵就追击，白天以大兵向叛军炫耀武力，夜里则派部队袭击敌营，使叛军不得安宁。这样持续了数天，郭子仪与李光弼商议说："叛军已经疲劳，可以出战。"两军战于嘉山，叛军大败，被杀四万多人，被俘一千多人。

史思明从马上坠落下来，发髻散乱，赤脚步行而逃。到了晚上，拄着折断的长枪回到军营，然后又逃奔博陵。李光弼率兵紧紧地围住了博陵，军威

大振。于是河北地区原先被叛军占据的十多个州郡都杀了叛军的守将而归降朝廷。

李光弼考虑到范阳是安禄山的根据地，准备先攻克范阳，断绝其根本和归路，但玄宗没有采纳其计。不久，哥舒翰失守潼关，玄宗出逃四川，国内人心惊骇。李光弼率军进入井陉，固城自守。

三、坚守太原　以少胜多

肃宗李亨在灵武（今宁夏灵武西南）即位后首要的任务是平定叛乱，但他一直在和平环境中长大，从未经历过战争，对军事知之甚少，于是派人召回李光弼和郭子仪，授李光弼户部尚书，兼太原尹、北京留守、同中书门下平章事，率兵五千赴太原。

当时，因驻军于太原的河东节度使王承业不修军政，朝廷有令，让侍御史崔众把兵交给王承业。崔众不但不交兵，而且侮辱王承业，甚至披甲持枪闯入承业厅中闹事。李光弼听了愤愤不平。现在李光弼进驻太原，崔众只派出他的部属来联络。李光弼对崔众的目中无人和无礼感到愤怒，而且崔众仍然不交兵权，于是李光弼将崔众拘捕。正好这时朝廷使者到来，准备宣布皇帝关于提拔崔众为御史中丞的命令，使者拿着任命书问崔众在哪里，李光弼回答说："崔众有罪，拘捕在押。"使者让李光弼看任命书，李光弼以坚定的语气说："今天我杀的是侍御史，如果宣布了任命，杀的就是中丞，如果再拜宰相，我就杀宰相！"使者害怕了，不敢再说什么。第二天李光弼在碑堂下将崔众斩首，于是威震三军。

至德二载（756），叛将史思明、蔡希德、高秀岩、牛廷玠率众十余万围攻太原。李光弼经过河北苦战，精兵都去了朔方前线，当时部下都是临时调集的老弱兵将，且不足万人。史思明对将领说："李光弼手中尽是老弱之兵，太原可以指日攻下，然后击鼓西行，占领河陇与朔方，就没有后顾之忧了。"李光弼部下的将士听到四大叛将一齐来攻的消息都十分紧张，建议赶紧增修城墙。李光弼说："太原城周围四十里，修起来就得大动土木工役，劳民伤财，这是没有见到敌人而先自寻疲惫的办法。"因此，没有大规模修城，而是亲自率领士卒百姓挖掘护城壕，又制作了几十万块砖坯，运回城内。当敌人从外面攻城时，李光弼下令用砖坯增垒，哪里被毁就补哪里。

史思明围攻太原，一个多月没有攻下，便选择精锐兵将组成游兵，采取声东击西的战术，想找个空子打进去，但是李光弼治军严格，即使敌兵不到，巡逻鸣警的一整套防范措施也照常执行，因而无懈可击。李光弼十分清楚自己的部下战斗力不强，为了弥补这一不足，他在城中张榜招聘各种能工巧匠，以优厚的待遇吸引他们发挥一技之长。其中有三个善于挖地道的人，李光弼就重用他们，开展地道战。叛军在城外久攻不下，于是对着城头高声大骂，借污秽的语言和下流的嘲弄来发泄他们的气愤。李光弼便令挖地道的人把地道挖到城外，乘那些人仰面大骂时，从背后突然拉住腿脚拖入地道，而后押到城墙上当众斩首。在另一处地方则是白天记住了那些谩骂最凶的人，夜间从地道钻出去，一举擒获，全部斩于城头。此后叛军出来再不敢抬头便骂，而是小心翼翼地弯腰俯首查看地面，唯恐踏入夺命的道口。

与此同时，李光弼所招的巧匠制成发射石头的大炮、强弩，每当叛军逼近城墙时，一齐发射，打死了叛军中狂妄的强兵悍将约十分之二三。于是城里的人无论老幼都佩服李光弼的睿智和勤奋，老弱兵将也都鼓起勇气，欲与敌人一决雌雄。后来把地道一直打到敌人的军营下面，先用木头支住。李光弼派人去叛军中送信，说因城中粮尽准备投降，叛军信以为真。到了约定的日子，李光弼先派出副将带领数千人出城，完全像投降的样子，接近叛军的军营时，营区之内纷纷地陷——地道中抽掉了支撑木，营区顿时一片混乱，李光弼率敢死队趁机出击，与先出城的将士联合起来涌进敌营。叛军四散逃命，村民也协助官兵追杀，结果斩首七万余级，缴获了叛军所有的军资器械。自叛军围城之日起，到打退叛军，历时五十多天，李光弼一直住在城东南的前线指挥部，多次路过自己的家门都没有回去看一眼。叛军退走三日后，李光弼处理完军务才回到家中。

之后，李光弼扩大战果，收回清夷、横野两地，并且擒获叛将李弘义。肃宗为解除太原之围的胜利特下诏书，佳奖李光弼，授司空兼兵部尚书，进封魏国公，食邑八百户。乾元元年（758），李光弼与关内节度使王思礼入朝时受到空前隆重的欢迎，在朝四品以上的官员全体出城迎接，李光弼升职为侍中，改封郑国公。

四、苦战胜敌　严明纪律

乾元二年（759）七月，肃宗面对安禄山的叛军仍然控制着大片土地的现实，出于尽快扫荡叛匪的考虑，进一步重用李光弼等高级将领，再次发布嘉奖、任用的命令，称李光弼"器识弘远，志怀沉毅，蕴孙吴之略，有文武之才……出备长城，入扶大厦，茂功悬于日月，嘉绩被于岩廊"。任命他为全国兵马副元帅（正职是越王李系）。八月，李光弼又兼幽州大都督府长史、河北节度支度营田经略使。

　　其时，官军已收复了长安和洛阳，平叛战争形势好转，但是肃宗又担心将领功劳太大，危及皇位。当九方节度使联合起来进攻安庆绪（安禄山之子，已杀父继位）时，肃宗不设主帅，而是派了一个不懂军事的宦官鱼朝恩为观军容宣慰处置使，随军行动。他虽然没有直接的指挥权，但却代表朝廷说话，不顾客观情况，只知催促进兵。围攻安庆绪占据的邺城（今河南安阳）时，史思明从范阳带兵五万来援救安庆绪。号称六十万大军的官兵与安、史之军接战不久，忽然刮起大风，吹沙拔木，天昏地暗，咫尺难以相辨，交战双方都大吃一惊。官军将领纷纷引兵撤退，溃散的士卒趁乱抢掠民众。唯有李光弼，仍然身先士卒，苦战敌军，而且始终纪律严明。

　　此后，史思明杀死安庆绪，自称大燕皇帝，改范阳为燕京。九月，率领十几万人马分四路从燕京南下，连续占领汴州（今河南开封）、郑州，兵锋直指洛阳。

　　这时肃宗为了调动李光弼的积极性，再次给他加官晋级，升为太尉兼中书令，并代郭子仪为朔方节度使。李光弼受命之后，即率五百骑兵奔赴东都洛阳，于深夜进城直入军营，接收了郭子仪的兵权。以他一贯的严谨治军的作风，重新发布了号令，兵力部署乃至旌旗也随之变更。郭子仪带来的朔方兵将都习惯于宽缓的军纪，对李光弼的这一套处处讲究规格、律令的做法不甚适应，因而都有畏惧心理，对他敬而远之。

唐东都洛阳城乾元殿遗址

　　左厢兵马使张用济当时驻军河阳（今河南孟县西），接到李光弼召见他的通知后，对左右的人说："咱们朔方军不是叛军，而新来的节度使却乘夜而入，这不是对咱们有怀疑吗？"于是他建议精锐将士与他一同突然进入东都，驱逐李光弼，再请回郭子仪执掌兵权。都知兵马使仆固怀恩提出异议："上次邺城战败，是郭公（子仪）首先领兵撤退形成溃散的，朝廷追究将帅的责任，所以罢免了他的兵权。如果我们驱逐李公（光弼）而强行挽留郭公，就是对抗朝廷，就是叛乱行为。"张用济一听这番话，觉得问题严重，因而也没有付之于行动。但是他的这些言行却不胫而走，传入了李光弼的耳中，所以当他单人匹马去见李光弼时，不容辩解即被斩首。

五、审时度势　出奇制胜

　　原先李光弼在汴州（今河南开封）的时候，听到史思明将要进攻的消息，同时也接到调他去洛阳接替郭子仪的命令，他对副将许叔冀说："你如果能坚守半个月的时间，我一定带兵来援救。"许叔冀答应坚守。然而当李光弼去了洛阳，史思明进军汴州时，许叔冀却与梁浦、刘从谏等人一起率众投降了史思明。于是叛军势力更大，气焰更加嚣张。史思明派梁浦、刘从谏、田神功等将领带兵南下江淮，对他们说："如能占领江淮，每人奖励两船金玉和丝绸。"而他自己则带兵乘胜进攻洛阳。

　　李光弼对洛阳留守韦陟说："叛军乘胜而来，兵锋甚锐。我们应该按兵不动以挫其锋，只宜坚守，不与接战，可是洛阳这个地方却又不适于防御，你有什么好的计策呢？"韦陟回答说："不如干脆放弃洛阳，退守潼关，凭借天险，就足以挫折敌军锐气了。"李光弼说："据险以御敌，诚然是兵家常用的守势，但不是出奇制胜之策。两军相遇，即使前进一步也是难能可贵的，如果我们退守潼关，就是放弃中原五百里的地方，势必助长敌军的气焰。如果我们移军于河阳，以北面的泽潞、三城（今河南孟县筑南城、北城、中潬城）两地为依托，抗拒敌军，胜则擒获叛军兵将，败则闭门自守，还可牵制敌军，使他们不敢向西（长安）挺进，这就是所谓猿臂及远之势。要说明辨朝廷的礼仪规矩，我不如你，若论军旅之事，你恐怕不如我有些经验。"韦陟无言以对，而当时在场的判官韦损说："东都有皇帝的宅第，侍中（李光弼的职称）为什么不守呢？"李光弼说："如果要守东都，那么汜水、湾岭也得派兵去守，你既任兵马判官，能去守住吗？"韦损也答不出话来。李光弼深知自己所带的兵马战斗力不强，又鉴于汴州的教训，为了保存实力，决定放弃洛阳，于是发布公告，让官吏民众一齐出城躲避，坚壁清野之后只给敌人留下一座空城。

当他把所有的军需物资转移到河阳，率军撤出洛阳时，叛军已经临近洛阳。官军的殿后部队出城时夜幕已经降临，他们点起火炬来徐徐离去。叛军尾随进城，始终不敢冲杀。李光弼率部进入河阳三城后，修筑防御设施，严格巡防律令，又与士卒同甘共苦，于是官兵一致，誓与叛军力战到底。

史思明进入洛阳之后，一无所获，恐怕李光弼卷土重来，便驻屯于白马寺（今洛阳市东），兵力向南不出百里，向西不敢侵扰皇帝宫殿，并在河阳城外挖掘了许多月牙形的攻防结合工事。十月间向河阳发动一次进攻。其时，李光弼已做了大量准备，当史思明的部将刘龙仙仗着一股勇气跑到城下挑战时，李光弼稳坐城头不予理睬。李龙仙傲慢地在城下乘马跑了一个来回以显示威风，而后便大骂李光弼。李光弼身边的战将义愤填膺，摩拳擦掌。大将仆固怀恩请求出城，杀掉这个狂妄的家伙，以灭敌军的威风。李光弼说："杀鸡岂用牛刀？这不是大将的事情。"众将官听到这话，便理解光弼并非一味死守拒不接战，而是不愿轻易动用大将。于是副将白孝德立即请求出战，李光弼抚着他的脊背送他出城。白孝德在一阵急鼓声中跑出城去，单枪匹马直取刘龙仙。在两军士卒的呐喊助威声中，白孝德将刘龙仙斩于马下，又割下首级带回城中。这一来，敌军十分害怕，不敢再轻易前来挑战。

史思明蓄养着一千多匹好马，饲养人员每天都要把这些马赶到城外河边洗刷一番。几天之后便引起了隔岸城中官军的注意，尤其是在马背上建功立业的李光弼，一眼望去就像被磁石吸住似的，目不转睛。当天下午，他便命令集中军中的母马，共有五百多匹。第二天，当史思明的好马又到河边洗刷时，李光弼下令，将自己的五百多匹母马赶出城外而把马驹留在城里，结果母马与马驹交相嘶鸣，引动了对岸史思明的马匹，不顾一切地跃入河中浮水过河，官军及时打开城门，母马回城时便带回了那一千多匹好马。史思明气得大发雷霆，但已无可挽回。此后，李光弼避开敌人的正面进攻，在中潬城（今河南孟县）西组织了一次反击，打败五千敌军。斩首一千多人，生擒五百，溃逃的也有半数落水而死。

六、激将守城　　指挥有方

李光弼与史思明对峙期间，尽管官军取得了一些小胜利，但河阳城中的储备粮即将告罄。为了解决粮食问题，李光弼决定亲自出去征集并组织运输，考虑到在他离城期间的防御问题时，他要求部将李抱玉替他坚守南城两天。李抱玉答应了。

李光弼便带了一部分兵将到河清（今河南坡头）一带征收粮食，为了预防史思明切断粮道，特地驻军于河清北面的野水渡口。一天之后，李光弼留下部将雍希颢率一千人驻守野水渡，他却忽然返回河阳。临走时吩咐雍希颢："史思明部下的李日越、高庭晖、喻文景均为猛将，今晚必有一人会来偷袭。你们只可防守，不可出战。如果他愿投降，则带他到河阳来。"雍希颢听了这话不禁心中暗笑，会有这等好事吗？他守到半夜时，果然叛军前来夜袭。雍希颢令将士故意高声问答，表示戒备森严，同时他亲自向城外发问："来将是李日越，还是高庭辉？"回答说是李日越，雍希颢笑着说："果然不出我们李将军所料，我正在这儿等你投降呢！"李日越问："司空（李光弼当时官职）在这里吗？"雍希颢答："入夜时便走了。"李日越沉默了一阵后便表示愿意投降。

李光弼见到李日越后给予优厚的待遇，李日越很受感动，主动提出给他的好友高庭晖写信劝降。李光弼满有把握地说："不用写了，他会来投降的。"没过几天，高庭晖果然率部来降。李光弼也像对李日越那样地热情接待，委以重任，并给他二人报请官职。众将领见李光弼料事如神，便向他请教所以然，他说："这都是顺理成章的事。史思明常说我只会守城，不能野战。现在我驻野水渡，他必然派人来偷袭，他向来军令严酷，来将抓不住我必定不敢回去，只好投降。高庭晖的才干还在李日越之上，见我优待李日越，他自然会来投降。"大家听了他的心理战术分析，没有一个不佩服的。

再说答应李光弼守城两天的李抱玉那里，李光弼离去的当天便受到叛将周挚的猛烈攻击。李抱玉苦苦支撑着，先假装答应周挚第二天投降，利用缓兵之计，再予以反攻，终于打退了周挚的进攻，稳住了南城。

周挚在南城失利之后，又率军五千进攻中潬城。刚从野水渡返回中潬的李光弼先下令在城外树立大栅，栅外挖掘深与宽各两丈的护城壕沟，然后派部将荔非元礼率领精兵到城外的矮墙边守候，伺机出击。他自己则在城墙的东北角上竖起小红旗做指挥的信号。周挚挥兵逼近中潬城，还用大车运来木鹅、斗楼等攻城器具，但遇壕沟阻隔，不能靠近城墙，于是又命士卒取土填壕，然后从东、南、西三个方面分八路进兵城下。

其时，荔非元礼看到了这一切，但李光弼不见他有行动，便派人去问为什么还不行动，荔非元礼反问："太尉（李光弼官职名）打算守城，还是决战？"李光弼回答说："决战。"荔非元礼说："既然要打仗，那么敌军替我们填平了壕沟，有什么不好呢？"李光弼听他这么一说，便知他心中有数，于是鼓励他说："我的智力不如你，你好自为之。"荔非元礼看着敌军填平壕沟打开栅门时，率领勇士突然出击，将敌军打退几百步远，看到敌军又排列起阵地，估计难以破阵，便率众回城。李光弼望见他收兵回城的情景，感到莫名其妙，便派人把他叫来质问，不料荔非元礼反问："战事正忙，叫我做甚?"李光弼一听这话，便知他还有安排，便让他速回前线。不一会儿只听得军中鼓声如雷，荔非元礼率众再次出击，骑兵与步兵一齐冲击，大败周挚。

七、决胜河阳　兵败邙山

周挚失败后，史思明改变战术，出动了几百艘木船，装满柴草又灌了油料，从黄河上游点火放船，使之顺流而下，以火攻之法烧毁河中两桥，切断河阳三城的联系。岂料李光弼早有准备，以长竿顶住火船，再用抛石车发射巨石，将火船一一击沉。结果，李光弼又粉碎了叛军的火攻。史思明恼羞成怒，令周挚率三万精兵攻打北城，他自率余部进攻南城。

李光弼了解到敌军主攻北城，便留李抱玉再守南城，自率主力赶赴北城。登上城墙瞭望之后说："敌军虽多，但零乱不齐，因此并不可怕。我看中午以前即可破敌。"于是命令众将出战，但到中午时仍未决出胜负。众将领归来后都有些焦躁不安。李光弼及时调整了部署，着重攻打敌军最艰难、最坚固的地方，分派将领，鼓励将士万众一心，以死拼搏。在李光弼的指挥下，官军将士以泰山压顶之势冲向敌阵，斩首万余级，生擒八千多人，缴获军资器械及粮食数以万计，并俘获大将徐璜玉、李秦授。史思明不知道北城战败的情况，仍然攻打南城，李光弼就下令将俘虏带到南城河边，当着攻打南城的叛军一连斩杀几十人，吓得叛军不再恋战。史思明不得已退回洛阳。

激战之前，李光弼对将领们说："战争本身就是一件危险的事情，我们的生命取决于胜败之中。我是朝廷大官，不可死于敌手，万一战斗不利，你们死于阵前，我必在此自杀。"说着从长筒靴中抽出一把一直随身的短刀，向大家表明决死之心，并且在城墙上面向西方（长安帝都）三拜致礼，其悲壮之情，极大地鼓舞了全军将士，因此最终取得了河阳保卫战的胜利。而后又乘胜进军，攻克怀州（今河南焦作等地），生擒安太清、周挚、杨希文等叛将，送至朝廷。李光弼因功晋爵为临淮郡王，加封食邑至一千五百户。

在坚守河阳的战役中，李光弼以两万兵力击退了史思明十几万人的大军，这一胜利冲昏了肃宗的头脑，也引起了一些人的嫉妒。军容使宦官鱼朝恩不断向肃宗说叛军无能，可以一举扫平，而心怀叵测的仆固怀恩也依附鱼朝恩的意见，说叛军可灭。于是朝廷官员一而再、再而三地传达肃宗的命令，督促李光弼快速进兵，收复东都洛阳。李光弼明知时机尚未成熟，叛军兵锋尚锐，但是由于催促越来越紧，只好让李抱玉守河阳，自己硬着头皮出战，驻

唐人倦绣图

扎于邙山（今洛阳北）。官军在邙山布阵时李光弼下令军队依据险要地形布阵，当时仆固怀恩在平原地带布阵，李光弼对他说："依据险要地形布阵，可以进攻，也可以退守；如果在平原地带布阵，交战不利就全完了。我们不能小看史思明这个人。"于是命令军队转移到险要的地方布阵，但仆固怀恩又制止了这种做法。这时，史思明乘官军阵势还没有部署完毕，发兵进攻，结果官军大败，死了数千人，军资器械全部丢弃。李光弼、仆固怀恩渡过黄河，退保闻喜（今属山西），鱼朝恩、卫伯玉逃回陕州，李抱玉也放弃河阳城逃跑，于是河阳、怀州都陷入叛军之手。朝廷得知此事，大为惊恐，便增兵驻守陕州。于是战局迅速恶化，李光弼上表请罪。肃宗下诏解除了他的兵权。

不久，肃宗又恢复了李光弼的太尉、兵马副元帅的职务，让他出镇临淮。李光弼攻克许州，抓获史思明之子史朝义所任命的颍川太守李春。史朝义的部将史参前去援救，双方在许州城下交战，李光弼又将史参击败。

自从史朝义围困宋州以来已有数月，城中粮食已经用尽，宋州即将陷落，刺史李岑束手无策。遂城府果毅刘昌说："粮仓中还有几千斤酒曲，请捣碎吃，不出二十一天，必定会有援军前来救援我们。城东南角最危急，请让我前去防守。"这时，李光弼来到临淮，诸位将领认为史朝义兵力还很强大，请求向南退保扬州。李光弼说："朝廷依靠我来决定安危，我再退缩，朝廷还指望什么呢！况且我出其不意，贼军哪里知道我军众寡！"于是直赴徐州，派兖郓节度使田神功进击史朝义，将史朝义打得大败。起先，田神功已经攻克叛将刘展，留恋扬州不愿回去，太子宾客尚衡与左羽林大将军殷仲卿在兖州、郓州相互攻击，听说李光弼到来，都慑于李光弼的威望，田神功急速返回河南，尚衡、殷仲卿也相继入朝。

李光弼在徐州，只有军队的事情自己决断，其余一切事务都委托判官张
傪处理。张傪为政精明，处理事务十分自如，诸将陈述事情，李光弼多让与
张傪商议，诸将事奉张傪如同事奉李光弼，因此军中整肃，徐州一带得以安
宁。先前，田神功从副将出身做到节度使，将前节度使判官刘位等人留在节
度使幕府中，大模大样接受他们的叩拜；等到看到李光弼与张傪行对等礼
时，才大吃一惊，于是一一拜谢刘位等人，说道："田神功行伍出身，不懂
礼仪，诸位为什么不早说，铸成田神功的错呢？"

广德元年（763）四月，浙东百姓袁晁聚集了近二十万人马，辗转进攻
州县。李光弼派遣部将张伯仪率领军队讨伐，镇压了他们。于是，李光弼奏
称已经抓获袁晁，浙东地区的叛乱全部平息。

他虽然功勋卓著，却没有受到嘉奖，反而遭到宦官鱼朝恩和大将仆固怀
恩的忌恨。当李光弼得知这两个人多次在皇帝面前诬告自己的详情后，郁愤
在胸。因此，不敢再进朝廷，继而病情加重。于广德二年（764）二月死于
徐州，享年五十七岁。肃宗赠太保，谥号"武穆"。

李光弼是中唐著名的将帅。他有两大特点，一是治军严整，每次发布号
令，众将士不敢仰视，天下服其威名；二是善于用兵，能以战略眼光来分析
敌我的情况，从宏观的角度驾驭战局，如放弃洛阳而退守河阳三城的决策，
实为因势利导的正确选择，表现了他善于抓住关键环节随机应变的战略指导
能力，而到具体交战时，则是谋定而后战，采取灵活机动的战术，所以常常
能够以少胜多。此外，值得一提的是他很注意发挥智慧和挖掘技巧，如招募
挖地道的人、以母马吸引敌方的公马等事例，都可以说是具有较大知识含量
的举措，充分证明他智勇双全的指挥才能，可惜的是未能得到应有的发挥。

左羽林军上将军王忠嗣

王忠嗣（705～749），唐朝将领。原名王训，太原祁县（今山西祁县）
人。父王海宾，为开元年间名将，追赠左金吾大将军。王忠嗣自幼在皇宫中
长大，历任左威卫将军、左金吾卫将军、左羽林军上将军、河东节度使、河
西节度使等职。他勇猛刚毅，颇有用兵谋略，多次打败异族的侵略，战功赫
赫，他身兼四职，能征善战，深受玄宗重用，但引起奸相李林甫的忌恨，被
诬陷贬官。

一、养于宫中 为将勇猛

王忠嗣的父亲王海宾，在唐睿宗时任右卫率、丰安军使。唐玄宗即位后，官任原职。开元二年（714），吐蕃侵犯陇右，玄宗下诏命陇右防御使薛讷率杜宾客、郭知运、王晙、安思顺抵御。薛讷派王海宾为先锋。王海宾率领先锋军急速前进，到达武阶驿（在今甘肃西部）时，遇到吐蕃军，王海宾挥军与吐蕃兵交战，击败了敌军，又追击败军到达壕口，斩杀了众多的吐蕃兵众。接着，王海宾又指挥先锋军进攻长城堡，众将嫉妒他的战功，按兵观望，王海宾战死。大军乘机进攻，斩杀贼军一万七千首级，缴获战马七万匹、牛羊四十万头。玄宗怜惜他的忠诚，追赠左金吾大将军。

王忠嗣时年九岁，便因父功授任尚辇奉御。他入宫拜见玄宗，伏地大哭，玄宗安慰他说："这是霍去病（西汉大将，以他喻王海宾）的遗孤，等到年壮而拜为将。"改赐其名为忠嗣，把他收养在宫中。

王忠嗣在皇宫中生活了好几年。当时，李亨（即后来的肃宗）还是忠王，玄宗叫他与王忠嗣交往。因此，李亨与王忠嗣交情很深。

王忠嗣长大后，为人勇猛刚毅，寡言少语，富于用兵的谋略。玄宗每次与他谈论兵法，王忠嗣都对答如流，玄宗因此很器重他，说："将来你会成为良将。"

开元十八年（730），玄宗追封王海宾为安西大都护，任命王忠嗣为代州（治今山西代县）别驾。王忠嗣上任后执法严明，豪强纷纷关闭门户收敛行迹，不敢犯法。王忠嗣经常率轻骑出塞，忠王李亨禀告玄宗说："王忠嗣勇于战斗，我担心他经常出塞，将会有闪失。"因此，玄宗将他召回。

信安王李祎在河东任副元帅，兵部尚书萧嵩出任河西节度使，他们相继引荐王忠嗣为自己的部下，让他担任兵马使。玄宗考虑到王忠嗣还很年轻，又心怀为父复仇的意愿，下诏不可以任用他为重将。萧嵩有一次将要前往京城长安，王忠嗣说："我跟随公已经三年，却没有什么回报皇上。"于是他请求率精兵数百袭击敌人。适逢吐蕃赞普大将在郁標川练兵，部下畏惧，想要返回，王忠嗣不听，提刀冲入敌阵，斩杀数千人，缴获羊马数以万计。萧嵩向朝廷奏报他的战功，玄宗非常高兴。王忠嗣因功升任左威卫将军、代北都督，封清源县男。

王忠嗣自恃勇猛，与陇右节度使皇甫惟明互争高低，他曾讥笑皇甫惟明的义弟王昱，惹恼了皇甫惟明。皇甫惟明便借机诬陷他有罪，他被贬为东阳府左果毅。

河西节度使杜希望想攻取吐蕃新城，有人提议说王忠嗣富于才干，足以佐助他，如果一定要取胜，非他不可。于是，杜希望奏请朝廷，朝廷下诏追召他赶赴河西。王忠嗣奉诏赶到河西，与杜希望一起进军，攻取了吐蕃新城。此战以王忠嗣功多，他被授任左威卫郎将，专门负责行军的兵马。

不久，吐蕃大举出兵，准备雪新城之耻，一大早便逼近唐军阵地，唐兵不能抵挡，全军都很恐惧。王忠嗣单骑挺进敌阵，左冲右突，一人杀死数百人。敌军慌乱中相互践踏，官军趁机从侧翼袭击敌人，敌军大败。战后，王忠嗣以功拜授左金吾卫将军，领河东节度副使、大同军使。开元二十八年（740），王忠嗣担任河东节度使。开元二十九年（741），王忠嗣担任朔方节度使，兼灵州都督。

二、威震边疆　避让功名

天宝元年（742），王忠嗣率兵北上讨伐怒皆，两军在桑乾河（今河北蔚县北）交战，官军三战三捷，俘虏了众多敌人，遂在漠北炫耀武力，大设宴会而归。当时突厥刚刚发生内乱，王忠嗣进军到碛口（今内蒙古呼和浩特北）筹攻谋取突厥。乌苏米施可汗请求投降，但迟迟不来。王忠嗣考虑到他的势力还很强大，现在只是假意投降罢了，于是在木剌、兰山一带驻营，以便探听他的虚实。王忠嗣乘机向朝廷献上平戎十八策，在拔悉密与葛罗禄、回纥三个部落间施展离间计。

天宝三载（744），王忠嗣进攻多罗斯城，渡过昆水，斩杀了乌苏米施可汗。西突厥可汗见此大为恐惧，遂率其部落一千帐归附唐朝，王忠嗣因功升任左武卫大将军。

次年，王忠嗣再次大败怒皆和突厥部众，并修筑大同、静边二城，调发清塞、横野军充实那里，将受降、振武两个军镇合并为一城，从此胡人不敢侵犯边塞。王忠嗣因功转任河东节度使，进封县公。

王忠嗣年轻时自恃勇猛，在担任大将后，却能持重，安定边界，不生事端，曾说："和平之世为将，不过安抚众人而已。我不想竭尽中原之力来求取功名。"因此训练士兵战马，随缺随补。王忠嗣有张漆弓，重一百五十斤，经常将它藏在袋中，表示没有什么用途。军中士气旺盛，每天都想着打仗，以便立功受赏。王忠嗣派出间谍，窥视胡人的薄弱之处，时常出奇兵袭击敌人。所向无不获胜，所以士兵也乐意为他所用。鉴于兵器浪费现象十分严重，王忠嗣开始着手控制兵器的领取。军队每次出发时，王忠嗣都召集所属部将，将兵器交给他们，并叫他们授给士兵；出战返回，如果丢失弓箭都按

河北正定开元寺塔（左）和唐代钟楼（右）

姓名治罪。因此部下人人自励，都非常爱惜自己的兵器，因此，兵器日渐
充实。

天宝四载（745），王忠嗣又兼任河东节度采访使。从朔方到云中广袤数
千里，他依据险要修筑了许多城堡，又开拓了几百里土地。在唐中宗李显
时，左卫大将军张仁愿在朔方守护边疆，修建三座城，又开拓三百里土地，
自张仁愿去世后，至今已四十多年，王忠嗣继续了他的功业，塞外的胡人再
也不敢轻易入侵。

天宝五载（746）正月，陇右节度使皇甫惟明交战失败，玄宗命王忠嗣
持节担任西平郡太守，管理武威郡的事务。没多久，玄宗又命他任河西、陇
右节度使，暂代朔方、河东节度使，佩带四将印，掌据着强兵重地，统辖万
里，为唐朝开国以来所没有。朝廷又授他一子为五品官。后来王忠嗣多次出
战清海、积石，敌人遇见他往往败逃。他还前往墨离讨伐吐谷浑，灭了他们
的国家。

王忠嗣以前在河东、朔方任职了很长时间，熟悉边疆事务，深得士卒拥
戴。现在任职河西、陇右，很不习惯当地的风土人情，他又担心自己功名太
盛，将招人嫉妒。于是，他上表坚决辞让朔方、河东二节度使，玄宗同
意了。

三、进谏怒帝　遭谗贬死

玄宗当时正谋取石堡城（一名铁刃城，在今青海西宁西南），下诏问王忠嗣攻取的计策，王忠嗣上奏说："石堡城险要坚固，吐蕃倾全国之力守卫此城，如果在坚固的城下驻兵，动用数万士兵，然后再进攻，恐怕所得不能抵所失，请休兵秣马，再伺机而夺取。"玄宗很不高兴。

奸相李林甫尤其嫉妒王忠嗣的功劳，时时搜罗他的过失。天宝六载（747），大将董延光请求出兵攻克石堡城，这正中玄宗下怀。于是玄宗下诏命王忠嗣分兵接应，王忠嗣不得已而出兵。他深知石堡城有吐蕃的重兵把守，即使下大力气进攻，也很难取胜，王忠嗣不愿损失上万士卒的性命，来换取自己的升官晋爵，于是勉强应付，并不用心配合，因此对士兵也没有奖赏，董延光很不高兴。河西兵马使李光弼对此非常担忧，便来到军中劝说王忠嗣说："大夫（王忠嗣的官职）爱惜士卒，有抗拒董延光之心，虽然名义上奉诏，但实际却想改变他的谋略。然而，大夫已将上万人的军队交给了他，却不设重赏，凭什么提高士兵的勇气？大夫吝惜数万段赐物，却为谗言留下缺口，如果不能取胜，将归罪于大夫，大夫将会首先遇祸啊。"王忠嗣说："我本来考虑的是得到一城不足以制服敌人，失掉了它也不会有害于国家。我怎能忍心拿数万人的性命换取一个官职呢！以后即使受到皇上责罚，不过就是当一个金吾、羽林将军，返回去宿卫京师；再不然的话，也不过贬为一名黔中上佐而已。"李光弼道歉说："我担心此事祸及大夫，因此前来衷心相告。大夫是行古人遗事，我李光弼又有什么可说的呢！"说完就急步退出。

董延光到期不能取胜，果然上诉朝廷说王忠嗣延误用兵。再加上安禄山在雄武筑城，控制了飞狐塞，阴谋反叛，请求王忠嗣发兵援助，实际想乘机扣留他的士兵；王忠嗣提前到达，没有见到安禄山而返回。王忠嗣多次上书说安禄山将要作乱，李林甫更加忌恨他，暗中派人诬告他说："王忠嗣曾收养在宫中，他曾对别人说想奉太子（李亨）即位。"玄宗勃然大怒，召王忠嗣入朝，将他交付三司讯问追查，罪当处死。

当时王忠嗣的部将哥舒翰正受恩宠，他禀告玄宗，请求以自己的官爵为王忠嗣赎罪，玄宗的怨怒得以缓解，只将王忠嗣贬为汉阳太守。天宝七载（748），王忠嗣转任汉东郡太守。王忠嗣自从获罪贬官以后，经常郁郁寡欢，他一向忠于玄宗，现在被诬陷谋立太子，他感觉太冤枉了，但又无处申诉，只能郁积在胸。久而久之，便患了重病，去世了。终年四十五岁。

后来，哥舒翰率兵攻打石堡城，攻占了它，但士兵几乎全部战死，正如王忠嗣所说的在"得不偿失"。因此当代人称他为名将。

当初，王忠嗣在朔方，到互市时往往用高价收买马匹，众胡人争相前来卖马，因此胡地的马逐渐减少，而唐的军马逐渐精良。等到王忠嗣任河、陇节度使，又请求征调朔方、河东九千匹马来充实军队。到天宝末年，战马繁殖得更多，他的功绩深为李亨所称赞。宝应元年（762），肃宗李亨追赠王忠嗣为兵部尚书。

以王忠嗣的才能，战必胜，攻必克，献策说攻取石堡城所得不抵所失，抬高马价来耗空敌军实力，上奏预言安禄山必将叛乱，可称之为深谋远虑之人。但他不能自免于谗言，最终死在流放之地。古来忠贤，善于谋划国事而不善于谋划自身的太多了，实在令人感慨啊！

骠骑左金吾大将军李嗣业

李嗣业（？～759），唐朝将领。京兆高陵（今陕西高陵）人。玄宗时，历任中郎将、右威卫将军、骠骑左金吾大将军等职。他勇健过人，每次杀敌都冲锋在前，所向披靡，披坚执锐，毫无惧色。他多次随军讨伐少数民族，为唐朝的政权巩固、开疆拓土作了贡献。"安史之乱"，他大败敌军，收复大片失地，最终中箭身亡。

一、讨伐胡兵　所向披靡

李嗣业身长七尺，壮勇绝伦。开元中期（约726～730），李嗣业随安西都护来曜讨伐入侵唐朝边境的少数民族十姓苏禄，他率先出战，英勇无敌，俘获了众多敌人，因功任为昭武校尉。天宝初年（742），李嗣业被征兵到安西。李嗣业善使大刀，勇健过人，每次杀敌时，都冲锋在前，所向披靡。安西节度使马灵察见此，每次出兵，都让他随军出战。李嗣业因此屡立战功，升为中郎将。

吐蕃当时十分强大，周围的二十多个小国都归附了吐蕃，不向唐朝进贡。天宝七载（748），安西都知兵马使高仙芝奉诏征讨吐蕃，他选李嗣业与郎将田珍为左右手。当时吐蕃聚众十万于沙勒城（今甘肃敦煌一带）依山傍水，占尽天险之利。高仙芝率军包围了沙勒城，他对众将说："中午时分，必须攻下此城。"李嗣业引一队步兵，手持大刀，攀岩登上城头。李嗣业手擎一杆大旗率先登上。敌兵见唐军从天而降，登时军营大乱，李嗣业率兵左右冲杀，吐蕃军四散而逃，人马塞满山谷，落入水中溺死的达十分之八九。唐军大队人马长驱直入，抓获吐蕃首领勃律，边疆各部落纷纷归降唐王朝，共七二十二个小国。李嗣业因功拜为右威卫将军。

天宝十载（751），李嗣业跟随高仙芝攻打石国。高仙芝先假意与石国约好，然后出其不意，派兵袭击遂一举攻破石国，在城中杀尽老弱，俘虏丁壮，抢掠金银财宝。石国王的儿子逃了出去，将情况告知其他部落。众部落首领愤恨不已，纷纷聚集于大食，商议联合进攻唐军。高仙芝听说后，心里有些不安，先行带兵攻打大食。深入大食七百余里，但几战之后，唐军大败，士卒几乎全部占死，留下来的仅有几千人。

敦煌《反弹琵琶》壁画

高仙芝还想重振兵马再战。李嗣业对高仙芝说："我们深入胡地，后无援兵，大食一战，损兵折将，如果消息被其他部落知道，敌兵必然会乘胜合力围攻，到那时我们再想抽身后退就难了。不如现在及早兵退白石岭，好有退路。"高仙芝听不进去，李嗣业力劝说："愚者千虑，还有一得。现在形势危急，切不可犯下大错。"高仙芝点头同意。于是李嗣业手持一根大棒为开路先锋，引兵撤退。山间道路狭窄，兵马鱼贯而行。前面有一支敌兵堵道，大军很难前行。此时后面如再有追兵赶来，全军面临着覆灭的危险，情况万分危急。李嗣业见状，在前面手舞大棒，拼死冲杀，所到之处，人马俱丧。敌兵四散逃走，道路开通，唐军得以安全转移。

当时，将领与士卒都失去联系，别将汧阳人段秀实听见李嗣业的喊叫声，就大骂道："躲避敌人而自己先逃命，是胆小缺乏勇气；保全自己而丢掉士卒，是不仁义。就是有幸能够逃回，难道自己不感到羞愧吗？"李嗣业听见后，握着段秀实的手表示谢意，并主动留在后面抗拒追兵，收罗散卒，没有战死的士卒才得以逃脱。回到安西，李嗣业把此事告诉了高仙芝。高仙芝就任命段秀实兼任都知兵马使，做自己的判官。因此战之功，李嗣业又被提升为骠骑左金吾大将军。

二、大败叛军　中箭身亡

天宝十四载（755），安禄山起兵反唐。第二年便攻占西京长安和东都洛阳。唐玄宗西逃蜀地，太子李亨称帝，是为肃宗。肃宗在凤翔（今陕西凤翔），召见李嗣业，命他与郭子仪等率兵抵抗叛军。李嗣业与节度使梁宰商议，决定暂缓发兵以观形势的变化。绥德府折冲都尉段秀实责备李嗣业说："难道有君父告急而臣子安然不赴难的吗？您常常自称为大丈夫，现在来看，只不过是小儿女子罢了！"李嗣业听后十分惭愧，当即报告梁宰请如数发兵，并任命段秀实为自己的副将，率兵前往平叛。

李嗣业自安西率领众军行程几千里，军纪严明，对所经过的郡县秋毫不犯。肃宗见到李嗣业，十分高兴地说："今日得卿相助，胜过数万兵士，事情成功与否就取决于卿了。"肃宗命李嗣业与朔方节度使郭子仪、仆固怀恩等为先锋将领，成掎角之势。李嗣业每次与安禄山叛军交战，都手持大棒率先冲击，叛兵无不望风披靡。

至德六年（761）九月，李嗣业与广平王一同收复京城长安，与叛军大战于香积寺北面。李嗣业当时为镇西、北庭支度行营节度使，为前军；朔方右行营节度使郭子仪为中军；关内行营节度使王思礼为后军。唐军在距敌营数里处摆开长阵，以待敌军。安禄山属下将领李归仁率领敌兵大队人马冲杀过来，唐军阵营出现混乱。李嗣业对郭子仪说："看今日的形势，如果不拼死杀敌决战于阵地，以万死来换取一线生路，那么，我军将无遗类。现在已到了生死存亡的关头，今日就是我们效忠朝廷的时候！"说罢，他脱下战袍，手持大刀，赤膊上阵，口中大呼，于阵前立杀数十名敌兵，唐军稳住了阵脚。前军将士全都手执长刀跟随李嗣业，如墙而进。李嗣业奋不顾身地杀敌，所向披靡。当时，叛军预先在唐营东面布下了伏兵，唐军侦察骑兵发现了这一情况。身为元帅的广平王李俶得知后，便派来援唐平叛的回纥兵去攻击伏兵。回纥兵勇猛冲杀，结果叛军伏兵大败。李嗣业率军从敌营背后进攻，与回纥兵会合，表里夹攻，从正午一直厮杀到黄昏，斩首六万叛军。叛军溃败，惊慌中陷入沟壑、被踩踏而死的，约占十分之二三。

战后，叛军将领安守忠、李归仁等收集残兵，向东退保陕郡（治今河南陕县）。安禄山的儿子安庆绪又命将领严庄率数万叛军赴陕郡，以抗拒官军。

广平王李俶、郭子仪、王思礼等率大军在陕郡西扎营，出军攻打叛军。

李嗣业与郭子仪在新店与叛军相遇，力战数个回合，唐军初胜而后败，李嗣业十分着急。回纥兵从南山望见唐军战败，便前往支援，径自从背后攻击敌军突破敌阵，敌阵西北角首先被攻陷。李嗣业又率精锐骑兵猛攻，与回纥兵里外夹攻，敌军大败，退走河北。于是，郭子仪收复东都洛阳。战后，李嗣业以功加开府仪同三司、卫尉卿，被封为虢国公，食邑二百户。

乾元二年（759），唐军合围相州（今河南安阳）。唐军筑堤引漳水灌城，攻城数月不下。当时，大军没有统帅，诸将各谋保全自己，唐军将士斗志低落。李嗣业则每逢出战，一马当先，披坚执锐，毫无惧色。在一次战斗中，李嗣业被冷箭射伤，只好回营养伤。几天后，李嗣业正伏卧在帐中，这时伤口已快愈合，忽然听到外面金鼓齐鸣。李嗣业大叫一声，从床上一跃而起，欲出外杀敌，不料伤口崩裂，血流数升，倒地而亡。

唐肃宗听说后，痛惜万分，下诏表彰李嗣业的功绩。让李嗣业的儿子李佐国袭其官爵。

王侯·宦官·忠臣

　　唐朝的王公侯爵位有的因世袭得来，有的因功得封。如王毛仲，作为玄宗的奴仆，因参与诛杀太平公主叛党而授公爵，便骤然跻身贵幸之列。唐玄宗时的宦官，已经不单纯是宫中奴仆，而是开始干预政事，如高力士，便参与立太子之类的大事。玄宗把许多政事交给他处理，高力士有权自行处理一般事务。"安史之乱"中，涌现了诸多忠臣，他们英勇抵抗叛军，被俘后忠贞不降，终被叛军所害，其事迹可歌可泣。

霍国公王毛仲

王毛仲（？～731），唐朝王侯。高丽人。父王求娄，任游击将军职事。王毛仲在玄宗为临淄王时便服侍左右。因参与诛杀太平公主党羽萧至忠有功，晋封为霍国公。他出身微贱，骤然显贵，遂自得意满，骄纵不法，终致杀身之祸。王毛仲的一生，发人深省。

一、玄宗奴仆　屡加信用

王毛仲的父亲王求娄本为游击将军职事，因为犯法被免职。王毛仲长大后，由于家贫而被卖到临淄王李隆基府中为奴仆。王毛仲长期做李隆基的奴仆，他生性聪颖机智，受到李隆基的喜爱。不久，李隆基出任潞州别驾，路见一个名叫李守德的人矫健敏捷、善于骑射，做别人的苍头（奴仆），便出钱五万买了他。从此，王毛仲与李守德二人随侍李隆基左右，俱得李隆基欢心。景龙二年（708），临淄王李隆基从潞州回到长安，二人常身负弓箭随侍，不离左右。

早在唐太宗贞观中期（约639～642），便挑选官宦之家骁勇的少年百人，每当外出游猎时，就命令他们身穿带有百兽图案的衣服随行，称为"百骑"。到武则天时，人数逐渐增加，称为"千骑"，分属于右羽林营。中宗时，人数再次增加，称为"万骑"，还设了统帅管理。

李隆基喜爱结交万骑军统帅及各地豪杰，常与他们在一起饮酒作乐，并赐给他们金帛。王毛仲暗中揣摩李隆基的意图，也十分卖力地结交这些人。他的做法，深得李隆基赏识。

景龙四年（710）六月，中宗被韦后毒杀，韦后专权，任命韦播、高嵩等人为羽林将军，掌管万骑军，以对待属下苛刻严厉树立威信。果毅将军葛福顺、陈玄礼任万骑军的营长，与李隆基关系密切，也受到责打，二人便到李隆基面前诉苦。当时，正值李隆基谋诛韦后，与二人谈起此事，二人都愿效命。六月二十日夜，李隆基与刘幽求、薛崇简、麻嗣宗等人率兵进入宫中诛杀韦后等人。行动开始后，李守德紧紧跟随李隆基，王毛仲则因畏祸而躲藏不出。事情平息几日后他才回到李隆基府中。李隆基没有责怪他，照他人之例，也升他为将军。

李隆基被立为太子后，派王毛仲负责东宫内部马、驼、鹰、犬等饲养工作。不久，又升他为大将军，官阶为三品。

先天元年（712），睿宗禅位于李隆基。次年，太平公主与其党羽萧至忠、岑羲等阴谋叛乱，玄宗李隆基抢先下手铲除了太平公主。王毛仲因参与诛杀萧至忠、岑羲之功，晋位辅国大将军，负责内外闲厩、知监牧使、晋封霍国公，实封食邑五百户。李隆基命王毛仲与诸王及殿中少监姜皎等人侍卫禁中。

王毛仲善于逢迎讨好玄宗，玄宗每隔一段时间见不到他，便怅然若失；王毛仲一出现，玄宗便立即喜笑颜开。开元九年（721），玄宗下诏任命王毛仲为持节朔方道防御讨击大使，与左领军大总管王晙、天兵军节度使张说、出州节度使裴伷先同列。

二、志得意满　骄纵不法

王毛仲初被擢升高职，非常注意形象，持法严肃，不避权贵，两营万骑军及闲厩官吏等对他均甚为敬畏，无人敢犯。王毛仲对饲养军马特别尽心，起初朝廷有马二十四万，后来发展到四十三万，牛羊也都成倍增长。他命人每年种苜蓿一千九百顷以备御寒过冬。又招募千人为牧仆，充实饲养队伍。他对各种草料管理严格，每年节余数万石。一次玄宗东巡，王毛仲选取优良马匹数万匹，各按颜色编成一队，马群色彩相同，甚为壮观。玄宗非常高兴，加任他开府、仪同三司，追赠其父为秦州刺史。开元年间之后，只有姚崇、宋璟、王仁皎、王毛仲获此殊荣。

王毛仲深受玄宗宠信，玄宗赐给他的庄园、宅第、奴婢、驼马、钱帛等不可计算。他经常入宫侍宴，与玄宗谈笑。他的第一个夫人赐封为国夫人，

（唐）周昉《簪花仕女图》

第二个夫人又赐封为国夫人。每当王毛仲入宫面见玄宗，两位夫人都共同得到玄宗的赏赐。王毛仲的儿子与皇太子李瑛交情很好。开元十七年（729），王毛仲随玄宗拜谒五陵（指唐高祖、唐太宗、唐高宗、唐中宗、唐睿宗之陵），玄宗又追赠王毛仲之父为益州大都督。

王毛仲骤然跻身显贵之列，志得意满，意气扬扬，日见骄横。他异想天开，竟然请求玄宗任他为兵部尚书，玄宗很不高兴，不予理睬。王毛仲怏怏不乐，开始对玄宗渐生不满之心，言语之间常有怨意。他与葛福顺联姻，又与李守德、左监军将军卢龙子、唐地文，左右威卫将军王景耀、高广济等数十人狼狈为奸，横行不法。王毛仲自恃身为玄宗旧人，最为不法。有宫中太监到他家宣诏，他态度倨傲，不很恭敬。有地位低下的太监来了，他有时就坐着召见，每有触犯，他就命人辱骂，盛气凌人，不可一世。宫中掌权的太监高力士、杨思勖等人都对他怀恨在心。

王毛仲两位夫人中有一个是玄宗所赐。后来，这位夫人生了儿子，玄宗命高力士前去赐封，按例授其子为五品官。高力士回宫后，玄宗问他，王毛仲是否特别高兴，高力士回答："王毛仲接到诏书，沉默一会儿对臣讲：'这个孩子封三品官也不会辱没朝廷吧？'"玄宗发怒，谴责王毛仲在铲除韦后时躲避事端，当时没有追究其罪反而升其官职，他不知满足。高力士见玄宗心中对王毛仲动气，隔几日后，又悄悄对玄宗讲："北门奴仆官员都是王毛仲任用之人，如果不除去，恐怕以后会生大乱。"玄宗默然不语。

开元十九年（731），王毛仲私自寄书太原，索要铠甲兵器。太原少尹严挺之迅速报告玄宗。玄宗怕激起事端，便隐瞒了王毛仲谋反的事实，下诏说："开府仪同三司、兼殿中监、霍国公、内外厩监牧都使王毛仲，出身微贱，因有功绩从家臣中升任朝官。朕对他恩宠无比，委任要职。从前铲除逆党（指韦后），他却畏祸逃跑，朕念旧情，宽容了他，仍给他以殊荣。他却不知感恩。日益骄横不法，经常有怨恨之语。"玄宗下诏，将王毛仲贬瀼州（今广西上思），葛福顺贬壁州（今四川通江），李守德贬严州（今浙江桐庐），卢龙子、唐地文贬振州（今海南三亚），高广济贬道州（今湖南道县），以别驾员外身份安置。王毛仲的四个儿子全部免官，流放各地。其他受牵连的，还有数十人。没等王毛仲到达瀼州，玄宗就派人把他缢杀于零陵（今湖南永州）。

太原县公王鉷

王鉷（？～752），唐朝王侯。太原祁县（今山西祁县）人。祖父王方翼，任夏州都督，为当时名将。王鉷历任县尉、监察御史、户部郎中等职。父王璿，任中书舍人。天宝年间，封爵太原县公，后因谋逆不成被唐玄宗诛杀。他善于献媚邀宠，曲意逢迎，一度受宠于玄宗。但恃恩骄纵，终于招致灭顶之灾。

一、献媚邀宠　曲意逢迎

王鉷生于官宦之家，自幼博览群书，才学过人。开元十年（722），王鉷走上仕途，开始担任鄠县县尉、京兆尹稻田判官。官职虽不大，但王鉷仍尽职尽责，因此政声很好。开元二十四年（726），王鉷迁任监察御史、户部郎中。

天宝三载（744），长安令柳升因为收受贿赂被治罪。柳升出任长安令是京兆尹韩朝宗推荐的，韩朝宗曾在终南山下苟家嘴购买山地，建造别墅，准备将来用于躲避世乱。柳升之事株连到韩朝宗，玄宗命王鉷审讯他。王鉷秉承圣意，将韩朝宗贬为吴兴别驾。玄宗对此很满意，升任王鉷为长春宫使。他熟悉各种法律条文，擅长审问罪犯，玄宗认为他很有才学，次年又升他为御史中丞、京畿关内采访黜陟使。

李林甫出任宰相之后，想方设法诛杀不依附自己的人。他见王鉷阴险苛刻，非常器重他，通过他排挤构陷他人。王鉷对李林甫曲意逢迎，李林甫甚为满意。

王鉷善于聚敛财富。他奏请朝廷，令百姓除按规定缴纳赋税之外，还要另外出纳"脚直钱"，百姓负担成倍增加。玄宗在位承平日久，奢侈腐化，后宫妃嫔服饰脂粉的费用越来越大，特赏别赐不绝于时，所需财物日益增多。王鉷迎合玄宗旨意，每年进献钱款亿万，储于宫禁之中，作为每年租税之外收入，供玄宗私人使用。玄宗认为王鉷有富国之法，对他恩宠益厚，令王鉷以户部侍郎兼御史中丞，加任检察内使、闲厩使、苑内使、营田使、五坊使、宫苑使、陇右群牧、支度营田使，王鉷红极一时。

天宝八载（749），太白山人李浑等人上言说看见了神人，神人说金星洞中有玉板石记载圣主福寿的符命，玄宗就派御史中丞王鉷往仙游谷去搜寻，果然找到了。玄宗认为不断出现的这些吉祥的征兆，都是因为祖先的福禄和

唐高祖李渊

威烈，遂上圣祖老子号为大道玄元皇帝，上高祖李渊谥号为神尧大圣大光孝皇帝，太宗李世民谥号为文武大圣大孝皇帝，高宗李治谥号为天皇大圣大弘孝皇帝，中宗李显谥号为太和大圣大昭孝皇帝，睿宗李旦谥号为玄真大圣大兴孝皇帝，高祖窦太后以下的皇后都加谥号为顺圣皇后。王钑搜寻到符命有功，加官为银青光禄大夫。

此事传开，许多人都起而效仿。如太白山人王玄翼上言说看见了玄元皇帝（老子），玄元皇帝对他说宝仙洞中有妙宝真符。于是玄宗就命令刑部尚书张均等去搜寻，果然搜得。当时玄宗尊奉道教，羡慕长生不死之术，所以各地的人竞相奉献吉祥的符命，群臣也不断地上表恭贺。李林甫等人都请求捐舍宅第为道观，借以祝福玄宗万寿无疆，玄宗十分喜悦。玄宗为此花掉了大量钱财，王钑可谓为罪魁祸首。

天宝九载（750），王钑任御史大夫、京兆尹、加知总监、载接使，从此兼领二十余使。朝廷内外，人畏其权，王钑在府第旁边专门建造一座大院，存放文书，各官府官吏争着请王钑批示公务，有人一连等待数天也得不到机会，玄宗派来传旨赏赐的使者不绝于路。当时，王钑权势显赫，气焰熏天，在玄宗面前的地位仅次于李林甫，高过杨贵妃的堂兄杨国忠。

王钑特别惧怕李林甫的阴险狠毒，他对李林甫非常恭敬。范阳节度使安禄山竭力讨好杨贵妃，邀宠于唐玄宗，身受恩礼，不可一世。一次，他去找李林甫谈事，对李林甫不很恭敬。李林甫心中不悦，准备向安禄山示威，便命人速招王钑前来进见。王钑火速赶来，趋进俯伏，恭谨备至。安禄山在旁边观看，见权势熏天的王钑竟然对李林甫如此敬畏，他对李林甫也渐渐产生了畏惧心理，一下子变得恭敬起来。李林甫虽然忌恨王钑权势隆盛，但因他竭力讨好，曲意顺从，对他还是亲近、保护。

二、恃宠骄纵　遭忌被杀

随着时间的推移，王铁恃玄宗恩宠日渐骄纵，即使李林甫也畏他三分。李林甫的儿子李岫为将作监，供奉宫中；王铁的儿子王准为卫尉少卿，也供奉宫中。王准每次戏谑李岫，李岫常避让不争。万年尉韦黄裳、长安尉贾季邻经常在厅事中贮钱数百绳，又备有美酒佳肴、著名倡优，以备王准不时光临。王铁的家人仗势横行，他也不加约束。

王铁的弟弟王锝在朝中任户部郎中。一次，王铁与王锝招请术士任海川到府中，询问朝代更替之事，还问自己是否有帝王之相，隐约露出反叛之心。任海川大惊，借口有事逃去。王铁担心事情泄露，假借他事，将任海川捕捉来，杀人灭口。府中司马、定安公主之子韦会曾回家谈论此事，左右告诉王铁，王铁派人将韦会收入长安监狱，在夜里缢死，将尸体送还其家。韦会同母兄王繇娶永穆公主为妻，虽然身为皇亲国戚，竟然畏惧王铁权势，不敢声张。

王铁后来晋封太原县公，兼任殿中监。后来又受李林甫推荐，位置与杨国忠同列，杨国忠心中不悦。

王铁、王锝兄弟与龙武军万骑兵将领邢𫄧交情很深。天宝十一载（752）四月，邢𫄧准备发动右龙武军万骑烧都门，诛杀执政者右相李林甫，左相陈希烈、杨国忠等人，夺取朝中大权。在预定政变日期的前两天，事情泄露，玄宗命王铁收捕邢𫄧，王铁考虑到弟弟王锝可能在邢𫄧家中，便故意拖延行事，先派人把王锝叫走，直到傍晚才命万尉薛荣先、长安尉贾季邻等人前往捕捉邢𫄧。贾季邻是因王铁荐举才任官的，他一向与王锝友好，王锝见到他便说："我与邢𫄧是老朋友，邢𫄧如今造反，我担心事情紧急，他胡乱牵扯，请足下不要听信其言。"

薛荣先等来到邢𫄧门外，前去捕捉邢𫄧。邢𫄧率部属与捕吏持弓刀相斗，王铁与杨国忠闻讯赶来。贾季邻把王锝与他所说的话告诉王铁，王铁说："我弟怎能参与邢𫄧谋反之事！"邢𫄧部属相互告诫，专杀杨国忠，不要伤着王铁。这话被杨国忠部下听到。正好高力士率飞龙小儿甲骑四百人赶到，斩杀邢𫄧，尽擒余党。杨国忠上奏王铁参与叛乱，玄宗不相信，李林甫也为王铁说话，玄宗因此放过王锝，不予追问。

玄宗一直希望王铁代王锝请罪，曾派杨国忠前去暗示。杨国忠见到王铁，对他说："主上一向信任公，现在公必须割爱以自保，公可以上疏请求治王锝之罪。王锝未必被处死，公却因此安然无恙，何不尽快行事！"王铁低着头沉思了良久才说："小弟是父母最疼爱的，平常与我兄弟感情很好，我不忍心这样做。"于是，杨国忠回奏玄宗。玄宗闻知大怒。

过了几天，王锄入朝。陈希烈奏请以大逆不道之罪惩治王锄弟兄二人。王锄大怒，大声为自己申诉，声色俱厉。退朝后，他上表言情。这时已经有诏书传下，令陈希烈捕捉审讯王锄。王锄表章不能上奏，他去找李林甫求情，李林甫说："公已经晚了。"

于是，将王锃拘押狱中。玄宗派杨国忠审问他，杨国忠一向忌恨王锄，想借此置他于死地，他问王锃："王锄参与谋反之事了吗？"王锃还没有回答，侍御史裴冕在旁边担心王锃牵连王锄，便呵叱王锃说："你为臣不忠，为弟不义。圣上因你兄长之故，任命足下为户部郎中，又加五品，恩宠可以算厚了。王锄岂知你谋逆之事？"杨国忠听后有些愕然，对王锃说："你如果确实知情，就不要隐瞒；如果不知情，就不要胡乱牵扯。"王锃这才说："我兄不知。"然而，杨国忠不肯放过王锄，他买通了贾季邻，答应提拔重用他。贾季邻为了追求荣华富贵，证明王锄参与了谋逆。于是杨国忠遂上奏玄宗。朝廷下诏，将王锃杖死在朝堂，王锄赐死于三卫厨，长兄王锡贬死于路上。王氏诸子尽皆诛杀，家属迁徙远方。

骠骑大将军杨思勖

杨思勖（？～740），唐玄宗时宦官。原姓苏，后随养父改姓杨。罗州石城（今云南曲靖）人。唐玄宗时，升左监门卫将军，官至骠骑大将军。他多次平定叛乱，屡立战功，是玄宗得力之将，所受到的宠幸与权宦高力士相似。他性情凶狠、勇猛，对俘虏残忍滥杀。

一、宫廷政变　崭露头角

杨思勖原姓苏，后被一个姓杨的人收养，就冒认了养他的人的姓。杨思勖从少年时就入皇宫为太监，一开始在内侍省做事。后来，由于他办事干练，提升为宫闱令。

中宗李显执政时，皇后韦氏干政，与昭容上官婉儿、武则天的侄子武三思勾搭成奸，淫乱宫中，操控权柄。相王李旦请中宗速立太子，以固邦本。太平公主也这样认为。中宗遂不与韦氏、武三思商议，就立卫王李重俊为太子。李重俊是后宫妃嫔所生，不是韦氏亲生，韦氏心中很不高兴。武三思也因为建储大事皇帝不和自己商量，所以心怀不满。
韦后所生的女儿安乐公主因韦后无子，她自恃恩
眷，一心要当皇太女，登上女皇宝座，突然听说
储位已定，不禁着急起来。中宗劝谕百端，允许
她开府置官，安乐公主方才罢休。但内心瞧不起
太子李重俊，与驸马都尉武崇训一起呼他为奴。

李显皇后韦氏

太子愤愤不平，暗想满朝大臣多是诸武党羽，
只有魏元忠、李多祚两人较为正直，便立即与他
们密商，准备起兵讨逆。于是，李多祚便联合了
几个将军，李思冲、李承况、独孤祎之、沙吒忠
义等假传圣旨调发三百余个羽林兵，拥着太子李
重俊，杀入武三思府第。武三思正在家中夜饮，
拥着娇妻美妾，武崇训也在旁陪宴，只有安乐公主入宫未归，不在席间。武
三思猛然听见人喊马嘶，不由惊疑起来，命侍役出门探视。这时，羽林军一
拥而入，见一个、杀一个，武三思父子无从脱逃，被李多祚等逐个拿下，推
至太子马前。太子拔出佩剑，剁死武三思、武崇训两人。一面命军士搜杀全
家，又杀死了十多个亲信党羽。太子于是命令左金吾大将军李千里及其子天
水王李禧，分兵把守宫城诸门，自己和李多祚等进入肃章门，直奔宫禁。

中宗与韦氏、上官婉儿及安乐公主等夜宴才罢，忽见右羽林大将军刘景
仁踉跄进来，报称太子谋反，已领兵进入肃章门了。中宗十分恐慌，不知所
措，还是上官婉儿有些主见，说道："养兵千日，用兵一时，刘将军所掌何
事，却听任叛兵犯阙？"刘景仁碰了一个钉子，连话都答不出来。安乐公主
道："你快去调兵进宫保卫，守住玄武门，再报知宰相宗楚客等速来保护！"
刘景仁听了连忙跑出去。

不一会儿，刘景仁便带兵百骑，前来保驾。中宗命令他屯兵楼下，自己
与韦氏等登上玄武楼。杨思勖本来在左右侍候着中宗，此时也随步同上。不
久，宗楚客、纪处讷，以及中书令李峤、侍中杨再思、苏瓌等均前来向中宗
请安。数人约率兵二千余名，由中宗敕令驻扎在太极殿，闭门固守。李多祚
等来到玄武楼下，要求交出上官婉儿。中宗不忍心，不作回答。杨思勖在旁
边进言道："李多祚挟持太子，率兵犯阙，这样的叛臣逆贼，人人得而诛之。
臣虽然无才，也愿意领禁兵，前去击贼。"中宗道："卿愿意效力，朕还有何
言？但此去需要小心！"

杨思勖领旨，立即下楼，飞驰至太极殿内，传谕宗楚客等。宗楚客立即

聚齐一千多人，由他带领着出来。李多祚因为中宗未曾答复，尚在楼下等待着，按兵不动。李多祚的女婿野呼利曾任羽林中郎将，准备夺门登上玄武楼，被将军刘景仁击退。忽然看见门已大开，急忙驰马欲入，迎头碰着杨思勖，一刀砍来，野呼利闪避不及，被杨思勖劈落马下，再砍一刀，杀死了野呼利，李多祚军气势顿减。然后，杨思勖率兵与李多祚交战。李多祚手下不过二三百人，兵士们见杨思勖十分勇猛，纷纷倒退。中宗在楼上观战，看见杨思勖已经得胜，不禁转忧为喜，遂高声传呼道："叛军听着！你等都是朕的卫士，为何跟着李多祚造反？若能立刻杀死李多祚，朕不但赦免你们谋反之罪，还会格外加赏，不要担心不富贵。"羽林兵听到此谕，见李多祚不能成事，大家顾命要紧，索性遵敕倒戈，杀死了李多祚。李思冲、李承况、独孤祎之、沙吒忠义等都战死在乱军中，只有太子李重俊策马逃脱。

李千里父子进攻右延明门时，遇到宗楚客、纪处讷等引兵抵抗。李千里寡不敌众，同时伤亡。宗楚客派果毅军将赵思慎追捕太子，太子李重俊率百骑逃奔终南山，逃至鄠西，随身只有数人，暂憩林下，被左右刺死。左右将太子的首级献与赵思慎。赵思慎携带太子首级，归报中宗。

平定叛乱后，中宗逐一封赏有功之臣，加授杨思勖为银青光禄大夫。

二、两次平叛　随帝封禅

景龙四年（710），韦后、安乐公主毒死中宗，妄图效仿武则天登上皇帝宝座。相王李旦第三子李隆基被封为临淄郡王，英明果决，决定铲除韦后集团。杨思勖辨明了形势，觉得李隆基很有前途，就投靠了他。在李隆基铲除韦后的过程中，杨思勖及时通风报信，立了大功，被提升为左监门卫将军。李隆基即皇帝位后，把他视为得力之将。

开元十年（722），安南（治今越南河内）地区的少数民族首领梅叔鸾发动了大叛乱，号称"黑帝"。他率领三十二州的兵力，对外联结林邑、真腊、金邻等外国势力的协助，形成了西南地区反对唐朝的军事同盟。叛军占据海安，号称拥有四十万大军。叛军连续攻城夺地，连安南府也被他们攻克了下来。至此，安南地区几乎全部在他的掌握之中。唐玄宗李隆基决定派兵镇压梅叔鸾。当时杨思勖已经六十岁左右，主动请求前去镇压。唐玄宗对杨思勖的主动请缨分外高兴，任命他为骠骑将军。

到南方进行长距离作战，一般来说当事人都会遇到后勤供应和士兵水土不服的困难，东汉著名的伏波将军马援南征时就吃了这方面的苦头。杨思勖十分聪明，他没有从京都长安带领着庞大的军团开赴岭南，而是孤身一人前往抵达目的地后招募当地人作为士兵，从而巧妙地克服了水土不服的问题。

　　杨思勖在安南大都护光楚客的帮助下，顺利募集到了为数十万的当地土人作为士兵。然后，杨思勖开始发动攻击。杨思勖与光楚客一起率领大军，选择了一条山高水险的近路，以迅雷不及掩耳之势到达叛军所在的城下。杨思勖成功地实现了作战的隐蔽性，以至当梅叔鸾得知杨思勖兵临城下的消息后竟然被吓得慌了手脚，还没来得及想出对策就被杨思勖闪电般地击败了。梅叔鸾在战斗中被活捉，杨思勖命人将他临阵杀死。此战，杨思勖俘虏了数十万叛军，虽然那些叛军大多原为各地的百姓，也情愿投降唐朝，但杨思勖为了炫耀武功，镇服当地居民，还是杀死了许多叛军，用被杀的叛乱者的尸体做成京观（堆成了一个小山），然后班师而还。

　　开元十二年（724），五溪（今贵州）一带的少数民族首领覃行璋又发动了叛乱，杨思勖被唐玄宗任命为黔中招讨使，再一次奉命率领为数六万人的部队前往讨伐。杨思勖严明军纪，快速行军，闪电出击，大获全胜，叛军仅被斩首的就超过了三万，其领袖覃行璋则被活捉。不过，杨思勖由于上次杀伐太过，受到唐玄宗的谴责，这次没有杀掉覃行璋，而是把覃行璋押解回京，交唐玄宗发落。唐玄宗任命他为洵水（今属陕西）府别驾，也就是洵水地方长官助理一类的职务。杨思勖因为这次平叛之功晋升为辅国大将军。

　　平定了叛乱，唐朝经济又兴旺发达，进入开元盛世的高潮。中书令张说、侍中源乾曜先后上书唐玄宗，请求唐玄宗封禅泰山。唐玄宗谦让一番同意了。在做好一切准备之后，唐玄宗于开元十三年（725）十一月七日到达泰山进行封禅大典，杨思勖也跟随玄宗参加了封禅大典，玄宗命他统领侍卫。

　　据说，玄宗的车驾到泰山西侧时，忽然东北风大作，从中午到晚上刮个不停。随从官员们住的帐篷被吹裂，支撑帐篷的柱子被吹折，官员们大惊小怪，十分恐慌。杨思勖统领的侍卫也个个惊惶失措，杨思勖极力劝说安抚他们。张说也出来告诉大家说，不要惊恐失措，这是海神来迎接皇上封禅。等玄宗到达泰山之下，天气晴和，一丝风也没有。但到玄宗斋戒的晚上，又狂风

唐玄宗泰山封禅时宣读的祝祷文辞

袭人，寒气彻骨。玄宗于是停止饮食，肃立在夜露之下，直至夜半。他虔诚地祷告上苍："如果是我本人有罪过，请上天惩罚我本人。如果其他随从人员没有福分参加山上的封禅，也请求降罪于我。随从的兵士和骑乘的马匹委实受不了寒风袭击，请停止风寒。"玄宗祷告之后，果然风停了，山间的气温随之转暖。

杨思勖指挥士兵保护圣驾，十分谨慎周到。在玄宗登山之日，从山下一直到山顶的祭坛，一路上都有士兵设岗，他们组成一条"人"的传话线，负责传呼时间辰刻，传递皇帝及大臣的命令，只需一会儿工夫就能到达。夜间，山道上沿途燃火，一堆堆火光相连，从山下望去，仿佛是星星从地上一直串连到天上。这一天泰山上热闹极了，天气晴和，微风南来，歌吹之声不绝于耳，丝竹之响飘向天外。

为了纪念这次封禅盛典，李隆基亲自撰写了《纪泰山铭》一文，刻在泰山山顶的崖壁上。唐玄宗东封泰山时，国内各少数民族的首领和周围各友好国家的国王或使者都随从至泰山，统统参与朝觐大典，并在泰山山顶上礼部尚书苏颋撰写的"东封朝觐颂"碑上留名。

唐玄宗封禅泰山之后，大为得意，下令给各级官员晋级。杨思勖由于两次平叛成功，这次又护卫有方，也得以加封，成为骠骑大将军，拥有了虢国公的头衔，成了唐朝屈指可数的大军功贵族。从此，唐太宗时期立下的"宦官不得担任三品以上的职务"的规定被打破了，也有人把这种宦官开始掌握国家实际军权的现象作为唐朝政治状况开始恶化的标志。

三、虐杀战俘　凶猛残忍

开元十四年（726），邕州（今广西南宁）又发生了以梁大海为首的叛乱，这场叛乱自邕州的封陵开始，逐渐蔓延到了宾州（今广西宾阳）、横州（今广西横县）等地。杨思勖由于平叛多次立功，玄宗此时又想到了他，再一次命令杨思勖南下平叛。

二月，杨思勖从长安出发。到达目的地后，他招兵买马，指挥作战，再一次把叛乱成功镇压了下去，包括梁大海在内超过三千人成了战俘，杀死的叛乱者则超过了两万，他们的尸体再一次被杨思勖做成了京观。杨思勖又分头剿灭了梁大海的残余党羽，同年十二月，他班师回京。

开元十六年（728），岭南地区爆发了空前的大叛乱，这次叛军的领袖是泷州（今广东西部地区）的刺史陈行范，和他一起叛乱的还有其下属何游鲁和冯辚。陈行范在攻破了岭南地区四十多个州县后自称天子，而何游鲁与冯

辚则成为了定国大将军和南越王，在
控制了整个岭南地区后，叛乱又呈现
出扩大化的趋势。

　　唐玄宗此次又下诏命杨思勖平叛。
在到处是深山密林的南方作战，骑兵
的实用性不如弩兵。因此，唐玄宗下
诏令杨思勖调动永州、道州、连州三
个州的兵力和淮南弩士十万前往征讨。
杨思勖率领大军一路南下，历经数次
杀伐后，包围了陈行范的根据地泷州，
与叛军展开了主力决战。战斗异常激
烈，由于杨思勖指挥有方，身先士卒，
军士们大都勇猛作战。最后，杨思勖
的大军取得胜利，把何游鲁和冯辚在
战阵上杀死。陈行范逃走，杨思勖率
部众穷追不舍。在高山密林中，经过
了一系列的战斗，杨思勖最终生擒了
陈行范，又活埋了他的部下六万人，
获得数以百万计的马匹、金银。

唐代彩绘武士俑

　　从泷州地区地方志的记录来看，杨思勖攻入泷州城后，采取斩尽杀绝的
政策，使得当时粤西地区最繁华的泷州城被夷为平地。因为泷州城化为焦土
难以复原，以致不久后，泷州城便迁到开阳县城，而城内的居民也遭到被流
放的处罚。这也是唐朝有数的几次大规模的民族迁徙中的一次。

　　杨思勖早年在充满阴谋的宫廷中摸爬滚打，而在六十岁后则在镇压南方
少数民族的叛乱上建立了赫赫的武功，可以说为唐王朝南部边疆地区的稳定
作出了重大的贡献。从某种意义而言，如果没有杨思勖，唐王朝的危机也许
早就爆发了。

　　杨思勖凶猛残忍，杀人不眨眼，具有大量虐杀战俘的不良记录。被他抓
到的战俘，大部分不是被活活地剥下了面皮，就是被从发际的地方剥下了头
皮，然后再拿出去示众。他手下的将士们都对其十分敬畏慑服，甚至没有人
敢正眼看他。也许正因为将士慑服，作战更加勇猛，所以杨思勖才得以每战
必胜，屡立大功。南方的少数民族都对杨思勖"望风慑惮"，可以说是提起
他的名字来，连哭泣的小儿都会吓得住声。

　　杨思勖除了讨伐南部地区的叛乱外，大部分时间还是充当宫内太监的角色。他对待宦官们，也非常严厉，一旦有人触犯法纪，他就会残忍地将其杀死。有一次，一个名叫牛仙童的内给事在出使幽州的时候收受了幽州节度使张守珪的贿赂。后来这件事情败露了，唐玄宗勃然大怒，下令将其交给杨思勖处死。杨思勖残忍地处死了牛仙童。他先是把牛仙童在架子上绑了好几天，不给他吃喝。在牛仙童陷入半死状态时，杨思勖开始执行死刑。杨思勖首先砍掉了他的手足，之后开肠破肚摘心取肺，把他身上的肉一块块地剔了下来，吃了下去。牛仙童最后死于极度的痛苦中，这种残忍的刑法已经和五代时期的凌迟很接近了。

　　开元二十八年（740），杨思勖的生命到了尽头，时年已经八十多岁。

骠骑大将军高力士

　　高力士（684～762），唐玄宗时宦官。本名冯元一，高州良德（今广东高州东北）人。在唐玄宗时，官至骠骑大将军、开府仪同三司。由于曾助唐玄宗平定韦后和太平公主之乱，故深得玄宗宠信。他一生曾多次平息皇室内出现的纠纷。开元末年，高力士甚至可以先审阅大臣们送来的奏章，小事由其处理，大事才交呈玄宗裁决。

一、服侍女皇　　暗寻靠山

　　冯元一幼年时，生长在一个官宦之家，他的曾祖父是唐初越国公冯盎。后因高州有人叛乱牵扯上冯家，导致唐军在平叛时将他父亲冯君衡处死，没收了他家的财产，冯元一便被送到了岭南讨击使李千里家抚养。几年之后，李千里见冯元一聪明伶俐，体格健壮，便把他与另外一个小孩阉割了，送入皇宫当太监，一名叫做金刚，一个叫做力士。

　　当时是女皇武则天当政，她已经把持了四十余年的朝政。作为历史上唯一的一位女皇帝，武则天为了使自己的地位得到巩固，处心积虑，日夜操劳。聪明伶俐的冯元一进宫后没多久，就受到管事太监的喜爱，被安排到武则天左右做事。但是好景不长，因为其他太监犯错而牵扯上了冯元一，他被责打一顿后赶出了皇宫。冯元一离开皇宫后，无依无靠，老宦官高延福收他为养子，从此，冯元一改名为高力士。高延福入皇宫前，本是武则天的侄子武三思的家奴，因此，他与武三思的关系不错，二人经常来往。高力士也得以经常出入武三思家，受到了武三思的喜欢。过了一年，在武三思荐举下，高力士得以重回皇宫，负责在司宫台管理伙食。

这次进宫后，高力士待人处世小心谨慎，遇到任何事情都三思而后行，这使他没有再出什么差错，几年之后，高力士逐渐长大成人，身材高大，做事周密，善于传达诏令，又熟悉宫中的所有规矩礼仪，因此被提拔当上了宫闱丞，负责掌管宫内的法纪制度。

武则天改唐为周，立即起用武氏子侄为宰相、为将军，臣下有功也赐给武姓，又免去天下武姓的田赋，改文水县为武兴县，追封武氏先人，上谥号，立庙宇。显然，她是想传位给武氏子孙。以武承嗣、武三思为首的武家子侄们更是跃跃欲试，甚至勾结酷吏迫害李氏宗室。

武则天晚年，很得益于男宠张易之、张昌宗兄弟的悉心侍奉，她很感谢张家兄弟的奉献，授之高官，委以国政，成为她晚年最亲信的人。二张恃宠而骄，不仅在后宫恣意专横，而且开始干预朝政。武则天也有意把政务委托给他们处理，二张的势力迅速膨胀起来。文武大臣深为二张干政所惶恐，朝野上下议论纷纷。

此时的高力士隐约感到武则天的政权根基快要坍塌，于是便不露声色地为自己寻找新的靠山。在所有的皇族人员中，他选中了相王李旦的第三个儿子李隆基，此人非常聪明，仪表非凡。高力士以深远的目光，看到李隆基将来一定会有很大的前途，于是决定"倾心奉之，接以恩顾"。当时李隆基也非常需要宫中有宦官作内援，二人就此交结，常来常往。

神龙元年（705）初，武则天病情恶化，身边只有男宠张易之兄弟，宰相、太子难得见女皇一面，诏令皆出自二张之口。在这种情形下，假传诏命篡夺帝位不是不可能的。因此宰相们非常担心，遂决定迫使女皇退位，拥立太子为天子，复兴唐室。以宰相张柬之、崔玄暐为首，迅速组成了政变集团，积极拉拢掌握军权的将军，控制宫城。桓彦范和敬晖秘密联络了太子李显，李显半推半就。一切准备就绪。

正月二十二日，张柬之、崔玄暐、桓彦范、左武卫将军薛思行等人，率右羽林兵五百余人，到达玄武门，李多祚、李湛

李显

及太子宫内直郎王同皎去迎接太子共同起事。但事到临头，太子李显的恐惧病复发，不敢出宫。王同皎不得不把李显强抱上马背，向后宫进发。政变部队很快攻下玄武门，直抵迎仙宫，杀死二张。众人簇拥着李显轻轻迈进皇帝寝殿，环绕龙床伫立着。武则天吃惊地坐起来，问："是谁作乱？"张柬之小心翼翼地向女皇解释："张易之、张昌宗谋反，臣等奉太子之令杀了他们。愿陛下返政太子，顺从天意。"武则天被迫让位。二十五日，唐中宗复位。武则天迁往皇宫城西南的上阳宫静养。

二、助平内乱　深受宠信

唐中宗昏昧懦弱，皇后韦氏专权，他们最宠爱的女儿安乐公主渴望当皇太女。中宗与韦后、昭容上官婉儿、安乐公主等生活十分奢靡，大肆挥霍国库财富。

韦后急于要实现"武则天第二"的愿望，但中宗不除，她的愿望无法实现。安乐公主想当皇太女的愿望与日俱增，虽然多次向父皇提出要求，但都被拒绝了。这样，韦后、安乐公主同时萌发了共同的邪念：只要夫（父）君不在人世，她们各自的愿望都能如愿。

景龙四年（710）六月，韦后、安乐公主假手马秦客在中宗最喜欢吃的馅饼内，放入毒药，将其毒杀。中宗驾崩，十六岁的幺子温王李重茂即皇帝位，是为少帝，年号唐隆。韦后以太后身份临朝称制。

按照韦后等人的事先安排，少帝只是过渡而已。宰相宗楚客约武延秀、赵履温、叶静能及韦温等韦氏一族，开始劝说韦太后应当仿照武则天的"易世革命"，登上女主宝座。为达到改朝换代的目的，韦太后等人加紧活动。当时，中央禁军的南衙十六卫和北衙十军及台阁尚书省的要职，均由韦氏族人担任。相王李旦及其子临淄王李隆基和太平公主是她们的最大障碍，于是便密谋将他们清除。高力士探听到了这一阴谋，立即告诉了李隆基。

李隆基与将军薛崇简、钟绍京、刘幽求发动早已串通好的"万骑兵"，突袭后宫，从玄武门杀入，杀死了韦璇、韦播、高崇等人，到了太极殿。韦后惊惶失措，逃入飞骑营，但她和武延秀、安乐公主等人皆被乱兵所杀。经过这次政变，韦氏集团被全部消灭，武氏集团也只剩下少数人。最后，太平公主出面收拾残局，扶持唐睿宗李旦再登皇位。李隆基被立为太子。

在李隆基发动政变的过程中，高力士作为皇宫的内应，及时将皇宫内的情况报知李隆基，对于政变的成功起到了重要作用。

李隆基当上太子后，因为与高力士关系很好，立即奏请皇上批准，将高力士调到自己身边，隶属内坊，升为内给事。高力士瞧准了形势，对皇太子李隆基忠心耿耿，深受李隆基的宠信。

睿宗即位的第二年，就失去了即位初期的进取精神，做出了一些昏庸无道的事情，使朝政出现了腐败和混乱的现象。他听信太平公主之言，开始重用奸臣。任命窦怀贞、肖至忠、岑羲、崔湜四人为宰相；恢复冗官，如景云二年（711）二月，在太平公主等人建议下，李旦下诏将过去被罢免的斜封官全部恢复；不恤民苦，如景云二年五月，李旦的两个女儿西城、隆昌公主出家当女道士；李旦不听劝阻，下诏征发了数万民工，拆毁许多民房，用钱一百多万缗，建造了金仙、玉真两座道观。朝中大臣纷纷劝阻，只有窦怀贞一人支持，并亲自监督服劳役的民工。

李旦本人是一个不喜欢掌权管事、一心只想清净无为的人，触目惊心的宫廷斗争又使他对皇帝的至尊地位感到心灰意冷，因此想及早禅位，做一个安逸清净的太上皇。延和元年（712）八月，李旦传位给太子李隆基，自己称太上皇。玄宗李隆基即位，改元先天。

先天二年（713）六月，李隆基和太平公主之间的斗争白热化，双方都在聚集力量，准备发动政变。最后，李隆基先发制人，迅速扑灭了太平公主及其全部党羽的势力，完全控制了中央政权。李旦便下诏宣布正式禅位，只做清闲安静的太上皇，在百福殿颐养天年。

铲除太平公主后，玄宗李隆基下令大赦天下，改年号为"开元"，并封赏各位有功之臣。高力士因为命玄宗的奴仆王毛仲杀死太平公主一党的萧至忠、岑羲有功，被封为银青光禄大夫，随后又加封为右监门卫将军、知内侍省事。于是，全国各地送给玄宗的奏请都先由他查看，然后进呈给玄宗。如果是小事情，高力士就自己解决；如果是大事，高力士就呈给玄宗解决。

三、位尊权重　娶妻纳妾

高力士整天在玄宗身边服侍，细心照料玄宗的饮食起居，他把自己的床铺搬到了玄宗寝宫旁的帷幕后面。即使休假，他也不外出，在殿帷里睡觉休息，随时接受玄宗的差遣。全国各地送上来的奏请都先由他查看，然后进呈玄宗，小的事情他自己就处理了。玄宗曾经说道："高力士在这里值班，我才睡得安稳。"

在那时，宇文融、李林甫、盖嘉运、韦坚、杨慎矜、王铼、杨国忠、安禄山、安思顺、高仙芝等，虽然因为有才能得宠幸而晋升，但都是极力巴结高力士，所以能够官至将相；此外逢迎、附会的人，多得不可胜计，他们的欲望大都能得到满足。宦官像黎敬仁、林昭隐、尹凤翔、韩庄、牛仙童、刘奉延、王承恩、张道斌、李大宜、朱光辉、郭全、边令诚等，都是内供奉，高力士常派他们出外监节度军，办理有关诵经、布施等功德事，购买鸟兽。他们所到之处，官吏无不争相供奉，馈赠的财物不计其数，每次回来，累计所得，经常是数万之巨。京师里面最好的宅第园林、良田美产，十分之六是他们的。他们受到的宠幸几乎和高力士一样，但都是借高力士在玄宗左右帮忙才得到的。

高力士虽是宦官，但他地位很高，各位皇子、公主都称他阿翁，驸马等人称他为阿爷。就连后来被立为太子的李亨也把高力士作为兄长一样。皇亲国戚尊称他为爷，玄宗都不叫他名字而叫他将军。

高力士虽然是个太监，但他有钱有势，公然娶妻纳妾。高力士看中了谁家的女儿，纵然对方很不情愿，也惮于其权势，而不得不把女儿嫁给他。在长安做小吏的吕玄晤有个美貌的女儿，高力士便将其娶来为妻。吕玄晤因女

唐太监俑

富贵，不久便做了高官。高力士的岳母去世时，高力士为她操办了极其隆重的葬礼，朝中的许多官员纷纷馈赠财物，前来送葬的人络绎不绝，从府第到墓地，车马前后相望。

高力士自幼就与母亲麦氏失散，富贵后，他便想起了自己的母亲，于是就让岭南节度使帮忙寻找。后来，岭南节度使在泷州（今广东罗定）找到了麦氏。高力士立即将她接到京中。他们彼此都不认识。麦氏说："你胸前有七颗黑痣。还在不在？"高力士解开衣服给母亲看，果然还有七颗黑痣。麦氏拿出一个金环说："这是你小时候戴的。"母子抱头痛哭。玄宗知道此事后，便册封麦氏为越国夫人，追赠高力士的父亲为广州大都督。高延福和妻子收养过高力士，高力士富贵后也没有忘记他们。高力士把他们奉养起来，同麦氏待遇同等。当时，金吾大将军程伯献为了巴结高力士，与他结为异姓兄弟。在麦氏死后下葬时，程伯献就披麻戴孝充当孝子。

四、救护张说　劝谏玄宗

玄宗即位之初，下诏广求贤才，太常卿姜皎向玄宗推荐了源乾曜。玄宗见源乾曜善于谈吐，敏于应答，行为举止很像睿宗时的中书令萧至忠，便封他为少府少监，兼邠王府长史，不久又提拔他为尚书左丞。玄宗后来对高力士说："源乾曜升迁这么快，你知道是什么原因吗？主要是因为他的相貌和言谈举止都和萧至忠很像。"高力士意味深长地说："难道陛下忘了萧至忠曾经与太平公主结党叛乱吗？"一语点醒了梦中人，玄宗此后疏远了源乾曜。

张说是开元盛世有名的宰相。他博学多才，对唐朝的文治武功均有建树，曾协助玄宗除掉太平公主，还多次安定边疆。

开元十四年（726），御史大夫宇文融等弹劾张说，说他"招引术士占星，徇私枉法，贪污受贿，骄奢无比"。玄宗大怒，立即下旨将张说下狱。事后，玄宗又派高力士去狱中探视。高力士十分同情张说，回来后向玄宗汇报："张说蓬头垢面，坐在一张破草席上，用瓦器饮食，终日惶惧不安，等着皇上治罪。"玄宗一听，便打消了怒气。高力士接着说："张说曾为陛下侍读，又立有功劳，望陛下赦免他。"玄宗听从高力士的建议，释放了张说，仅仅罢去了张说的中书令官职。

开元二十五年（737），在武惠妃的挑唆下，玄宗杀掉了太子李瑛。事后，玄宗因为立太子之事未定，经常神思恍惚，茶饭无心。高力士就说："陛下不食，是饭菜做得不好吗？"玄宗说："不是。我将老，你想想我该怎么办呢？"高力士说："是因为嗣君还没有确定吗？推选年长之子而立，有谁敢争？"玄宗说："你的话是对的。"玄宗的长子因为射猎被野兽抓破了脸，不宜立为储君；李瑛是次子，李瑛死后，玄宗的诸子中年长的便是第三子李亨了。于是，玄宗立李亨为太子。

开元二十五年年末，武惠妃病逝，玄宗整天郁郁寡欢。对于宫中的嫔妃们，他一个也不喜欢。高力士终日侍候玄宗，见此非常着急。有一次，他见到了寿王李瑁的妃子杨玉环，见她体态丰满，姿色艳丽，就向玄宗提及杨玉环。玄宗一听大喜，急忙召杨玉环进宫侍酒。杨玉环生性聪颖，善于逢迎，到宫中后，为玄宗表演了歌舞。玄宗如获至宝，愁怀顿开，遂借酒寻欢，无所顾忌。

天宝四年（745），杨玉环被册封为贵妃。

当初，奸相李林甫、牛仙客知道玄宗厌倦了巡幸，不愿再去东都洛阳，而漕运不足以供给京师，于是他们把赋粟充当漕粮以增加粮税，又用和籴法强买民粮来充实关中地区。几年以后，国家用度稍为充裕。有一天，玄宗在大同殿斋戒，高力士侍候。玄宗说："我将近十年没有离开长安了，天下太平无事，朕准备专心于练习吐纳导引的养生术，把国家大事交给李林甫，你认为怎样？"高力士回答说："天子顺天而动，到各地巡狩，是自古以来的制度。税收有常规，则人们不会感到过分。现在把赋粟充当漕粮，臣担心国家没有十天一月的积蓄；和籴的办法不停止，则私人手中的存粮涸竭，放弃农耕从事贸易的人多；国家的大权不可以交给别人，万一他的威权树立起来，谁还敢议论政事！"玄宗一听不高兴了，高力士察言观色，急忙叩头，说自己"发疯了，讲了错话，该死"。玄宗给他置酒压惊，左右高呼万岁。

从此高力士失宠回到内宅，不再理事。他的官职屡加至骠骑大将军，封渤海郡公。在来廷坊盖了佛祠，在兴宁坊建了道士祠，楼台殿阁极尽精美华丽，耗费了大量钱财。高力士还在京城北面的澧水上筑拦河坝，装上五个磨，每天收取碾三百斛麦的租钱。定寿寺钟铸成，高力士宴请公卿，凡敲一下钟的，要给十万礼钱，有些讨好他的人敲到二十下，就是少的亦不少于十下。

虽然高力士大肆敛财，但他性情温和谨慎，很少有过错，善于观察时势行事，不敢骄横，所以玄宗始终信任他，士大夫们也不忌恨他。

五、谋于国忠 谗害李白

天宝十一年（752），由于宰相李林甫和杨国忠专横跋扈，得罪了很多人，户部郎中龙武军万骑兵将领邢绛等人密谋诛杀杨国忠。杨国忠事先得到消息，领军前去镇压，邢绛等人殊死抵抗。正在紧要关头，高力士率领四百名飞龙甲骑赶到，将所有叛乱者全部杀死。因为高力士在这次平叛中立了大功，玄宗才又重新宠信他。但邢绛等人的暴乱并未使玄宗提高警惕，他依旧宠信杨国忠。

同年十一月，执政十九年的宰相李林甫因病死去。这对杨国忠来说真是天赐良机，玄宗马上发布了由杨国忠代替李林甫为右相的诏令。

杨国忠当政后，唐朝政治更处于混乱之中。杨国忠欺上瞒下，边境上的战败奏折他扣住不发，自作主张，甚至人事更动也不与玄宗商议。杨国忠利用宠臣的地位，身兼四十多使职，横行受贿，广结罗网，成为李林甫之后又一大奸相。

当时，唐朝的大诗人李白在翰林院供职。李白诗才横溢，玄宗对此大加称赞。

　　一天，玄宗和杨贵妃在沉香亭赏花，因兴致很高，便派人召李白来填词助兴。当时，李白正在饮酒，已经有了几分醉意。玄宗与杨贵妃畅饮了很久，李白才来到。玄宗看他两眼朦胧、醉态可掬，料知不能行礼，索性豁免礼节，命他在旁边坐下。李白尚昏沉未醒，无奈，玄宗命高力士用冷水洒在李白脸上，喷了数次，才将李白的醉梦惊醒。他渐渐睁开双目，看见帝、妃上坐，赶紧离座下拜，口称死罪。玄宗道："醉后失仪，何足计较！朕召卿至此，特欲借重你的好诗句，以助佳兴，你先起来，不必多礼。"李白谢恩而起。玄宗仍命他坐着，又命乐工李龟年送过金花笺，磨墨蘸好了笔，递笔给李白，命他作诗。李白不假思索，立即下笔写了《清平调》三首：

李白道装图

其一

云想衣裳花想容，春风拂槛露华浓。
若非群玉山头见，会向瑶台月下逢。

其二

一枝红艳露凝香，云雨巫山枉断肠。
借问汉宫谁得似？可怜飞燕倚新妆。

其三

名花倾国两相欢，常得君王带笑看。
解识春风无限恨，沉香亭北倚栏杆。

　　玄宗高兴地说："人面花容，一并写到，更妙不胜言了。"
　　不久，渤海郡派人送来表章，是用番文写成的。满朝大臣都不认识，只有李白一目了然，宣诵如流。玄宗大喜，立即命李白也用番文草拟一份副诏。李白一向看不惯杨国忠、高力士两人，想趁机奚落他们，请玄宗命国忠磨墨、力士脱靴。玄宗笑着答应了，立即传入杨国忠、高力士，命他们一个为李白磨墨、一个为李白脱靴。杨国忠是当时宰相，高力士是大内宠宦，怎肯受此羞辱？只因为玄宗有旨，不能违抗，只好忍气吞声，遵旨而行。李白非常欣慰，遂写好答书，遣归番使。玄宗赐给李白金帛，李白却不肯接受，只求在长安市中随处痛饮，不加禁止。玄宗于是下诏光禄寺，每天给李白美酒数瓮，任他到处游览，饮酒赋诗。

此后，高力士对李白奚落自己耿耿于怀，心怀怨恨，便找了个机会挑唆杨贵妃，劝她废去《清平调》。杨贵妃说："李白是奇才，当代无二，为何将他的诗废去？"高力士冷笑说："他把赵飞燕比拟娘娘，试想赵飞燕当年，都干了些什么事？他敢于援引比附，究竟是何意？"杨贵妃被他一问，反觉不好意思，沉着脸不说话。原来，玄宗曾听说过《赵飞燕外传》记载汉成帝皇后赵飞燕身轻不禁风，成帝怕大风把她吹跑，大兴土木，斥巨资为其修建了一座"七宝避风台"之事。一次，玄宗对杨贵妃开玩笑说："像你便不怕风，任它吹多少，也不妨事。"杨贵妃知玄宗有意讥笑自己肥胖，有些生气。现在，李白以赵飞燕相比，正好切中杨贵妃的隐私，又被高力士说破。杨贵妃暗想赵飞燕曾私通燕赤凤之事，正与自己私通范阳节度使安禄山（安禄山入朝时，曾与杨贵妃私通）相似，于是疑李白有意讽刺，不由得变喜为怒。从此入侍玄宗，多次说李白纵酒狂歌，失人臣礼。玄宗虽极爱李白，要给他升官，怎奈杨贵妃多次阻止，玄宗也只好疏远他，不再召入。李白也自知为小人所谗，恳求回老家。于是，玄宗赐金放还。李白便浪迹四方，随意游览去了。

六、伴君蜀中　流放巫州

天宝十三年（754）秋天，接连下起了大雨，各地都发生了严重的水灾。玄宗担忧雨多伤及庄稼。杨国忠找到了一穗饱满的稻谷拿给玄宗，并且胡说："虽然雨下得很多，但不会影响到庄稼。"玄宗信以为真。因为杨国忠把持朝政，其他官员无人敢说真话。退朝之后，玄宗便问高力士："这样的气候肯定会造成灾害，你给我讲讲真实的情况。"高力士不由叹了口气道："自从杨宰相把持着朝政大权，所有的法令都行不通，闹得灾祸不断，天下怎能太平呢？"但是沉迷于声色的李隆基却听不进高力士的忠告，这使得朝廷丧失了原有的威信，朝廷内部的许多官员也都开始结党营私，使各种矛盾都逐渐激化起来。

天宝十四年（755）十一月九日，身兼范阳、平卢、河东三镇节度使的安禄山，以"诛杨国忠"的名义在范阳（今北京西南）起兵造反。由于唐朝多年未有战事，玄宗荒淫，杨国忠擅权，疏于军务，导致军备荒废，叛军几乎没费吹灰之力就先后攻占东都洛阳、潼关，然后向长安逼来。

玄宗决定带领杨贵妃及诸大臣向蜀中逃跑。高力士作为玄宗的贴身太监，随驾一同前往。天宝十五年（756）六月，玄宗一行到达马嵬驿（在陕西兴平西）站，龙武将军陈玄礼率领近卫军杀死了杨国忠，又要求玄宗将杨贵妃处死。玄宗舍不得心爱的杨贵妃，可是士兵聚集不动，满脸杀气，形势非常紧迫。高力士知道，若不答应四军将士的请求，皇上的性命也难以保全。所以，高力士急促地说："贵妃确实无罪，可杨国忠已死，贵妃还在陛下身边，将士们怎能安心？"杨贵妃明白自己绝不可能逃脱这场劫难，她站起身对高力士说："告诉将士，我愿以死殉国！"玄宗泪落如雨，一时间沉默不语。士兵们聚集着，高力士为了避免危及皇上的性命，替玄宗传着口谕"皇上赐贵妃死"。众将军欢呼："皇上万岁！"

然后，杨贵妃在马嵬驿佛堂自缢而死，高力士将她的尸体抬到驿站的庭中，召陈玄礼等人进来察看。陈玄礼验尸无误后，传告了驿站外的将士。于是，将士们这才四散开来。马嵬事变，高力士调和矛盾功不可没。

十几天后，长安陷落了，玄宗一行正向蜀中逃命，老百姓遮道请留，玄宗不听，百姓又转请太子李亨留下。于是，玄宗继续西行，太子李亨则北上开始对安禄山进行反攻。

天宝十五年（756）七月，太子李亨在灵武（今宁夏灵武西南）登基，改元"至德"，是为肃宗，玄宗被称为太上皇。玄宗听说肃宗即位，非常高兴，不由对高力士说："我儿顺应天意民心，改元'至德'，真是没有辜负我的教导，我还有什么可忧愁的？"高力士却道："现在洛阳、长安两京都已经失守，黄河以南、汉江以北地区战火不断，百姓流离失所，天下人都痛心疾首。可陛下却认为没有什么可忧愁的，臣不敢听闻。"

至德二年（758）末，当唐军收复了两京后，太上皇由成都返回长安。路过马嵬驿时，触景生情，黯然神伤，祭拜了杨贵妃墓。太上皇喜欢兴庆宫，从四川返回长安后，太上皇就住在兴庆宫里。肃宗不时来问候他，他有时也到大明宫去看望肃宗。左龙武大将军陈玄礼、宦官高力士一直保卫、侍候着太上皇。

当时，肃宗宠信宦官李辅国。高力士原本是李辅国的老前辈，他的资历较李辅国要高得多。李辅国入宫为太监后一直身份低贱，虽然已经暴贵，但高力士并不尊敬他，因此李辅国心怀怨恨。他开始寻找机会打击高力士，以稳固自己的地位。

太上皇经常在兴庆宫的楼上徘徊观望，百姓经过这里，一看到太上皇，往往跪拜，并高呼"万岁"。太上皇常在楼下安排酒食招待客人，并在楼上宴请将军郭英义等人，还赏赐给他们许多东西。太上皇并没有夺回皇位的用意，但太上皇的行为却引起了肃宗的猜忌。由此，父子间的矛盾便尖锐起来了。

上元元年（760）七月，李辅国趁机劝肃宗把太上皇迁到与世隔绝的西内。李辅国的话正中肃宗下怀，便默许了。兴庆宫本来有三百匹马，李辅国假传圣旨把它们要走了，只留下十匹。太上皇对高力士说："我儿子听信了李辅国的阴谋，不能始终尽孝了。"刚好肃宗生病，李辅国即假说皇帝请太上皇到行宫中，太上皇到了睿武门，五百个射生官拦住了路。太上皇大吃一惊，几乎掉下马来，问他们要干什么，李辅国带着几十个全副武装的骑士飞马前来奏道："陛下觉得兴庆宫低矮狭小过于简陋，所以接您大驾回宫中。"高力士厉声说："这是五十年的太平天子，李辅国你想干什么？"喝令他下了马。李辅国丢了缰绳，骂高力士说："翁真不懂事！"斩了一个跟从高力士的人。高力士大声说："太上皇向将士们问好！"将士们把刀收起来高呼万岁。高力士又再说道："李辅国可以给太上皇牵马！"李辅国被迫拉着缰绳把太上皇送到西内，住在甘露殿，侍卫只有几十个人，都是衰老的。太上皇拉着高力士的手说："不是将军，朕将成为被兵杀死的鬼了。"

此事后，李辅国更加仇恨高力士，必欲除之而后快。不久，在李辅国的陷害下，肃宗把高力士流放巫州（今湖南黔阳）。当时，高力士正患疟疾病，他接到圣旨后对李辅国说："我早就该死了，只是因为圣上仁慈怜悯我，我才能活到今天。请您让我再去拜见一下太上皇，我就死而无恨了。"李辅国不准。高力士只能带着满腹的凄凉来到巫州。

巫州土地贫瘠，缺少粮食，高力士在

高力士墓志铭（部分）

此地苦度光阴。当地盛产荠菜，但当地老百姓都不食用，高力士触景生情，不由感慨地赋诗《咏荠》一首：

> 两京作斤卖，五溪无人采。
> 夷夏虽不同，气味终不改。

宝应元年（762）三月，高力士被赦免回京。一路上，高力士听别人谈起国家大事，才知道太上皇已经死了。高力士对太上皇忠心耿耿，一听此言，便向着北方号啕大哭，说："太上皇驾崩，我不能亲自攀扶梓宫，死有余恨。"后来吐血而死，卒年七十九岁。

高力士死后，唐代宗听说他曾因玄宗驾崩而悲痛过度，是咯血而死，深受感动。念其服侍玄宗有功，便下诏恢复了高力士的原有官职，还追赠为广州都督，并遵照唐玄宗的遗诏，让其陪葬泰陵，并由宫中出面为其操办了大型的丧礼。高力士的墓也因此成为唐玄宗泰陵唯一的陪葬墓，位于陕西省蒲城县保南乡山西村。

御史中丞张巡

张巡（709～757），唐朝忠臣。邓州南阳（今属河南）人。进士出身，历任真源令、主客郎中、御史中丞等职。在被安史叛军俘获后，誓死不降，被杀。张巡博览群书，崇尚气节，通晓战法，善于领兵。"安史之乱"中，张巡以不及万人之众，顽强坚守孤城，先后歼敌达十余万，阻止了叛军南进江淮，保障了唐朝的钱粮来源，在唐朝平定"安史之乱"的战争中起了重要作用。

张　巡

一、受命危难　数败叛军

张巡自幼好学，博览群书，十分向往古人坚贞不屈的气节。他还爱好阅读军事书籍，记住了不少行军作战的兵法。他的志向远大，不拘小节，所结交的朋友都是俊才、长者，不与庸俗之人为伍，因此，许多凡夫俗子认为他深不可测。

开元末年（741），张巡进士及第，初仕为太子通事舍人。当时，其兄张晓任监察御史，兄弟二人皆以文才扬名，称颂一时。

天宝中期（约 746～750），张巡调任清河（今河北清河西北）令。张巡乐善好施，常扶危济困，在任期间由于公正廉明，体恤民情，不仅政绩出众，而且深受百姓爱戴。

张巡在清河任职期满后回到长安，当时宰相杨国忠执掌朝政，权倾朝野。有人劝张巡去依附杨国忠，为自己谋个好官。但被张巡谢绝了，他认为杨国忠专权行事，不可在朝为官。不久，他调任真源（今安徽亳州西）令。真源地处中原，豪强地主众多，他们与官府相互勾结，为非作歹。当地豪强华南金最为横暴，张巡到任后，将他依法处决，赦其党羽，恩威并施。从此，真源人人向善，百姓得以安居乐业。

张巡记忆力惊人，他的部下有一个叫于嵩的人，喜欢读书。有一段时间，于嵩反复阅读《汉书》，张巡看见了，便问："你为什么老是读这一部书？"于嵩回答："还没读熟呢。"张巡说："我读一部书不超过三遍，终生不会忘掉。"于是背诵起于嵩正读的那卷《汉书》，直到背诵完整卷，也没错一个字。于嵩很惊讶，以为张巡碰巧熟读过这一卷，于是随意抽出其他各卷来测试，无不都是这样。于嵩又从书架上抽出另外一些书，试着拿来考问张巡，张巡无不随问随诵，毫不迟疑。于嵩跟随张巡很长时间，也没有见过他经常读书。张巡写文章时，都是拿起纸笔就写，不曾打过草稿。

刚开始驻守睢阳时，张巡部下的士兵差不多有上万人，城里的居民也有几万人，张巡只要见他们一面，问过姓名，以后再碰见便能叫出对方的名字。

天宝十四载（755），范阳节度使安禄山起兵反叛。叛军首领张通晤率叛军攻入河南，连续攻陷宋（今河南睢阳）、曹（今山东省曹县）等州，谯郡太守杨万石降敌，强令张巡为长史，命他到西边迎接叛军。

天宝十五年（756）二月，单父（今山东单县）尉贾贲率吏民南克睢阳，斩张通晤。当时雍丘（今河南杞县）令令狐潮想以城投降叛军，率军东击，于襄邑（今河南睢县）击败了淮阳（今河南淮阳）救兵。令狐潮将俘获的一百多人反绑起来，押至雍丘，准备处死。恰值令狐潮出城办事，淮阳士兵乘机解开绳索，杀死看守关上城门，不让令狐潮回城。令狐潮只得丢下妻儿逃走。随后淮阳士兵迎贾贲入城，贾贲进据雍丘，拥有部众两千多人。

西迎叛军的张巡行至真源后，率属部哭祭皇帝祖祠，宣布起兵讨叛。吏民中愿意相随者达数千人，张巡从中选取出精兵一千人西去雍丘，与贾贲会合。贾贲、张巡入雍丘后，首先杀令狐潮妻子，然后共同守城。吴王李祗闻讯后，即授贾贲为监察御史。令狐潮为报杀妻儿之仇，于二月十六日率精兵攻打雍丘，贾贲出击，战败而死。张巡率众力战，击退叛军，因作战勇敢，赢得了军民的信任，被奉为主帅。张巡遂兼领贾贲之众继续守城。

在洛阳失守后，唐朝廷迅速调集和组织兵力，在洛阳南、北两个方向抗击安军。在河北有常山（今河北正定）太守颜杲卿、平原（今山东陵县）太守颜真卿、东平太守吴王李祗、济南太守李随、饶阳（治今河北深州西南）太守卢全诚等，皆以兵讨安禄山，阻击和牵制了叛军，使其不能西进。此时唐军逐渐形成了两大战场：一是牵制叛军西进的作战；二是阻截叛军南下江淮的作战。江淮地区是唐朝的财赋供应之地，一旦被叛军攻占，后果不堪设想。而雍丘则是从洛阳通往江淮地区的要道，有着极为重要的战略意义，所以当叛军初次攻打雍丘失败后，并不就此甘心，准备再次攻打雍丘，一场大仗已是不可避免。

三月二日，令狐潮又与叛将李怀仙、杨朝宗、谢元同等率兵四万余人争夺雍丘。城中军民大为恐慌，皆无守城的信心。张巡经过冷静思考，认真分析敌情后，做出一个大胆的决定。他对诸将说："贼兵精锐，知道城中空虚，有轻视我军之心。如今我们出其不意，突然袭击，敌军必然惊慌溃败。我们再乘胜进攻，必败敌军，然后城便可守住了。"诸将听后皆表示同意。张巡立即派一千人登城防守，自率千人，分成数队，突然打开城门直冲叛军阵营。叛军刚到，还立足未稳，遂惊骇后撤。第二天，叛军再次攻城，环城安置百门石炮轰击，城楼及城上女墙全被毁坏。张巡在城上立木栅，挡住叛军进攻。叛军黔驴技穷，只好采取强攻，纷纷攀登城墙。张巡用蒿草束灌上油脂，焚而投之，叛军被烧得焦头烂额，无法登城。张巡有时瞧准叛军松懈，突然出兵袭击；有时趁夜深人静，偷袭敌营。如此坚守六十多天，经过大小三百多场战斗，带甲而食，裹伤再战，终于将叛军击退，并乘势追击，歼灭敌兵两千多人，几乎活捉令狐潮。

五月中旬，令狐潮再次领兵围攻雍丘。令狐潮过去与张巡相识，他亲至城下，想劝张巡投降。令狐潮说："本朝已经极其危险，兵不敢出潼关，天下大势已去。足下以疲惫不堪之兵守卫危城，忠义无人赏识，何不投降以求富贵？"张巡断然拒绝，并借此机会羞辱令狐潮："古代人即使父亲被君子所杀，出于大义也不报仇。你却衔杀妻儿之怨，借助叛贼之力前来报仇，我看见你的头颅挂在大道上，为百世所笑。"令狐潮听后，羞惭而退。

弈棋仕女图

此时，唐将哥舒翰固守潼关，使叛军无法前进；郭子仪与李光弼在河北接连大败叛军史思明部，切断了叛军前线与范阳老巢之间的交通线；叛军东进、南下又被张巡阻于雍丘。安禄山前进不得，后方又受到威胁，军心动摇，打算放弃洛阳撤回范阳。战争形势出现了有利于唐军的转机。但此时唐玄宗却过高估计战局的好转，于六月强令哥舒翰出兵决战，结果唐军大败，潼关防线彻底瓦解，平叛形势随即急转直下。潼关陷落几天之后，唐玄宗带着皇族亲贵，仓皇逃往蜀中。长安被安禄山占领。李光弼正围困史思明于博陵（今河北定州），并准备着挥师北上直捣范阳，忽闻潼关失守，只好解围南退，与郭子仪一起退入井陉（今河北获鹿西南）。七月，李亨在灵武（今宁夏灵武西南）即帝位，是为唐肃宗，改元至德，尊玄宗为太上皇。

此时令狐潮围攻张巡于雍丘已四十多日，与朝廷已断绝联系。当令狐潮得知长安已经失守，玄宗已逃往西蜀时，便写信给张巡，再次进行劝降。

张巡手下有六名将士，见众寡悬殊，劝张巡不如出降。张巡表面上答应了他们。第二天，张巡将唐玄宗的画像挂在堂上，率众将士朝拜，然后押出六将，斩首示众，军容顿整。

二、以计赚箭　以少胜多

当时，令狐潮给叛军筹集粮食、盐，用数百艘船运到雍丘附近。张巡得知这一情况，乘夜出兵城南，鸣鼓进击。令狐潮率大军前来迎战，而张巡却另派一部分善战兵士悄悄进到河边，夺获叛军的粮食、盐千斛，其余运不走的便全部烧毁，然后返回城中。第二天天亮后，令狐潮率众攻城，设置楼台百座。张巡在城头上堆满树枝，上面浇上油脂，用火点着，叛军不敢靠近。张巡的兵士趁机放箭，射杀敌兵。相持几个月后，经历了上百次的战斗，城中的箭已经消耗殆尽。张巡命将士扎了一千多个草人，披上黑衣，于夜间用绳子吊向城下，叛军辨认不清，以为守军出击，万箭齐发，过了很长时间才发现上当，但为时已晚。张巡收回草人，得箭数万支。此后，张巡又放下草人，叛军不予理睬。张巡于是将计就计，在一天夜晚，精选壮士五百人，乘夜从城上吊下。叛军以为又是草人，还嘲笑张巡的愚笨。五百壮士趁机杀人敌营，大破敌军，烧了敌兵营帐，追杀十余里。

令狐潮接连中计，恼羞成怒，继续增加兵力围城。张巡让郎将雷万春在城头上与令狐潮对话，叛军乘机用弩机射雷万春。雷万春脸上虽被射中了六处，仍旧岿然挺立不动。令狐潮怀疑是木头人，就派兵去侦察，得知确实是雷万春，十分惊异，远远地对张巡说："刚才看见雷将军，方知足下军令之严，然而又怎能拗得过天道！"张巡回答说："君未识人伦之道，又怎能知天道！"

雍丘被围日久，柴火、饮水渐竭，张巡便欺诈叛军说准备撤走，将雍丘城拱手让与叛军，要求令狐潮撤回二舍（一舍为三十里）。令狐潮不知是计，于是引兵后撤。张巡带军民出城四十里，拆屋取木，返回城中，加强守卫。令狐潮见状，又带军围城，指责张巡言而无信。张巡在城上对令狐潮说："你要想得到这座城，必须先送三十匹马，得到马后我便出城降你。"令狐潮果然送来战马三十匹。张巡得到马后，全部分给自己手下的几十名骁将，并下令给他们说："明日叛军来时，你们突然出击，以迅雷不及掩耳之势，冲杀敌阵，每人要擒获敌将一名。"

第二天，令狐潮责问张巡为何还不出城，张巡说："我想撤走，可是将士不听命令，你说该怎么办？"令狐潮一听，知道自己又上当了，列阵准备攻城。阵还未布好，张巡的三十名骑将突然杀出，冲入敌军之中，生擒敌将十四人，斩杀一百多人，缴获器械牛马数百，返回城中。令狐潮无奈，只好引军退到陈留，不再应战。

不久，叛军步、骑兵七千多人进驻白沙涡，张巡夜间率兵袭击，大败叛军。张巡回军到桃陵（今河南汜水东南十里）时，又与四百多名叛军的救兵相遇，将其全部俘获。张巡把被俘的叛军分开，将其中的妫州（治怀柔东南，今属北京）、檀州（治密云，今属北京）兵以及胡人全部杀掉；将荥阳、陈留的胁从兵予以遣散，令他们各归其业。十日之间，陈留的胁从兵脱离叛军来归附张巡的达一万余户。

七月，令狐潮率部将瞿伯玉再攻雍丘。令狐潮包围城池达四个月之久，兵力常达数万，而张巡只有千余人，但每战皆获得一定胜利。由此张巡远近闻名，河南节度使虢王李巨，正驻守彭城（今江苏徐州），听到张巡的事迹后，任命他为先锋使。

雍丘之战，张巡在敌众我寡的形势下，据守孤城，以忠义激励将士，临机应敌，智谋超群，因而取得了防守雍丘的胜利，阻止了叛军南下的企图。

　　此后的一段时间，张巡又多次打败了叛军。八月，安禄山的河南节度使李庭望，亲率大军两万进攻雍丘，距城东三十里安营，以断张巡之后。张巡率精兵三千出击，大破叛军，斩杀大半。李庭望收军连夜逃走。十月初四，令狐潮又率领步、骑兵万余人进攻雍丘。张巡领兵出击，再次大败叛军，斩杀数千人，叛军败逃而去。十二月，令狐潮率兵万余人扎营于雍丘城北，张巡领兵出击，又大败叛军，叛军逃走。

　　令狐潮、李廷望率兵数万攻雍丘（今河南杞县），不仅数月未能攻下，反而连续战败，遂不敢轻易围攻雍丘。无奈之下，叛军只得在十二月时在雍丘以北设置杞州，筑城断绝雍丘的粮食援助，以逼张巡。鲁郡（今山东兖州）、东平（今山东东平西北）、济阴（今山东定陶西南）均被叛军攻陷。河南节度使虢王李巨领兵东走临淮。叛将杨朝宗率兵两万，准备袭击宁陵（今河南宁陵东南），以切断张巡后路。在这种情况下，雍丘已不可守。张巡遂主动放弃雍丘，率马三百匹、兵三千人转守宁陵，与睢阳太守许远、城父令姚訚等合兵。当天，杨朝宗率兵进至宁陵城西北后，张巡、许远派部将雷万春、南霁云领兵迎战。经过一昼夜激烈厮杀，大败杨朝宗部，杀叛将二十员，斩首万余级，死尸塞满汴水，河水为之不流。杨朝宗收集残部，连夜逃去。

　　唐肃宗下敕书任命张巡为河南节度副使，指挥江淮方面的作战。张巡认为部下将士有功，派遣使者向虢王李巨请求给予空名的委任状以及赏赐物品，而虢王李巨只给了折冲都尉与果毅都尉的委任状三十通，没有给予赏赐的物品。张巡写信责备李巨："宗庙社稷尚很危险，您怎能吝惜赏赐？"李巨竟没有回信。

三、足智多谋　随机应变

　　至德二年（757），安禄山被刺死，他的儿子安庆绪派遣部将尹子奇率同罗、突厥等部落军队，与杨朝宗会合，共十万余兵马，猛扑睢阳。

　　正月二十五日，尹子奇率妫、檀二州及同罗、突厥、奚等兵，与杨朝宗会合，共十三万大军进攻睢阳。睢阳太守许远闻讯，急忙向张巡告急。张巡率军三千多自宁陵入睢阳，与许远合兵共六千八百人，在全城人民的支持下，与叛军展开激战。叛军全力攻城，张巡亲自督战，勉励将士，与叛军昼夜苦战，有时一天之内打退叛军二十多次进攻，连续战斗十六个昼夜，共俘获叛军将领六十多人，杀死士卒两万余人，守军士气大增。许远见张巡智勇兼备，便对他说："我许远懦弱，不善于领兵，公智勇兼济；我请求为公守城，请公为我出战。"于是，二人作了分工：许远负责调军粮、修战具等后勤保障工作；张巡全面负责军事指挥。从此二人密切配合，肝胆相照，结下了生死之交。当时许远部将李滔救援东平，降于叛军，还暗中与大将田秀荣勾结。许远知道后，将此事告诉张巡，张巡将田秀荣召至城上，斩首示众。在守军的顽强抵抗下，叛军屡次攻城不下，只好乘夜退去。张巡率士兵连败尹子奇，获车马牛羊甚多，全部分给将士，自己丝毫不要。唐肃宗下诏拜张巡为御史中丞、许远为侍御史。

敌将尹子奇探听到张巡准备出兵袭击陈留，于是又兵围睢阳。张巡虽然兵少，但他不依古法，临危应变，足智多谋，屡获胜利。在一个没有月亮的夜晚，张巡鸣鼓整队，作出准备出击的样子，敌军见状严加警备，列阵待战。一会儿，城上鼓停，敌兵见城中士兵卸甲休息，于是放松警惕，张巡这时却令骁将南霁云带兵出城突袭，斩将拔旗，得胜而回。

叛军中有一胡人酋长披甲，率领胡兵千骑准备招降张巡。张巡暗中将数十名勇士埋伏在护城壕中，并配以钩、陌刀、强弩等兵器，约好："听到鼓声便出击。"胡人恃其兵多，未加防备。当胡人行至墙下时，城上鼓声忽然响起，数十名勇士突然杀出，将其全部擒获。后面的叛军不知前面的胡人因何出事，想要救人，但都被强弩射退，无法前行。过了一会儿，藏在护城壕中的勇士顺城墙爬回女墙，叛军这才知道其中的原由，大为惊愕，从此按兵不动。

张巡想射杀叛军主将尹子奇，苦于不认识他而无法射击，于是命士兵用芦秆为箭，射入敌营；敌兵以为城中箭支用尽，高兴地报告了尹子奇。尹子奇亲率部队出击，南霁云认准尹子奇，弯弓搭箭，一箭射中尹子奇的左眼。尹子奇疼痛难忍，伏在马鞍上落荒逃走，张巡乘势从城中杀出，敌兵大败而退。

（唐）颜真卿《祭侄文稿》

当时，睢阳城中有粮食六万斛，因围困解除，虢王李巨征调三万斛转给濮阳、济阴（今山东定陶）。许远派人前去说明，不同意调出粮食，李巨不听。济阴守将得到粮食后就投降了尹子奇。

七月六日，尹子奇又调兵数万，围攻睢阳。张巡积极准备守城的战具抵御叛军。叛军制作云梯，高大如半个彩虹，上面安置了两百名精兵，推至城下，想由此跳入城中。张巡事先在城墙上凿了三个洞穴，等待云梯快临近时，从一穴中伸出一根大木，头上设置铁钩，钩住云梯使其无法后退，另一穴中出一根木头，顶住云梯使其无法前进；其余一穴中出一大木，头上安置了一个铁笼，笼中装着火，焚烧云梯。结果云梯从中间被烧断，梯上的叛军全部被烧死。叛军又用钩车钩城头上的敌楼，钩车所到之处，敌楼纷纷崩陷。张巡在大木头上安置了链锁，锁头装置大环，套住叛军的钩车头，然后用皮车钩入城中，截去车上的钩头，然后把车放掉。叛军又制作木驴来攻城，张巡就熔化铁水浇灌木驴，木驴当即被销毁。叛军最后在城西北角堆积柴草做成蹬道，想借此登城。张巡白天不与叛军交战，一到夜晚，就派人暗中把松明干蒿等易燃物投进正在堆积的阶道中，叛军却毫无察觉。十多天后，张巡率军出城大战，并使人顺风放火烧其蹬道，叛军无法救火，大火经过二十多日方灭。张巡指挥作战，都是随机应变，叛军无计可施，皆为其智勇所慑服，不敢再来进攻，于是在城外挖了三道壕堑，并置立木栅围困睢阳，张巡也在城内挖了壕沟以对抗敌人。

张巡在守睢阳期间，曾作《守睢阳作》一诗：

> 接战春来苦，孤城日渐危。合围侔月晕，分守若鱼丽。
> 屡厌黄尘起，时将白羽挥。裹疮犹出阵，饮血更登陴。
> 忠信应难敌，坚贞谅不移。无人报天子，心计欲何施。

八月，睢阳守军死伤之余，士卒已锐减到六百人。张巡与许远把全城分为两部分，亲自率兵固守，张巡守东北，许远守西南。二人与士卒同甘共苦，昼夜守备不懈。对于攻城的叛军，张巡还对他们晓以大义，结果叛军中有两百多人先后倒戈。当时叛将李怀忠在城下巡逻，张巡问他："君事奉安禄山有多长时间？"李怀忠答："两个月。"张巡又问："君的祖父、父亲做官吗？"李怀忠答："是。"张巡又问："君家世代为官，食唐天子粟，为何降贼前来攻打我？"李怀忠答："我过去为将，数次死战，竟为贼所败，这大概是天意吧。"张巡又问："自古悖逆终将灭亡，一旦平定叛军，君父母妻子都要被诛杀，你又怎么忍心见此？"李怀忠闻听此言，掩面流泪而去，随即率数十人投降张巡。

四、粮尽城破　宁死不降

不久，城中粮尽，只好吃树皮，兵士多数病亡，只剩下几百弱卒。张巡不得已，派南霁云等深夜垂绳下城，突围而出，寻求援助。

这时，许叔冀在谯郡（今安徽亳县），尚衡在彭城（今江苏徐州），俱不肯出援。南霁云又转投临淮（今安徽泗县东南），求救于御史大夫、代任河南节度使贺兰进明。贺兰进明嫉妒张巡、许远的名声威望和功劳业绩超过自己，也不肯出兵援助。但他见南霁云英武勇健，想把他留下来，于是盛设宴席、旁列十多个美貌的倡优招待南霁云。南霁云见此情景，知道他不肯出兵相救，遂泪如雨下，哭着说道："我南霁云来的时候，睢阳被敌围困已经半年，城中的粮食已经吃尽一个月了。我即使想一个人在此吃酒肉，道义上也不忍心这样做，因此难以下咽这些酒肉。你们不顾唇亡齿寒之理，使我南霁云不能尽职于主帅，我今天割下一指留于此，日后再和你们理会。"于是，他抽出随身佩带的刀砍断一个手指，鲜血淋漓。贺兰进明等人都非常震惊，有些人被感动得掉下泪来。

南霁云飞驰离去。快要出城时，抽出一支箭射向佛寺的高塔，箭射中塔砖，有一半箭头穿进砖里。他说："我这次回去，如果打败了叛军，一定回来灭掉贺兰！这一箭作为我报仇的记号！"南霁云愤然离开后，到宁陵，收罗了廉坦兵三千，破围入城。

叛军因南霁云突围外出，日夜加以提防，南霁云拼死冲突，杀开一条血路，只带着近千人进入睢阳城，其余都战死敌阵中。敌军知道睢阳没有了援兵，加紧攻城。至十月时，睢阳粮尽援绝，只好吃树皮。树皮吃光后，被迫宰食马匹。马尽，便掘鼠罗雀，但这仍然无法满足每日所需。在这种情况下，终于发展到食人的悲惨境地。为了保证将士的战斗力，张巡将自己的爱妾带到众人面前，对大家说："诸公为国家尽力守城，一心无二，经年乏食，忠义不衰。我张巡不能自割肌肤给将士吃，岂能吝惜此妇，坐视将士饥饿。"于是他将爱妾杀死，煮熟后犒赏将士。将士见后，无不哭泣，张巡强令大家吃下。不久，许远也将自己的奴僮杀死，用来充饥。随后将城中妇女捆束起来杀死，用来充饥，吃完妇女，又将老幼男子用来充饥。至城破之日，所食人口达两三万。百姓也知城破必死，所以无人相叛，最后只剩下四百多人。

在这种情况下，众将士主张突围东奔，张巡说："睢阳为江淮的屏障，若是弃城他去，敌军必然乘胜南下，江淮必亡；况且，我们现在只剩下一些饿饿、衰弱之士，难以杀出，我想出城也是死路一条，不如与城共存亡。"许远也赞成张巡的建议，于是又固守数日。

每次与敌作战时，张巡都气冲斗牛，瞋目出血，咬碎钢牙。城快陷落时，张巡向着京城长安所在的方向叩拜，说："我现在坚守孤城，敌众我寡，不能阻止贼寇，但即使我死后做了鬼，也要与贼寇拼死到底。"

十月九日，睢阳城被叛军攻陷。张巡、许远、南霁云等均被敌兵生擒。当时，张巡等几十个人被叛军捆绑着，坐在那里，不知什么时候被杀。张巡起身小便，部下看到他站起来，有的也站起来，有的悲伤流泪。张巡见此，便安慰他们说："你们别害怕，人生在世，终究难免一死。"部下都悲伤痛哭，不能抬起头来仰视他。

叛军首领尹子奇见到张巡后说："我听说你每次出战，目裂齿碎，因何而至于这样呢？"张巡回答："我想要气吞敌寇，可惜力不从心。"尹子奇用大刀划开张巡的嘴唇，只见张巡的牙齿只剩下三分之一。张巡怒骂尹子奇："我为国家而死，你依附叛贼，不过是猪狗罢了，岂能长久？"尹子奇佩服张巡的气节，有意释放他。这时，其部下说："他是守大义之人，终究不肯为我所用。而且他深得众心，不可留下他。"尹子奇威逼张巡投降，张巡坚决

张 巡 墓

不肯；随即叛军又威逼南霁云投降，南霁云没有回答。张巡见此，便对南霁云呼喊道："南八（南霁云排行第八），大丈夫一死罢了，不能屈从于不义之人！"南霁云笑着回答说："我原来想假意投降，然后再有所作为。现在您说这话，我敢不死吗？"于是，他也没有投降。

不久，张巡等人均被斩杀。张巡被杀时，脸色不变，如同平常一样满不在乎，时年四十九岁。

睢阳之战，张巡临敌应变，出奇制胜，面对强敌，坚守长达十个月之久，历大小四百多场战斗，斩杀敌将三百名，歼灭叛军十二万人。加上此前的雍丘之战，共计二十一个月之久，使得唐朝财赋供应基地江淮地区得以保全，并为唐军组织反攻赢得了时间。

在此之前，唐宰相兼河南节度使张镐得知睢阳危急，昼夜兼程，并命浙东节度使李希言、浙西节度使袭礼、淮南节度使高适、青州节度使邓景山及谯郡太守闾丘晓等共同出兵救援。闾丘晓距离最近，竟不遵命出兵，等张镐赶到睢阳时，城破已三日了。张镐一怒之下，召闾丘晓至，将其毙于杖下。十天后，唐军组织战略反攻，一举收复长安。

张巡死后，唐肃宗下诏，赠张巡为扬州大都督、荆州大都督；南霁云开府仪同三司，再赠扬州大都督；并重用其子孙，张巡子张亚夫拜金吾大将军；同时还免除了睢阳、雍丘的三年徭税。唐肃宗还诏封张巡为邓国公，史称张中丞。贞元（785～805）中，赠张巡之妻为申国夫人，赐帛。大中（847～859）年间，还将张巡、许远、南霁云三人的画像置于凌烟阁。

张巡的事迹一直为后人颂扬，为纪念张巡，后人在睢阳、杞县、南阳等地为他建立祠庙，并把他与张衡、张仲景誉为"南阳三张"。至今，江淮、台湾、东南亚等地居民仍供奉张巡像，尊他为"唐代岳飞"、"张王爷"。

常山太守颜杲卿

颜杲卿（692～756），唐朝忠臣。字昕，祖籍琅邪临沂（今山东临沂），后迁居京兆万年（今陕西西安）。五代祖颜之推，任北齐黄门侍郎；曾伯祖颜师古，唐太宗时任秘书监；祖父颜甫，任唐太宗之子曹王李明侍读；父颜元孙，任亳州刺史。颜杲卿历任参军、判官、常山太守、卫尉卿、御史大夫等职，追赠太子太保。谥号"忠节"。他出身名门，性格刚正，聪明干练。安禄山叛乱，应其堂弟平原太守颜真卿之约，联合起兵截断安禄山的退路，并设计杀死几名叛将。后常山被叛军攻破，他被俘后遭杀害。

一、暗中起兵　计杀叛将

颜杲卿因先世有功德而调任遂州司法参军。他性格刚正，处理公务十分干练。开元中期（723～730），颜杲卿与其兄颜春卿、弟弟颜曜卿一起因书判成绩优异，受到吏部侍郎席豫的赞赏。不久，颜杲卿因政绩考核为上等迁任范阳（治今北京西南）户曹参军。范阳节度使安禄山听说他的名声，有意拉拢他，上表推荐他为营田判官，代理常山（今河北正定）太守。当时，安禄山兼任河北、河东采访使，常山在其辖境内。

天宝十四载（755），安禄山反叛，叛军到达常山时，由于无力抵挡叛军进攻，颜杲卿和长史袁履谦只好归顺叛军。安禄山赐给颜杲卿紫袍、袁履谦红袍，命令他们和自己的养子李钦凑领兵七千人驻守土门。等安禄山离去后，颜杲卿指着安禄山所赐的衣服对袁履谦说："我和你为什么要穿这些衣服？"袁履谦明白他的意思，于是和真定县令贾深、内丘县令张通幽商定对付叛贼的计策。颜杲卿借口生病不再处理事务，让儿子颜泉明往返各地，与贾深、张通幽计议。他暗中结交太原尹王承业做内应，又派平卢节度副使贾循夺取幽州。不料，贾循行事不密，计划泄露。安禄山杀掉贾循，派向润客、牛廷玠镇守幽州。颜杲卿表面上不管事，把政事委托给袁履谦，暗中召集平民权涣、郭仲邕制定对策。

当时，颜杲卿的堂弟颜真卿为平原（治今山东平原）太守，预先就料到安禄山将要叛逆，暗中收养敢死之士为御敌守城做准备。颜真卿派遣外甥卢逖到常山约颜杲卿一起起兵，以切断叛军的北去之路。颜杲卿十分高兴，认为军队形成掎角之势可以抑制叛军西进的锋芒。于是，他谎称叛军首领的命令召集李钦凑前来议事。李钦凑连夜从土门赶来，颜杲卿推托夜里不能打开城门，让他住宿在驿站中；又派袁履谦和参军冯虔、郡豪翟万德等数人设酒宴慰劳他，待他喝醉后，把他杀了，割下他的头，同时还杀掉他的部将潘惟慎，并全歼他所带叛军，把尸体投入滹沱河中。袁履谦拿着李钦凑的头给颜杲卿看，大家都喜极而泣。

在此以前，安禄山派部将高邈到范阳招募兵马还没有返回，颜杲卿命令藁城县尉崔安石设法对付高邈。高邈来到满城，冯虔、翟万德都已在驿站聚集等候着，崔安石用已备下酒宴的话骗高邈，高邈下马后，冯虔喝令胥吏捆住他。而叛将何千年也从赵地来到，冯虔也拘捕了他。然后，将高邈、何千年押解回到常山。

二、苦战叛军　不降被杀

颜杲卿派翟万德、贾深、张通幽传示李钦凑的头，给高邈、何千年带上刑具送往京城，并让颜泉明与他们同行。到了太原后，河东节度使王承业想把这一切当作自己的功劳，赠送优厚的礼物打发颜泉明返回，暗中命令壮士翟乔去杀掉颜泉明，还诋毁颜杲卿。翟乔觉得不公平，不忍心杀死颜泉明，就如实告诉了颜泉明，颜泉明才免于一死。王承业上表玄宗，以杀贼为己功。玄宗提升王承业为大将军，押送高邈、何千年的官吏都受到赏赐。不久，事情的真相便显露出来，于是玄宗下令拜授颜杲卿为卫尉卿兼御史中丞，袁履谦为常山太守，贾深为司马。

颜杲卿随即传檄文到河北，河北十七郡都望风归顺唐朝。颜杲卿汇集众兵，声称二十万官军已进入土门，派部将郭仲邕率领一百名骑兵做先锋，驰奔向南，拖着柴草扬起灰尘，望见的人都说大军来了。到中午时，消息已传遍数百里。叛将张献诚正围攻饶阳，闻讯后弃甲而逃。于是赵、钜鹿、广平、河间的军民都杀掉伪刺史，传示首级到常山。而乐安、博陵、上谷、文安、信都、魏、邺诸郡都加强了防守。颜杲卿兄弟的兵势因此大振。

天宝十五载（756）正月，安禄山到了陕州（今河南三门峡），听到后方起兵的消息，非常恐惧，派部将史思明等率平卢兵渡过黄河攻打常山，叛将蔡希德也从怀州来会师。颜杲卿还没布置好守备事宜，叛军就赶到了，开始猛烈攻城。城内兵少，不够防守之用，颜杲卿就向河东节度使王承业求救，王承业以前曾侵夺过杀贼之功，后被识破，对颜杲卿怀恨在心，因此，他不肯出兵救援。

颜杲卿指挥大军昼夜苦战，井水枯竭，粮食、箭矢都用光了，六天后城池陷落，和袁履谦一同被叛军抓住。叛军胁迫他投降，他不答

颜杲卿

应。叛军拘捕了颜杲卿最小的儿子颜季明，把刀放在他的脖子上说："你如果投降，就让你儿子活命。"颜杲卿不回答，于是，颜季明和卢逖一起被杀死。

颜杲卿被送到了洛阳，安禄山生气地说："我举荐你任太守，我有什么事亏待你了，你却要背叛我？"颜杲卿瞪着眼骂道："你本是营州放羊的羯奴而已，窃得皇上的恩宠，皇上有什么事亏待了你，你却反叛呢？我家世代为唐臣，坚守忠义，我痛恨不能杀掉你去报答皇上，怎能跟着你反叛呢？"安禄山怒不可遏，把他捆在天津桥柱上，将他肢解后，又拿他的肉来吃。行刑过程中，颜杲卿不停地骂着叛贼，叛贼割断他的舌头，说："还能骂吗？"颜杲卿声音含混而气绝身亡，时年六十五岁。袁履谦被砍断手足后，适逢何千年的弟弟在身旁，就含血吐到他脸上，叛贼又把袁履谦剁碎了，看见这一情形的人都落泪而泣。颜杲卿的宗族近属都被杀害。颜杲卿被俘虏后，河北诸郡又被叛贼把持。

颜杲卿被杀后，他的头被拿到街上示众，没有人敢收留。有个叫张凑的人，得到颜杲卿的头发，拿着它去进见玄宗。当天夜里，玄宗就梦见颜杲卿，醒来以后，为他举行祭祀。后来张凑把头发归还给颜杲卿的妻子，其妻怀疑它是否真实，结果，头发无缘无故就像动了一样，其妻便不再怀疑。前面提到，颜泉明被王承业打发回去后，还没走到常山，常山就已陷落，所以他客居在寿阳。后来颜泉明购求颜杲卿的尸体准备埋葬。从行刑者的话中得知，颜杲卿死时已先被砍断一只脚，和袁履谦埋在同一个坑中。行刑者指示埋尸体的地方并从那里找到了尸体。于是埋葬在长安凤栖原。颜季明、卢逖也同埋在一个墓地中。

奸臣·逆臣·酷吏

唐玄宗晚年被太平盛世的景象冲昏了头脑，贪图享乐，宠信迎合自己心意的奸臣。李林甫、杨国忠都是唐代臭名昭著的奸相。李林甫口蜜腹剑，妒贤嫉能；杨国忠专擅朝政，徇私舞弊。因为李林甫大兴冤狱，酷吏也得以大行其道。吉温是其中的代表，他滥施酷刑，犯人常被屈打成招，使忠良被排挤一空。安禄山、史思明是唐朝典型的逆臣，造成了长达八年的"安史之乱"。

中书令李林甫

李林甫

李林甫（? ～752），唐玄宗时著名奸相。小名哥奴，出身皇族。父李思海，曾任扬府参军；母姜氏，楚国公姜皎的姐妹。李林甫初为千牛直长（宫廷侍卫），后迁太子中允，历官御史中丞，刑部、吏部侍郎。因谄附玄宗宠妃武惠妃，被选为黄门侍郎。开元二十二年（734）拜礼部尚书、同中书门下三品。后又任中书令。他收买嫔妃宦官，探得玄宗动静，迎合旨意，因而获得信任，执掌大权。他为人阴险刻忌，对于才名高和受玄宗重视的官员，必设法排斥，表面上甜言蜜语，背后却阴谋暗害，时人称他"口有蜜，腹有剑"。他在相位十九年，以精明而阴险的行政手段和工于权术闻名，成为中国历史上有名的奸相。唐玄宗晚年政治腐败，他有着不可推卸的责任。

一、巧于投机　刻意钻营

李林甫是唐高祖李渊的堂弟、长平王李叔良的曾孙，父亲李思海曾任扬府参军，楚国公姜皎是其舅父。李林甫从小不学无术，不务正业，纯粹是个只知道斗鸡耍狗的浪荡公子，但其舅父姜皎对他非常宠爱，让他当了千牛直长的小官。开元初年，李林甫又升为太子中允的官职。

当时，身为侍中的源乾曜是李林甫的亲戚，于是李林甫便要求他赐自己做司门郎中。原本就瞧不起他的源乾曜说："做郎官要有才能和名望，不是一般人能够胜任的，哥奴哪有做郎官的条件？"遂任他为谕德，继而又升为国子司业。开元十四年（726），宇文融为御中中丞，他与李林甫交好，便大力推荐李林甫，因此李林甫被升为御史中丞，后来又当过刑部侍郎和吏部侍郎。

这时，唐玄宗最宠爱的妃子是武惠妃，其儿子寿王李瑁和感王李琦也特受唐玄宗宠信，而太子李瑛却被唐玄宗日渐疏远。李林甫发觉这些微妙之处后，觉得这是个有利可图的好时机，便开始献媚于武惠妃，并表示要拥立寿王李瑁为太子。武惠妃听了李林甫的甜言蜜语后，非常感激，处处暗中帮助李林甫。

李林甫还巴结侍中裴光庭的夫人（武则天的侄子武三思的女儿），与之私相往来，以至于开元二十一年（733）裴光庭去世后，裴光庭的夫人便请求宦官高力士举荐李林甫当侍中。这时，唐玄宗已决定用韩休为宰相，高力士就将这个消息泄露给了武氏，李林甫从武氏处得到韩休将被重用的消息后，立即向韩休献殷勤。韩休担任宰相后，在唐玄宗面前竭力推荐李林甫。没过多久，李林甫就被迁升为黄门侍郎。

开元二十三年（735）五月，李林甫被提升为礼部尚书、同中书门下三品，并加赐银青光禄大夫，正式登上了相位。同时为相的是侍中裴耀卿和中书令张九龄。在唐玄宗欲任李林甫为相时，曾征求过张九龄的意见，张九龄对唐玄宗说："宰相的职位关系到社稷安危，陛下用他为相，将来恐怕会危及国家。"可是，唐玄宗没有听张九龄的话，依然拜李林甫为相。对于张九龄阻止自己为相一事，李林甫虽然怀恨在心，但因张九龄是很有名的诗人，唐玄宗很倚重他的文学才能，只好对张九龄屈尊奉迎，伺机报复。

李林甫是个具有政治野心的人，为了实现自己掌握大权的目的，他更加注重与宦官和妃嫔之间的往来。每次奏请唐玄宗前，他都要先通过妃嫔，摸清唐玄宗的旨意，以至于他每次上奏，都能合乎唐玄宗的意愿，两个人想法常惊人的一致。开元二十四年（736）十月，时在东都洛阳的唐玄宗忽然想提前返回长安，便征求宰相的意见。裴耀卿和张九龄都建议他说："农民秋收未完，望陛下以农事为重，等到隆冬再起驾西还。"待裴耀卿、张九龄两人离开后，早就摸清唐玄宗想法的李林甫对唐玄宗说："长安、洛阳是陛下的东西宫，往来行幸，应由陛下，何必要选择时间？就是妨碍农民的秋收，只要陛下减免路过地方的农民的税收就行了，有什么大不了的。"唐玄宗听了非常高兴，立即命令诏示百官，即日动身西行。

张九龄为官清廉，为人正直，遇事不论巨细，均据理力争，渐渐让唐玄宗感到心烦。开元二十四年（736）十月，唐玄宗因朔方节度使牛仙客勤于工作，颇有政绩，想任用其为尚书，张九龄认为不可。他说："尚书一职，自唐朝建国以来，

唐代绞胎陶枕

只有德高望重的人才能担任。牛仙客不过是个边境小吏，目不识丁，担当此任，恐怕使朝廷蒙羞啊！"李林甫为了迎合玄宗，趁机进谏说："牛仙客为官勤恳，是难得的相才，只要有能力，何必非要精通辞学。张九龄他不过是一介书生，却不识大体。陛下要任用他为尚书，正大光明，有何不可？"第二天，牛仙客便受爵陇西县公，食封三百户。但张九龄坚持己见，唐玄宗为此大怒道："难道什么事都要听你的吗？"此后，李林甫日夜在唐玄宗面前揭张九龄的短，使得唐玄宗渐渐疏离了张九龄。

十一月，武惠妃哭着对唐玄宗说："太子暗中联合党羽，将害妾母子。"唐玄宗听后大怒，要废太子。张九龄上谏说："陛下坚持废太子，臣不敢奉诏。"唐玄宗为此更加不满。开始时李林甫不说话，待退下来了才对唐玄宗说："这是皇上家事，全由陛下安排，何必问外人。"

没过多久，李林甫推荐萧炅为户部侍郎。此人平时并不好学，曾将"伏腊"读为"伏猎"。中书侍郎严挺之因此对张九龄说："省中岂容有'伏猎'侍郎！"于是，萧炅被调任岐州刺史。李林甫为这事大为不满，对张九龄和严挺之恨之入骨，巴不得马上就报此一箭之仇。

这一天终于到了。严挺之的前妻离婚后，改嫁给了蔚州刺史王元琰，刚好此时王元琰犯了贪污罪被打入大牢。严挺之看在前妻的情面上，为王元琰说情，因此，受到牵连。张九龄上奏唐玄宗，认为严挺之不该获罪，唐玄宗十分不满。李林甫趁机上疏唐玄宗，说裴耀卿、张九龄是同党，要求弹劾。唐玄宗遂免去了裴耀卿和张九龄的宰相职位。改授他们为尚书左、右丞，李林甫则改任中书令，牛仙客为工部尚书，同中书门下三品。李林甫由此迈出了他独掌朝政大权的第一步。

开元二十五年（737），监察御史周子谅上书弹劾牛仙客，认为此人是不学无术之人，结果，牛仙客没被告倒，周子谅反倒被流放。李林甫落井下石，在唐玄宗面前诬告周子谅是张九龄的同党，并说张九龄当初推荐周子谅时就有所谋。昏庸的唐玄宗已分辨不清奸相的谗言，遂把张九龄贬为荆州刺史。唐玄宗还采纳了李林甫的意见，杀死了自己的三个儿子：李瑛、李瑶、李琚。天下人为之不平，却没一人敢站出来声张。大理少卿徐峤为了讨好李林甫，在此时上奏唐玄宗："大理寺监狱过去杀气较盛，鸟雀都不敢来栖息。现在刑部处理死囚，每年只有五十八人，鸟雀也敢在狱中做窝了。"他的意思是，大理寺已无人犯法。群臣纷纷为此事上表祝贺。唐玄宗听了很高兴，将功绩归于宰相李林甫，立即下诏赐李林甫为晋国公，牛仙客则为豳国公。次年，李林甫又兼陇右节度使和河西节度使。从此，他独掌大权，涉足武备，总管朝廷文武选事，实现了他一人之上、万人之下的政治野心。

二、口蜜腹剑　顺昌逆亡

李林甫独揽大权后，妒贤嫉能，生怕别人取代自己的地位。因此，他总是对人笑脸相迎，心里却盘算他人，逆我者昌，顺我者亡。天宝元年（742）三月，兵部侍郎卢绚骑马从勤政殿下经过，唐玄宗见他雄姿英发，不由赞不绝口，流露出要委以重任的神情。李林甫看在眼里，心里马上就打起鼓来。他想，要是卢绚被委以重任，必将危及自己的权势。于是，他立即把卢绚的儿子召来，说："尊府名望高，皇上想让你的父亲去广州任职。如果他不想去，就让你父亲说自己年老了。"卢绚害怕被调任到偏远的广州，急忙上书唐玄宗，诉说自己已经年老，不堪重任。唐玄宗一看非常生气，随后就免去卢绚兵部侍郎之职，改任华州刺史。卢绚到华州后，李林甫又诬陷他有病，不治理华州政事，玄宗改封卢绚为太子员外詹事。太子员外詹事是一个闲散无权的官职，因为李林甫的一手操纵，卢绚从此被排挤出仕途。

严挺之曾为尚书左丞，善于知人善任，后因得罪李林甫被贬为绛州刺史。有一天，唐玄宗忽然问李林甫："严挺之在哪里？此人还可再用。"随后，李林甫召来严挺之的弟弟严损之，对他说："皇上要重用你哥哥，你赶快想办法让你哥哥进京面见皇上。"严损之非常激动，立即找来纸笔，以严挺之的名义写上请求进京就医的奏章，然后递给李林甫。李林甫拿着严损之写好的奏章去见唐玄宗，并说："挺之年高，有病在身，需任闲散的官职便于在京城就医。"唐玄宗听了，叹息不已，深感遗憾。天宝六载（748）四月，唐玄宗授严挺之太子詹事，好让他在东都洛阳养病。

宰相李适之与李林甫素来不和，李林甫一直在寻找机会陷害他。一天，李林甫对李适之说："华山有金矿，皇上还不知道。"几天后，李适之将此事上奏唐玄宗，唐玄宗征求李林甫的意见。李林甫说："臣很久就知道，但华山是陛下的根基所在，有王气，不宜开挖。所以一直不敢开口。"唐玄宗奉信道教，听了李林甫的话后非常生李适之的气，对李林甫则更加信任。李林甫趁机诬告李适之私结朋党。李适之立即遭贬，被株连而被贬者达数十人。随后，李林甫又逼李适之自杀身亡。

由于李林甫善于拍马奉承，唐玄宗非常宠信他，凡有政事，无论大小，都要和他商量。天宝三载（744），唐玄宗对高力士说："现在天下太平，人民安居乐业，我想把政事全部托付给李林甫，你看怎么样？"高力士答道："天子大权岂能让他人代柄，李林甫权势已够重的，一旦他大权在握，谁还

太极殿复原图

敢议论朝政！"唐玄宗听后不大高兴，高力士急忙叩头谢罪，说自己头脑发昏，口出胡言，罪该万死。高力士是唐玄宗非常宠信的宦官，他都这个样子，谁还敢说话？

为了堵塞言路，掩蔽唐玄宗耳目，李林甫便召集众谏官宣布说："当今皇上圣明，作为臣下应该顺从他的旨意，而不是老想着去挑三拣四。立在那里的仪仗用马，它的食料相当于三品官的俸禄，但它必须终日不叫，一旦嘶叫，就会被杀，那时就后悔不及了。"从此，众谏官没一人再敢随便议论政事。

李林甫自己不学无术，却忌恨那些有才能的文人。天宝六载（747），唐玄宗下诏求贤，凡是有一技之长者都要到京城参加面试。李林甫担心这些人会在奏对中揭露不学无术者，便对唐玄宗说："这些草莽之人行为粗鲁，地位卑贱，说话没有礼貌，到时会辱没圣上。臣请皇上全部委托尚书省进行策问考试。"唐玄宗遂下令各郡县长官精心选拔，将有非凡才能者送到尚书省进行复试。结果，因为李林甫从中作梗，在复试时一个人也没有录用。李林甫还因此上奏唐玄宗，恬不知耻地说之所以没有选中一人，是因为天下有才之人已全部被朝廷所用，还要祝贺圣上。

李林甫也会尽力提拔人，但被他提拔的人都是那些讨好自己且又平庸无能之人。李林甫把这类人培养成自己的爪牙、走狗。左相陈希烈，没有一点政绩，仅靠讲老庄玄学被重用。李林甫见唐玄宗喜欢这一套，加上陈希烈性格软弱，容易控制，就上奏唐玄宗让他做了尚书左丞相。从此，陈希烈成了李林甫的心腹。按唐朝惯例，宰相每天午后六刻退朝回府，但李林甫奏请唐玄宗批准，每天提前退朝回家，这样，许多国家大事就在家里处理，再由陈希烈下达、部署。唐玄宗不理朝政时，李林甫就召集朝官们到自己家中听候指示。

李林甫就这样阴险奸诈，从不露声色，对人一味奉承，而在暗地里，只要是不合他意的人，他则想尽办法陷害，绝不心慈手软，所以，当时的人都称他："口有蜜，腹有剑。"后来的成语"口蜜腹剑"就是因此得来的。

三、处心积虑 利己害人

李林甫为迫害异己，到了丧心病狂的地步。他家中专门设有一中间厅堂，称为"月堂"，一旦要排挤大臣了，他就住进去思谋计策。如果他出来时洋洋得意，就证明他已把一切谋划好了，至于哪一家又要遭殃，只有他自己知道。他还设立了推事院，专门治理狱事，并任用了吉温、罗希奭等一批酷吏。当时的人称他们为"罗钳吉网"，是专门迫害异己的地方。

李林甫排除异己的方法之一是利用矛盾，拉一派打一派。户部尚书裴宽和刑部尚书裴敦复矛盾很大，就在李林甫获知唐玄宗有提裴宽为相的想法后，李林甫便积极和裴敦复结交，然后让裴敦复揭发裴宽，裴宽遂被贬为睢阳太守。紧接着，李林甫又派人去杀裴宽。裴宽叩头祈求，才得免一死。不久，裴敦复因有战功受到唐玄宗嘉奖，李林甫马上因为嫉妒而诬害他，将他贬为淄川太守。

刑部尚书韦坚的妻子是李林甫舅舅姜皎的女儿，妹妹是太子李玙（后改名李亨）的妃子，韦坚做官很早，深得唐玄宗赏识，后来被提拔为陕西太守、水陆转运使。就在韦坚有做宰相的迹象时，李林甫便开始算计他。天宝五载（746）春，河西节度使皇甫惟明因破吐蕃有功，进京报捷。他见李林甫专权，就劝唐玄宗除掉李林甫。李林甫获知后，秘密派人监视其行动。这时正值元月十五日晚，太子李玙出游和韦坚见面，韦坚又和皇甫惟明会见于景龙观。李林甫高兴至极，立即参奏韦坚与皇甫惟明勾结，欲阴谋拥立太子为帝，遂将韦坚和皇甫惟明逮捕入狱，随后分别贬为缙云太守和播州太守。韦坚的弟弟韦兰和韦芝上书为韦坚喊冤，并请求太子李玙为之说情，唐玄宗非常气愤。太子李玙见事不妙，奏请与韦妃离婚，声称不想因为与韦氏有亲戚关系而徇私枉法。于是，唐玄宗又把韦坚贬为江夏别驾，韦兰和韦芝则被贬到岭南，数十人因此受到牵连而遭贬官、流放。

李林甫还一手制造了历史上著名的"杨慎矜案"。杨慎矜原来是李林甫的门下，后被唐玄宗重用，提升为户部侍郎。李林甫为此非常妒忌，便利用杨慎矜和京兆尹王鉷的矛盾，让王鉷参奏杨慎矜，说杨慎矜是隋炀帝的玄孙，家中藏有谶书，阴谋复辟。唐玄宗听后大怒，下令逮捕杨慎矜。太府少卿张瑄因是杨慎矜所荐，也被逮捕。杨慎矜屈打成招，但始终搜查不出谶书来。李林甫心生一计，派卢铉再入杨家搜书，并在袖中藏入谶书，不一会儿，卢铉就拿着谶书走了出来。杨慎矜绝望地说："我根本就没藏此谶书，看来今天必死无疑了！"不久，杨慎矜被迫自尽，妻子儿女被流放岭南，案件牵涉数十人。

历史上的"安史之乱"，李林甫也难逃其咎。唐玄宗前期，朝廷宰相有不少出自节度使。李林甫独掌大权后，建议唐玄宗任少数民族将军为节度使。他说："用文臣为将，会害怕打仗，不能身先士卒，不如用蕃将。他们生性雄壮，习惯骑马打仗。若陛下能用他们，必以死效命，夷狄也就不可怕。"究其原因，就是蕃将多不识汉字，不能入朝为相，这样就能使自己的地位没有什么威胁，可以长期保住他的地位。他的建议被采纳，才使安禄山得以重用，羽毛日丰，为以后发动叛乱创造了条件。

李林甫在相位十九年，阴险狡诈，善于拍马，丧心病狂，迫害异己。唐玄宗晚年之所以政治腐败，他有着很大的责任。他也因此成为中国历史上有名的奸相。他为相期间，还凭着手中的权势，极尽奢侈之风。他在京城的府第和楼台亭榭，十分豪华。到了晚年，更沉溺于声色，家中姬妾侍女无数。当然，他自己的内心也并不舒坦快活。他自知积怨太多，常常惧怕刺客，每次出门总要有百余步骑左右保护。住宅周围则岗哨林立，每天晚上要换几个地方睡觉，备受折腾。

天宝十一载（752），李林甫重病在身，心中忧伤烦闷，不知道怎么办才好。巫人告诉他说，看见皇上病情就可以好转。玄宗想去看望李林甫，左右的人坚持劝阻。于是玄宗就命令李林甫从屋里出来到庭院中，玄宗登上降圣阁远远地看他，挥起红色的围巾向他招手。李林甫已不能下拜，就让人代他向玄宗下拜。杨国忠去见李林甫，拜倒在床下。李林甫流着眼泪对杨国忠说："我活不长了，我死后你必定要当宰相，后事就拜托您了。"杨国忠表示感谢，并说不敢当，汗流满面。十一月，李林甫终于死了，无人不拍手称快。

玄宗晚年自认为天下太平，没有什么可以忧愁的事了，于是居于深宫之中，沉湎于声色犬马，耽于淫乐，把政事都委托给李林甫。李林甫巴结讨好玄宗左右的人，故意迎合玄宗的心意，以巩固自己受宠信的地位；堵塞向玄宗进谏的门路，蒙蔽玄宗，以施展自己的奸滑的权术；嫉妒贤能之士，排斥压抑才能胜过自己的人，以保住自己的地位；多次制造冤假错案，杀戮驱逐朝中大臣，以扩大自己的权势。皇太子以下的人，都对他畏之如虎。李林甫当宰相共十九年，造成了天下大乱的局势，而玄宗还不省悟。

　　在李林甫临死前，杨国忠、陈希烈等人就开始揭发他的罪行。就在他刚刚死去还没来得及下葬时，杨国忠立即上奏唐玄宗，告他预谋造反。结果，唐玄宗下令以庶人礼埋葬。杨国忠派人剖开李林甫的棺材，取出了口中所含的珍珠，脱掉金紫衣服，换上一个小棺材，穿上平民的衣服，然后埋葬了他。李林甫的几个儿子，则被流放到岭南。

吏部尚书杨国忠

杨国忠

　　杨国忠（？～765），唐玄宗时宰相，杨贵妃的堂兄。原名钊，后玄宗赐名国忠。蒲州永乐（今山西永济）人。父杨珣，追赠兵部尚书；母张氏，为武则天幸臣张易之的姐妹。杨国忠历任金吾兵营参军、闲厩判官、监察御史京兆尹、御史大夫、吏部尚书等职。天宝十一年（752）奸相李林甫病死，杨国忠做了宰相。他结党营私，把持朝政，引起朝野愤怒。天宝十四年（755），安禄山趁机以"讨杨国忠"为名，发动叛乱。杨国忠随玄宗西行，在马嵬驿（在今陕西兴平西）为禁军所杀。如果说姚崇、宋璟是开元初年贤明政治的代表，那么，李林甫、杨国忠便是天宝年间黑暗政治的代表，是历史上著名的奸臣。

一、出身地痞　以妹发迹

　　杨国忠从小行为放荡不羁，喜欢喝酒赌博，因此穷困潦倒，经常向别人借钱，人们都瞧不起他。三十岁时，他在四川从军，发奋努力，表现优异，但因益州节度使张宥憎恶他的为人，曾因其罪鞭笞他，最后只任他为新都尉。杨国忠任期满后，更为贫困，连回家的路费都没有，他经常接受新都富豪鲜于仲通的资助。他有了钱就重操旧业，参加赌博。过了一段时间，杨国忠被调任扶风县尉，仍不得志，又来到四川。

　　天宝四载（745）八月，杨玉环被唐玄宗册封为贵妃。杨贵妃得宠，全家受益，三个姐妹分封为韩国夫人、虢国夫人、秦国夫人，并任命堂兄杨铦为殿中少监，杨锜为驸马都尉。一时间杨氏兄妹恩宠富贵，显赫无比，满朝上下争先恐后地对他们巴结、奉迎。

剑南节度使章仇兼琼与宰相李林甫一向不和，恐怕为李林甫所害。有一天，他对鲜于仲通说："我被皇上宠信，如果宫中无内援，一定会被李林甫陷害。近来杨贵妃受皇上宠信，你如果能替我和她家结交，我将没有后患了。"于是，杨国忠被介绍给了章仇兼琼。章仇兼琼一见杨国忠身材魁梧，仪表堂堂，又伶牙俐齿，非常满意，遂任他为采访支使，两人关系密切。章仇兼琼派杨国忠到京城向朝廷贡奉蜀锦。当杨国忠路过郫县（今四川郫县）时，章仇兼琼的亲信奉命又给了他价值百万缗的四川名贵土特产。到长安后，杨国忠把土特产一一分给杨氏诸姐妹，并说这是章仇兼琼所赠。于是，杨氏姐妹就经常在玄宗面前替杨国忠和章仇兼琼美言，并将杨国忠引见给玄宗，还称杨国忠擅长赌博、游戏。不久，唐玄宗下令任章仇兼琼为户部尚书兼御史大夫，杨国忠也被提升为金吾兵曹参军。

继而杨国忠入宫侍奉，在宫内，他经常接近贵妃，小心翼翼地侍奉玄宗，投其所好；在朝廷，则千方百计巴结权臣。每逢禁中传宴，杨国忠掌管摴蒲文簿（赌博的记分簿），玄宗对他在运算方面的精明十分赏识，曾称赞他是个好度支郎。不久，杨国忠便担任了闲厩判官。当时，唐朝的州县殷实富有，仓库中所积蓄的粮食、布帛数以万计。玄宗以户部郎中王铁为户口色役使，杨国忠与王铁勾结，将各州多余的粮食粜出，换成钱币。将丁税、地租都征收布帛，全部运往京城。他们非法聚敛，每年收缴额外钱百亿万，全部藏于内库，供宫中宴乐赏赐。他经常告诉玄宗，现在国库很充实，古今罕见。于是，玄宗在天宝八载（749）二月率领百官去参观左藏库，一看果然如此，很是高兴，便赐杨国忠紫金鱼袋，兼太守卿，专门负责管理钱粮。从此，他越来越受到唐玄宗的宠幸。

二、铲除异己　掩败邀功

杨国忠为玄宗赏识的时候，正是李林甫把持朝政的时候。起初，二人一唱一和，互相利用。杨国忠为了向上爬，竭力讨好李林甫，李林甫也因为杨国忠是皇亲国戚，尽力拉拢，并升任他为监察御史。在李林甫陷害太子李亨时，杨国忠等人充当打手，并积极参与其活动。他们在京师另设立推院，屡兴大狱，株连太子李亨的党羽数百家，都是杨国忠揭发的。李林甫和户部侍郎杨慎矜不和，他们利用王铁对他图谋陷害。杨国忠探知玄宗对杨慎矜在家设道场不满，便将此事告诉王铁，李林甫与王铁趁此大兴冤狱，使数十人受到连累。

看到杨国忠权势日渐显赫，李林甫对他逐渐
产生忌恨。吉温本是李林甫门下的一位酷吏，曾
对李林甫言听计从。他看到李林甫的权势日趋削
弱，转而巴结杨国忠，为他出谋划策，以取代李
林甫。不久，杨国忠升为兵部侍郎兼御史中丞。
天宝八载（749），刑部尚书萧炅因贪污罪被贬为
汝阴太守。接着，又发生了御史大夫宋浑的巨额
受贿贪污案，被流放潮阳。萧炅、宋浑都是李林
甫的同党，杨国忠乘机上书玄宗皇帝，将他们赶
出朝廷，从而剪除了李林甫的心腹，往替代李林
甫执政的路上迈进了一步。

　　杨国忠是武则天的幸臣张易之的外甥，张易
之、张昌宗兄弟因为淫乱宫闱被大臣杀死。杨国
忠得势后，上奏玄宗为张易之兄弟平反昭雪。玄
宗答应了，下制书称扬张易之兄弟曾经在房陵迎
接中宗李显为帝的功劳，恢复他们的官爵，并赐
其一子为官。

唐代将军俑

　　户部侍郎、御史大夫王铁，兼领二十余职，
日益受到玄宗宠信。杨国忠很嫉妒王铁，便借机
诬构王铁谋反，定成死罪。王铁因宠遇太深，本是李林甫和杨国忠共同嫉妒
的对象。但是为了牵制杨国忠，李林甫则极力提拔王铁；当杨国忠陷害王铁
时，李林甫又竭力为其开脱罪责。由于杨国忠做了手脚，玄宗便开始疏远李
林甫，王铁也以莫须有的罪名被置于死地。王铁所兼职务全部归杨国忠。这
样，杨国忠又加领了京兆尹、御史大夫，京畿、关内采访使等职，贵震天
下。杨、李两人遂为仇敌。

　　天宝十载（751），杨国忠因为感激鲜于仲通，就推荐他为剑南节度使。
而鲜于仲通性情急躁，不会安抚，失掉了蛮夷人心。

　　按照过去的惯例，南诏王要定期带着妻子一起晋见都督，每次经过云南
时，云南太守张虔陀都要奸污他的妻子；又要求征送财物。南诏王阁罗凤不
答应，张虔陀就派人辱骂他，还暗中向朝廷奏报他的罪行。阁罗凤十分愤
恨，于是发兵反叛，攻陷了云南郡，杀死了张虔陀，并攻占了原来归附于唐
朝的西南夷的三十二个州。

　　鲜于仲通率兵讨伐南诏，他把八万大军分成两路，分别从戎州和巂州出

发，到了曲州和靖州。南诏王阁罗凤派使者来谢罪、求和，并说："如果不允许我求和，我将归附吐蕃，这样云南就不会是唐朝的了。"鲜于仲通不仅不答应，还囚禁了使者。然后进兵到了西洱河，与阁罗凤的军队交战，唐兵大败，士卒死了六万余人，鲜于仲通也差一点战死。

阁罗凤把唐军士卒的尸体收敛起来，筑成一座高大的山丘，供人观看，并向北臣服于吐蕃。蛮语称弟弟为"钟"，吐蕃就称阁罗凤为"赞普钟"，号为东帝，并授给他金印。阁罗凤于国城门口镌刻石碑，说自己叛唐是出于无奈，并说："我们南诏世世代代臣服于唐朝，受唐朝的封爵，后世还要归附唐朝，到那时可向唐朝的使者指示此碑，知道我背叛唐朝并不是出于本心。"

杨国忠却掩盖鲜于仲通的败军之事，仍然为他记叙战功。玄宗下制书在两京和河南、河北地区招募军队去讨伐南诏。人们听说云南地方流行瘴疠这种传染病，不等交战士卒就要死掉十之八九，没有人肯去应募。杨国忠就派遣御史到各道去捉人，用枷链锁起来送往军营。按照过去的制度，有功的百姓可以免除兵役，而此时因征兵量多，杨国忠就上奏请求只许功劳大的百姓免除兵役。被征发的人都满怀忧愁怨恨，父母妻子都来送别，号哭之声连天。

为了邀功，杨国忠谎奏说吐蕃发兵六十万增援南诏，被剑南兵打败于云南，并攻下了隰州等三城，俘虏敌人六千三百名。因为道路遥远，挑选其中年轻力壮的一千多人及他们投降的酋长献给朝廷。

玄宗不明真相，还夸奖杨国忠有才干。高兴之际，玄宗又去观看左藏库，赏赐群臣布帛。为了取悦玄宗，杨国忠上奏说在左藏库的屋顶上看见了凤凰，出纳判官魏仲犀说看见一群凤凰聚集在左藏库西的通训门上。玄宗大喜，命令改通训门为凤集门，将魏仲犀升为殿中侍御史，杨国忠的部下都因为说看见了凤凰而优先得到升迁。

三、出任宰相　刚愎自用

南诏多次入侵唐朝的边疆，蜀人请求派杨国忠前往剑南镇守。李林甫想借机除掉杨国忠，便上奏玄宗，请派杨国忠往蜀地。杨国忠临行前哭泣着与玄宗辞别，并说此行一定会被李林甫害死。杨贵妃也为他说情。玄宗对杨国忠说："你暂时到蜀中处理一下军政大事，朕屈指计日等着你回来，然后任命你为宰相。"

果然，杨国忠刚到四川，玄宗随即把他召回。这时，李林甫病危，不久即死亡。杨国忠继任右相，兼吏部尚书，总领四十余职。

　　杨国忠如愿以偿当了宰相，独断军政大事，颐指气使，盛气凌人，一手遮天，欺上瞒下。为了发展自己的势力，他以酷吏吉温为御史中丞，兼京畿、关内采访使。吉温是个两面三刀之人，早年为李林甫爪牙，见杨国忠势盛，即叛李林甫而附杨国忠。这时候他又看到胡将安禄山受宠，就与之结为兄弟。吉温到了长安，将朝廷动静随时报告安禄山，成了安禄山的暗探。

　　杨国忠为了彻底铲除李林甫集团，派人劝安禄山，让他诬告李林甫与胡将阿布思谋反。安禄山就让阿布思部落投降的人到朝廷，诬告说李林甫与阿布思曾经结为父子关系。玄宗相信了，就派官吏去调查。李林甫的女婿谏议大夫杨齐宣恐怕自己受到牵连，就按照杨国忠的意图证明说有此事。当时李林甫还没有埋葬，玄宗下制书削去李林甫的官爵，子孙中有官职者被罢免，流放到岭南和黔中，只给随身穿的衣服和所吃的粮食，其余的财产全部没收。李林甫的亲戚和党羽因这一案件被贬官的达五十余人。唐玄宗认为杨国忠立了功劳，册封他为魏国公，杨国忠坚辞不受，后改封卫国公。

　　天宝十二载（753）始，关中地区连续三年发生水旱灾害，民不聊生，怨声载道。京兆尹李岘将灾情如实上奏。杨国忠对李岘不依附于他早已心怀不满，就把灾害的责任全部归咎于李岘，把他贬为长沙太守。扶风太守房琯上书向玄宗报告当地灾情，杨国忠认为有损盛世之治的美名，派监察御史前往核查，自此以后，各地再也不敢报告灾情了。后来，长时间连续阴雨，引起了久居深宫的玄宗的忧虑，害怕水灾影响庄稼。杨国忠就派人设法弄来几株长得好的庄稼进呈玄宗，以此欺骗玄宗说："最近虽然下雨过多，但并未伤害庄稼。"玄宗信以为真。

　　本来，宰相应由德高望重的人担任，他们出入礼仪从简。自从李林甫为相以后，出入前呼后拥，车骑满街。杨国忠任相，出入车骑仪仗浩浩荡荡，前后一百步由骑兵开道，连公卿大臣也要纷纷退避。杨国忠为人争强好胜，但性情浮躁，没有威严的仪表。既为宰相，自认为大权在握，处理国家军政大事时，常刚愎自用，草率从事。在朝廷上常常捋起袖子，对王公大臣颐指气使，以致人人惊恐。杨国忠从兼侍御史到任宰相，总共兼领四十多个使职。台省中有才能和名声的人，如果不听他的话，他就都想方设法将其贬为地方官。

　　有人劝陕郡进士张彖去晋见杨国忠，并说："你如果去拜见他，马上就可以富贵。"张彖说："你们认为依靠杨右相就像泰山那样稳固，但我却认为是一座冰山！如果烈日高照，你们难道不怕冰山消融而失去依靠吗？"于是就隐居于嵩山中。

　　为了笼络人心，发展自己的势力，杨国忠让文部选官不论贤不贤，年头多的就留下来，按照资历有空位子就接官。那些长期得不到升迁的官吏都赞成这一建议。按惯例，宰相兼兵部、吏部尚书，选官应交给侍郎以下的官员办理，规定的手续十分严格，须经三注三唱，反复进行，从春至夏才能完成。杨国忠却自恃精敏，先叫胥吏到自己家里，预先订好名单，然后把左相陈希烈及给事中、诸司长官都叫到尚书都堂，读一名便定一名，一天就完了。当全部结束之后，杨国忠便当着大家的面说："左相和给事中都在座，就算经过门下省了。"于是，选官大权就这样由杨国忠一人垄断。从此门下省不再复查选官，侍郎仅仅负责试判，致使选官质量下降。然而另一方面，由于杨国忠迎合和满足了一些人的权欲，因而颇得众人好评。为此，杨国忠的亲信京兆尹鲜于仲通、中书舍人窦华、侍御史郑昂等授意选人，请求玄宗给杨国忠在省门立碑，歌颂其选官有"功"。受到蒙蔽的玄宗还让鲜于仲通起草碑文，并亲自修改了几个字。鲜于仲通为了向杨国忠献媚，便把这几个字用黄金填上。

四、乱伦淫乐　嫉贤妒能

　　杨国忠与虢国夫人关系暧昧。早在杨贵妃之父杨玄琰在蜀地病逝时，杨国忠便住在她家，从那时起便与杨玄琰的二女儿即虢国夫人私通。在杨国忠从蜀地初到长安时，正好虢国夫人刚守寡不久，于是杨国忠便住在她家，两人旧情复燃。杨国忠受宠于玄宗后，每当从宫廷回来，必到虢国夫人家中，郎官、御史有事也常到虢国夫人府第寻找杨国忠。他们同住一起，外出双马并骑，相互调笑，不以为耻；举止往往不堪入目，连行人都常常感到羞耻。

　　玄宗常到骊山华清宫游幸，从每年十一月开始到第二年春天才返回京城。杨氏诸人的汤沐馆建在华清宫的东垣，彼此相连。玄宗皇帝驾临时，必先走遍这五家，赏赐无数。当韩国、虢国和秦国三夫人将要跟随玄宗前往华清宫时，都在杨国忠的家中相会，所跟从的车马仆从，浩浩荡荡，占满了城中数坊之地，他们所穿的锦衣绣服和佩戴的珍珠宝玉，鲜艳夺目。杨国忠曾经对客人说："我本出身贫苦之家，只是因为贵妃的关系才有了今天的地位，不知道以后会有什么结果，但想到终究留不下好的声誉，还不如及时行乐。"杨氏五家，每家为一队，每队都穿着一种颜色的衣服相区别，然后五家合为一队，远远望见，灿烂如云锦。杨国忠还让剑南节度使的仪仗在队伍前面领路。

　　杨国忠的儿子杨暄考明经科，因为学业浅陋，没有及格。礼部侍郎达奚珣因为畏惧杨国忠的权势，就让他的儿子昭应县尉达奚抚先去告诉杨国忠。

达奚抚趁杨国忠正要上马入朝时，来到马旁。杨国忠想他的儿子一定能够中选，面露喜色。达奚抚告诉杨国忠说："我家大人让我告诉相公，您家郎君的答卷不符合程式，没有考中，但是也不敢让他落选。"杨国忠愤怒地说，"我的儿子何愁不能富贵，而让你们这些鼠辈人物

华清宫御汤遗址——皇家的沐浴温泉

来卖弄！"说完急催马头也不回地走了。达奚抚十分惊慌，就写信告诉他的父亲说："杨国忠依恃权势，口出狂言，实在让人难以忍受。但又无法与他论是非曲直！"于是达奚珣就把杨暄列入优等。等到杨暄做了户部侍郎，达奚珣才从礼部侍郎升为吏部侍郎，而杨暄与关系亲密的人交谈时，还埋怨自己晋升太慢，达奚珣晋升得快。

杨国忠因为身居要职，朝野内外向他送礼的人络绎不绝，仅家中堆积的丝织品就有三千万匹。

天宝十三载（754）六月，杨国忠又命令留后、侍御史李宓率兵七万，再次攻打南诏。南诏王阁罗凤采用诱敌深入的战术，把唐军引到大和城下，坚壁不战。李宓粮尽，所率领的士卒因为瘴疬和饥饿死了十分之七八，遂领兵撤退。这时南诏才出兵追击，李宓被俘，全军覆灭。而杨国忠不但隐瞒败状，还假报获胜，并增兵去讨伐，前后战死的达二十万人，没有人敢对玄宗提这件事。玄宗曾经对高力士说："朕已经老了，把朝中政事委托给宰相处理，边防军事委托给诸位边将，还有什么可忧愁的呢？"高力士回答说："我听说唐军在云南多次战败，还有边将拥兵自重，不知道陛下如何处置？我生怕一朝祸发，难以挽救，怎么能说可以高枕无忧呢？"玄宗说："你不要说了，让我仔细考虑一下。"

杨国忠忌恨左相陈希烈，所以陈希烈多次上表请求辞职。玄宗想任命武部侍郎吉温代陈希烈，而杨国忠因为吉温依附于安禄山，就上奏说不可。他认为文部侍郎韦见素性情温和易于控制，就推荐他代替陈希烈。玄宗任命陈希烈为太子太师，罢免参知政事。同时任命韦见素为武部尚书、同平章事。

　　河东太守兼本道采访使韦陟是韦斌的哥哥，风度文雅，负有盛名。杨国忠恐怕他入朝为宰相，就让人告他有贪污行为，并下到御史台去调查。韦陟贿赂御史中丞吉温，让吉温向安禄山求援，又被杨国忠揭发。玄宗贬韦陟为桂岭县尉，吉温为澧阳郡长史。安禄山又为吉温诉冤，并说这是杨国忠故意陷害。玄宗对此不加过问。

五、逼反禄山　身死马嵬

　　天宝十四年（755），玄宗宠信的安禄山在范阳起兵反唐了。杨国忠与安禄山同样受着玄宗的宠信，但是，杨国忠的发迹要比安禄山晚得多。当杨国忠尚未担任高官要职时，安禄山早在天宝元年（742）正月就升任平卢节度使，以后又兼范阳节度使、河北采访使、御史大夫，稍后又兼河东节度使；天宝九载（750）又封为东平郡主。杨国忠虽有外戚关系，但迟至天宝七载（748）始迁给事中，兼御史中丞，专判度支事。安禄山在朝中对老谋深算的李林甫十分惧怕，而对杨国忠则根本瞧不起。杨国忠接替宰相后，看到不能制服安禄山，便经常向玄宗说安禄山有谋反的野心和迹象，想借玄宗之手除掉安禄山。可玄宗认为这是将相不和，不予理睬。杨国忠一计不成又生一计，奏请让陇右节度使哥舒翰兼河西节度使，以便排斥和牵制安禄山。

　　天宝十三年（754）春，玄宗按照杨国忠的意见召安禄山入朝，试其有无谋反之心。安禄山将计就计，装模作样地向玄宗说自己的一片"赤心"，赢得玄宗更加信任，打算让安禄山当宰相（加同平章事），并令太常卿草拟诏敕。杨国忠知道后立即劝阻道："安禄山虽有军功，但他目不识丁，怎能当宰相。如果发下制书，恐怕四夷轻视朝廷。"玄宗只好作罢，任命安禄山为左仆射。至此，安禄山与杨国忠以及唐王朝的矛盾更加尖锐激烈。

　　安禄山从长安离去时，玄宗命令高力士在长乐坡为安禄山饯行，高力士回来后，玄宗问道："安禄山满意吗？"高力士回答说："我看到他心中不愉快，一定是知道了想要任命他为宰相，后来又改变的缘故。"玄宗把此事告诉了杨国忠，杨国忠说："这件事别人都不知道，一定是张垍兄弟告诉安禄山的。"玄宗大为愤怒，就贬张均为建安郡太守，张垍为卢溪郡司马。

　　天宝十四年（755）二月，安禄山派副将何千年进京上奏，请求准许以蕃将三十二人代替汉将，玄宗马上批准。左相韦见素进谏玄宗，说安禄山谋反的迹象已十分明显。但玄宗不信。为此，杨国忠私下派何盈、蹇昂，跟踪安禄山，窥察其谋反的情况。四月，杨国忠指使京兆尹李岘派兵包围了安禄山在长安的府第，逮捕了安禄山的党徒李起、安岱、李方来、王岷诸人，并将他们处死。安禄山闻讯大惊，急忙上书玄宗，一面为自己辩解，一面陈述杨国忠的二十条大罪。玄宗则把责任归罪于李岘，将他贬为零陵太守。

十一月，安禄山以"讨杨国忠"为名，正式起兵范阳（今北京西南），举兵南下，势如破竹。十二月，大军攻陷东都洛阳。玄宗起用哥舒翰，领兵二十万镇守潼关。杨国忠害怕哥舒翰重兵在握对自己不利。于是上书玄宗，诬奏哥舒翰拥兵关内，拒不出战。哥舒翰在压力下引兵出战，结果被安禄山打得大败，只好投降了叛军。二十万官军，只存八千余人。

潼关失守，京城震动，士民惊扰奔走，惊恐万状。杨国忠劝玄宗到四川避难。天宝十五载（756）六月十三日黎明，玄宗以亲征为名率杨贵妃姐妹、杨国忠、韦见素等数百人西行，逃出了京城长安。

第二天，车驾行至马嵬驿。将士们又累又饿，加上天气炎热，拒绝继续前进。此时，杨国忠的政敌太子李亨、宦官李辅国和陈玄礼一致认为，除去杨国忠的时机已成熟，并由陈玄礼出面对将士进行煽动，说这场叛乱全是由杨国忠引起的，杀了杨国忠就可平息叛乱。这时，有二十多名吐蕃使者在驿站西门外堵住杨国忠的马头，向他要饭吃。激怒了的士兵们立即将他们包围上来，大喊："杨国忠与吐蕃谋反！"一箭射中了他的马鞍。杨国忠逃进西门内，军士们蜂拥而入，将其乱刀砍死。以枪挑其首，悬于驿门外面，其子杨暄及韩国夫人、秦国夫人、虢国夫人以及杨贵妃等统统被处死。就这样，显赫一时的杨国忠及其家族落得个可悲下场。

范阳节度使安禄山

安禄山

安禄山（703～757），唐朝逆臣。营州柳城（今辽宁朝阳南）胡人。本姓康，初名轧荦山。母亲阿史德，是突厥巫婆。随母改嫁突厥人安延偃，改姓安，更名禄山。历任平卢兵马使、幽州节度副使、营州都督、平卢节度使、范阳节度使等职。他懂六种蕃语，骁勇善战，被幽州节度使张守珪收为养子。他奸诈狡猾，设法取得玄宗、杨贵妃的信任，拥兵十五万，权势炙手可热。他野心勃勃，起兵叛唐，自称皇帝，攻入长安，大肆杀掠，结果却被其子安庆绪所杀，下场悲惨。他的叛乱，把鼎盛一时的唐皇朝推向了战乱的深渊，并自此衰败。

一、狡诈多智　以贿升职

安禄山的母亲名叫阿史德，是一个巫婆，居住在突厥人中间。由于她多年不生育，便向轧荦山祈祷子嗣，轧荦山是胡虏所谓的门战神，阿史德后来怀孕了。分娩时，有光照射穹庐，野兽一齐鸣叫，望气的人说这是祯祥的表现。范阳节度使张仁愿得知此事，便派人搜查庐帐，打算将那里的突厥人全部杀死，以绝后患，阿史德带着儿子藏匿起来逃脱了。阿史德用神名给儿子命名，因而叫轧荦山。轧荦山少年时丧父，随从母亲嫁给胡将安延偃。开元初年（713），由于突厥族破落离散，安延偃带着他们归附唐朝，一起归附的还有将军安道买丢失的儿子安思顺，住在他家，所以安道买很感激安延偃，相约两家的儿子为兄弟，于是轧荦山改姓安，改名禄山。安禄山长大后，刚愎残忍，狡诈多智，善于揣测人们的心理，通晓六种蕃语，做了互市郎。

开元二十年（732），张守珪任幽州节度使，安禄山偷羊被他抓获。张守珪将要杀他，他大叫道："张公莫非不想消灭两蕃吗？为什么杀我？"张守珪觉得他言语豪壮，又见他长得魁伟白皙，便放了他，同史思明一起做捉生将。安禄山熟悉山川河流等地形，骁勇善战，曾经带五个骑兵擒获契丹数十人。张守珪非常惊异，逐渐给他加兵。他每战必胜，遂被提拔为偏将。后来，又被张守珪收养为义子。

开元二十八年（740），安禄山任平卢兵马使，又升任幽州节度副使。当时，御史中丞张利贞任河北采访使，安禄山千方百计地巴结他，还用重金贿赂他的左右，与他们结为私交。张利贞入朝拜见玄宗时，极力称赞安禄山能干，于是玄宗授任他为营州都督、平卢军使、顺化州刺史。对过往的朝廷使者，安禄山都要暗中行贿满足其嗜欲，因此，使者回朝后对他的称誉是众口一词，玄宗开始器重他。天宝元年（742），分平卢别为节度，任命安禄山为平卢节度使，兼任柳城太守，兼两蕃、渤海、黑水四府经略使。第二年，安禄山入朝面见玄宗，上奏对答都符合玄宗的旨意，遂升任范阳（治今北京西南）节度使、河北采访使，仍兼领平卢军。安禄山要返回北边，玄宗下诏命令中书、门下、尚书三省正员长官、御史中丞在鸿胪亭为他钱行，给予殊遇。

天宝四载（745），安禄山为了邀功买好，肆意侵犯北方的奚、契丹。以前，唐分别把公主嫁给奚、契丹的首领，双方关系友好和睦。至此，由于安禄山屡次侵犯，所以奚、契丹大怒，便杀掉公主叛唐。安禄山攻击契丹回来后上奏："我梦见李靖、李勣（唐初名将）向臣求食，于是在北郡设立祠堂，房梁上生出灵芝。"玄宗听后非常高兴。席豫任河北黜陟使，称道安禄山贤能。这时，宰相李林甫害怕儒臣由于战功提升为相、得到尊宠将排挤自己，而番将目不识汉字，难以胜任宰相，就请求专用番将，所以玄宗对安禄山的宠信更加牢固。

安禄山表面上装出又傻又笨的样子，以掩盖他的奸诈，他曾上奏说："臣生在番戎，有幸得到太多的荣宠，臣没有特殊的才能可以效用，情愿以死为陛下效命。"玄宗认为他很诚实，非常怜爱他，令他见皇太子李亨，他不下拜，左右的人指责他，安禄山说："臣不识朝廷礼仪，皇太子是什么官呢？"玄宗说："我百年以后就把大位传给他。"他道歉说："臣愚昧，只知道陛下不知道太子，罪该万死。"于是再拜。当时杨贵妃受宠，安禄山请求做杨贵妃的养子，玄宗允许了，命他与杨钊以及杨贵妃的三个姐姐结为兄弟姐妹。安禄山见贵妃宠冠六宫，与她搞好关系对自己十分有利，尽管他比杨贵妃大十八岁，却甘心做她的养儿。从此，安禄山侍奉杨贵妃如母，因而得以随意出入禁中，有时与贵妃对面而食，有时在宫中通宵达旦，外面流传着不少丑闻。

安禄山命令部下刘骆谷居住在京师，窥伺朝廷的可乘之机。朝廷一有动静，刘骆谷就飞马报讯，所以范阳虽距京师长安有几千里之遥，但安禄山对朝廷的情况却了如指掌。

二、受宠骄纵　野心勃勃

天宝六载（747），安禄山升任御史大夫，其妻段氏被封为夫人，享有封地。李林甫位居宰相非常尊贵，群臣没有人敢于和他抗礼，唯独安禄山倚仗恩宠，入谒时非常倨傲。李林甫准备通过暗示使他明白自己的威严，便让当时权宠一时的京兆尹王鉷与他在一起。王鉷与安禄山同样位至大夫，李林甫见到王鉷，王鉷连忙卑躬屈膝趋赴拜谒。安禄山警醒，不知不觉间也弯腰致敬。李林甫同他谈话，揣摩他的意向，抢在他前面说出他要说的话。安禄山大为吃惊，以为他是神仙。每次安禄山见到李林甫，虽然天气严寒也必定流汗。李林甫逐渐厚待他，带他到中书省，给他披上自己的袍子。安禄山感激李林甫，称呼他为十郎。刘骆谷每次到范阳奏事，安禄山先问："十郎如何？"如果李林甫有好言，他就高兴；如果李林甫说："大夫好好检点"，安

安禄山像

禄山便心中害怕，反手据床说："我将要死了！"优人李龟年给玄宗学安禄山的言行，玄宗觉得很开心。

安禄山身体肥胖，腹部垂下来达到膝盖，他自称腹重三百斤。他每次走路，都要由左右使劲抬起两只胳膊，像牵挽重物一样才能迈步，可是他在玄宗面前跳胡旋舞，却迅疾如风。玄宗看着他的腹部说："这胡人腹中有什么东西，为何那样大呢？"他回答说："只有赤心而已！"每次他乘驿站的马匹入朝，半道上一定得换马，号称大夫换马台，否则马就会累死，所以必须是负重五石还能急驰的马才好让他骑乘。

玄宗给安禄山在京师修建府第，派宦官监督工程，告诫道："一定要妥善地经营布置，安禄山眼光高，不要让他笑话朕。"安禄山的府第建成后，极其奢华，有些用品即便是皇宫御用之物也相形见绌。有一次，玄宗登临勤政楼，在幄座左侧张设金鸡大障，前面置一张特制的座榻，下诏安禄山坐在榻上，命人卷起幄帘，用来表示对他的尊宠。太子李亨劝谏道："自古幄座不是人臣应当坐的地方，陛下对安禄山荣宠过甚，必定会使他骄横。"玄宗说："这个胡人有异相，朕是要镇住他。"

这时，太平盛世已经过了几十年，人人忘战。玄宗年事已高，沉溺于饮宴淫乐之中。宰相李林甫、杨国忠相继把持大权，纲纪大乱。安禄山谋划着天下可取，叛逆的企图日甚一日。每次他经过朝堂的龙尾道，都要南北窥伺，很久才离开。他又在范阳之北建筑壁垒，号称雄武城，储备兵力，积聚粮草。他从同罗、奚、契丹投降者中选拔精壮八千人为义子，称为"曳罗河"（意为壮士）；他又训练数百名家奴，全部善于射箭，蓄养单于、护真大马三万，牛羊五万。他招引有才学的文臣如张通儒、李廷坚、李史鱼、独孤问俗在幕府任职，任命高尚掌管书记，严庄掌管簿计考核，阿史那承庆、安太清、安守忠、李归仁、孙孝哲、蔡希德、牛廷玠、向润客、高邈、李钦凑、李立节、崔乾祐、尹子奇、何千年、武令珣、熊元晧、田承嗣、田乾真都由行伍中被他提拔起来，委任为大将。他暗地派胡人到各地贩卖，每年输送财物百万。每到大会商人时，安禄山都高踞宝座，香烟缭绕，陈列奇珍异宝，数百名胡人随侍左右，引见商人们，陈献祭祀用品，让女巫在前面击鼓跳大神来神化自己。安禄山暗地令商人们采买数万套锦彩朱紫服装以备叛乱时使用。

安禄山每月向玄宗进献牛、橐驼、鹰、狗等奇禽异物，用来迷惑玄宗之心，郡县百姓疲于为他转运贡献之物，以致民不聊生。安禄山自己觉得无功而显贵，见玄宗大规模扩充疆土，于是欺骗契丹诸首领，大摆酒宴，在酒中下毒，趁酒酣耳热之际，将他们斩首，先后杀死数千人，献首级于朝廷，以冒充自己的战功。玄宗不知真情，赐给他铁券，封为柳城郡公。又追赠安延偃为范阳大都督，晋封安禄山为东平郡王。

天宝九载（750），安禄山兼任河北道采访处置使，赐给永宁园作为府邸。安禄山入朝时，杨国忠兄弟姊妹都前往新丰相迎，供给精美的食品；到了温泉，将校全都赐以沐浴。玄宗前往望春宫等候他，他献俘八千，颁诏赐给永穆公主的池观作为他的游乐场所。安禄山迁居新府第，请求玄宗直接下敕召宰相来赴宴会。玄宗立即命宰相全部前往赴宴。玄宗在禁苑中打猎，每当获得新鲜野禽，必定急驰赐给安禄山。玄宗下诏在上谷郡设置五座冶炉，特许安禄山铸钱。安禄山又请求兼管河东，于是拜任他为云中太守、河东节度使。安禄山兼任平卢、范阳、河东三镇节度使后，野心更大了。他共有十一个儿子，玄宗任他的儿子安庆宗为太仆卿，安庆绪为鸿胪卿，安庆长为秘书监。

三、兵雄天下　蓄意谋反

天宝十一载（752），安禄山率领河东兵讨伐契丹，他对奚人说："他们违背盟约，我即将前往讨伐，你们能帮助我吗？"奚人派出两千步兵作响应。到土护真河（在今内蒙古赤峰东），安禄山对部下说："道路虽然遥远，如果我们火速奔赴贼营，乘其不备，一定可以打败敌人。"于是，他下令每人拿一条绳子，意欲把契丹人全部缚住，一昼夜行军三百里。来到契丹人的牙帐，却碰上大雨，弓弦松弛，箭矢脱落不可用。安禄山督战甚急，大将何思德说："士卒十分疲劳，应该稍稍休息，派使者前去极力陈说利害威胁贼人，贼人必定会投降。"安禄山大怒，要斩杀他以号令全军，何思德只好请求出战。何思德的相貌与安禄山相似，接战后，敌人集中精锐兵力擒获了他，传言抓获了安禄山。奚人听到后也叛变了，与契丹人夹攻安禄山的军营，安禄山几乎全军覆灭。安禄山也被流矢射中，抛弃部众，只数十人跑到山上坠落下来，安庆绪、孙孝哲把他扶出来，连夜往平卢跑去，部将史定方带兵应战，敌人才解围撤走。

安禄山不甘心就此罢休，过了一段时间，他准备带领所有的军队，号称二十万讨伐契丹，以报仇雪耻。他上表玄宗，请求派朔方节度副使阿布思率军援助自己。玄宗准奏。阿布思相貌魁伟并且很有权变谋略，玄宗很宠爱他。安禄山素来嫉妒他的才干，准备趁激战时偷袭消灭他的精锐部队，所以上表请求派他援助自己。阿布思识破了他包藏的祸心，深感恐惧，因而叛变，转入漠北。安禄山见此，也没有进军，就班师了。第二年，阿布思被回纥兵击溃，投奔了葛迁禄，安禄山出重金招募他的部落，诱使他们投降。葛迁禄畏惧，便囚禁了阿布思送到北庭，又送到京师献给朝廷。安禄山得到阿布思的部众后，兵雄天下，无人能比，他因此愈加骄横恣肆。

皇太子李亨以及宰相杨国忠屡次上言安禄山将要谋反，玄宗都不相信。这时，杨国忠对安禄山的猜疑嫌隙已经很深，建议把他追回朝中，如果安禄山不敢前来，就证明他有谋反之心。安禄山揣摩到他的计谋，于是急驰入朝谒见，玄宗因而安心，凡是杨国忠所说的，一句也听不进去。

天宝十三载（754），安禄山来华清宫谒见，对玄宗哭泣道："臣是番人，不识文字，蒙陛下破格提拔，杨国忠一定要杀了臣才满意。"玄宗好言劝慰他。拜任他为尚书左仆射，赐给实封一千户和许多奴婢、宅第、田产，下诏命他回军镇。他又请求任闲厩、陇右群牧等使。至此，他的军中有功劳位至将军的有五百人，中郎将有两千人。玄宗登临望春亭为他饯行，脱下御服赐给他。安禄山大惊，心中不安，急驰而去，到达淇门，乘轻舟顺流而下，万名纤夫挽绳相助，日行三百里。安禄山总领闲牧后，就选择良马充实范阳，反叛的迹象已经很明显。但凡是有人告发安禄山谋反，玄宗总是将告发之人绑缚了送给安禄山。

第二年，杨国忠设计授任安禄山为同中书门下平章事，召他回朝，再趁机杀了他。制书还未下达，玄宗派宦官辅璆琳前往范阳赐大柑，顺便察看异常情况。安禄山重重地贿赂了他，辅璆琳回来说没有反常现象，玄宗就没有召安禄山回朝。不久，辅璆琳受贿之事败露，玄宗假托其他罪名杀了辅璆琳，从这时起开始怀疑安禄山。

安禄山也惧怕朝廷谋害自己，每次使者来到范阳，他都称病不出，严加防卫然后才与使者见面。黜陟使裴士淹巡行境内，到达范阳时，安禄山过了二十天都没有见他。后来，安禄山派武士挟持裴士淹引见，也不再行人臣的礼仪。裴士淹宣诏回来，不敢禀报实情。玄宗赐安禄山之子安庆宗娶宗室之女，玄宗下手诏让安禄山前来观礼，他推辞说病重，不肯前来。

七月，安禄山突然献马三千匹，骑士马夫六千人，车三百辆，每辆三名士卒，准备借此袭击京师。河南尹达奚珣怀疑其中有阴谋，极力陈说不能接纳骑士，玄宗也起了疑心，便派中使冯神威持手诏告谕安禄山到冬天再献马，并赐书说："为卿另外建造了一个温泉浴池，十月可来相会，朕在华清宫等候卿。"冯神威到达范阳，安禄山高踞宝座，只问了一句："皇上安稳否？"就把冯神威送到别馆。冯神威回来，对玄宗说："臣几乎死在范阳！"

四、起兵范阳　攻占洛阳

安禄山虽已决计发动武装叛乱，但并没有立即亮出反唐旗号，他行动仍然十分诡秘，只与他的几个心腹密谋过此事，知其内情的也只有孔目官、太仆丞严庄，掌书记、屯田员外郎高尚，将军阿史那承庆三人，其余将佐尚一概不知。从八月起，安禄山常常犒劳士卒，秣马厉兵，好像在做战前的准备工作，不知内情的人还感到十分奇怪。十一月六日，安禄山突然召集大将们举行宴会，在酒酣耳热之时，拿出了事前绘制好的地图给大家看，图上标明了从范阳至洛阳沿线的山川形势、关塞要冲，向将领暗示了他的进军路线。宴会结束时，向每人赏赐了金帛，并授予一张地图。

安禄山叛乱的准备工作一切就绪。十一月八日，奏事官从长安回到范阳，安禄山很快伪造了诏书，立即召集诸将，把假诏书展示给诸将看，并说："有密旨，令禄山率兵入朝讨杨国忠，诸君应立即听命。"诸将听后，面面相觑，没有一人敢有异议。接着，安禄山命范阳节度副使贾循守范阳，平卢节度副使吕知诲守平卢，别将高秀岩守大同，其余将领皆随他出战。除调动本部兵马外，又征调了部分同罗、奚、契丹、室韦人马，总计十五万，号称二十万，连夜出发。次日凌晨，安禄山出蓟城南，检阅了军队，并举行誓师，以讨杨国忠为名，并于军中张榜说："有异议煽动军人者，斩及三族！"于是挥师南下。安禄山乘铁甲战车，步骑精锐，烟尘千里，鼓噪震地，远近震惊。

事前，安禄山已命其将何千年、高邈等率二十名奚族骑兵，以献射生手为名，于十日抵达太原城下，北京（唐以太原为北京）副留守杨光翙出城迎接，被何千年劫持而去。安禄山责备他依附杨国忠，斩首示众。然后，安禄山派张献诚守卫定州。太原及东受降城先后上报安禄山叛乱的消息。燕地老人拦在马前进谏，安禄山让严庄好言好语对他说："我是忧虑国家的危难，并非谋私。"很有礼貌地打发走了。

过了七天，安禄山的反书上达，玄宗正在华清宫，宫廷内外大惊失色。玄宗立即回到京师，斩杀了安庆宗，安禄山的妻子康氏被赐死，荣义郡主也被赐死。玄宗下诏痛切谴责安禄山，允许他主动归顺。安禄山的答书非常傲慢，令玄宗勃然大怒。

安禄山图谋叛逆十多年，凡是投降的番夷他都以恩义相结交，有不服的，凭借兵威加以挟制；对抓获的士卒，他常解去绑缚让他们洗浴、给他们衣服；有的人通过辗转翻译来向安禄山通报情况，所以他对番夷的底细知道得很清楚。安禄山通晓夷语，亲自安抚慰问这些归附的番夷，那些被释放的俘虏囚犯都成为战士，所以他的部下乐于效死力、战无不胜。但是安禄山刚愎自用，不善于听取别人的意见。在他的谋士中，以高邈最有谋略，劝安禄山争取李光弼来做左司马，他不接受，后来追悔莫及，无奈地说："史思明可以代替他。"何千年也劝安禄山令高秀严带兵三万出振武，拿下朔方，招诱诸番，夺取夏、鄜、坊等地；派李归仁、张通儒带兵两万取道云中，夺取太原，另派团弩士一万五千人进入蒲关，用以动摇关中；劝安禄山自己带兵五万在河阳架桥；夺取洛阳，派蔡希德、贾循带兵二万渡海收取淄、青，用以动摇江淮；如此则取天下不在话下。安禄山没有采纳。

由于太平日久，如今战事突发，州县储存在官仓中的铠甲兵器都朽坏、锈钝、断折，不能使用，只得持木棍战斗，这无法与兵强马壮的叛军交战。官吏都弃城藏匿，或者自杀，或者被擒，连日不绝。禁卫军都是市井子弟，未经历过行军作战，也无法抵抗叛军，玄宗只好发放左藏库的缯帛大规模招募士兵。他任封常清为范阳、平卢节度副使，郭子仪为朔方节度使、关内支度副大使，右羽林大将军王承业为太原尹，卫尉卿张介然为汴州刺史，金吾将军程千里为潞州长史；任荣王李琬为元帅，高仙芝为副，从驿道兼程前进讨伐叛军。

安禄山率军到了钜鹿（今河北巨鹿），开始打算住下，后来又想到钜鹿之名便吃惊地说："鹿（与禄谐音）是我的名字。"他认为不祥，便离开那里到了沙河，有人说这如同汉高祖不宿柏人来讨好他。

叛军抵达黄河，安禄山命士卒往黄河里投放杂草树木，用长绳连接船只和木筏，一夜之间就结满了冰，叛军顺利过了黄河，攻占灵昌郡。过了三天，叛军攻下陈留、荥阳（皆属河南），停驻在罂子谷。唐将荔非守瑜截击，杀死叛军数百人，流矢射到安禄山的车舆，吓得他不敢往前走，改从谷南出去。后来，荔非守瑜的箭射完了，便战死在黄河里。

十二月十三日，叛军打败了封常清，夺取了东都洛阳，封常清逃奔陕州。叛军杀死留守李憕、御史中丞卢弈。河南尹达奚珣投降了叛军，向安禄山称臣。这时高仙芝驻守陕州，听说封常清失败，丢盔弃甲退保潼关，太守窦廷芝投奔河东。常山（今河北正定）太守颜杲卿杀死贼将李钦凑，擒获高邈、何千年，于是赵郡、钜鹿、广平、清河、河间、景城六郡全都归附唐朝，安禄山所占据的仅有卢龙、密云、渔阳、汲、邺、陈留、荥阳、陕郡、临汝而已。

五、自称皇帝　攻占京师

安禄山占据东都后，见到宫殿庄严雄伟，遂专心一意准备称帝，所以军队迟迟没有西进，而朝廷的诸道兵马得以逐渐集结起来。叛将尹子奇驻守陈留，打算东进略地，正值济南太守李随、单父尉贾贲、淮阳人尚衡、东平太守嗣吴王李祗、真源令张巡相继起兵，十天聚集起数万部众。尹子奇到了襄邑，见形势不妙，便撤回了。

天宝十五载（756）正月，安禄山在洛阳自称雄武皇帝，国号燕，建元圣武，封儿子安庆绪为晋王，安庆和为郑王，任命达奚珣为左相，张通儒为右相，严庄为御史大夫，委任了百官。他又派兵夺取常山，杀死颜杲卿。安思义驻守真定，适逢李光弼来救常山，安思义投降，博陵（今河北博陵）也被攻克，只有藁城、九门二县由叛军守卫。史思明、李立节、蔡希德包围饶阳，没有攻克，只好带兵攻打石邑，张奉璋固守。朔方节度使郭子仪从云中领兵来与李光弼会合，在九门打败史思明，李立节被杀死，蔡希德逃奔钜鹿；史思明逃奔到赵郡，派兵袭击博陵，又占据了该地。李光弼攻占赵郡，回兵包围博陵，驻军在恒阳。蔡希德请安禄山派军队增援，安禄山派两万骑兵涉过滹沱河进入博陵，牛廷玠调发妫、檀等地军队万人前来援助，这一来，史思明兵势更强，便与李光弼开战，却在嘉山被打败，李光弼收复十三个郡，河南诸郡都严兵守卫，潼关也坚守，不能攻下。

当时，从洛阳到范阳的路已被切断，叛军往来都是偷偷经过，大多被官军捉获。叛军家属在范阳的，都动摇了信心。安禄山也十分恐惧，打算撤回范阳，他召见严庄、高尚责备道："我起兵时，你们说万无一失。现在四方的兵马日盛一日，从潼关往西，一步也不能前进，你们的谋略何在，还来见我干什么？"他打发高尚等出去。过了几天，田乾真从潼关来，劝安禄山说："自古开创帝王之业，作战都是有胜有负，然后成就大业，没有一举成功的。

现在四方兵马虽多，但不是我们的对手。万一大事不成，我们手里有几万人马，还可以横行天下，做十年的打算。况且高尚、严庄都是佐命元勋，陛下怎能急着与他们断绝来往，万一将士们听到这个消息，谁不恐慌？如果上下离心，陛下就危险了。"安禄山大喜，叫他的小字说："阿浩，如果不是你，谁能让我省悟！现在该怎么办呢？"田乾真说："召见高尚等人，然后安慰他们。"安禄山立即请来高尚等人，一同饮宴，安禄山亲自唱歌来劝他们饮酒，从而和好如初。然后，安禄山即派孙孝哲、安神威西去进攻潼关。正值高仙芝、封常清受谗被杀，玄宗派哥舒翰守卫潼关，被崔乾祐打败，潼关失守。玄宗大惊，急忙逃出长安，奔向蜀地。安禄山没想到天子会急速逃离，他先驻兵在潼关，十天后才西进。这时，玄宗已经到了扶风，于是汧、陇（今甘肃陇县）以东，都陷落在叛军手中。安禄山派张通儒守卫东京，任田乾真为京兆尹，派安守忠驻守在禁苑中。

玄宗逃离长安后，长安的士人逃入山谷，逃亡的队伍东西绵延二百里。宫中的嫔妃、宫女也四散躲藏，边走边哭。将相府第中丢弃的珍宝财物不计其数，成群结队的不法之徒争相掠取，又抢掠左藏库（国库），各官署的仓库抢完了，就放火烧掉。安禄山进入长安后，见到此情此景，大为愤怒，就大规模搜索了三天，翻箱倒柜，不论是府库财物，还是个人财物，一概抢光。府县乘机株根牵连，苛刻盘剥百姓，百姓愈加骚动不安。

安禄山怨恨儿子安庆宗被杀死，于是把玄宗近属自霍国长公主、诸王妃妾、子孙姻婿等一百多人全部杀害，用来祭奠安庆宗。对群臣跟随玄宗出逃的，诛灭他们的家族。见到安禄山如此残暴，人们更不愿亲附。诸大将如果有事询问或决断，都得通过严庄才能见面。安禄山统治下属缺少恩义，即便是心腹故旧，后来也都成为仇敌。郡县相继杀死守将，迎接王师。如此前后反复十几次，城邑都变成了废墟。

肃宗李亨在灵武即位后，加紧训练军队，天下人日日翘首以待。京畿的豪杰之士每天都有杀叛军官吏归附朝廷的，为了威慑百姓，安禄山大肆斩杀，但不能禁止叛乱。叛将大都是勇悍而没有远谋之人，日日纵情饮酒，嗜好声色财利，不想西出追击玄宗，玄宗因此得以入蜀。

安禄山帐下的李猪儿本来是投降的童仆，他从小便侍奉安禄山，十分小心谨慎，后被变为阉人，更受亲近和信任。安禄山腹大垂膝，每次换衣服，左右的人一齐抬起来，李猪儿给系带子。即便是在华清池赐浴，安禄山也允许带上他。安禄山到晚年时，更加肥胖，身上经常有疮。在反叛后，安禄山时常心怀怨恨、畏惧，视力渐渐减退，至此已双目失明。不久他又得了痈疾，性情变得格外急躁，左右侍奉的人，常没有罪就被杀死，或者被棰笞呵责，百般侮辱。李猪儿挨打最多，虽然严庄深受安禄山信赖，也是时时遭受笞打辱骂，所以这两个人对安禄山都满怀怨恨。

以前，安庆绪善于骑射，安禄山很喜爱他。安禄山称帝后，宠幸段夫人，爱其子安庆恩，准备立他为嗣。安庆绪害怕不立自己为嗣，严庄也害怕发生什么变故将于己不利，私下对安庆绪说："君听说过大义灭亲吗？自古以来这样做的人都是不得已而为之。"安庆绪一听就明白了，忙说："是，是。"严庄又对李猪儿说："你侍奉皇上挨的打骂数得清吗？如果不行大事，你就活不了几天了！"于是，安庆绪、严庄、李猪儿共同商定计谋。

至德二载（757）正月初一，安禄山朝会群臣，由于疮痛严重，中途停止。当天夜里，严庄、安庆绪手持兵刃守护门口，李猪儿进入帐内，用大刀猛砍安禄山的腹部。安禄山失明后，总是放一把佩刀在床头防身，事前已被李猪儿暗中拿走。此时，安禄山挨了一刀，去摸佩刀没有摸着，便摇撼幄柱大叫道："是家贼！"不久，他的肠子流到床上，当即死去，时年五十五岁。安庆绪立刻在其床下挖了一个深坑，用毡

（唐）佚名《树下美人图》

子包裹着安禄山的尸体，连夜埋到床下。随即传言安禄山病重，伪诏立安庆绪为皇太子。不久，又诈称安禄山传位于安庆绪，于是伪尊他为太上皇。

六、子承帝位　三年败亡

安庆绪承袭伪帝位后，改为载初元年，随即纵情饮酒作乐，他把政事都委托给严庄，把他作为兄长奉事，派张通儒、安守忠等驻守长安，史思明管领范阳，牛廷玠驻守安阳（今河南范阳），张志忠驻守井陉（今河北井陉），

各自招募士兵。

　　这时，肃宗派广平王李俶率领军队东进讨伐，李嗣业带领前军，郭子仪带领中军，王思礼带领后军，回纥叶护带兵跟进。张通儒等聚集了十万军队在长安摆下阵势，叛军有很多是奚人，素来畏惧回纥，接战后，惊恐叫嚣。广平王李俶分出精兵与李嗣业合击，安守忠等大败，领兵向东退去。张通儒丢妻弃子逃奔陕郡，官军遂收复长安，仆固怀恩带领回纥、南蛮、大食的军队为前驱，广平王率全军追击叛军，严庄亲自带领十万兵与张通儒会合，钲鼓声震一百多里。此时，尹子奇攻打睢阳，已经杀了张巡，遂率领所有十万部众一道前来，要并力攻打陕西，驻军曲沃。先是回纥依傍南山设下埋伏，驻军在岭北等待战机。严庄在新店大战，用骑兵挑战，接战六次都被唐军打败，唐军追击，进入叛军营垒，叛军张开两翼攻击，追兵陷没，唐军大乱，几乎溃不成军。李嗣业急驰赶到，殊死战斗，回纥从南山袭击敌军后背，叛军惊慌，于是大乱，唐军重振旗鼓，合力进攻，杀掠不计其数，叛军大败，追击逃敌五十多里，尸体残肢杂乱地填满坑谷，铠甲兵器遍地都是。严庄逃回，与安庆绪、安守忠、张通儒等收集残余的军队跑到邺郡（今河北临漳）。

　　广平王李俶进入洛阳，在天津桥大规模展示兵力，伪侍中陈希烈等三百人穿素服叩头待罪，广平王安慰说："公等被迫做了伪官，不是反叛，皇上有诏书赦免你们的罪，都恢复你们的官职。"众人大喜。于是，陈留杀死尹子奇投降。严庄之妻薛氏谎称是永王之女来到军营，等见了广平王才说："严庄准备投降，希望能得一个信物。"广平王同郭子仪商议，郭子仪认为：严庄如果投降了，余党就可以晓谕而降。于是，赐给严庄铁券。严庄投降，乘驿传到达京师，肃宗引见，赦免他的死罪，授任他为司农卿。阿史那承庆带领他的部众三万人投奔恒、赵，有的跑回范阳，跟随安庆绪的只有一千多名伤残士卒。

　　正在安庆绪心灰意冷之时，蔡希德从上党，田承嗣从颍川，武令珣从南阳，各自带领部众前来，邢、卫、洺、魏招募的士兵逐渐集结起来，有众六万，叛军的声势又振兴起来。改相州为成安府，改太守为尹，改元天和，任高尚、平洌为宰相，崔乾祐、孙孝哲、牛廷玠为将，封阿史那承庆为献城郡王，安守忠为左威卫大将军，阿史那从礼为左羽林大将军。但是此时，叛军更加离心离德，伪淄青节度使熊元皓、伪河东节度使高秀岩都归顺了朝廷。德州刺史王暕、贝州刺史宇文宽都主动脱离叛军归顺朝廷，河北诸军各自据城守卫，安庆绪派蔡希德、安雄俊、安太清等带兵攻克这些地方，在大街上屠戮守城将士，把他们割成碎片。

安庆绪害怕人们和自己离心离德，设置祭坛与群臣盟誓。然而，盟誓毫无约束作用，阿史那承庆等十多人秘密向官军请求投降，肃宗下诏任阿史那承庆为太保、定襄郡王，安守忠为左羽林大将军、归德郡王，阿史那从礼为太傅、顺义郡王，蔡希德为德州刺史，李廷训为邢州刺史，符敬超为洺州刺史，杨宗为太子左谕德，任瑷为明州刺史，独孤允为陈州刺史，杨日休为洋州刺史，薛荣光为岐阳令；下至裨校等，屡屡为国家刺探叛军的消息。而安庆绪对此毫不知情，仍营造宫室、观榭、塘沼，泛楼船在水中嬉戏，彻夜饮酒作乐。张通儒等人争夺权力，意见不能一致，凡有人提出建议，众人就一齐指责破坏。蔡希德最有谋略，刚烈狷急，密谋杀死安庆绪作内应，张通儒因为其他事斩了他，麾下数千人都逃亡而去。蔡希德平素深受士卒爱戴，所以全军都恨张通儒。安庆绪任崔乾祐为天下兵马使，崔乾祐遂权震中外，他勇悍而缺少恩德，士卒不愿亲附他。

乾元元年（758）九月，肃宗下诏郭子仪率领二十万人讨伐安庆绪，进攻卫州，然后渡黄河，军队背水扎营待敌。安庆绪听说卫州已被包围，就大张旗鼓南下，分为三军：崔乾祐带领上军，安雄俊、王福德辅佐；田承嗣带领下军，荣敬辅佐；安庆绪自己带领中军，孙孝哲、薛嵩辅佐。开战后，唐军佯退，安庆绪追击，遇到埋伏而溃败，安庆绪逃走，官军抓获其弟安庆和，在京师斩首。郭子仪带领军队紧随叛军之后追击，双方在愁思岗交战，叛军又败，从此叛军精锐兵力被消灭干净，只好占据邺郡固守，以图自保，安庆绪派薛嵩带重金向史思明求救。史思明派李归仁带兵一万三千人驻扎在滏阳，未等进兵，唐军已经将滏阳包围，唐军筑起城墙，挖掘壕沟围城三周，又决开安阳水灌往城中，城里只好架起栈阁居处。过了一段时间，城中存粮吃尽，没有东西填饱饥饿的人们，以至于人吃人，一斗米值钱七万多文钱，一只老鼠值钱数千文，把松木刨为碎屑喂马，推倒墙壁取麦秸，淘洗马粪取草。安庆绪请求投降，遭到拒绝，遂用安太清代替崔乾祐领兵。

在这时，史思明拥有部众十三万，兵分三路急赴邺城。第二年三月，在安阳扎营。安庆绪着急，就派安太清带着皇帝玺绶去让给史思明，史思明在军中宣示了书信，军士们齐声高呼万岁，于是史思明约好和安庆绪结为兄弟，把书信封还，安庆绪非常高兴。史思明发动猛攻，唐军失利，唐军争相奔逃而回，郭子仪拆断河阳桥，驻防毂水。史思明进军驻守邺南。

安庆绪收取官军剩下的粮饷，尚有十多万石，他召见孙孝哲等人商议对付史思明，诸将都说："今日怎能又背叛史王呢？"张通儒、高尚、平冽都请求派自己前往感谢史思明，安庆绪答应了。史思明与他们相见后，对着他们流泪不止，然后赠送厚礼让他们回去。过了三天，史思明请安庆绪歃血盟誓，安庆绪不得已，带五百骑兵到了史思明军中。事先，史思明已令军中顶盔贯甲等待，安庆绪来到，再拜伏地感谢道："臣不能承担重任，丢弃两个都城，身陷重围，没想到大王因为太上皇的缘故，劳师远来，臣的罪过，请大王处置。"史思明愤怒地说："兵事胜负那也没什么，你为人子，杀父谋求帝位，不是大逆不道吗？我要为太上皇讨伐逆贼。"示意左右把他牵出去斩首。安庆绪频频向周万志使眼色，周万志上前说："安庆绪曾做君主，按礼法规定应该赐死。"于是连同其四个弟弟一并缢死。史思明又杀死高尚、孙孝哲、崔乾祐，死后还剁成了块。史思明用王礼将安禄山改葬，追加的伪谥号叫燕刺王。至此，安禄山父子僭位共三年而灭亡。

当初，安禄山攻占东京，任张万顷为河南尹，很多士人和宗室由于他而幸免于难，肃宗嘉许他的仁德，拜任他为濮阳太守。肃宗因为叛军是国仇，厌恶听到其姓，京师的里坊凡有"安"字的，全部改掉了。

平卢兵马使史思明

史思明（？～761），唐朝逆臣。宁夷州突厥族人。初名窣干。历任大将军、北平太守、平卢兵马使、范阳节度使等职。他从小与安禄山一起长大，深受安禄山信任。安禄山叛乱，他率军南下，攻取河北地，占有十三郡，有兵八万。安禄山被杀，他降唐。唐肃宗担心他再反，设计杀他，他于是再叛。自称大燕皇帝，后被其子史朝义所杀。他与安禄山一样，叛唐称帝，却都被自己的儿子所杀，可悲可叹！

一、狡诈骁勇　连战连胜

史思明是突厥人，最初名叫窣干，史思明是玄宗赐给他的名字。他身材瘦削，鸢肩伛背，深眼窝歪鼻梁，头发胡须都很稀疏，性情急躁又很狡猾。他与安禄山是同乡同里，比安禄山早一天出生，两人一起长大，彼此友善。史思明少时以骁勇闻名，在特进乌知义手下做窥探敌情的轻骑。史思明每次去窥探敌情，都杀死几个敌人，并抓获俘虏。史思明还通晓六种番语，后来，与安禄山一起做了互市郎。

不久，史思明欠了官府的钱，无法偿还，便想逃往奚地。但他没有到达，被巡逻的骑兵截住，要杀死他。他不甘心就这样被杀，灵机一动说：

"我是使者，如果杀了天子的使者，其国就会招致灾祸，不如带我去见王，王如果不杀我，你就立下了功劳。"巡逻兵认为此言有理，把他送到王所在之处，他不肯下拜，说："天子的使者见到小国的君主不下拜，这是礼节。"王大怒，但相信他是真使者，把他送到了馆舍，以礼相待。史思明将要返回，王令百人跟随入朝。王的部将琐高在国中很著名，史思明准备擒获他用来赎罪，就欺骗王说："跟随我的人虽然很多，没有一个足以和天子相见的人，只有像琐高这样的人才，才可以和我一起到中原。"王很高兴，命琐高带领帐下三百人同行。到平卢后，史思明暗中派人对驻军主将说："有数百名奚兵，打着入朝的旗号，实际是入侵，请加以防备。"主将悄悄派出军队前来迎接犒劳，杀死奚人部众，囚禁了琐高献上。幽州节度使张守珪认为史思明立功的办法很奇特，上表奏任他为折冲，同安禄山一起做捉生将。

天宝初年（742），史思明累积功劳升任将军、知平卢（治所在营州，今辽宁朝阳）军事。有一次，他入朝奏事，玄宗赐座给他，并同他谈话。史思明对答如流，玄宗很惊奇，便询问他的年龄，他说："四十岁了。"玄宗抚摸着他的后背说："你显贵应在晚年，好好努力！"升任他为大将军、北平太守。

史思明跟随平卢节度使安禄山讨伐契丹，安禄山失败，单骑逃脱。安禄山杀死部将左贤哥解、鱼承仙开脱自己的罪责。史思明逃进山里，过了二十天，召集了溃散的士卒共七百人，追到平卢与安禄山相见，安禄山很高兴，握住他的手说："我以为你死了，现在还活着，我还有什么可忧虑！"史思明私下里对他的亲密朋友说："我听说进退在于把握时机，如果我要早一点回来，就跟随哥解一起到地下去了。"

天宝十一载（752），契丹攻占了师州，守捉使刘客奴逃走，已经升任范阳节度使的安禄山派史思明赶走契丹，上表推荐他为平卢兵马使。

史思明少年时身份微贱，乡里人都看不起他。当时，大豪辛氏的女儿待字闺中，她偶然遇见史思明，认为他有显贵之相，便对其双亲说："一定要把我嫁给史思明。"亲属都不同意，但辛氏女坚持嫁给了史思明。史思明也自负地说："自从我有了夫人，不断升官，生了很多儿子，大概要显贵了吧！"

天宝十四载（755），安禄山反叛，派史思明占领河北。镇守范阳的贾循被杀后，安禄山改让史思明守卫范阳。常山（今河北正定）太守颜杲卿等传檄各地，要各地守将齐心合力抵抗叛军，安禄山派向润客等代史思明镇守范阳，派史思明进攻常山。史思明与另一叛将蔡希德一起率领叛军包围了常山，仅用了九天就抓获了颜杲卿。接着史思明进军直逼饶阳（今河北饶阳），太守卢全诚守城抵抗，河间、景城、平原、乐安、清河、博平六郡逐渐招募士兵自谋固守。河间太守李奂发兵七千救饶阳，景城太守李暐领兵八千援助河间，平原太守颜真卿发兵六千援助清河，都被史思明打败。李暐的儿子李杞在战斗中被叛军杀死，饶阳士兵同仇敌忾，守卫得愈加坚固。

这时，唐将李光弼收复了常山，史思明急忙解围前往迎战，一昼夜行军二百里，双方相持了很久都没有决战。朔方节度使郭子仪占领赵郡，合兵进攻叛军。先后进行了两次大战，史思明守军都大败，逃入博陵。李光弼追到城下，对博陵发起猛攻。在将要攻克时，适值潼关守军溃败，玄宗逃往蜀中，肃宗李亨即位，肃宗召集朔方、河东的军队，李光弼只得领兵撤回，派王佣守卫常山。叛军尾追李光弼到了井陉，兵败而回。

没过几天，史思明进攻平卢，唐守将刘正臣轻视他，没有布置防卫，所以一经交战，便遭大败，只好退保北平，两千车军需物资都落入敌手。史思明收拢平卢的精锐士卒，气焰更加嚣张，商议进攻常山。王佣准备投降，诸将杀死了他，派使者到信都迎接刺史乌承恩来镇守，乌承恩没有接受。史思明进攻土门，城中暗中设下伏兵，诡称投降，等叛军登城时，伏兵发动进攻，叛军被歼灭，史思明中戟，在部下扶持帮助下逃脱。事后，史思明切齿痛恨土门守将，过了几天再次发起攻势打进城中，放火焚烧房屋，把城里的人全部杀死。夺取藁城，守将白嘉祐跑到赵郡（治今河北邯郸），史思明包围了五天，进入该城，白嘉祐逃奔太原，史思明再次攻克常山。

叛军的别帅尹子奇包围河间（今属河北），颜真卿派部将和琳带兵一万多人前往救援。当时，北风怒号，击鼓号令，唐军畏惧，不敢前进。叛军纵兵攻击，唐军大败，和琳被抓获，叛军带领部众攻城，

史思明铸"顺天元宝"

生擒唐将李奂。史思明又攻克景城，李暐投河自杀。史思明又招抚乐安，该城投降。然后进攻平原，还没到达，颜真卿弃郡撤离。史思明进军攻克清河，抓获太守王怀忠，遂进入博平，然后包围了信都。以前，叛军先捉住乌

承恩的母亲、妻子及儿子，乌承恩只好独自一人投降，当时，信都城尚有五万步兵，三千骑兵。史思明攻击饶阳，唐朝守将李系眼看城破，遂自焚而死。

史思明兵锋所向，总是放纵部下杀人劫货，奸淫百姓的妻女，因此叛军士卒人人奋励。这时，河北全部落入叛军之手，老百姓的财物被抢夺一空，青壮年被拉作夫役，老人和孩子则被杀死，杀人已被叛军当作游戏。安禄山委任史思明为伪范阳节度使。

起初，史思明部下仅有两千骑兵，同罗曳落河（壮士）步兵仅三千，经过多次胜利后，他的兵已有八万人，竟然产生了吞噬江、汉的想法。为此，他调发五万精锐士卒配置给尹子奇，渡黄河进犯北海以便动摇淮、徐。适值回纥袭击范阳，范阳闭门不出兵，尹子奇忙回兵救援，回纥撤军。

二、归附见疑　再次反叛

至德二载（757），史思明与蔡希德、高秀严合兵十万进攻太原。这时，李光弼派部将张奉璋带兵守卫故关，史思明攻克该地，张奉璋跑到乐平。李光弼固守了将近十个月，史思明不能攻克。当时，安禄山已被其子安庆绪杀死，安庆绪承袭大位，赐史思明姓安，名荣国，封爵妫川郡王。

叛军攻克两京后，将抢掠到的珍宝财物用骆驼运载到范阳，贮藏在范阳的仓库中，堆积得如同山丘一样。史思明看到国富兵强，志得意满，意欲自己占有。后来安庆绪败逃到相州，有三万残余士卒回到北边，无所归属，史思明发动攻击，杀死数千人，其余的都投降了。安庆绪知道他怀有二心，派阿史那承庆、安守忠、李立节到史思明那里议事，并且共同想办法制服他。

史思明察知了安庆绪谋害自己之事，深感害怕，一时间，不知道何去何从判官耿仁智意欲用大义感动史思明，请求抽出时间单独和他谈话。史思明同意了，耿仁智说："史公显贵而且贤明，不需要下属代为出谋划策，但是我请求进一言然后死而无怨。"史思明说："那就告诉我吧。"耿仁智说："安禄山强盛的时候，谁敢不服，大夫奉事他，本来就无罪。当今天子聪明勇武，有夏朝少康、周朝宣王的遗风，史公如果能派使者请求归降，一定会被接纳，这是转祸为福的时机啊。"史思明说："好。"

阿史那承庆等不知道史思明已有归降之意，带领五千骑兵前来，史思明身穿甲胄前去慰劳他们说："公等来到，士卒不胜喜悦，不过边兵素来害怕使者的威风，他们都不能安心，请你们松弛弓箭入城。"阿史那承庆没有多想，便命骑兵松弛了弓箭。史思明和阿史那承庆等一起饮酒，史思明在酒酣耳热之际，拘捕了他们，收缴了兵器，然后发给盘缠遣返；接着斩杀了安守忠、李立节，号令军中。

李光弼得知史思明与安庆绪绝交，忙派人招抚。在此以前乌承恩已经归降唐朝，肃宗派他规劝晓谕史思明。于是，史思明决定归降唐朝，他派牙门金如意把十三郡八万兵力逐个登记奉献于朝廷。高秀岩也献出河东自动归降。肃宗任命史思明为归义郡王、范阳长史、河北节度使，诸子都任列卿，任命高秀岩为云中太守，也委任其诸子为官。肃宗派乌承恩军与宦官李思敬安抚慰问史思明，督促他征讨残余的叛军。于是，史思明派张忠志守卫幽州，授薛嵩为恒州刺史，招抚赵州刺史陆济，授给儿子史朝义五千兵守卫冀州，假授令狐彰为博州刺史，驻防滑州。

史思明表面上归顺朝廷，暗中仍然通贼，更多地招募士兵。肃宗得知这些情况，认为史思明曾经奉事乌承恩的父亲乌知义，可能不会猜疑乌承恩，便升任乌承恩为河北节度副大使，让他谋划除掉史思明。乌承恩到了范阳，在夜间穿着破旧衣服走访诸将，暗中把密谋告诉他们，但诸将马上向史思明告发了他。适值乌承恩与李思敬入朝奏事回来，史思明把他们留在馆舍，先把他们的床用帷幕遮起来，派两个人伏在床下。乌承恩的儿子入内相见，因而留下住宿。半夜里，乌承恩对儿子说："我奉命除掉这个叛逆胡人。"第二天，那两人把此话告诉史思明，于是史思明拘捕了乌承恩，从衣囊里搜出赐给阿史那承庆的铁券和李光弼给乌承恩的公文，又搜出几张写字的薄纸，上面都是应当诛杀的将士姓名，史思明大骂道："我有什么对不住你的，你至于这样做呢！"乌承恩故意答道："这是太尉李光弼的计谋，皇上不知道。"史思明把官吏召集到郡廷，面向西方哭道："臣一片赤心不负国家，何至于要杀臣？"史思明打死乌承恩父子以及同谋党羽二百多人，囚禁了李思敬，然后上奏朝廷。肃宗派使者晓谕他说："事情都是乌承恩一个人策划的，不是朕和李光弼的意思。"

史思明听说三司计议要处死曾经投降过叛军的宰相陈希烈等人，感到非常恐惧，他说："陈希烈等人都是大臣，太上皇（玄宗）丢下他们往西跑了，复位以后，这样的人应该受到慰问，现在反而要杀他们，何况我本来就是跟随安禄山反叛的呢？"诸将都劝史思明上表天子要求诛杀李光弼，史思明派耿仁智、张不矜前去上疏请斩李光弼；不然，就要进攻太原。他把疏文装入函套，耿仁智暗中把疏文调换了。左右的人密告了史思明，史思明拘捕了耿仁智、张不矜，责问他们说："你们要背叛我吗？"下令将他们斩首。后来他又想到耿仁智侍奉自己多年，不忍心杀死他，又把耿仁智召入责备道："耿仁智奉事我三十年，现在我把你忘了吗？"耿仁智愤怒地说："人总有一死，大夫听信邪说，再次图谋反叛，我虽生不如死！"史思明发怒，打死了他。

郭子仪率领唐军围攻相州，情况紧急万分，安庆绪派人从小路来求救，史思明畏惧郭子仪，不敢进军。唐朝的前宰相萧嵩的儿子萧华被叛军俘获后，投降叛军，被任命为魏州（今河北大名）的守将。不久，萧华献出魏州归顺唐朝，肃宗派崔光远代他守卫，史思明就领兵进攻魏州，占领该地，杀死数万人。

三、自称皇帝　为子所杀

乾元二年（759）正月初一，史思明修筑坛场，自称大圣周王，建元应天，任周贽为司马；出兵救援相州，打退王师，杀了安庆绪，吞并其部众。接着，史思明准备向西略地，又顾虑根基不牢固，便留下史朝义守卫相州，自己带领军队返回。

四月，史思明改国号为大燕，建元顺天，自称应天皇帝。以妻子辛氏为皇后，封史朝义为怀王，任周贽为相，李归仁为将；改称范阳为燕京，洛阳为周京，长安为秦京。又改州为郡，铸造"顺天得一"钱。史思明还准备举行郊祀和籍田的典礼，聘请儒生讲解制度，有人上书说："现在北有两蕃（奚、契丹），西有二都（长安、洛阳），胜负还无法预料，要想举行太平时的盛事，是不合时宜的。"史思明听了很不高兴，还是举行了祭祀上帝的礼仪。当天狂风大作，无法进行郊祀，史思明只好作罢。

史思明留下儿子史朝清守卫幽州，派阿史那王、向贡、张通儒、高如震、高久仁、王东武等人辅佐他。然后，史思明派兵进犯河南，他自己从濮阳出击，派令狐彰从黎阳渡黄河，史朝义从白高出击，周万志从胡良渡黄河包围汴州（今河南开封）。于是，唐朝节度使许叔冀、濮州刺史董秦，还有梁浦、田神功都归附了叛军。史思明命许叔冀与李祥守卫汴州，把董秦等人的家属迁徙到平卢，派梁浦、田神功南下江、淮，与他们约定说："得了地盘，每人取两船资财。"史思明乘胜大张旗鼓地进军，向西攻占洛阳，攻克汝、郑、滑三州，把李光弼包围在河阳，不能攻克。史思明派安太清夺取了怀州加以守卫，李光弼去攻打，安太清投降。史思明又派田承嗣进攻申、光等州，王同芝进攻陈州，许敬钶进攻兖、郓，薛锷进攻曹州。

上元二年（761）二月，史思明在北邙（今河南洛阳北）设计战败李光弼的军队，唐军放弃河阳、怀州，京师长安人人惶恐，急忙增加驻守陕州（今河南三门峡）的兵力。史思明随即向西进军，派史朝义为先锋，自己从宜阳跟进。

史朝义进攻陕州，在姜子坂遭到失败，只好退到永宁（今四川开江南）扎营。史思明大怒，召见史朝义以及骆悦、蔡文景、许季常，准备把他们全部诛杀，过了一会儿又释放了他们，感叹道："朝义怯懦，不能成就我的事业！"他打算追回史朝清。又敕令史朝义修筑三角城存放粮食，要求一天完工。史朝义抓紧时间修城，还没有涂抹水泥，史思明就来了，见到没有如期完成便发了火，史朝义解释说："士卒疲劳，稍微休息了一下。"史思明说："你爱惜士卒却违抗我的命令吗？"他骑在马上一直等到涂泥完毕才离开，回头说："我如果早晨拿下陕州，晚上就斩杀你这个贼。"史朝义很害怕。

史思明住在驿舍，命令他所宠爱的曹将军负责宿卫。曹将军因一件小事责骂了守卫骆悦等人。骆悦等人被责骂，心中怨恨史思明，随即一起劝说史朝义道："骆悦与王已经活不了几天，不如召见曹将军共同商议大事。"史朝义没有立即答应，骆悦说："王实在不忍心的话，我们就要归顺唐朝，不能再奉事王了。"史朝义便答应了他们，又命令另一将领许季常用言语打动曹将军。曹将军畏惧诸将，不敢抗拒。

史思明喜爱优伶插科打诨，连吃饭睡觉都让他随侍在身边，优伶因为史思明生性残忍而痛恨他。这天夜里史思明梦中惊醒，在床上大声呼喊，优伶问他缘故，史思明回答说："我梦见一群鹿过河，鹿死了河水也干了，什么意思？"不久，史思明去上厕所，优伶对别人说："鹿与禄谐音，水代表生命。看来，这个胡人将没有禄、命了！"

过了一会儿，骆悦带兵进来，问史思明在哪里，没人回答，就杀了几个人，大家都一齐指厕所。史思明听见吵嚷声，知道发生了变乱，忙跳墙出去，到了马厩下，要乘马逃跑。正在这时，骆悦的麾下周子俊射中他的手臂，史思明从马上坠落，他问是谁发难，大家说："是怀王。"史思明说："白天失言了，应当有这种事。不过杀我太早，使我不得到长安。"大叫史朝义三次，说："你可以囚禁我，但不要落个杀父的名声！"他又骂曹将军道："这个胡人误我！"左右的人把他反绑上，送到柳泉驿舍。骆悦回去报告，史朝义说："惊动圣人了吗？伤害圣人了吗？"骆悦说："没有。"

这时周贽、许叔冀带领后军驻守福昌，史朝义命令许叔冀的儿子许季常去通告史思明被囚禁之事。周贽听说后，惊倒在地。史朝义领兵返回，周贽等人出外迎接，骆悦担心他有贰心，就杀了周贽。史朝义停驻在柳泉，骆悦害怕众人不满，遂缢死史思明，用毡裹了他的尸体，用骆驼运回东京。史朝义登上皇位，建元显圣。

四、一败再败 四年而灭

以前，史思明诸子没有嫡庶的区别，以年长者为尊。史朝义是庶长子，性格宽厚，很多下属亲附他。发难以后，史朝义暗中命令向贡、阿史那玉谋取史朝清。史朝清喜欢围田打猎，残忍好杀，和史思明相似，淫乱酗酒又超过史思明，帐下豢养了三千人，都是剽劫残杀的亡命之徒。向贡假意为他设谋，欺骗他说："听说皇上要让王当太子，况且皇上远离在外，王应当前去侍奉。"史朝清认为他说得很对，便催促帐下出外准备行装，向贡指使高久仁、高如震率领壮士进入牙城。史朝清一见，知道事情不妙，忙问是什么原因，有人说："军队叛变了。"于是，史朝清穿好甲胄登楼，责备向贡等人，士卒在楼下列阵，史朝清亲自射死数人，阿史那玉的军队假装败退，史朝清下楼追击，被阿史那玉拘捕，史朝清与母亲辛氏一起被杀死。张通儒不知内情，仍领兵作战，一连几天没有打胜，最终战死。向贡暂摄军事，不久，阿史那玉偷袭杀死他，自任长史，追究杀史朝清的罪犯，于是将高久仁枭首，在军中号令。高如震恐惧，拥兵拒守。过了五天，阿史那玉败逃到武清，史朝义派人招降他，等阿史那玉到了东都，史朝义下令将凡是胡人面貌的、无论年长年少全部诛杀。史朝义任李怀仙为幽州节度使，斩杀了高如震，范阳才安定了。

史朝义待下属谦虚有礼，政事都取决于大臣，但是没有治理国家的才能。当时，连年战乱，灾荒频仍，庄稼不收，洛阳诸郡人吃人，城邑都成为废墟。诸将都是安禄山的旧臣，与史思明原来行辈相同，耻于屈居史朝义之下，因此史朝义召兵谁也不来，都想返回幽州。

宝应元年（762），代宗即位，派雍王率领河东、朔方、回纥十多万军队讨伐史朝义，仆固怀恩与回纥为先锋，鱼朝恩、郭英义殿后，从黾池（今属河南）进兵，李抱玉进逼河阳，李光弼由陈留进兵，合兵一处。

起初，代宗召见南北军诸将询问征讨叛军的计谋，开府仪同三司管崇嗣说："我们有了回纥相助，一定会胜利。"代宗说："不一定。"右金吾大将军薛景仙说："我们如果不胜，请让我带领两万勇士和叛军决一死战。"代宗说："此言甚为豪壮。"右金吾大将军长孙全绪说："叛军如果背城作战，我们一定能打败他们；如果关闭城门留在里面死守，就不容易攻克了。况且回纥不擅长攻城，相持一久势必会泄气。我们如果休养士卒虚张声势牵制叛军，让李光弼夺取陈留，李抱玉直捣河北，先断其手足，然后派间谍到叛军中去，使叛将互相猜疑，那么消灭叛军就指日可待。"代宗说："好。"下令潼关、陕州戒严。军队停驻洛阳，驰兵直下怀州，唐军部伍严整肃静，叛军见了十分害怕。

　　史朝义率兵十万在横水拒战，开战后大败，被杀被俘的人共六万，丢弃的牛马器甲不可胜计。史朝义烧毁明堂，向东奔逃到汴州，伪节度使张献诚拒不接纳，史朝义忙从濮北急赴幽州。东都又一次经历战乱，郭英义、鱼朝恩等人控制不住军队，和回纥一起大肆抢掠、蔓延到郑、汝，以至于市井间里没有人烟。正是严寒时节，衣物都被抢光，人们只好扯开书把纸连缀起来当衣裳。叛军逃到下博，被仆固场追上，史朝义再次战败。河东戍将李竭诚、成德守将李令崇都背叛了史朝义前来夹击。史朝义到了漳水，没有船渡过，诸将劝降，史朝义很不高兴。田承嗣请求把车辆环绕结成营盘，把女子放到车中，然后放置辎重，设下伏兵等待。叛军在开战后退却，唐军追逐过来，争相抢夺珍宝钱财，史朝义带领奇兵绕出，又发动了埋伏，唐军退却了几十里才停住。史朝义随即到了莫州，仆固场追去包围了该地。至此，双方交战已四十天，叛军八战八败。

　　第二年正月，史朝义检阅精兵，意欲决一死战。田承嗣对史朝义说："不如亲自带领精锐回幽州，利用李怀仙的五万军队再战，声势外张，那样将胜利在握。臣请求在此坚守，虽然仆固场的兵强，也不会很快被他消灭。"史朝义同意了，带领五千骑兵连夜出发，临行时，他握住田承嗣的手，以生死存亡的重任郑重托付，田承嗣顿首流涕。史朝义说："阖家百口，母老子幼，现在都托付给田公了。"田承嗣听从命令。史朝义走后没多久，田承嗣召集诸将说："我与公等奉事燕朝，打下河北一百五十多座城，发掘别人的坟墓，焚烧别人的房屋，掠夺别人的玉帛，健壮的人死于锋刃之下，羸弱的人填于沟壑之中，公侯门里的高贵子弟，被我们奴役驱使，齐国的姜姓、宋国的子姓，被我们扫除。现在官军猛烈进攻，我们这些人到哪里安身立命呢？自古以来祸福也不是一成不变，能够改掉既往善修而今，那就是转危为安了。明天就出城投降，公等认为怎么样？"众人都说："好。"黎明时分，田承嗣派人到城上呼叫道："史朝义半夜里跑了，你们为什么不去追贼？"仆固场不相信，田承嗣带着史朝义的母亲以及妻子儿女到了仆固场的营垒，于是诸军都发轻兵追击史朝义。

　　史朝义到了范阳，李怀仙的部将李抱忠关闭壁垒拒不接纳，说："不久前已经受命于天子，一年之中，刚刚归降马上叛变，哪有这样反复无常的！"史朝义说自己和士卒已经饥肠辘辘，哀求李抱忠给他们饭吃，李抱忠可怜他，遂送饭到野外。史朝义和士卒狼吞虎咽地吃饭。吃完饭，隶属军籍的子弟逐渐告辞而去。史朝义流着眼泪骂田承嗣说："老奴误我！"史朝义来到梁

乡，叩拜史思明的坟墓，往东跑到
广阳，守将拒不接受。

史朝义遂图谋投奔两蕃，李怀
仙招他回去，史朝义从渔阳回到幽
州，走投无路，遂自缢而死，李怀
仙斩下他的首级传送到长安，然后
召旧将收殓他的尸体。李怀仙换了
服装到官署外面为他哭泣，士卒都
号啕痛哭。等到史朝义入葬后，没
有人知道坟墓在什么地方。伪恒州
刺史张忠志、赵州刺史卢俶、定州
刺史程元胜、徐州刺史刘如伶、相
州节度使薛嵩以及李怀仙、田承嗣
等都献出管辖的地方归顺了朝廷。
史思明父子称帝共四年而灭亡。

唐代彩绘骑马武士木俑

史朝义死后，地方上把将士家属百余人送到官府，有关官员请求把他们
隶籍于司农，代宗说："这都是良家子女，被胁迫掳掠才到了这个地步。"命
供给口粮送还给亲属，无处归依的，官府出资安置。

御史中丞周利贞

周利贞（？～714），唐朝酷吏。籍贯不详。历任钱塘尉、侍御史、左台
御史中丞、广州都督等职。他依附权贵，残杀忠臣，盘剥残害百姓，但他善
于花言巧语，因此玄宗想加以重用，遭到大臣反对才作罢。由于他的仇人众
多，被人弹劾，一再贬职，最后赐死。他以残暴闻名，自己的下场也很
可悲。

一、阿附权贵 残杀忠臣

周利贞在武则天时，调任钱塘尉。当时禁止捕鱼，连州刺史吃饭也只有
蔬菜。有一天，周利贞忽然馈赠好鱼给州刺史，刺史不肯接受。周利贞说：
"这是拾来的，您疑虑什么？"州刺史询问缘故，周利贞回答说："刚才发现
有人捕鱼，便去捉拿他，人跑了，没有捉拿到，却发现了鱼，就拾来了。"

州刺史大笑，由此开始重用他。

神龙初年（705），周利贞升任侍御史。他依附宰相宗楚客，残害忠臣，张柬之等五王痛恨他，让他出任嘉州司马。武三思与皇后韦氏淫乱宫中，张柬之等五王谋划诛杀他。当时，周利贞的妹夫崔湜任考功员外郎，张柬之派崔湜为耳目，探察武三思的动静。没想到，崔湜反而把这个计划告诉了武三思。张柬之等五王被贬逐，崔湜劝说武三思迅速杀掉他们来断绝人们的期望，武三思问谁可以担当此任，崔湜回答说周利贞可以。于是，武三思召见周利贞，把计划告诉了他，周利贞也痛恨张柬之，自然满口答应下来。武三思便上表举荐他代理右台侍御史奔赴岭外，周利贞假托诏命杀死敬晖、桓彦范、袁恕己。周利贞返回后，授任左台御史中丞。由于周利贞残杀了多位忠臣，屡次受到仇人的伺机报复，差点丢了命。

先天初年（712），周利贞任广州都督。崔湜当时已任中书令，与太平公主合谋陷害宰相刘幽求，将他贬谪到岭南，婉言暗示周利贞杀掉他。幸亏桂州都督王晙的保护，刘幽求才免于一死。周利贞在广州都督一任上，专门从事盘剥残害百姓，夷僚人对他的残酷暴虐叫苦连天，都争相做了强盗。周利贞因此遭到弹劾，玄宗下诏命监察御史李全交审问他，获得贪赃证据，将他贬任澄州刺史。

二、屡遭弹劾　贬官赐死

开元初年（713），玄宗下诏："周利贞和滑州刺史裴谈，饶州刺史裴栖贞，大理评事张思敬、王承本，华原令康昐，侍御史封询行、判官张胜之、刘晖、杨允卫、遂忠、公孙琰，廉州司马钟思廉都是酷吏，应终身不要录用为官。"于是，周利贞被削去刺史的官衔。但周利贞善于花言巧语，依附权贵，因此过了没多久，便得任珍州司马。

开元二年（714），周利贞又被授任夷州刺史，黄门侍郎张廷珪扣下任命诏书而上奏说："陛下英明果断神明圣哲，天下人心顺服。所谓英明果断，就是消灭凶逆、扶正朝廷；所谓神明圣哲，就是辨清忠邪、信守赏罚。周利贞是宗楚客、武三思的旧党，曾经杀害桓彦范、敬晖等忠臣，陛下即皇帝位以来，发布新政，剥夺他的官位，放逐到荒远的地方，用来顺从天下人的期望，就是这样，当时，许多义士还认为惩罚太轻而抱怨。如今却赐予周利贞红色的官服和系印丝带，委任州刺史高职，这显然是贬斥奸臣不彻底。"奏疏递入，于是撤销任命。不久，在周利贞的积极活动下，许多权贵帮助他求情，玄宗又授任周利贞黔州都督，加朝散大夫。张廷珪又上表退回任命制书

唐代仪仗壁画

说："周利贞是个阴险刻薄的小人，附会武三思，倾覆朝廷，杀害功臣，人神共愤，怨气至今未消。过去曾突袭搜查他的家，查出金银锦绣，多有违反皇上制令之处，应当加重贬斥。况且，他在朝廷时间长，花言巧语阿谀逢迎，看见忠君的人，就像看到仇敌一样。让他入朝就会乱国，任地方官就会伤民。如今提拔他掌管大州，由六品升迁三品，为什么往日罚他，今日却赏他?"玄宗看了奏表，只好取消任命。

张廷珪免职后，玄宗又起用周利贞任辰州长史，让他到京城朝见集会。周利贞奉命来到京城。魏州长史敬让是敬晖的儿子，敬晖被周利贞杀害后，敬让一直切齿痛恨周利贞。此时，他忍不住超越朝班次序上奏说："周利贞迎合奸臣武三思的意思，枉杀先朝大臣敬晖，希望陛下定罪处罚周利贞，以告慰天下。"左台侍御史翟璋弹劾敬让不等监察人员引导就自行上奏，请求依法处置。玄宗说："控诉父亲的冤情，不能不怜悯；朝廷的礼仪，不能不严肃。"剥夺敬让三个月俸禄，再次贬周利贞为邕州长史。不久，周利贞被赐死在梧州。

侍御史王旭

王旭（？～718），唐朝酷吏。太原祁（今山西祁县）人。祖父王珪，唐太宗时任侍中，娶永宁公主为妻。王旭自幼生长在富贵之家，在丫鬟、仆人的侍候下长大，一向作威作福惯了，动辄打骂责罚下人。

神龙初年（705），王旭任兖州兵曹参军。当时，武则天的男宠张易之被诛杀，而他的哥哥张昌宗先前贬为乾封尉，王旭就立即斩下张昌宗的头送到东都，因此功得以迁任并州录事参军。并州长史周仁轨是韦后的党羽，玄宗诛杀韦后等人以后，下诏诛杀他。王旭不等待回复的诏书下来，就砍下周仁轨的头带上送到京城，玄宗大为高兴，将他升任左台侍御史。

玄宗诛杀太平公主后，中书令崔湜因依附太平公主而败亡，他的岳父卢崇道从岭外逃回东都洛阳，被仇家告发，玄宗下诏王旭推问审查。王旭见大权在握，便擅其威权，大肆逮捕卢崇道的亲党，用刑极尽残酷，论处重刑死罪，卢崇道和三个儿子都被杖死；卢崇道的门徒、朋友都是海内名士，全都受牵连被流放，天下人深深感叹他们冤枉。王旭和御史大夫李杰不和，互相揭短攻击，李杰因此被贬为衢州刺史，因此王旭更加专横，用残酷的手段来满足其作威作福的心理。他的官职多次迁转，但常兼侍御史之衔。

王旭为人苛刻，很少宽容，他的性格狂躁易怒，残忍暴虐，没人敢触犯他。他每次审理狱案，都施用酷刑，囚犯都受刑不过而违心认罪。他造了许多刑具，大都有名目，如"驴驹拔橛"、"犊子县"等，用来恐吓囚犯，又在囚犯的头发上缒上石头，胁迫顺服。当时，监察御史李嵩、李全交都严厉残酷，得到的外号和王旭相当，京城人称为"三豹"，李嵩是红豹，李全交是白豹，王旭是黑豹。乡里街坊甚至互相诅咒说："如果违教，碰上三豹。"

开元五年（717），王旭升任左司郎中，仍兼侍御史。宋王李宪是玄宗的兄长，他府中的属吏纪希虬的哥哥在剑南地区任县令，因贪赃获罪，王旭奉命出使前去审讯。王旭在审讯过程中，看见他的妻子美丽，就想占有她，为此将纪希虬的哥哥定为死罪，杀死了他，霸占了他的家产。

纪希虬深感哥哥死得冤枉，发誓要替他报仇。开元六年（718），他派家奴到御史台做佣人服侍王旭，王旭不知底细，很喜爱而任用他。那个家奴将王旭受人请托而收受贿赂之事一一记录下来，累积到几千贯赃钱时，拿给纪希虬看。纪希虬哭泣着向宋王李宪控诉，宋王替他上报玄宗。玄宗下诏追查审讯王旭，获得贪赃的数量很大，贬任龙川尉。王旭作威作福惯了，如今被贬，他难以接受，没多久便愤懑而死。

御史中丞吉温

吉温（？～755），唐朝酷吏。洛州河南（今河南洛阳）人。伯父吉顼，在武则天时官至宰相，也是一名酷吏。吉温历任新丰丞、万年尉、京兆府士曹参军、户部郎中、雁门太守、御史中丞等职。他阴险诡诈，敢作敢为，善于逢迎权贵，因此得以连续升职。宰相李林甫大兴冤狱，命吉温审讯，他严刑拷打犯人，犯人多被屈打成招；后来他又和深受玄宗宠信的范阳节度使安禄山结交，反过来排挤李林甫。宰相杨国忠和安禄山争宠，把矛头指向吉温，把他贬官、诛杀。他的残暴，天怒人怨；他的为人，人所不齿；他的下场，可悲可叹。

一、逢迎权贵　严酷虐囚

吉温是武则天时的宰相吉顼的侄子。吉顼未做宰相之前，便是一名酷吏。他任龙马监时，箕州刺史刘思礼谋反，吉顼告发了他，武则天命人审讯此案。吉顼对刘思礼施以酷刑，逼他诬陷凤阁侍郎李元素等当时的贤人名士，将他们同一天处死，又株连亲朋好友一千多人。吉顼因此得以升职。

吉温颇似伯父吉顼，天性阴险诡诈，敢作敢为。为了升官，吉温无耻地逢迎趋附权贵幸臣，如同子弟辈侍奉父兄。天宝初年（742），吉温任新丰丞。当时，太子文学薛嶷受宠，引荐吉温入见，玄宗见吉温目光凶恶，就说："这是一个不良之人，朕不能用。"于是，玄宗未按推荐的意思加以重用。

萧炅时任河南尹，御史台派遣吉温到河南府审讯查问有关案件。吉温到了河南府，审讯案件过程中，事情牵连到萧炅，吉温便连同萧炅一起审理，丝毫不为他遮掩。右相李林甫与萧炅关系好，他因此才幸免。后来，萧炅入京任京兆府尹，而吉温正好调任万年县尉，他没有推辞，别人替他深深担忧。这时，玄宗宠信的宦官高力士偶尔出宫到自己的宅第住，萧炅常常私下谒见他。吉温有一次先去谒见，和高力士谈话，拉着手十分欢洽。正要退出时，萧炅通报求见，吉温假装惶恐而回避，高力士阻止他，对萧炅说："这是我的老朋友。"萧炅听了此言，急忙向吉温作揖，吉温这才离去。

第二天，吉温到萧炅府上，向他道歉说："当时，我审讯您的案件，国家的大法不敢破坏，从今以后用心服侍您，你看怎么样?"萧炅原谅了他，招待吉温，尽欢而散。

天宝五载（746），奸相李林甫和左相李适之、驸马张垍有矛盾。李适之兼管兵部，而张垍的哥哥张均任兵部侍郎，李林甫秘密派遣下吏揭发兵部办理文书的官员有六十多人在铨选考核中弄虚作假之事，人数多达六十，图谋倾覆李适、张均。玄宗命京兆府与御史台联合审理，但一连审讯了许多天也没有审讯出李林甫想要的事情。于是，萧炅派吉温帮助审讯，吉温在庭院将囚犯分在左右两处，从中拉出两个重罪囚犯在后院审讯，严刑拷打，两个囚犯被打得受不了而呻吟哀嚎，都哀求吉温说:"请您暂留性命，愿意照您的意思招认。"于是，吉温把他们放了出去。那些兵部的官员在听到哀嚎声时，已经吓得面色苍白，浑身颤抖，等到传讯，不用审问便都承认了罪行。中午时分，吉温就结了案，把那些兵部的官员或贬官、或流放。李适之十分害怕，遂辞去相位。李林甫认为吉温能干，吉温常说:"如果遇上知己，南山的老虎也不难捉住。"

二、"罗钳吉网"　助纣为虐

李林甫长期做宰相，权倾天下，他多次制造大冤案，铲除那些不依附自己的人。他先举荐吉温到门下，让吉温与罗希奭一起为他奔走，虚构他人罪名而逮捕入狱。罗希奭用法也极其苛刻，罗希奭的舅父鸿胪少卿张博济是李林甫的女婿，因是姻亲的缘故，罗希奭由御史台主簿两次迁官后任殿中侍御史。吉温也通过宦官将他的外甥武敬一的女儿嫁给盛王李琦为妃，升任京兆府士曹参军。

一开始立李亨为太子不是李林甫的意思，因此，他担心将来太子即位自己将失宠，常想废掉李亨。太子李亨的良娣杜氏的姐姐嫁给了左骁卫兵曹柳勣。李林甫要动摇东宫太子的地位，以柳勣为对象而采用影射附会的手段来揭发杜良娣的隐私。吉温审查此案，柳勣被诬陷诛杀，通过此案又牵引出与柳勣友好的王曾、王修己、卢宁、徐征，吉温将他们全部逮捕关押论处死刑，尸体摆在大理寺墙下，这些人的家属被流放。当初，中书舍人梁涉曾在路上遇见吉温，压低帽子遮住脸面。吉温遂怀恨在心。他是一个睚眦必报之人。这时，他暗示柳勣牵引梁涉和嗣虢王李巨，二人都被贬斥放逐。

天宝六载（746），李林甫忌恨受玄宗宠信的户部侍郎杨慎矜，京兆尹王铁和杨慎矜也有矛盾，二人图谋陷害杨慎矜。于是，王铁就用匿名信来传播杨慎矜有图谶预言之事，委派吉温审讯此案。

当初，杨慎矜的门客史敬忠和吉温的父亲吉琚友好，当吉温还是婴儿时，史敬忠曾抱过他。吉温是个六亲不认之人，他根本不念旧恩，遂乘马奔赴东都，逮捕杨氏亲属宾客，又从汝州抓来史敬忠，用铁链锁住脖子，用布蒙上脸，驱赶他在马前跑。跑了很长时间，史敬忠累得上气不接下气，吉温也未曾正面和他相见谈话，暗地派遣下吏威胁他说："杨慎矜一案已了结，需要您证实一下，您如果承认，罪可宽免，如果不承认，必死无疑。"史敬忠就索要笔想亲自写供词招认，吉温故意不见，史敬忠再三请求，吉温才让人给他笔。史敬忠写了三张供词，写出来的都和吉温想要得到的一样。这时，吉温才和史敬忠相见，吉温道歉说："老人家不要害怕！"于是下拜。

杨慎矜因证据都有了，打算违心认罪，但图谶预言之书实在没有。御史卢铉搜索杨慎矜家，怀里挟藏着图谶预言之书，进入宅第后拿出来作为证据，于是杨慎矜兄弟都被赐死，株连数十个家族。

吉温和罗希奭依附李林甫，累兴冤狱，助纣为虐，号称"罗钳吉网"。以致人人心惊胆战，大臣相见后，都不敢互相谈话。吉温审问还没有结束，却先算出赃物的具体数字奏上，然后才提取囚犯审问，用威严恫吓囚犯，再用酷刑折磨，因此一经审问囚犯就承认了罪行，没有敢违抗的，鞭子、荆条等刑具还未挂到墙上，就结案了。李林甫看中他的这种才干，提拔他任户部郎中兼侍御史。

三、国忠排挤　　贬官被杀

天宝九载（750），杨国忠、安禄山受到玄宗尊宠，高力士身居宫内弄权，吉温对这三个人都献媚迎合。他侍奉安禄山如兄长，曾秘密告诉安禄山说："李右相（李林甫）虽然厚待您，但不肯引荐您同做宰相；我受他知遇很长时间，他也不给我显官做。您如果推荐我做宰相，我推荐你为相，那么我们就可以排挤李右相了。"安禄山大喜，一再称赞吉温有才，玄宗也忘记了先前说过不用吉温的话，准备重用吉温。

天宝十载（751），安禄山兼任河东节度使，上表推荐吉温任自己的副使，并主持节度营田、管内采访等政事，总管留后事务。玄宗同意了。吉温走马上任，大力辅助安禄山处理政事。同年，在安禄山的举荐下，吉温又被授任雁门太守，主持安边铸钱事务。后来，吉温因生母去世而解除官职，为母守丧。守丧期满，安禄山上表荐任他为魏郡太守。杨国忠掌权，引荐授任吉温为御史中丞，兼任京畿关内采访处置使。安禄山下令他所管辖境内的官吏，在路上的驿馆中设置白绸帐用来侍候吉温，安禄山的儿子安庆绪亲自牵着吉温的马送行。吉温感激安禄山的恩德，所以朝廷一有动静就向他报告。天宝十三载（754），安禄山入朝，兼任闲厩使，推荐吉温任武部侍郎兼闲厩副使。

后来，杨国忠和安禄山争宠，吉温亲近安禄山，杨国忠很不高兴，正值河东太守韦陟怨恨失去朝廷要职，他通过吉温结交安禄山，韦陟以河东土特产馈赠吉温，又大肆贿赂权贵近臣，杨国忠派人揭发此事，玄宗遂贬斥吉温为澧阳长史，他的下属员锡以及韦陟都因此获罪被贬。第二年，吉温又因受贿、强夺民马获罪，贬任端溪尉。

开元铁牛

早在天宝十一载（752）时，李林甫去世，罗希奭出任始安郡太守，张博济、韦陟、韦诫奢、李从一、员锡都逗留在始安，吉温被贬谪后，又依靠罗希奭住在始安。杨国忠奏请派遣蒋沇前去审察，罗希奭因擅自收留罪人，贬为海康县员外县尉，再不能管县中事务。同年八月，杨国忠又派遣使者诛杀吉温等五人。吉温被贬斥时，玄宗在华清宫诏见从臣说："吉温本来是酷吏的侄子，朕被人诳骗、迷惑，误用他，使他得以屡屡制造大冤案，专擅威福。如今已经贬斥，公等可以安心了。"

吉温死后三个月，安禄山反叛，即伪皇帝位后，寻求吉温的儿子，才六七岁，安禄山赐给他许多财物，授任他为河南参军。